SCHRIFTENREIHE DES IFO-INSTITUTS FÜR WIRTSCHAFTSFORSCHUNG

Nr. 55

IFO-INSTITUT FÜR WIRTSCHAFTSFORSCHUNG

Die moderne Wachstumstheorie

Eine kritische Untersuchung der Bausteine der Gleichgewichtskonzeption und der Wirklichkeitsnähe

Von

Karlheinz Oppenländer

Zweite Auflage

DUNCKER & HUMBLOT / BERLIN-MÜNCHEN

Unveränderter Nachdruck der ersten Auflage 1963

Gedruckt 1968 bei Color-Druck, Berlin 49
Printed in Germany

Vorwort

Die moderne Wachstumstheorie hat sich im letzten Jahrzehnt so verzweigt, und die Literatur ist so reichhaltig geworden, daß der Verfasser es für richtig gehalten hat, seine kritische Analyse auf eine relativ breite Darstellung der behandelten Theorien zu stützen. Dies erklärt den Umfang der Arbeit.

Für Anregungen und Vorschläge mannigfacher Art dankt der Verfasser Herrn Professor Dr. Erich Preiser. Der Dank gilt auch Herrn Professor Dr. Hans Neisser von der New School for Social Research, New York, der einige Fragen beantwortet hat, sowie Herrn Privatdozent Dr. Helmut Bross vom Max-Planck-Institut, Stuttgart, für wertvolle Hilfe bei der Diskussion einiger mathematischer Probleme.

Karlheinz Oppenländer

Inhaltsverzeichnis

Verzeichnis der Übersichten

Verzeichnis der Tabellen

Verzeichnis der Abbildungen

Abkürzungen der Zeitungen und Zeitschriften

AER	=	The American Economic Review
AER P.P.	=	The American Economic Review, Papers and Proceedings of the Annual Meeting of the American Economic Association
BOIS	=	Bulletin of the Oxford University Institute of Statistics
CJE	=	The Canadian Journal of Economics
E	=	Econometrica
Ê	=	Économie appliquée
Ea	=	Economica
EJ	=	The Economic Journal
ER	=	The Economic Record
GE	=	Giornale degli Economisti e Annali di Economia
HdSw	=	Handwörterbuch der Sozialwissenschaften
IS	=	Ifo-Studien
JAStA	=	Journal of the American Statistical Association
JNSt	=	Jahrbücher für Nationalökonomie und Statistik
JPE	=	The Journal of Political Economy
KP	=	Konjunkturpolitik
KY	=	Kyklos
NZZ	=	Neue Zürcher Zeitung
OEP	=	Oxford Economic Papers
PMR	=	Productivity Measurement Review
QJE	=	The Quarterly Journal of Economics
RÉP	=	Revue d'Économie Politique
RES	=	The Review of Economic Studies
RESt	=	The Review of Economics and Statistics
SZVSt	=	Schweizerische Zeitschrift für Volkswirtschaft und Statistik
VW	=	Der Volkswirt
WA	=	Weltwirtschaftliches Archiv
ZN	=	Zeitschrift für Nationalökonomie
ZÖ	=	Zeitschrift für Ökonometrie
ZS	=	Zeitschrift für die gesamte Staatswissenschaft

A. Grundlegung

I. Die Methoden zur Erfassung der wirtschaftlichen Entwicklungsprozesse

Die komplexen Erscheinungen und Vorgänge, die den wirtschaftlichen Wachstumsprozeß[1] ausmachen, hat die Forschung von verschiedenen Seiten zu erfassen versucht.

1. Die verschiedenen Ansatzpunkte und ihr Aussagewert

Nach Brandt können drei Wege zur Erklärung der wirtschaftlichen Wachstumsvorgänge verfolgt werden[2]: 1. die exakte Modelltheorie, 2. die historisch-statistische Analyse und 3. die soziologisch-ökonomische Feldanalyse. Alle drei Wege sind begangen worden. Hier interessieren vor allem der erste und der dritte, da sie beide in ihren Ansatzpunkten und Zielsetzungen eindeutig und extrem sind und insofern die Skala der möglichen Lösungsversuche zur Erfassung der wirtschaftlichen Entwicklung limitieren.

Während schon die historisch-statistische Analyse, etwa im Sinne Rostows[3], bemüht ist, ein möglichst umfassendes Bild vom tatsächlichen Wachstumsverlauf in einzelnen Volkswirtschaften zu zeichnen, greift die soziologisch-ökonomisch orientierte Analyse, etwa im Sinne von Lewis[4], diese Forschung auf, um sie zur eigentlichen Kausalforschung weiterzuführen; diese sieht das wirtschaftliche Wachstum in erster Linie als die Folge menschlichen Verhaltens an. Dabei werden alle Wachstumsdaten, auch nichtökonomische, zu einem Feld geformt, zu einem „soziographisch faßbaren Milieu", das „die Umweltbedingungen des wirtschaftlichen Geschehens (bestimmt), aus denen das Wachstum entspringt. Von der *Feldstruktur* und den *Feldkräften* ist der Ent-

---

1 Unter Wachstum wird die Vergrößerung des Volkseinkommens schlechthin verstanden. Vgl. hierzu im einzelnen K. Oppenländer, Ordnungspolitische und analytische Probleme des Wirtschaftswachstums, IS 5 (1959), 167—198, S. 168 f. Die Ausdrücke Wachstum und Entwicklung werden synonym behandelt.

2 K. Brandt, Zur Theorie des wirtschaftlichen Wachstums, ZN 17 (1957), 341—348, S. 341.

3 W. W. Rostow, The Process of Economic Growth, Oxford 1953.

4 W. A. Lewis, The Theory of Economic Growth, London 1955; deutsch: Theorie des wirtschaftlichen Wachstums, Tübingen 1956.

wicklungsprozeß in allen seinen Einzelheiten abhängig"[5]. So heißt es z. B. in Rezensionen zum Buch von Lewis, daß es ein „useful compendium of the complex interdependent problems of economic development"[6] darstelle und daß es kaum gelinge, „to think of any significant factor in economic development ... which is not at least touched on in this book"[7]. Die Stärke der exakten Modelltheorie liegt auf einem anderen Gebiet. Sie versetzt uns in die Lage, durch Spekulationen am Modell bestimmte Tatbestände zu durchdenken und theoretisch-exakte Zusammenhänge aufzuzeigen.

Zwischen beiden Wegen, der exakten Modelltheorie und der Feldanalyse, liegt ein weites Gebiet möglicher Kombinationen, mit denen die Wachstumsvorgänge erfaßt werden können. Je mehr diese Kombinationen feldanalytische Momente bevorzugen, desto wirklichkeitsnäher, umfassender wird der Lösungsversuch, je mehr sie instrumentalbedingungstheoretische Elemente in sich aufnehmen, um so wirklichkeitsfremder, zugleich aber auch exakter, „operationally more significant"[8] werden sie. Das eigentliche Problem der Erklärung des wirtschaftlichen Wachstums besteht jedoch nicht im Finden eines solchen mittleren Weges, einer Synthese, so wie sie etwa Bombach in der Feldtheorie sieht, die nach ihm durch die Verbindung von historisch-statistischer Betrachtung und Modelltheorie zustandegekommen ist[9]. Eine solche Synthese *kann* es nicht geben. Zwar suchen beide Wege, die Feldanalyse und die Modelltheorie, nach einer *Erklärung* des wirtschaftlichen Entwicklungsprozesses, doch sind die dabei angewandten *Methoden* jeweils verschiedenartig.

Nach der exakten wachstumstheoretischen Modellanalyse läßt sich die Komplexität der Wachstumsvorgänge nur erfassen, wenn die Wirklichkeit in einem Modell gedanklich nachgebildet wird. Mit Hilfe von spekulativem Denken am Modell und der Erfahrung[10] versucht man, den Verlauf und die dahinter stehenden Kräfte des Wachstumsprozesses zu erklären. Wenn aber gefordert wird, Wachstumsmodelle dadurch wirklichkeitsnäher zu gestalten, daß historische, soziologische und institutionelle Faktoren einbezogen werden, so verkennen diese Forderungen die Grenzen der exakten Modelltheorie[11]. Das Problem der

[5] K. Brandt, Zur Theorie ..., a. a. O., S. 343 (Hervorhebung von K. Brandt).

[6] In der Besprechung des Buches von Lewis durch K. K. Kurihara, E 25 (1957), 189—190, S. 189.

[7] P. T. Bauer, Lewis' Theory of Economic Growth, AER 46 (1956), 632 bis 641, S. 632.

[8] So Kurihara in seiner Besprechung des Buches von Lewis ..., a. a. O., S. 189.

[9] G. Bombach, Wirtschaftswachstum und Stabilität, in Wachstum und Konjunktur, Darmstadt und Opladen 1960, 7—109, S. 15.

[10] Vgl. E. Schneider, Ökonometrie, WA 68 (1952 I), 59*—70*, S. 63*.

[11] So macht z. B. Rothschild der Wachstumstheorie „The neglect of historical, sociological and institutional factors" zum Vorwurf; vgl. K. W. Roth-

Wirklichkeitsnähe in der exakten Modelltheorie ist vielmehr in einem möglichst realistischen Ausbau des innerhalb der Modellanalyse verbleibenden Spielraums zu suchen, und diese Möglichkeit bleibt dem einzelnen Ökonomen überlassen. „In der Fähigkeit, aussagekräftige, fruchtbare Modelle zu finden, zeigt sich die Kunst des Theoretikers"[12]. In welcher Richtung und in welchem Ausmaß dabei die Wirklichkeitsnähe gesucht wird, hängt vom Erkenntnisgegenstand und der speziellen Problemstellung ab. Die Feldanalyse verzichtet von Anfang an darauf, Abstraktionen vorzunehmen oder methodologische Vereinfachungen zu setzen, wie etwa die Modelltheorie. Sie trachtet vielmehr danach, ein möglichst umfassendes Bild aller Wachstumskräfte und -verläufe wiederzugeben, das sich nicht auf ökonomische Faktoren zu beschränken braucht. Diejenigen Faktoren, die in der Modelltheorie als Daten gesetzt sind, werden in der Feldanalyse, wie es Brandt treffend ausgedrückt hat[13], zu Problemen, die es zu klären gilt. Lewis kann deshalb die Kritik, seine Untersuchung vernachlässige „distinctions without which is not possible to frame or assess meaningfully particular measures of policy"[14], oder sein Buch sei „strong on the whys of economic growth and weak on the hows of it"[15], nicht treffen. Eine umfassende Politische Ökonomie, wie sie ihm vorschwebt und wie sie etwa John Stuart Mill vertrat, liegt nun einmal jenseits operationaler Exaktheit. Seine Rechtfertigung gipfelt wohl auch in dem Satz: "What I have done is to make not a theory but a map. So many factors are relevant in studying economic growth that it is easy to be lost unless one has a general perspective of the subject"[16]. Der Unterschied der beiden Erklärungswege besteht eben darin, daß die Feldanalyse durch ihre umfassende Fragestellung nicht in der Lage ist, exakt-theoretisch zu argumentieren, andererseits aber die Grenzen der Erkenntnis viel weiter dadurch zu fassen vermag, daß sie nicht an den gesamtwirtschaftlichen Faktoren, die das Wirtschaftswachstum immer nur teilweise erklären können, haltmachen muß, wie die exakte Modelltheorie, sondern auch außerökonomische Faktoren in ihre Analyse einzubeziehen in der Lage ist.

Während die Feldanalyse jedoch eben dadurch die gemeinsame Zielsetzung, nämlich die Erklärung des wirtschaftlichen Entwicklungsprozesses, immer im Auge behält, ist der exakten Modelltheorie durch die Möglichkeit spekulativen Denkens ein weiter Spielraum gegeben. Und es hat den Anschein, als ob einige Modellanalytiker die eigentliche

schild, The Limitations of Economic Growth Models, KY 12 (1959), 567 bis 588, S. 568.

[12] E. Schneider, Wirtschaftsforschung in unserer Zeit, München 1951, S. 3

[13] K. Brandt, Zur Theorie..., a. a. O., S. 343.

[14] P. T. Bauer, Lewis' Theory..., a. a. O., S. 641.

[15] Buchbesprechung von Kurihara..., a. a. O., S. 190.

[16] W. A. Lewis, The Theory..., a. a. O., S. 5.

Zielsetzung vernachlässigt und das Modellinstrumentarium zum Selbstzweck erhoben haben.[17] Es gibt dann nur zwei Möglichkeiten: Entweder die Modelltheorie verfolgt bewußt eine andere Zielsetzung, verdient also nicht mehr den Namen Wachstumsmodell oder -theorie[18], oder man besinnt sich auf die eigentliche Zielsetzung der exakten wachstumstheoretischen Modellanalyse und führt die Ausgestaltung der Wachstumsmodelle wieder diesem Ziel der möglichst wirklichkeitsnahen Erfassung und Erklärung des wirtschaftlichen Wachstums zu. Denn „Mittelpunkt und krönendes Resultat jeder Analyse sollten Realaussagen sein“[19]; „solange die Beobachtung der wirtschaftlichen Wirklichkeit in der wissenschaftlichen Arbeit keine Rolle spielt, läßt sich über diese Wirklichkeit auch nichts Wissenswertes herausfinden“.[20] Diese Kritik trifft somit nicht die wirklichkeitsfremden *Ausgangs*daten dieser Modelle, die ja nicht unbedingt realiätsbezogen sein müssen[21], da nur bestimmte Bedingungen, nicht aber tatsächliche Wachstumsverläufe erklärt werden sollen, sondern die *Zielsetzung* dieser Modelle.[22] Die Forderung, die an eine exakte Modelltheorie zur Erfassung wirtschaftlicher Wachstumsvorgänge gestellt wird, ist nach alledem so zu formulieren: Ohne die Fähigkeit einzubüßen, Bedingungen für gedankliche Konstruktionen theoretisch zu analysieren, muß der tatsächliche wirtschaftliche Ablauf so erfaßt werden, daß eine realistische Analyse der Wachstumsvorgänge möglich ist.

Da wir uns in unserer kritischen Analyse mit der exakten Modelltheorie auseinandersetzen wollen, muß geprüft werden, ob diese Forderung sowohl von der Grundlegung der exakten Modelltheorie aus (ihrer logischen Konzeption) als auch von der Möglichkeit der Ausgestaltung her (der empirischen Überprüfbarkeit ihrer Hypothesen) erfüllt werden kann. Diese Doppelseitigkeit des Problems muß besonders betont werden. Denn die „logische Richtigkeit des Ableitungs-

---

[17] Rose spricht davon, daß das Instrumentarium verabsolutiert und seine Ausgestaltung nicht mehr nur als Mittel zum Zweck angesehen werde; vgl. K. Rose, Der Erkenntniswert der Wachstumsmodelle, JNSt 168 (1956), 321—336, S. 333.

[18] Für Rose sind diese Theorien deshalb keine Wachstumstheorien, weil sie „den wirklichen Ablauf nicht erklären wollen“; vgl. ebenda, S. 330.

[19] Ebenda, S. 333.

[20] J. Niehans, Die Wirkung von Lohnerhöhungen, technischen Fortschritten, Steuern und Spargewohnheiten auf Preise, Produktion und Einkommensverteilung, in Einkommensverteilung und technischer Fortschritt, Schriften des Vereins für Socialpolitik NF 17, Berlin 1959, 9—94, S. 90.

[21] Wie Bombach betont, ist „die Existenzberechtigung eines Modells ... nicht an seine Realitätsbezogenheit gebunden“; vgl. G. Bombach, Wirtschaftswachstum und Stabilität ..., a. a. O., S. 20.

[22] Wenn Reitter bemerkt, daß „gerade in der spezifischen Zielsetzung (dieser) Wachstumstheorie ... zugleich ihre Rechtfertigung (liegt)“, so muß dem entgegengehalten werden, daß dann eben die eigentliche Zielsetzung verfehlt wurde; vgl. P. Reitter, Außenhandel und wirtschaftliches Wachstum, Diss. München 1959, S. 13.

zusammenhangs ihrer (der Modelltheorie, d. V.) Aussagen ist zwar eine notwendige, aber keine hinreichende Bedingung der Brauchbarkeit einer Theorie für die Erklärung der Tatsachen"[23]. Die empirisch-statistische Überprüfung ihrer Prämissen und Konklusionen muß hinzutreten. „Ökonomische Gesetze bedürfen, auch als Bestandteile von Modellen, der empirischen Überprüfung und der Bestätigung aufgrund von Tatsachen. Sie müssen daher zunächst empirisch gehaltvolle Aussagen sein".[24] Diese Feststellung steht nicht im Widerspruch zu den Abstraktionen im Modell. Preiser sagt darüber: „Ohne die kühnen Abstraktionen der Theorie bekämen wir überhaupt keine Einsicht in die Gesetze der Wirtschaft. Die Tatsachen allein reden nicht; man muß sie dazu zwingen, und das tut die Theorie, indem sie die Denkmöglichkeit des Prozesses untersucht. Eine ‚realistische' Theorie ist ein Widerspruch in sich selbst, es sei denn, man meine damit, die Theorie dürfe nicht mit unzulänglichen Modellen arbeiten, dürfe nicht wesentliche Daten übersehen, dürfe nicht bei zu hohen Abstraktionen stehenbleiben"[25].

2. Die exakte Modelltheorie

a) Grundlagen und Grenzen

Um allgemeingültige Feststellungen treffen zu können, ist eine theoretische Betrachtung des Beobachtungsgegenstandes notwendig; zugleich bedeutet das aber eine „Einengung des Erkenntnisgegenstandes auf seine logischen Elemente".[26] Das Herauslösen des Erkenntnisobjekts aus seiner Umwelt, um zu Erkenntnissen zu gelangen, wird also erkauft mit dem gleichzeitigen Abrücken von der Wirklichkeit. Modelle sind immer gedankliche Konstruktionen, die zwar darauf ausgerichtet sein müssen, die Wirklichkeit zu erfassen, die aber immer nur bestimmte, für die Fragestellung besonders relevante Faktoren auswählen können und dann versuchen müssen, durch Herausfinden von Gesetzmäßigkeiten allgemeingültige Erkenntnisse zu erhalten.[27] Eine erste Begrenzung des Wachstumsmodells besteht also darin, daß man notwendigerweise die Einfachheit und Überschaubarkeit der Modellbeziehungen, aus denen klare Erkenntnisse gewonnen werden können, der Vielfalt von Faktoren vorzieht, deren Berücksichtigung zwar das Ganze wirk-

[23] H. Albert, Der logische Charakter der theoretischen Nationalökonomie, JNSt 171 (1959), 1—13, S. 8/9.

[24] Ebenda, S. 13.

[25] E. Preiser, Gestalt und Gestaltung der Wirtschaft, Tübingen 1934, S. 115.

[26] G. Kade, Die logischen Grundlagen der mathematischen Wirtschaftstheorie als Methodenproblem der theoretischen Ökonomik, Berlin 1958, S. 53.

[27] Schneider sieht „die Kunst des Theoretikers ... in seiner Fähigkeit, *fruchtbare* Modelle zu entwerfen, d. h. Modelle, an denen mit den Mitteln logischen Denkens anwendbare Theoreme gewonnen werden"; vgl. E. Schneider, Ökonometrie ..., a. a. O., S. 60* (Hervorhebung durch E. Schneider).

lichkeitsnäher gestalten, aber zu keinen Erkenntnissen mehr führen kann. Eine bestimmte Maßzahl, wieviel Modellgrößen oder Gleichungen ein Modell enthalten darf, um einerseits wirklichkeitsnah zu sein, andererseits der Klarheit zu genügen, läßt sich allerdings nicht angeben, da bestimmte, modellimmanente Faktoren das Bild der Überschaubarkeit und des Erkenntnisreichtums jeweils unterschiedlich gestalten. Auch ist der Versuch zurückzuweisen, bestimmte Gesetze darüber aufzustellen, in welchem Ausmaß oder in welcher Geschwindigkeit die Annäherung an die Wirklichkeit mit dem Unverständlichwerden der Modellkonstruktion bezahlt werden muß[28].

Es ist hier nicht der Ort, eine nähere Untersuchung darüber anzustellen, wie weit Abstraktionen getrieben werden können und welche Größen berücksichtigt werden müssen, um die Wirklichkeitsnähe zu wahren. Eine derartige optimale Größe des Modells würde auch von der jeweiligen Fragestellung abhängen. Daß die „Datenkonkretisierung“[29], d. h. die Fixierung der unabhängigen Variablen nach Art, Umfang und Verknüpfung — womit gleichzeitig gewisse Axiome und Hypothesen gesetzt werden —, immer nur eine Kompromißhandlung sein kann, ergibt sich aus dem Antagonismus zwischen Einfachheit und Klarheit einerseits und Wirklichkeitsnähe der Modelltheorie andererseits[30]. Es erscheint jedoch wichtig, auf einige Probleme grundsätzlicher Art hinzuweisen, die im Zusammenhang mit der Aufstellung von Wachstumsmodellen auftauchen und die einer gewissen Klärung bedürfen, ehe mit der eigentlichen Kritik am Objekt begonnen wird.

1. Werden Fragen des gesamtwirtschaftlichen Wachstumsprozesses behandelt, so sind hierfür nur makroökonomische Größen geeignet, die allerdings, je nach der speziellen Fragestellung und dem „Grad der rechnerischen Bearbeitungsmöglichkeiten“[31], sinnvoll aufgespalten werden können. So liegen z. B. die decision-models von Frisch und Leontief in ihrem Aggregationsgrad *zwischen* völliger Aggregierung (Keynes) und Aggregatlosigkeit (Walras, Pareto). Für eine längerfristige Analyse, und um eine solche handelt es sich bei der Wachstumsanalyse, sollte auch beachtet werden, daß strukturelle Gesichtspunkte[32] in den

---

[28] Vgl. G. Seiler, Ökonometrische Konjunkturmodelle, Stuttgart 1959, S. 24.

[29] „Benutzt man ein Modell zur Gewinnung theoretischer Erkenntnisse und als vereinfachte Nachbildung der Realität, so muß selbstverständlich noch eine *Konkretisierung der ‚Daten‘*, d. h. der unabhängigen Variablen im Modell, sowie gewisser Axiome betreffend die Verhaltensweise usw. vorgenommen werden“; vgl. K. E. Rohde, Gleichgewicht und Konjunkturtheorie, Stuttgart 1957, S. 45 Fußnote 9 (Hervorhebung von K. E. Rohde).

[30] Vgl. dazu auch W. G. Hoffmann, Zur Realitätsbezogenheit wachstumstheoretischer Annahmen, SZVSt 92 (1956), 432—448, S. 433.

[31] Vgl. E. Schneider, Der Trend des ökonomischen Denkens in der Gegenwart, SZVSt 86 (1950), 219—230, S. 224.

[32] Vgl. hierzu A. Marchal, Die Theorie des wirtschaftlichen Fortschritts, ZN 15 (1956), 173—180, S. 176.

Vordergrund treten, die eine sinnvolle Spaltung bestimmter erklärender Variabler in Strukturkomponenten notwendig machen, wenn wirklichkeitsnahe Aussagen erreicht, d. h. wenn mögliche Strukturverschiebungen im Modell explizite erfaßt werden sollen. Es bleibt dem Geschick und der Einsicht des Theoretikers überlassen, das Problem der Anzahl von „Polen" innerhalb einer Kreislaufbetrachtung und die damit eng zusammenhängende Frage der „Hervorhebung tragender Relationen" zu lösen[33]. Mit Haberler kann gesagt werden, daß der „steinige Weg der Arbeit des Ökonomen auf diesem Gebiet ... konstant zwischen der Scylla einer kasuistischen Ansammlung vieler individueller Fälle und der Charybdis von genialen und klaren, aber spekulativen und halbwahren Theorien hindurchführt"[34].

Neben der Frage, wie weit in einem makroökonomischen Modell die Disaggregation vorangetrieben werden soll, um möglichst wirklichkeitsnahe Relationstypen zu erhalten, ist auch die Frage der fortschreitenden Aggregation bedeutsam, da die meisten Aggregatgrößen aus mikroökonomisch beobachteten Beziehungen durch Analogiebetrachtung, d. h. durch immer weiter fortgeschrittene Aggregation abgeleitet wurden. Infolge dieser Betrachtung ist die Realitätsnähe des Modells nach Theil „closely linked up with the empirical validity of the more basic microtheory"[35]. Wenn dieser Analogieschluß angefochten würde, müßten mikroökonomische Beziehungen als Modellgrößen aufgenommen werden. Sowohl Theil als auch Klein kommen jedoch zu dem Schluß, daß eine solche Analogiebetrachtung („analogy approach") im Prinzip gerechtfertigt ist[36]. Allerdings ergeben sich im Detail eine Reihe von Problemen. Ist es beispielsweise möglich, Mikro- und Makro-Systeme und Mikro- und Makro-Größen derart zu verknüpfen, daß in der Aggregation von der Konsistenz des Systems und der Wirklichkeitsnähe der Variablen nichts eingebüßt wird[37]? Das Konsistenzproblem und das Problem der Strukturinvarianz[38] sind deshalb eingehend zu untersuchen, falls durch Analogieschluß aus mikroökonomischen Größen und Systemen entsprechende makroökonomische Aussagen abgeleitet werden. Man sieht sich,

[33] K. E. Rohde, Gleichgewicht ..., a. a. O., S. 107.

[34] G. Haberler, Prosperität und Depression, Tübingen-Zürich 1955, S. 238.

[35] H. Theil, Linear Aggregation of Economic Relations, Amsterdam 1954, S. 177.

[36] Vgl. ebenda, S. 6; vgl. auch L. R. Klein, Economic Fluctuations in the United States 1921—1941, New York — London 1950, S. 13, und L. R. Klein, Remarks on the Theory of Aggregation, E 14 (1946), 303—312.

[37] Mit diesen Fragen besonders befaßt hat sich G. T. Guilbaud, Les Théories de l'Intérêt Général et le Problème logique de l'Agrégation, É 5 (1952), 501—584.

[38] Das Problem der Strukturinvarianz tritt in Makro-Modellen dadurch auf, daß aggregierte Größen durch ihre mögliche Heterogenität eine Strukturveränderung auf Mikroebene nicht mehr erfassen.

wie Bössmann[39] betont, „einer etwas zwiespältigen Situation" gegenüber. „Einerseits ist es unmöglich, das gesamte Mikromodell mit allen Eigenschaften in der Makrotheorie berücksichtigen zu wollen, deren erstes Erfordernis Übersichtlichkeit und möglichste Einfachheit zur Lösung gesamtwirtschaftlicher Fragen ist, andererseits hängt der Erkenntniswert dieser Makrotheorie natürlich vom Mikrosystem ab". Man wird wohl einen Kompromißweg einschlagen. Soweit Makrofunktionen aus Mikrobeziehungen abgeleitet werden — wobei natürlich vorausgesetzt wird, daß diese Ableitung den Zielsetzungen des gesamtwirtschaftlichen Wachstumsmodells entspricht —, ist eine vergleichende Konsistenzprüfung beider Systeme unumgänglich. Dem Problem der Strukturinvarianz kann dadurch begegnet werden, daß bis zu einem gewissen Ausmaß ursprünglich vollkommen aggregierte Größen disaggregiert werden, um durch die Verfolgung der Entwicklung dieser Größen gleichzeitig die etwaigen Strukturverschiebungen in the long run einfangen zu können. Oberster Grundsatz bleibt jedoch die Übersichtlichkeit des Makromodells.

2. Die Einführung von lags — die Datierung der Variablen nach verschiedenen Zeitperioden — bereichert Aussagekraft und Wirklichkeitsnähe des Modells. Denn einmal kann oft mit einer zeitlichen Verzögerung die Auswirkung einer Ursache dargestellt werden, sofern die Ursache zeitlich vor der Wirkung sichtbar wird. Zum anderen erhöht die Einführung von lags den Grad der Wirklichkeitsnähe von Verhaltens- und technischen Bedingungsfunktionen. Nach Koyck[40] können lags objektive wie subjektive Gründe einer Verzögerung erfassen, seien es natürlich, technisch oder institutionell bedingte Verzögerungen (z. B. Produktionslag, Output-lag, lag bei Dividendenauszahlungen), seien es psychologisch bedingte Reaktionen auf Konsumentenebene (z. B. Robertson-lag). Wenn man sich aber entschlossen hat, lags einzuführen, um der Wirklichkeit näher zu kommen, so müssen jene Konstruktionen vermieden werden, die diese Realitätsbezogenheit wieder in Frage stellen. Oft werden für die verschiedensten Variablen dieselben Verzögerungsperioden eingeführt, so daß z. B. angenommen wird, technisch und psychologisch bedingte Verzögerungen hätten genau dieselbe Dauer. Ähnlich wird mit der Einführung mehrerer lags für eine erklärende Variable verfahren, die an sich der Wirklichkeit gerecht wird, da die Verzögerungen über die Zeit verteilt sind, und es sich eigentlich bei den lags in modelltheoretischer Betrachtung immer um sogenannte distributed lags (Irving Fisher) handelt. Auch hier wird zwar durch

---

[39] Vgl. E. Bössmann, Probleme einer dynamischen Theorie der Konsumfunktion, Berlin 1957, S. 88.

[40] L. M. Koyck, Distributed Lags and Investment Analysis, Amsterdam 1954, S. 6 ff.; vgl. auch G. Seiler, Ökonometrische Konjunkturmodelle . . ., a. a. O., S. 20/21

die vorübergehende Einführung von mehreren lags für eine Variable gezeigt, daß das Problem der Realitätsbezogenheit erkannt wurde, aber durch die spätere Vernachlässigung dieser verschiedenen Perioden dann doch das Prinzip der Einfachheit bevorzugt.

3. Manche Autoren erheben Einwendungen gegen die Wahl linearer Beziehungen zwischen Modellgrößen. So betont Hoppmann, daß bei der Modellkonstruktion nur noch diese Art der Funktionsform verwendet werde, daß man also von einer „Linearhypothese" in Modellen schlechthin sprechen könne[41]. Keynes[42] und Goodwin[43] lehnen diese Form als unwahrscheinlich oder reine mathematische Abstraktion ab. Inwieweit sind diese Vorwürfe berechtigt? Abgesehen davon, daß beide eine verschiedene Linearität im Auge haben (Keynes nimmt die Linearität der Variablen, Goodwin diejenige der Koeffizienten an, da er selbst Gleichungen, die linear in den Variablen sind, verwendet[44]), dürfte es kaum ein Modelltheoretiker unterlassen haben, die Ansätze der Ausgangsgleichungen nach der Wirklichkeitsnähe ihrer Funktionsform sorgfältig zu prüfen. Seiler[45], der sich zur Rechtfertigung der linearen Beziehungen hauptsächlich auf Tinbergen stützt, führt neben der Tatsache, daß tatsächlich oft lineare Beziehungen zu beobachten sind, auch an, daß fast jede nichtlineare Beziehung für kleine Spannen durch eine Gerade ersetzt werden kann.

4. Die Erklärung der wirtschaftlichen Entwicklung ist letztlich nur möglich, wenn die verursachenden Faktoren dieser Entwicklung erkannt und dargelegt sind; die Beziehungen müssen deshalb *ursächlich* gewählt und interpretiert werden. Problematisch ist es aber nun, die tatsächlich bestehenden Kausalbeziehungen in der exakten Modelltheorie einzufangen. A priori muß angenommen werden, daß aufgrund der notwendigerweise abstrahierenden Modellkonstruktion, die sich überdies mit rein ökonomischen Daten begnügen muß, eine Kausalanalyse im Modell nicht möglich ist.

Åkerman[46] versucht dieses Problem zu lösen, indem er die Antinomie zwischen Kausal- und Alternativanalyse auflösen will. Während die Kausalanalyse von der aktuellen Situation ausgeht, um dann in ihrer Ursachenforschung immer weiter auf dahinter liegende Faktoren zurückzugehen, ist die Alternativanalyse „eine logische Aufstellung

---

41 E. Hoppmann, Die Periodenanalyse als Theorie der volkswirtschaftlichen Dynamik, Berlin 1956, S. 184.

42 J. M. Keynes, Professor Tinbergen's Method, EJ 49 (1939), 558—568, S. 564.

43 R. M. Goodwin, The Nonlinear Accelerator and the Persistence of Business Cycles, E 19 (1951), 1—17, S. 1.

44 Vgl. G. Seiler, Ökonometrische Konjunkturmodelle ..., a. a. O., S. 45.

45 Ebenda, S. 47.

46 J. Åkermann, Das Problem der sozialökonomischen Synthese, Lund 1938, S. 246 ff.

von Handlungsalternativen, wobei die Prämissen aus einer unterbewußten kausalanalytischen Untersuchung der Wirklichkeit stammen, aus der jedoch nur die Fakten herausgegriffen werden"[47]. Eine völlige Synthese zwischen beiden ist nach Åkerman nicht möglich, doch muß versucht werden, „die verstehende Kausalanalyse und die in der ökonomischen Politik benutzte Alternativmethode so nahe wie möglich zusammenzuführen"[48]. Das kann dadurch geschehen, daß die Prämissen der Alternativanalyse „immer weiter differenziert *gedacht* werden, wodurch sie an Kenntnis über die faktische Ausgangslage gewinnen"[49]. Daraus kann geschlossen werden, daß in einer gedanklichen Modellkonstruktion keine Kausalanalyse möglich ist.

Hier setzt die Kritik Jöhrs ein[50]. Er postuliert eine Modellkausalität, die nach ihm dadurch gegeben ist, daß das Verhalten der Wirtschaftssubjekte durch bestimmte Motive („bei den sozialen Beziehungen sind die Kräfte die Motive")[51] erfaßt und für den Zusammenhang zwischen diesen Motiven und ihren Ergebnissen eine irreversible Beziehung angenommen wird. Die Verknüpfung von gedachter Ursache und gedachter Wirkung entspricht umsomehr der Wirklichkeit, je mehr die Prämissen des Modells der Realität angepaßt sind. Jöhr will also „mit dem Erkenntnismittel der Modellkausalität die Kausalbeziehung in der Wirklichkeit erfassen"[52]. Sauermann, der sich mit dieser Jöhrschen These auseinandergesetzt hat[53], sieht keinen Weg, wie diese erfüllt werden kann und stellt damit gleichzeitig den Begriff der Modellkausalität in Frage. „Denn selbst wenn man im Modell einen bestimmten Kausalnexus zwischen Größen entweder als Axiom oder als Hypothese annimmt, so ist das keine Wirklichkeitsaussage. Für den Beweis der Geltung der kausalen Prämisse wird man sich auf die Erfahrung berufen müssen"[54]. Da aber, wie Jöhr selbst feststellt, die empirisch ermittelte Kausalität immer nur eine „statistische Kausalität" sein kann[55], wird man den „Beweis, daß die angenommene Kausalbeziehung der realen Kausalität entspricht, ... stets schuldig bleiben ... eine Theorie ökonomischer Prozesse (kann) nur als funktionale Theorie entwickelt werden"[56]. Zwar stützt Jöhr seine These mit dem Hinweis, daß die vorliegenden konjunkturtheoretischen Ergebnisse zeigen, wie „die

47 Ebenda, S. 307.
48 Ebenda, S. 274.
49 Ebenda, S. 307, Hervorhebung von J. Åkerman.
50 W. A. Jöhr, Theoretische Grundlagen der Wirtschaftspolitik, Band II, Die Konjunkturschwankungen, Tübingen — Zürich 1952, S. 80 ff.
51 Ebenda, S. 96.
52 W. A. Jöhr, Die Konjunkturschwankungen ..., a. a. O., S. 106.
53 H. Sauermann, Über einige Probleme der Konjunkturtheorie, ZS 111 (1955), 11—24.
54 Ebenda, S. 20.
55 W. A. Jöhr, Die Konjunkturschwankungen ..., a. a. O., S. 95.
56 H. Sauermann, Über einige Probleme ..., a. a. O., S. 20.

Ursachenforschung ... im Bereiche der Konjunkturprobleme der Wirtschaftspolitik sehr wertvolle Dienste zu leisten vermag"[57], wobei diese Ergebnisse wiederum nicht hätten erreicht werden können, wenn es nicht gelungen wäre, „die Kluft zwischen Modell und Wirklichkeit"[58], zu überbrücken. Und diese Verbindung ist eben, nach Jöhr, nur in der Weise zu erreichen, „daß man die Voraussetzungen des Modells so modifiziert, daß sowohl diese wie die von ihnen abgeleiteten Ergebnisse so weit der Wirklichkeit entsprechen, daß sie ihren Hauptzügen gerecht werden. Ist dies der Fall, so darf man sagen, daß die ... *abgeleiteten Kausalbeziehungen insofern Geltungskraft für die Wirklichkeit haben,* als sie die wichtigsten dort herrschenden ursächlichen Verhältnisse wiedergeben"[59]. Aber Sauermann gibt zu bedenken, daß die Ergebnisse kausaler Konjunkturtheorien sich „angesichts der Wirklichkeit ... als unzureichend oder falsch erweisen"[60].

Einer Klärung des Problems kommt man näher, wenn man sich vergegenwärtigt, daß Jöhr den Wunsch und die Notwendigkeit der Kausalerklärung im Modell von den tatsächlichen Möglichkeiten, diese im Modell durchzuführen, nicht scharf trennt und daß andererseits Sauermann sich zu sehr von unfruchtbaren Konjunkturtheorien leiten ließ, die Bemühungen aber zu wenig beachtete, irreversible Beziehungen auch im Modell einzuführen.

Jöhr ist zunächst zuzustimmen, wenn er alle Versuche, in der theoretischen Ökonomik die Kausalbetrachtung *bewußt* durch eine Funktionalbetrachtung zu ersetzen, zurückweist. Denn wenn die Wirklichkeit nur durch ursächliche Analysen erklärt werden kann, dann bietet die Funktionalbetrachtung keinen Ersatz. „Weder kann die Funktion das entscheidende Merkmal der Kausalität, nämlich den Richtungssinn, ausdrücken, noch ist sie auf alle ökonomisch bedeutsamen Kausalbeziehungen anwendbar"[61]. Aber Jöhr rennt offene Türen ein, da die von ihm[62] angeführten Befürworter einer Funktionalbetrachtung (z. B. Hutchinson) tatsächlich die *Möglichkeit der Durchführung,* nicht die *Notwendigkeit an sich* im Auge gehabt haben. Wie steht es mit dieser Möglichkeit der Durchführung?

---

[57] Jöhr in Erwiderung der Kritik von Sauermann. Vgl. W. A. Jöhr, Die Ursachenforschung als Aufgabe der Konjunkturtheorie, ZS 112 (1956), 20 bis 42, S. 28.

[58] Ebenda, bei Jöhr hervorgehoben.

[59] Ebenda. Hervorhebung von W. A. Jöhr.

[60] H. Sauermann, Über einige Probleme ..., a. a. O., S. 20.

[61] W. A. Jöhr, Die Konjunkturschwankungen ..., a. a. O., S. 92; vgl. hierzu auch die Bemerkung von Kade: „das scholastische ‚scienta est cognito certa per *causas*' ist heute, wie je Richtschnur und Fruchtbarkeitskriterium der empirischen Wissenschaften" (G. Kade, Die logischen Grundlagen ..., a. a. O., S. 139, Hervorhebung von G. Kade).

[62] W. A. Jöhr, Die Konjunkturschwankungen ..., a. a. O., S. 90.

Üblicherweise drückt eine Zeitbetrachtung in einer Gleichung bereits einen irreversiblen Richtungssinn (kausale Sukzession) aus, wobei die zu erklärende Variable meist auf der linken, die erklärende(n) Variable(n) auf der rechten Seite der Gleichung stehen. In solchen dynamischen Relationen, die durch verschiedene Datierung ihrer Variablen gekennzeichnet sind, kann im allgemeinen von der Möglichkeit einer Kausalanalyse gesprochen werden. Tinbergen hat diese Möglichkeit durch die Konstruktion von Pfeilschemata verdeutlicht[63]. In der Systembetrachtung läßt sich diese streng rekursive (oder konsekutive) Folge jedoch nur schwer aufrechterhalten, denn sämtliche zu erklärenden Variablen müßten sich von ihren erklärenden Variablen dadurch unterscheiden, daß jeweils verschiedene Zeitperioden gewählt sind. Ein rekursives System erlaubt zwar eine Kausalinterpretation, kann aber, durch die festgelegte Wahl der erklärenden Variablen in bestimmten Zeitperioden, so abstrakt sein, daß der Bezug zur Wirklichkeit verloren geht. Das betonen auch Klein und Goldberger[64] sowie Bentzel und Hansen[65]. Auch Orcutt muß zugeben, daß „a single causal relation between variables is a more restricted type of statement, in the sense that less is claimed than is claimed by a nondirectional relation between the same variables“[66]. Ein interdependentes System dagegen wird eher der Wirklichkeit entsprechen, und zwar infolge der Möglichkeit, alle wesentlichen realitätsrelevanten Modellgrößen ohne Rücksicht auf ihre Periodenbezogenheit zu wählen. Ein rekursives System erfüllt zwar die Forderung der Kausalität und versucht insofern, die Wirklichkeit zu erfassen, verliert aber wiederum an Realitätsnähe dadurch, daß bei der Auswahl der Variablen gewisse Grenzen gesetzt und unter Umständen nicht alle wesentlichen Bestimmungsgründe in der Gleichung verwertet sind. Seiler[67] sieht in der Konzeption der strukturellen Gleichungen (Wold) eine Lösung des Problems: ein System struktureller Gleichungen muß gefunden werden, „solche Gleichungen, die eine ökonomische Größe aus der Entscheidung relativ unabhängiger Verhaltenseinheiten erklären“[68].

Die *Notwendigkeit* einer Kausalerklärung als eines weiteren Schrittes, den Grad der Wirklichkeitsnähe zu erhöhen, haben wir erkannt und mit Jöhr unterstützt. Die *Möglichkeit ihrer Durchführung* ist

---

[63] J. Tinbergen, Einführung in die Ökonometrie, Wien — Stuttgart 1952, S. 52 ff.

[64] L. R. Klein und A. S. Goldberger, An Econometric Model of the United States 1929—1952, Amsterdam 1955, S. 35.

[65] R. Bentzel und B. Hansen, On Recursiveness and Interdependency in Economic Models, RES 22 (1954/55), 153—168, S. 155.

[66] G. H. Orcutt, Actions, Consequences, and Causal Relations, RESt 34 (1952), 305—313, S. 305.

[67] G. Seiler, Ökonometrische Konjunkturmodelle ..., a. a. O., S. 37 ff.

[68] Ebenda, S. 40.

jedoch nur bedingt gegeben, wie schon Åkerman feststellte. Der These Sauermanns, daß im Modell nur reine Funktionalität möglich sei, muß deshalb der Vorrang vor der „Modellkausalität" Jöhrs gegeben werden. Nur wenn es gelingt, strukturelle Gleichungen „mit einem möglichst hohen Grad an Autonomie"[69] und/oder kausale Sukzessionen mit Hilfe von lag-Beziehungen in das Modell einzuführen — diese Gelegenheit ist nicht immer gegeben —, dann kann von einer eindeutigen Richtungsfolge Ursache—Wirkung im Modell gesprochen werden. Nur wenn jedoch die erklärenden Variablen realistisch sind und wenn außerdem diese Folge aus der „Erfahrung" (Sauermann) deduziert werden kann, dann läßt sich eine Annäherung an die kausalen Beziehungen der Wirklichkeit feststellen.

b) Die ökonometrische Modellvariante

Aus der Erkenntnis heraus, daß es der exakten Modelltheorie nicht gelingen kann, den „vollständigen Bedingungskomplex der ‚zu erklärenden' wirtschaftlichen Phänomene zu erfassen"[70], wurde der Versuch unternommen, die „Kluft zwischen Modell und Wirklichkeit" (Jöhr) durch Einführen eines stochastischen Modellteils zu überbrücken. Dadurch soll dem Wahrscheinlichkeitscharakter ökonomischer Gesetze, wie er z. B. durch Von Zwiedineck-Südenhorst herausgestellt wurde[71], entsprochen werden. Krelle versteht unter diesen Zufallseinflüssen, die von der exakten Modelltheorie unerklärt bleiben, „alle Faktoren, die die gesamtwirtschaftliche Aktivität von der rein ökonomisch-systembedingten abweichen lassen"[72]. Diese Einflüsse sind für die Modellkonstruktion deshalb zufällig, weil sie in der Modelltheorie als Daten erscheinen *müssen*[73]. Der Versuch, im theoretisch-ökonomischen Modellansatz einen stochastischen Teil zu berücksichtigen, kann demnach mit denjenigen Versuchen verglichen werden, die durch das Einführen feldanalytischer Größen als endogene Variable in das Wachstumsmodell die Diskrepanz zwischen Modell und Wirklichkeit überwinden wollten. Wir hatten jedoch gesehen, daß damit der Rahmen der exakten Modell-

---

69 Ebenda, S. 41.

70 H. Stöwe, Ökonometrie und makroökonomische Theorie, Stuttgart 1959, S. 22.

71 O. v. Zwiedineck-Südenhorst, Allgemeine Volkswirtschaftslehre, Berlin — Göttingen — Heidelberg 1948, S. 30 ff.

72 W. Krelle, Grundlinien einer stochastischen Konjunkturtheorie, ZS 115 (1959), 472—494, S. 480.

73 Stöwe spricht davon, daß die „für den realen Wirtschaftsprozeß determinierenden Größen ... nicht rein logisch abgeleitet werden (können) ... Somit erweist sich die stochastische Formulierung der von der Wirtschaftstheorie erfaßten funktionalen Zusammenhänge als eine notwendige Vervollständigung der makroökonomischen Relationen im Hinblick auf das reale Wirtschaftsgeschehen"; vgl. H. Stöwe, Ökonometrie..., a. a. O., S. 22.

theorie gesprengt wird. Insoweit muß man demnach theoretischen Modellanalysen, wie denjenigen Krelles, der das Konjunkturphänomen mit Hilfe einer stochastischen Konjunkturtheorie erklären will[74], skeptisch gegenüberstehen. Boulding ist nur zuzustimmen, wenn er bezweifelt, ob „the stochastic model does more than formalize ignorance in an elegant and perhaps even misleading manner"[75], sofern er unter einem stochastischen Modell eine rein *theoretisch-ökonomische* Modellanalyse mit stochastischen Modellteilen versteht. Dagegen trifft diese Kritik nicht die *empirisch-statistische* Modellanalyse. Denn es ist streng zu unterscheiden zwischen dem theoretischen Modellansatz und zwischen den Methoden, mit deren Hilfe dieser Ansatz *verifiziert* werden soll. Man ist bemüht, „den theoretisch erkannten Zusammenhang ... in einer der Verifizierung zugänglichen (operativen) Fassung zu formulieren"[76]. Und diese Fassung kann nur auf wahrscheinlichkeitstheoretischer Grundlage ruhen, da die zur Verfügung stehenden Beobachtungsdaten naturgemäß die ganze Komplexität des Wachstumsprozesses mit einschließen, also sowohl die Auswirkungen ökonomischer als auch außerökonomischer Bestimmungsfaktoren. Da aber die von der Wirtschaftstheorie erkenntnismäßig gewonnenen funktionalen Zusammenhänge die Wirklichkeit nur hypothetisch charakterisieren können, bleibt zwischen der Theorie und den die Wirklichkeit wiedergebenden Beobachtungsdaten ein unerklärter Rest. Die Verifizierung der Theorie kann somit nur gelingen, wenn dieser unerklärte Rest in irgendeiner Weise berücksichtigt wird. „Nicht das reale Wirtschaftsgeschehen hat Zufallscharakter," wie sich Stöwe ausdrückt, „sondern nur vom Allgemeinen, vom logischen Zusammenhang her sind die Realzusammenhänge ‚zufällig'"[77]. Die empirisch-statistische Forschung, die sich das Ziel einer Verifizierung der Theorie an der Wirklichkeit setzt, arbeitet daher nicht mit exakttheoretischen oder funktionalen, sondern mit empirisch-statistischen oder stochastischen Modellen. „Somit erweist sich die stochastische Formulierung der von der Wirtschaftstheorie erfaßten funktionalen Zusammenhänge als eine notwendige Vervollständigung der makroökonomischen Relationen im Hinblick auf das reale Wirtschaftsgeschehen"[78]. Das ursprünglich auf theoretisch-ökonomischer Grundlage aufgebaute Wachstumsmodell muß demnach um einen stochastischen Modellteil erweitert werden, um die *bestehenden* wirtschaftstheoretischen Hypothesen zu verifizieren, *nicht* aber, um die

[74] W. Krelle, Grundlinien ..., a. a. O.; Krelle glaubt, aus den meist enttäuschenden Versuchen bisheriger Konjunkturtheorien ableiten zu können, daß „dem ‚Zufall' im Konjunkturgeschehen eine erheblich größere Bedeutung beizumessen (ist), als es die bisherigen Theorien tun" (ebenda, S. 473).

[75] K. E. Boulding, In Defense of Statics, QJE 69 (1955), 485—502, S. 498.

[76] H. Schmucker, Zur methodischen Entwicklung der empirischen Nachfrageanalyse in den letzten zwanzig Jahren, WA 80 (1958 I), 1—89, S. 3.

[77] H. Stöwe, Ökonometrie ..., a. a. O., S. 8.

[78] Ebenda, S. 22.

(theoretische) Modellanalyse zwecks einer etwaigen besseren Erklärung der Wirklichkeit zu *erweitern*. Eine wertvolle, wenn nicht sogar die entscheidende Hilfestellung nicht nur zur Auswahl der Modellgrößen (ihre Anzahl) sondern auch zu ihrer Ausgestaltung (ihre Veränderung und Verknüpfung) im Hinblick auf die Realitätsbezogenheit des Modells kann und muß die empirisch-statistische Forschung geben, so daß *schon die Modellprämissen* möglichst eng an die Wirklichkeit herangeführt werden. Nur wenn rein hypothetische Verhaltensfunktionen und technische Gleichungen durch empirisch-statistische Forschung gefestigt sind, gelingt es, diese Relationstypen zum Ausgangspunkt der theoretisch exakten Modellanalyse zu machen.

Nur insofern demnach die ökonometrische Forschung zur Wirklichkeitsnähe der Modellprämissen beiträgt und auch Hilfestellung bei der Verifizierung der Modellkonklusionen gibt, halten wir sie für fruchtbar. Wir wollen also nicht so weit gehen, ökonometrische Modelle schlechthin als Ausdrucksform der exakten Modelltheorie zu nehmen. Warum wir die kritische Analyse rein theoretisch gehaltener Wachstumsmodelle bevorzugen, dürfte aus dem bisher Gesagten schon deutlich geworden sein. Einige Gesichtspunkte kommen jedoch noch hinzu.

1. Ökonometrische Modelle, etwa das von Clark[79] oder das von Klein und Goldberger[80], sind zweifach limitiert: durch die Zeit und durch den Raum. Sie können immer nur Gesetze für ein bestimmtes Land innerhalb eines bestimmten Zeitraums aufstellen. Ob diese Gesetze auch für andere Länder innerhalb des gleichen Zeitraums und/oder auch für das gleiche Land in einem anderen Zeitraum gelten, ist völlig ungewiß. Das rein theoretische Modell ist diesen Gefahren nicht ausgesetzt. Es versucht, allgemeingültige Sätze aufzustellen, die von Zeit und Raum unabhängig sind oder zumindest weitgehend unabhängig sein sollen.

2. Wenn man Wachstumsmodelle nicht nur zur Erklärung der Vergangenheit sondern auch zu Prognosezwecken heranzieht — und die Möglichkeit dazu ist vorhanden[81] — dann muß dieses Wachstumsmodell so beschaffen sein, daß mögliche Strukturverschiebungen durch das Modell erfaßt und dargelegt werden können. Smithies bezweifelt, ob ein ökonometrisches Modell diese Forderung erfüllen kann.[82]

---

[79] C. Clark, A System of Equations Explaining the United States Trade Cycle, 1921 to 1941, E 17 (1949), 93—124.

[80] L. R. Klein und A. S. Goldberger, An Econometric Model ..., a. a. O.

[81] „Theorien, mit deren Hilfe man tatsächliche Vorgänge erklären kann, sind im allgemeinen auch prognostisch verwendbar, da sie nomologische Hypothesen enthalten. Wir haben keinen Anlaß, im Bereich der empirischen Wissenschaft einen anderen Theorietyp anzustreben"; vgl. H. Albert, Der logische Charakter ..., a. a. O., S. 11.

[82] "... numerical models that are adequate from the theoretical point of view are unlikely to be useful instruments of prediction. Prediction, in my view, must depend on cruder statistical methods, supplemented by

3. Es ist oft der Versuch gemacht worden, aus beobachteten Regelmäßigkeiten bestimmter statistischer Reihen Theorien zu formen[83]. Ökonometrische Modelle sind diesen Versuchen weit eher ausgesetzt als rein theoretische Modelle.

3. Die Genese der modernen Wachstumstheorie als Ausgangspunkt für das Einteilungskriterium unserer Untersuchung

Als methodologische Grundlage für die Erfassung der wirtschaftlichen Entwicklungsprozesse haben wir die exakte Modelltheorie und innerhalb dieser wiederum die reine Modelltheorie gewählt.

Die Frage bleibt offen, welches Einteilungskriterium unserer Untersuchung zugrundegelegt werden soll. Es gibt zwei Möglichkeiten: Entweder man unterstellt, daß bestimmte Fakten für ein derartiges Modell wesentlich sind. Die Aufgabe würde dann darin bestehen, diese Fakten kritisch zu durchleuchten, um die Frage beantworten zu können, ob die exakte Modelltheorie in der Lage ist, die wirtschaftlichen Entwicklungsprozesse befriedigend erklären zu können. Die andere Möglichkeit besteht darin, von der Genese der modernen Wachstumstheorie[84] her bestimmte Einteilungskriterien für die in der Literatur aufgestellten Modelle zu suchen und schließlich zu einigen repräsentativen Modellen vorzustoßen, die den Untersuchungsgegenstand für unsere Frage abgeben.

Als Hilfsmittel für das Vorgehen nach der ersteren Methode könnte die Veröffentlichung von Koyck und Bos[85] dienen. Diese Autoren setzen bestimmte „strategic points", die sie als wesentliche Einteilungskriterien für Wachstumsmodelle ansehen:

a) Komplementarität oder Substitutionalität der Produktionsfaktoren

b) Größe der marginalen Verbrauchsneigung unter oder gleich eins

Durch Alternativkombinationen erhalten sie vier Fälle, die systematisch behandelt und deren Konsequenzen für das Wirtschaftswachs-

---

judgment. But judgment can be sharpened and improved by knowledge of what can happen under specified conditions. And this is where a model that exhibits a variety of possibilities becomes useful, even though it does not furnish numerical estimates"; vgl. A. Smithies, Economic Fluctuations and Growth, E 25 (1957), 1—52, S. 1.

[83] Vgl. z. B. O. Morgenstern, Experiment und Berechnung großen Umfangs in der Wirtschaftswissenschaft, WA 76 (1956 I), 179—239.

[84] Der Ausdruck „moderne Wachstumstheorie" wird eingeführt, um den Unterschied zu den Wachstumsmodellen der Klassiker herauszustellen.

[85] L. M. Koyck und H. C. Bos, A Comparison of some Types of Growth Models, Rotterdam o. J. (englische Übersetzung von „Vergelijking van enige hoofdtypen van groeimodellen", erschienen in der Monatszeitschrift Economie, April 1958).

tum aufgezeigt werden. Es wäre nun unsere Aufgabe, die durch Veröffentlichungen bekannten Wachstumsmodelle in diese vier Kategorien einzuteilen und schließlich diejenige Kategorie herauszuheben, die am ehesten der Wirklichkeit nahekommt.

Wir haben uns jedoch entschlossen, den zweiten möglichen Weg zu gehen. Die Setzung von „strategic points" ist willkürlich. Es ist nicht sicher, ob sie als Kriterium für den Aufbau von Wachstumsmodellen gelten können. Wir verfolgen die Genese der modernen Wachstumstheorie, verkörpert in den Modellen von Domar und Harrod, stellen die sich dabei ergebenden wesentlichen Gesichtspunkte heraus und gelangen so zu einem Einteilungskriterium für unsere Untersuchung.

II. Die Modelle von Domar und Harrod als Stimulans für die moderne Wachstumstheorie

Die theoretische Analyse langfristiger Wirtschaftsprozesse hat erst wieder in jüngster Zeit an Bedeutung gewonnen. Lange Zeit war das Interesse an solchen Analysen von Fragestellungen nach kurzfristigen Wirtschaftsabläufen überdeckt worden, nicht zuletzt bedingt durch die Ereignisse und Auswirkungen der Weltwirtschaftskrise. Die Vollbeschäftigungspolitik vieler Regierungen nach dem Zweiten Weltkrieg hat jedoch die Vermutung verbreitet, daß sich derartige Geschehnisse nicht mehr wiederholen werden. Gleichzeitig sind im Ringen um wirtschaftliche und politische Macht zwischen Ost und West eindeutig Fragestellungen in den Vordergrund getreten, die eine Analyse *langfristiger* Abläufe verlangen[1]. Die moderne Wachstumstheorie, die sich aus diesen Erfordernissen heraus entwickelte, erhielt ihre methodischen Anregungen vor allem aus den Wachstumsmodellen von Domar und Harrod. Eine kritische Analyse der modernen Wachstumstheorie muß deshalb an diese Modelle anknüpfen. Es ist in diesem Rahmen nicht möglich und auch gar nicht beabsichtigt, einen vollständigen Überblick über sie zu geben. Vielmehr kommt es darauf an, die in ihnen enthaltenen, für die Weiterentwicklung der modernen Wachstumstheorie entscheidenden Faktoren herauszustellen.

1. Aussagewert der Modelle für die Weiterentwicklung der modernen Wachstumstheorie

a) Das Domar-Modell

Das Wachstumsmodell von Domar[2] läßt sich sowohl auf das Keynessche System als auch auf die Modelle der Klassiker zurückführen. Die

[1] Domar sieht das Interesse für Wachstumsanalysen nicht als zufällig an. Vielmehr kommt es "on the one side from a belated awareness that in our economy full employment without growth is impossible and, on the other, from the present international conflict which makes growth a condition of survival". Vgl. E. D. Domar, Economic Growth: An Economic Approach, AER 42 (1952) P. P., 479—495, S. 481.

[2] Vgl. E. D. Domar, Capital Expansion, Rate of Growth, and Employment, E 14 (1946), 137—147; E. D. Domar, Expansion and Employment, AER 37 (1947), 34—55; E. D. Domar, The Problem of Capital Accumulation, AER 38 (1948), 777—794; E. D. Domar, Economic Growth ..., a. a. O. Diese Aufsätze wurden in einem Band zusammengefaßt: E. D. Domar, Essays in the Theory of Economic Growth, New York 1957. — Von Veröffentlichungen, die eine Vertiefung dieser hier angesprochenen Probleme bringen, seien nur genannt:

Einkommens- und Beschäftigungstheorie von Keynes arbeitet vorwiegend mit dem Investitionsmultiplikator, der den Einkommenseffekt der Nettoinvestitionen aufzeigt, während die Theorie der Klassiker vornehmlich auf die Erklärung der Erhöhung der volkswirtschaftlichen Produktionskapazität ausgerichtet ist. Domar verbindet beide Aspekte. Es ergeben sich daraus vier Gesichtspunkte, die für die moderne Wachstumstheorie richtungweisend waren.

1. Für das wirtschaftliche Wachstum ist die gesamtwirtschaftliche Nettoinvestition der entscheidende Faktor. Nach Preiser „gibt es für das wirtschaftliche Wachstum nur eine einzige zugleich notwendige und hinreichende Bedingung: eine positive Investition“[3]. Diese notwendige und hinreichende Bedingung nennt Domar den „dual effect“ der Investition[4]. Eine positive Nettoinvestition erzeugt einmal zusätzliche Produktionskapazitäten (Kapazitätseffekt der Investition); insofern ist sie für das wirtschaftliche Wachstum notwendig. Andererseits bringt sie aber auch eine zusätzliche effektive Nachfrage hervor, ausgelöst durch ihren Multiplikatoreffekt (Einkommenseffekt der Investition); insofern ist sie für das wirtschaftliche Wachstum hinreichend. Denn es ist wohl möglich, daß auch andere Faktoren eine effektive Nachfrage verursachen. Bei der Annahme einer konstanten Konsum- bzw. Sparfunktion ist jedoch eben dieselbe Investition, die die Kapazität vergrößert, auch hinreichend für die Auslösung zusätzlicher effektiver Nachfrage.

Domar geht davon aus, daß in einem bestimmten Zeitpunkt t mit dem vorhandenen volkswirtschaftlichen Kapitalstock (K_t) gleichzeitig eine Produktionskapazität (O_t)[5] gegeben ist, die in der Lage ist, eine bestimmte Produktmenge zu erzeugen. Wenn die Produktionskapazität erhöht werden soll ($\dot{O}_t$)[6], muß — bei gegebenem Auslastungsgrad —

E. D. Domar, Essays in Economics of Expansion, Diss. Cambridge (Mass.) 1947; E. D. Domar, Capital Accumulation and the End of Prosperity, E 16 (1948), 98—101; E. D. Domar, Die gegenseitigen Beziehungen zwischen Kapital und Ausstoß in der amerikanischen Wirtschaft, ZN 15 (1956), 115—127; T. C. Schelling, Capital Growth and Equilibrium, AER 37 (1947), 864—876; E. H. Stern, The Problem of Capital Accumulation, AER 39 (1949), 1160—1170 und E. D. Domar, Rejoinder, ebenda, 1170—1172; R. Eisner, Guaranteed Growth of Income, E 21 (1953), 169—171; R. Frisch, A Reconsideration of Domar's Theory of Economic Growth, Memorandum from Institute of Economics, University of Oslo 18. 10. 1959.

[3] E. Preiser, Multiplikatorprozeß und Dynamischer Unternehmergewinn, JNSt 167 (1955), 89—126, w. abgedr. in E. Preiser, Bildung und Verteilung des Volkseinkommens, Göttingen 1957, 124—170, S. 124.

[4] E. D. Domar, Expansion ..., a. a. O., S. 46.

[5] Die Produktionskapazität wird in der Literatur üblicherweise mit P bezeichnet. Um Verwechslungen mit dem später verwendeten Begriff Profit (P) zu vermeiden, wurde für die Produktionskapazität die Bezeichnung O gewählt.

[6] Der Punkt über O drückt die Veränderung von O in der Zeit aus ($dO/dt = \dot{O}_t$).

der Kapitalstock um einen bestimmten positiven Investitionsbetrag (I_t) wachsen ($\dot{K}_t = I_t$). Es läßt sich demnach ein funktionaler Zusammenhang zwischen der Größe des Kapitalstocks und der Produktionskapazität feststellen.

$$O_t = \frac{1}{k} K_t \quad \text{(A. 1)}$$

Der Proportionalitätsfaktor k wird als durchschnittlicher Kapitalkoeffizient bezeichnet[7]. Verändert sich k im Zeitablauf nicht, so gilt für den Zuwachs der (möglichen) Gesamtproduktion und für das Wachstum des Kapitalstocks dieselbe Beziehung wie für die Bestandsgrößen:

$$\dot{O}_t = \frac{1}{k'} I_t \quad \text{(A. 2)}$$

Der Proportionalitätsfaktor k′ in (A. 2) ist der marginale Kapitalkoeffizient. Bei der Konstanz des Verhältnisses von K und O im Zeitablauf entspricht er dem durchschnittlichen Kapitalkoeffizienten k ($k' \equiv k$). Gleichung (A. 2) bestimmt den Kapazitätseffekt der Nettoinvestition. Der Einkommenseffekt dieser Investitionszunahme ergibt sich aus der bekannten Keynesschen Multiplikatorrelation[8]

$$\dot{Y}_t = \frac{1}{s'} \dot{I}_t \quad \text{(A. 3)}$$

$\dot{Y}_t$ bezeichnet den Zuwachs des Realeinkommens; s′ ist die marginale Sparquote, die, da sie als konstant angenommen wird, mit der durchschnittlichen Sparquote s identisch ist ($s' \equiv s$).

---

[7] Der Ausdruck Kapitalkoeffizient stammt von Harrod. Die Unterscheidung zwischen marginalem und durchschnittlichem Kapitalkoeffizienten hat Hansen eingeführt. Vgl. hierzu G. Bombach, Beiträge zur Theorie des wirtschaftlichen Wachstums, Diss. Kiel 1952, S. 51 Fußnote 2.

[8] Das Sparerverhalten kann durch die einfache Beziehung

$$S_t = s' Y_t \quad \text{(A. 3)*}$$

gekennzeichnet werden; die gesamten freiwilligen Ersparnisse (S_t) der Konsumenten werden demnach von der Höhe des gesamten Realeinkommens (Y_t) proportional beeinflußt. Die Investitionsentscheidungen der Unternehmer seien autonom (= modellexogen bestimmt) gegeben

$$I_t = A_t. \quad \text{(A. 3)**}$$

Das Keynessche kurzfristige Gleichgewicht ist gekennzeichnet durch die Beziehung

$$I_t = S_t; \quad \text{(A. 3)***}$$

wenn Gleichgewicht herrschen soll, müssen freiwillige Ersparnis und geplante Investition einander entsprechen. Unter Berücksichtigung von (A. 3)*** ergibt sich aus (A. 3)* und (A. 3)**

$Y_t = \frac{1}{s'} I_t$; es gilt auch, wenn die Sparquote im Zeitablauf konstant bleibt,

$$\dot{Y}_t = \frac{1}{s'} \dot{I}_t \quad \text{(A.3)}$$

2. Ist die gesamtwirtschaftliche Nettoinvestition in ihrem Ausmaß und in ihrer Veränderung letztlich bestimmend für das wirtschaftliche Wachstum, so liegt der Schluß nahe, von einem gleichgewichtigen Wachstum dann zu sprechen, wenn Kapazitäts- und Einkommenseffekt dieser Investition gleich sind, d. h. wenn die neu geschaffenen Kapazitäten voll (oder optimal) ausgelastet sind:

(A. 4) $$\dot{Y}_t = \dot{O}_t \; .$$

Unter Berücksichtigung von (A. 2) und (A. 3) besagt die gesetzte Gleichgewichtsbedingung (A. 4) demnach, daß der Einkommenszuwachs ($\dot{Y}_t = \dot{I}_t/s'$), hervorgerufen durch die Zunahme der Nettoinvestition $\dot{I}_t$, gerade so groß sein muß, daß die zusätzliche Produktionskapazität ($\dot{O}_t = I_t/k'$), hervorgerufen durch die Nettoinvestition I_t, voll (oder optimal) ausgelastet wird:

(A. 5) $$\frac{1}{s'} \dot{I}_t = \frac{1}{k'} I_t \; ,$$

oder, da die marginalen Proportionalitätsfaktoren bei Konstanz im Zeitablauf jeweils mit ihren Durchschnittsgrößen übereinstimmen,

(A. 6) $$\frac{\dot{I}_t}{I_t} = \frac{s}{k} \; .$$

Nach Domar stellt sich ein gleichgewichtiges (oder störungsfreies) Wachstum in der fortschreitenden Wirtschaft dann ein, wenn die volkswirtschaftliche Nettoinvestition mit der konstanten Rate s/k wächst.

3. Gleichung (A. 6) kann auch als homogene Differentialgleichung erster Ordnung geschrieben werden

(A. 7) $$\dot{I}_t = \frac{s}{k} I_t \; .$$

Die Lösung dieser Gleichung ergibt die Wachstumsfunktion für die Nettoinvestition

(A. 8) $$I_t = I_0 \, e^{\frac{s}{k} t} \; .$$

Der Verlauf der gesamtwirtschaftlichen Nettoinvestition hängt ab vom Verlauf des (geometrischen) Zeittrends: die Stärke des Wachstums wird bestimmt durch s und k, die Lage des Zeittrends hängt ab von der Ausgangsinvestition I_0. Gleichung (A. 8) zeigt deutlich, daß die Aufrechterhaltung des störungsfreien Wachstums nur von einer Bedingung abhängt: daß weitere Investitionen vorgenommen werden. „Die Investitionen müssen ständig weiterwachsen, um das der gleichzeitig mitwachsenden Produktionskapazität angemessene Gesamteinkommen zu erzeugen. Jede Investition drängt zu einer noch größeren Investition in den folgenden Perioden[9]." Die Nettoinvestitionen „müssen im Zeitablauf nach einer Exponentialfunktion wachsen, wenn ein störungsfreies Wachstum gewährleistet sein soll"[10].

4. Domar ist sich darüber im klaren, daß Gleichung (A. 6) nur eine Bedingungsgleichung darstellt, die über die Wachstums*kräfte* in der Wirtschaft noch nichts aussagt. Nicht etwa Kapitalkoeffizient und Sparquote sind die treibenden Kräfte. Nach Domar kann allein die Wirtschaftspolitik ein Wachstum garantieren, das durch den Gleichgewichtspfad — gemäß (A. 6) oder (A. 8) — vorgezeichnet ist[11]. Diese Garantie ist so zu verstehen: Die Unternehmer können damit rechnen, daß das Bruttosozialprodukt in jedem Jahr um die „required rate of investment growth for full employment" wächst[12]; dafür sorgt die Vollbeschäftigungspolitik der Regierung. Die private Wirtschaft richtet danach ihre Investitionstätigkeit ein. Die Wirtschaftspolitik bestimmt die Erwartungen der Unternehmer, und die Unternehmer ermöglichen die garantierte Wachstumsrate der Wirtschaft durch ihre Investitionsentscheidungen.

Nach Domars Meinung genügt ein derartiges „highly simplified symbolic model", um der Wirtschaftspolitik einen Orientierungspunkt zu geben. Domar hat damit zweifellos die eigentliche Zielsetzung der Wachstumstheorie, die Triebkräfte des wirtschaftlichen Wachstums herauszustellen und den daraus resultierenden Prozeß zu beschreiben, vernachlässigt und sich auf die spezielle Zielsetzung beschränkt, Voraussetzungen und Bedingungen für ein gleichgewichtiges Wachstum aufzuzeigen. Daß er damit nur eine analytische Maßstabfunktion[13] für die Analyse von Wachstumsprozessen einführen wollte, ist wenig wahrscheinlich. Vielmehr war ihm daran gelegen, die Gleichgewichtsanalyse konstruktiv anzuwenden, nämlich ein Wachstumsmodell aufzustellen, an dem sich die Wirtschaftspolitik orientieren konnte und sollte.

---

[9] G. Bombach, Zur Theorie des wirtschaftlichen Wachstums, WA 70 (1953 I), 110—162, S. 114. Vgl. hierzu auch T. C. Schelling, Capital Growth ..., a. a. O., S. 865.

[10] E. Schneider, Einführung in die Wirtschaftstheorie, III. Teil, Tübingen 1959, S. 226.

[11] "Technological progress and saving place in our hand the potential power of achieving an ever increasing national income. More than that, they make it imperative that such growth be attained: the alternative is mass unemployment and destruction. But neither technological progress, nor of course saving, guarantees that the rise in income will actually take place. This rise depends on our economic policies" (E. D. Domar, Essays in Economics of Expansion ..., a. a. O., S. 1 u. S. 35 f.

[12] Vgl. T. C. Schelling, Capital Growth ..., a. a. O., S. 870.

[13] Rohde sieht die Bedeutung des dynamischen Gleichgewichts in zweifacher Weise. Er spricht von einem „analytischen" und einem „konstruktiven" Anwendungszweck. Vgl. K. E. Rohde, Gleichgewicht ..., a. a. O., S. 219.

b) Das Harrod-Modell

Harrod[14] lehnt sich in seiner Modellkonzeption zunächst eng an die Keynesschen Gedankengänge an. Allerdings gehen in seine Betrachtungen nicht mehr autonome (= modellexogen bestimmte) Investitionen ein. Er versucht, das Zustandekommen der Investitionsentscheidungen mit Hilfe des Akzelerationsprinzips zu erklären. Neben dieser Betrachtungsweise kurzfristiger Vorgänge bezieht Harrod jedoch auch die Analyse langfristiger Abläufe in sein Modell ein, die vor allem die Frage nach dem störungsfreien Wirtschaftswachstum beantworten soll. Insofern lassen sich Berührungspunkte mit der Theorie von Domar feststellen. Auch hier ist es angebracht, in Form von vier Thesen die Bedeutung des Wachstumsmodells von Harrod für die Weiterentwicklung der modernen Wachstumstheorie darzulegen.

1. Geht man davon aus, daß in einer geschlossenen Wirtschaft die Nachfrage von den gesamtwirtschaftlichen Größen Nettoinvestition (I_t) und Konsum (C_t) abhängt, so läßt sich diese Nachfrage bestimmen, wenn Verhaltensfunktionen für I_t und C_t (bzw. S_t) aufgestellt werden können. Die Sparentscheidungen der Konsumenten hängen nach den Annahmen von Harrod ausschließlich von der Höhe des Realeinkommens ab — vgl. (A. 9) —, die Investitionsentscheidungen der Unternehmer werden durch die Veränderung dieses Einkommens induziert — vgl. (A. 10).

Beide Funktionalzusammenhänge sind von proportionaler Form; s und v wollen wir als Sparquote und Akzeleratorkoeffizient[15] bezeichnen. Ihre Marginal- und Durchschnittswerte entsprechen einander wegen ihrer angenommenen Konstanz im Zeitablauf.

(A. 9) $$S_t = sY_t$$

(A. 10) $$I_t = v\dot{Y}_t\ .$$

[14] Das Modell Harrods ist vor allem in folgenden Veröffentlichungen entwickelt worden: R. F. Harrod, The Trade Cycle, Oxford 1936; R. F. Harrod, An Essay in Dynamic Theory, EJ 49 (1939), 14—33; R. F. Harrod, Towards a Dynamic Economics, London 1948; deutsch: Dynamische Wirtschaft, Wien — Stuttgart 1949; R. F. Harrod, Notes on Trade Cycle Theory, EJ 61 (1951), 261—275; R. F. Harrod, Economic Essays, London 1952; R. F. Harrod, Second Essay in Dynamic Theory, EJ 70 (1960), 277—293. An Aufsätzen, die sich besonders mit dem Harrod-Modell beschäftigen, seien nur genannt: R. G. Hawtrey, Mr. Harrod's Essay in Dynamic Theory, EJ 49 (1939), 468—475; T. C. Schelling, Capital Growth ..., a. a. O.; W. J. Baumol, Notes on Some Dynamic Models, EJ 58 (1948), 506—521; W. J. Baumol, Formalisation of Mr. Harrod's Model, EJ 59 (1949), 625—629; J. Robinson, Mr. Harrod's Dynamics, EJ 59 (1949), 68—85; J. R. Hicks, Mr. Harrod's Dynamic Theory, Ea 16 (1949), 106—121; S. S. Alexander, The Accelerator as a Generator of Steady Growth, QJE 63 (1949), 174—197; S. S. Alexander, Mr. Harrod's Dynamic Model, EJ 60 (1950), 724—739; H. Rose, The Possibility of Warranted Growth, EJ 69 (1959), 313—332.

[15] Die Bezeichnungen sind anders gewählt als bei Harrod, um seine Theorie mit anderen Wachstumsmodellen vergleichbar zu machen.

Harrod kommt das Verdienst zu, durch die Einführung des Akzelerationsprinzips „das im wesentlichen statische System der Keynesschen Theorie zu dynamisieren und damit, was bisher nicht möglich war, die Keynesschen Instrumente nutzbringend auf die Erklärung der Konjunkturzyklen anzuwenden“[16]. Über die Definitionsgleichung des Realeinkommens

(A. 11) $$Y_t = I_t + C_t$$

lassen sich Multiplikator und Akzelerator zusammenführen. Je nach der Wahl der Koeffizienten ergeben sich verschiedenartige Verläufe des Realeinkommens[17].

2. Wird in dieses dynamisierte System[18] die Keynessche Gleichgewichtsbedingung eingeführt — (A. 3)*** $I_t = S_t$ —, so gilt, unter Berücksichtigung von (A. 9) und (A. 10), die Beziehung

(A. 12) $$\frac{\dot{Y}_t}{Y_t} = \frac{s}{v} .$$

Bei der Interpretation des Einkommenswachstums setzt nun die wachstumstheoretische Konzeption Harrods ein. Er knüpft an die durch (A. 12) bestimmte Gleichgewichtswachstumsrate des Einkommens ein „Existenztheorem“ und ein „Instabilitätstheorem“ an[19].

Die Existenz des Gleichgewichtswachstums setzt — bei gegebener Sparquote — einen bestimmten Investitionsbetrag voraus. Die Unternehmer haben es in der Hand, diesen Betrag auszugeben. Es kann auch vermutet werden, daß sie an der Aufrechterhaltung dieser warranted rate of growth (Gw) festhalten wollen, denn nach Harrod sind, wenn die Wirtschaft auf dem Gleichgewichtspfad Gw wächst, die Unternehmererwartungen erfüllt worden[20]. Die Unternehmer werden da-

---

[16] K. Rose, Die Bedeutung des Akzelerationsprinzips für die Dynamisierung des Keynes'schen Systems, JNSt 165 (1953), 321—360, S. 322.

[17] Es sei darauf hingewiesen, daß der statische Multiplikator nur das Verhältnis zwischen S und I angibt, ohne etwas über den Prozeß auszusagen. Beim dynamischen Multiplikator erfolgt eine allmähliche Anpassung beider Größen; das Einkommen in den Zwischenperioden resultiert jeweils aus der Zusammenfassung der (durch den Multiplikatorprozeß veränderten) Größe C mit den Investitionen: $Y_t = C_t + I_t$. Gleichgewichtseinkommen stellen sich nur in der Anfangs- und Endperiode ein (Y_1 und Y_n). Nur hier gilt die Gleichgewichtsbedingung, daß $I_t = S_t$.

[18] Harrod versteht unter Dynamik die Veränderung ökonomischer Größen: "Dynamics would be concerned with an economy in which the rates of output are changing" (R. F. Harrod, Towards ..., a. a. O., S. 4).

[19] Vgl. hierzu K. Marwede, Harrods Theorie des langfristigen Gleichgewichtswachstums, Diss. Kiel 1952, S. 108 ff.

[20] "... the warranted rate of growth is taken to be that rate of growth which, if it occurs, will leave all parties satisfied that they have produced neither more nor less than the right amount" (R. F. Harrod, An Essay ..., a. a. O., S. 16.

durch veranlaßt, dieses Wachstum auch in der kommenden Periode beizubehalten. Es stellt sich demnach ein moving equilibrium ein, das mit der Vorstellung von einer gleichmäßig fortschreitenden Wirtschaft (Cassel[21], Lundberg[22]) verglichen werden kann: „The line of output traced by the warranted rate of growth is a moving equilibrium, in the sense that it represents the one level of output at which producers will feel in the upshot that they have done the right thing, and which will induce them to continue in the same line of advance[23].“ Bezeichnet man mit U_t die Differenz zwischen der geplanten Investition und der freiwilligen Ersparnis, und mit g_Y die tatsächliche Wachstumsrate des Einkommens, so ist (A. 13) die notwendige und hinreichende Bedingung für die Existenz der Gleichgewichtswachstumsrate Gw[24], wie aus (A. 14) sowie aus (A. 15) — eine etwas veränderte Form von (A. 12) — abgelesen werden kann[25]

(A. 13) $$U_t = o$$

(A. 14) $$g_{Y(t+1)} = g_{Y(t)} + f(U_t)$$

(A. 15) $$\frac{\dot{Y}_t}{Y_t} = \frac{S_t}{Y_t} \cdot \frac{\dot{Y}_t}{I_t} .$$

Wird die notwendige Übereinstimmung nicht erreicht, so ergibt sich die Tendenz zur Abkehr von Gw. Das System wird instabil, da sich das tatsächliche Wachstum des Einkommens vom Gleichgewichtswachstum des Einkommens immer mehr entfernt. Dieses „Instabilitätstheorem“ leitet sich ab aus der Eigenart des moving equilibrium. Nach der üblichen Definition ist ein System dann stabil, wenn es sich im Zeitverlauf einem bestimmten Grenzwert nähert. Dieser Grenzwert ist jedoch bei einem moving equilibrium nicht gegeben. Das geringste Abweichen vom Gleichgewichtspfad führt zur Instabilität des Systems[26].

---

[21] G. Cassel, Theoretische Sozialökonomie, Leipzig 1918.

[22] E. Lundberg, Studies in the Theory of Economic Expansion, London 1937.

[23] R. F. Harrod, An Essay ..., a. a. O., S. 22.

[24] Vgl. hierzu S. S. Alexander, Mr. Harrod's Dynamic Model ..., a. a. O., S. 728 ff.

[25] $g_{Y(t)} = g_{Y(t+1)} =$ Gw, wenn $U_t = o$, d. h. $I_t = S_t$.

[26] "... in the dynamic field we have a condition opposite from that which holds in the static field. A departure from equilibrium instead of being self-righting, will be self-aggravating"; vgl. R. F. Harrod, An Essay ..., a. a. O., S. 18. Einige Autoren bestätigen dieses Instabilitätstheorem. Vgl. z. B. T. C. Schelling, Capital Growth ..., a. a. O., S. 870; W. J. Baumol, Economic Dynamics, New York 1951, S. 46 ff.; D. Hamberg, Economic Growth and Instability, New York 1956, S. 202 ff.; R. G. D. Allen, Mathematical Economics, London 1956, S. 74 ff.; Jorgenson dagegen versucht zu beweisen, daß die Harrodschen Annahmen nicht ausreichen, um ein Instabilitätstheorem zu postulieren. Vgl. D. W. Jorgenson, On Stability in the Sense of Harrod, Ea 27 (1960), 243—248; es ist hier nicht Aufgabe, dieses Problem näher zu untersuchen. Fest steht, daß Harrod durch sein Instabilitätstheorem die Weiterentwicklung der Wachstumstheorie befruchtet hat.

Die Unternehmer können jedoch ihre Investitionspolitik nur verfolgen, wenn ein entsprechendes Wirtschaftspotential zur Verfügung steht. Dieses Potential wird nach Harrod durch die Zunahme der erwerbstätigen Bevölkerung und durch den kontinuierlich fließenden technischen Fortschritt bestimmt. Neben der warranted rate of growth (Gw) wird die natural rate of growth in das Modell eingeführt (Gn). Ein Gleichgewichtswachstum kann nunmehr nur eintreten, wenn beide Raten einander entsprechen (Gw = Gn). Die komparativ-dynamische Analyse zwischen Gw und Gn ist somit schließlich das Problem des Harrod-Modells.

3. Die Lösung von Gleichung (A. 12) ergibt die Wachstumsfunktion für das Realeinkommen

(A. 16) $$Y_t = Y_0 \, e^{\frac{s}{v}t} \; .$$

Aus (A. 16) geht hervor, daß das Realeinkommen einem Exponentialpfad folgen muß, wenn ein gleichgewichtiges (oder störungsfreies) Wachstum garantiert werden soll. Der Pfad wird in seiner Lage durch das Ausgangseinkommen Y_0 und in seiner Krümmung durch die Größen s und v bestimmt. Das (Gleichgewichts-) Einkommen in Periode (t + 1) ist somit approximativ das (1 + g)-fache des Einkommens in Periode t, wenn mit g die konstante Gleichgewichtswachstumsrate bezeichnet wird. Dieses in der Mathematik als stetig oder organisch benannte Wachstum läßt sich demnach auch so darstellen:

(A. 17) $$Y_t = Y_0 (1+s/v)^t \; .$$

4. Harrod versucht von Anfang an, der eigentlichen Zielsetzung der Wachstumstheorie gerecht zu werden, d. h. den Ablauf und die Kräfte des wirtschaftlichen Wachstums zu erklären. Er hat, um diesen Versuch durchzuführen, einige für die Weiterentwicklung der modernen Wachstumstheorie bedeutsame neue Wege beschritten.

Durch die Einführung des Akzelerationsprinzips in das Keynessche System ist ihm eine Dynamisierung von vordem statischen Theoremen geglückt; der dynamische Begriff verbindet sich bei ihm mit dem Begriff der wachsenden Wirtschaft schlechthin. Die Dynamisierung bringt gleichzeitig eine enge Verbindung von kurzfristiger und langfristiger Betrachtungsweise.

Die Gleichgewichtskonzeption bei Harrod erfüllt den Zweck einer analytischen Maßstabfunktion. Die warranted rate of growth oder die natural rate of growth sind Hilfsmittel für eine dynamische Wachstumsanalyse. Mit ihrer Hilfe sollen die tatsächlich wirksamen Wachstumskräfte gemessen werden, an ihnen orientiert Harrod sein System. Das wird besonders deutlich an der Konzeption des Existenz- und des

Instabilitätstheorems für Gw sowie an der Konstruktion der potentiellen gesamtwirtschaftlichen Wachstumsrate (Gn)[27]. Alle Gleichgewichtsbegriffe sind konstruierte Hilfsmittel, die im Vergleich mit den Daten des tatsächlichen Wirtschaftsablaufs gewisse Aussagen im Hinblick auf die Zielsetzung der Wachstumstheorie erlauben.

Die Anregung, die aus den Modellen von Domar und Harrod für die Weiterentwicklung der modernen Wachstumstheorie kamen, lassen sich nunmehr ohne Schwierigkeiten aus den jeweils vier aufgestellten Thesen ablesen. Eine zusammenfassende Übersicht kann jedoch erst gegeben werden, wenn weitere Einflußfaktoren für die Weiterentwicklung der modernen Wachstumstheorie analysiert worden sind.

c) Das vermeintliche Domar-Harrod-Modell

Schon bald nach der ersten Veröffentlichung im Jahre 1946[28] war das Domarsche Modell mit dem Harrodschen in Verbindung gebracht worden[29]. In der Folgezeit wurde oft vom Domar-Harrod-Modelltyp gesprochen, obwohl sich Domar äußerst zurückhaltend über mögliche Ähnlichkeiten seines Modells mit demjenigen Harrods geäußert hatte[30] und Harrod erst 1959 zu diesem Fragenkomplex Stellung nahm[31]. Anderen wiederum war es von jeher ein Rätsel gewesen, warum die „required rate of growth of investment" Domars und die „warranted rate of income growth" Harrods zu ähnlichen Ergebnissen führen sollten[32]. Es ist nicht unwichtig für die Analyse der Weiterentwicklung der modernen Wachstumstheorie, die Behauptung der Gleichheit oder Ähnlichkeit zu untersuchen. Aus dem Postulat der vermeintlichen Übereinstimmung beider Modelle sind manche Unklarheiten erwachsen und weitergetragen worden.

Es erscheint möglich, die Wachstumsmodelle von Domar und Harrod zusammenzuführen, wenn gezeigt werden kann, daß ihre Grundgleichungen — (A. 6) und (A. 12) — einander gleich sind. Der Ansatzpunkt für diese Beweisführung wird in den Größen v und k gesehen.

---

[27] Hamberg stellt die Funktion von Gn besonders deutlich heraus; er bezeichnet sie als "maximum potential rate of income growth". Vgl. D. Hamberg, Economic Growth . . ., a. a. O., S. 96.

[28] Vgl. E. D. Domar, Capital Expansion . . ., a. a. O.

[29] T. C. Schelling, Capital Growth . . ., a. a. O., S. 864; vgl. z. B. auch L. B. Yeager, Some Questions about Growth Economics, AER 44 (1954), 53—63.

[30] E. D. Domar, Expansion . . ., a. a. O., S. 42 Fußnote 11a; E. D. Domar, Economic Growth . . ., a. a. O., S. 481.

[31] R. F. Harrod, Domar and Dynamic Economics, EJ 69 (1959), 451—464.

[32] Vgl. z. B. H. T. Oshima, Income Originating in the Models of Harrod and Domar, EJ 69 (1959), 443—450, S. 443; auch Graziani betont die Verschiedenheit der Modelle von Domar und Harrod. Die Beweisführung ist jedoch anders als hier. Vgl. A. Graziani, Teorie e Modelli di Sviluppo economico, GE 18 (1959), 38—69, S. 38 ff., insbes. S. 44 ff.

Wenn nämlich Akzeleratorkoeffizient und Kapitalkoeffizient identisch gleich sind, dann entsprechen sich auch die Grundgleichungen (A. 6) und (A. 12):

$$\text{(A. 6)} \qquad \frac{\dot{I}_t}{I_t} = \frac{s}{k}$$

$$\text{(A. 12)} \qquad \frac{\dot{Y}_t}{Y_t} = \frac{s}{v} \; ;$$

sofern $k \equiv v$, dann

$$\text{(A. 6)} \equiv \text{(A. 12)} \qquad \frac{\dot{Y}_t}{Y_t} = \frac{\dot{I}_t}{I_t} = \frac{s}{k} \, .$$

Es bestanden schon immer erhebliche Zweifel darüber, ob im Harrodschen Modell die Größe Cr (die hier als v bezeichnet wurde) nun als Akzeleratorkoeffizient oder als marginaler Kapitalkoeffizient zu interpretieren sei. Cr wurde deshalb „das interessanteste und schwer verständlichste Symbol (in) Harrods dynamischer Theorie" genannt[33]. Mancher Interpret des Harrodschen Modells hat die Größe Cr als Kapitalkoeffizient gedeutet[34]. Harrod selbst kommt zu dem Schluß, daß zwischen dem Kapitalkoeffizienten im Domarschen Modell und seinem Koeffizienten Cr kein Unterschied bestehe: „My approach was quite reasonably regarded as giving expression to the acceleration principle, about which Domar appeared to say nothing. If we carefully note the fact that Domar's σ (der reziproke Wert von k, d. Verf.) is valued on the basis that the new investment is properly utilised ... and the fact that my Cr is valued on the basis that the new investment is no more nor less than that required to produce a growth of output, i. e., that it is properly utilised, it is evident that $\sigma = 1/\text{Cr}$"[35].

Diese Aussage scheint im übrigen bestätigt zu werden durch Äußerungen über die ökonomische Identität von v und k, die sich nicht speziell auf die Modelle von Domar und Harrod beziehen, sondern als allgemeine Feststellungen zum Problem der Übereinstimmung von Akzelerator und Kapitalkoeffizient gewertet werden müssen. So argumentiert z. B. Bombach: „ Der Akzelerator ist, wenn wir die Investition als eine Funktion der Änderungen des gesamten Realeinkommens .. ansehen, nichts anderes als der marginale Kapitalkoeffizient ... Es kommt auf das gleiche hinaus, wenn man sagt, es bestehe ein linearer (oder auch proportionaler) Zusammenhang zwischen Kapitalstock und Realeinkommen (Fellners capital-output-ratio) oder wenn man sagt, es bestehe ein proportionaler Zusammenhang zwischen *Änderungen* des

---

[33] K. Marwede, Harrods Theorie..., a. a. O., S. 160.

[34] Vgl. z. B. A. E. Ott, Über die Gleichgewichtsbedingungen in einer wachsenden Wirtschaft, JNSt 173 (1961), 229—240, S. 231.

[35] R. F. Harrod, Domar and Dynamic Economics..., a. a. O., S. 452.

Kapitalstocks — d. h. der Nettoinvestition — und *Änderungen* des Realeinkommens"[36]. Fellner äußert, man könne zwar zunächst annehmen, daß der Akzelerator mehr ein psychologischer als ein technologischer Koeffizient sei, aber: „The ‚accelerator' determines merely the technologically ‚induced' investment from the *past increase in output*. In other words, it determines the investment which would be *technologically* justified if output were now stabilized at the level just achieved"[37].

Die spezielle Beweisführung Harrods sowie die prinzipielle Beweisführung Bombachs und Fellners können jedoch nicht überzeugen.

Harrod hat durch die Einführung des Akzelerationsprinzips seinem System eine Verhaltensfunktion für die Investitionsentscheidungen der Unternehmer, eine Investitionsfunktion, eingefügt, er hat, wie schon dargelegt wurde, das Keynessche System dadurch dynamisiert. Domar dagegen ging aus von der ursprünglichen (Keynesschen) Form des Einkommenseffekts der Investition; hier sind die Investitionen von außen (autonom) gegeben. Das System enthält keine Investitionsfunktion, nur eine technische Bedingungsgleichung für die Auswirkung der Investition auf die Kapazitätsänderung (Kapazitätseffekt der Investition). Wäre aber Cr bei Harrod der marginale Kapitalkoeffizient, so müßten, da die Existenz des Akzelerationsprinzips im Harrodschen Modell feststeht, Akzelerationsprinzip und Kapazitätseffekt einander entsprechen.

Fragt man nach der kausalanalytischen Aussage von Akzelerationsprinzip einerseits und Kapazitätseffekt der Investition andererseits, so ergibt sich, daß beim ersteren die Einkommensänderung die unabhängige, die induzierte Investition die abhängige Variable ist, während beim Kapazitätseffekt der Investition die Investition die unabhängige und die Einkommensänderung die abhängige Variable darstellt. Diese Verhältnisse werden verdeutlicht durch die Einführung von Differenzengleichungen[38] (statt bisher Differentialgleichungen), die über die relevanten Perioden, in denen die jeweilige Änderung der Systemvariablen stattfindet, Aufschluß geben. Bezeichnet man den Zeitraum zwischen einer Einkommensänderung und dem Beginn der dadurch beim Unternehmer angeregten Investitionsausgabe mit p (= reaction period), den Zeitraum vom Beginn bis zur Fertigstellung dieser Investition mit q (= gestation period), so steht für das Akzelerationsprinzip

$$I_t = v(Y_{t-p} - Y_{t-p-1}) \quad \text{(A. 18)}$$

[36] G. Bombach, Beiträge ..., a. a. O., S. 58 (Hervorhebungen von G. Bombach).

[37] W. Fellner, Long-Term Tendencies in Private Capital Formation. The Rate of Growth and Capital Coefficients, in Long-Range Economic Projection, Princeton 1954, 275—331, S. 296 (Hervorhebungen von W. Fellner).

[38] Vgl. hierzu A. E. Ott, The Relation between the Accelerator and the Capital Output Ratio, RES 25 (1958), 190—196.

und den Kapazitätseffekt der Investition

$$O_{t+q} - O_{t+q-1} = \frac{I_t}{k'} . \qquad \text{(A. 19)}$$

Beide, Akzelerationsprinzip und Kapazitätseffekt der Investition, sind einander nur dann identisch gleich, wenn folgende Bedingungen gelten:

Bedingung 1: $Y_t = O_t$

Bedingung 2: $-p = +q$[39].

Selbst wenn unterstellt würde, daß Bedingung 1 gilt und gleichzeitig auch die Wachstumsrate dieses Gleichgewichtseinkommens (g) konstant wäre, daß also

$$\frac{Y_{t+q} - Y_{t+q-1}}{Y_{t+q-1}} = \frac{Y_{t-p} - Y_{t-p-1}}{Y_{t-p-1}} = g, \qquad \text{(A. 20)}$$

so würden, wenn Bedingung 2 nicht erfüllt ist, Akzeleratorkoeffizient und Kapitalkoeffizient nicht gleich sein, sondern in der von Ott aufgezeigten Weise[40] zusammenhängen:

$$v = k'(1+g)^{p+q} . \qquad \text{(A. 21)}$$

Gilt andererseits nur Bedingung 2, nicht aber Bedingung 1, so würden zwar die Zeitintervalle

a) Reaktion des Unternehmers auf Einkommensänderungen

b) Inangriffnahme und Fertigstellung der Investition

zusammenfallen, es wäre aber keineswegs sicher, daß die Investitionsausgaben der Unternehmer auch tatsächlich einen entsprechenden Kapazitätseffekt ausgelöst hätten, d. h. daß ein Gleichgewichtszustand zwischen Anregung und Ausführung der Investition eingetreten wäre. Diese Folgerung gilt selbstverständlich auch für den Fall, daß Bedingung 2 a: $p = q = o$ ist. Auch hier fallen die Zeitintervalle zusammen; die Koeffizienten v und k' sind jedoch deshalb nicht notwendig gleich, weil es ungewiß ist, ob der aus der Investitionsausgabe resultierende Kapazitätseffekt genau die diese Neuinvestition induzierende Einkommensveränderung deckt. Wir kommen demnach zu dem Schluß, daß Bedingung 1 eine zwar notwendige, jedoch nicht hinreichende Bedingung für die Gleichheit der Koeffizienten v und k' darstellt und daß dasselbe für Bedingung 2 (bzw. 2 a) gilt.

Wenn Harrod unterstellt, daß seine Grundgleichung (A. 12) derjenigen Domars (A. 6) entspricht, dann muß er implizite die unter den Punkten 1 und 2 (bzw. 2 a) genannten Bedingungen gesetzt haben. Denn diese Bedingungen ergeben in Verbindung mit (A. 18) und (A. 19), daß v und k' einander gleich sind.

---

[39] Die Alternativbedingung $+p = -q$ ist ökonomisch irrelevant.

[40] A. E. Ott, Der Gleichgewichts-Akzelerator, IS 5 (1959), 113—116.

Hat Harrod diese beiden Bedingungen gesetzt, dann bieten sich hierfür zwei Erklärungsmöglichkeiten.

1. Harrod setzt beide Bedingungen, um sein Modell wirklichkeitsnah zu gestalten. Bedingung 2 dürfte aber in der Realität nicht zu beobachten sein. Denn es läßt sich kaum vorstellen, daß das Zeitintervall, das von der Änderung des Volkseinkommens bis zur (dadurch induzierten) Investitionsausgabe läuft, und das Zeitintervall, das von der Inangriffnahme der Investition bis zu ihrer Fertigstellung reicht, gleich sind. Noch weniger ist die Bedingung 2 a, die dem Harrod-Modell offensichtlich zugrundeliegt, realistisch: es ist unwahrscheinlich, daß die Induktion der Investitionsausgabe und die Erstellung der Investition in ein und derselben Periode stattfinden.

Vor allem jedoch ist zu beachten, daß Domar den Kapazitätseffekt der Investition in den Vordergrund stellt, Harrod dagegen vom Akzelerationsprinzip ausgeht. Beide, Akzelerationsprinzip und Kapazitätseffekt der Investition, sind in ihrer Kausalitätsbeziehung, in ihrer zeitlichen Verbundenheit und in ihrer Begriffsbestimmung jedoch verschieden; in ihrer Kausalitätsbeziehung deshalb, weil beide jeweils verschiedene abhängige und unabhängige Variable enthalten, in ihrer zeitlichen Verbundenheit deshalb, weil beide verschiedene Zeitintervalle (reaction period und gestation period) beinhalten, und schließlich in ihrer Begriffsbestimmung deshalb, weil der Kapazitätseffekt Aussagen über rein technische Relationen, das Akzelerationsprinzip dagegen über eine Verhaltensweise von Wirtschaftssubjekten (Unternehmer) macht.

Die erste Erklärungsmöglichkeit, warum Harrod die oben genannten beiden Bedingungen gesetzt hat, scheidet also aus, denn weder ist anzunehmen, daß Harrod so unrealistische Hypothesen in sein Modell aufnimmt, noch kann unterstellt werden, daß er sich über den logischen Aufbau seiner Modellstruktur nicht im klaren war; eine Vermengung von Kapazitätseffekt der Investition und Akzelerationsprinzip wäre jedenfalls ein schwerer Verstoß gegen die Gliederung der Reaktionstypen (Verhaltensgleichung oder technische Bedingungsgleichung) im Modell.

2. Harrod setzt beide Bedingungen, um in sein Modell ein (analytisches) Gleichgewichtssystem einzubauen. Zur Prüfung dieser Frage möge die von Hamberg und Schultze aufgestellte Behauptung dienen, Akzelerator und (marginaler) Kapitalkoeffizient müßten einander gleich sein, wenn ein „true dynamic equilibrium" gewährleistet sein solle[41].

---

[41] Vgl. D. Hamberg und C. L. Schultze, Autonomous vs. Induced Investment: The Interrelatedness of Parameters in Growth Models, EJ 71 (1961), 53—65, S. 58 ff.

Hamberg und Schultze kennzeichnen die Modelle von Domar und Harrod mit Hilfe von Differenzengleichungen. Das Domar-Modell läßt sich dann ausdrücken durch

(A. 2)* $$O_t - O_{t-1} = \frac{1}{k'} I_t \quad ;$$

unter Berücksichtigung der Gleichgewichtsbedingungen (A. 3)*** und (A. 4) sowie der Verhaltensgleichung (A. 3)*

(A. 3)*** $$I_t = S_t$$

(A. 4) $$\dot{Y}_t = \dot{O}_t$$

(A. 3)* $$S_t = s'Y_t$$

wird aus (A. 2)*

(A. 22) $$Y_t = Y_{t-1} + \frac{s'}{k'} Y_t \qquad \text{oder}$$ [42]

(A. 22)* $$\frac{Y_t - Y_{t-1}}{Y_{t-1}} = \frac{s/k}{1 - s/k}$$

Das Harrod-Modell läßt sich, wenn man (A. 9)

(A. 9) $$S_t = sY_t \qquad \text{und}$$

(A. 10)* $$I_t = v(Y_t - Y_{t-1}) \qquad \text{in}$$

(A. 11) $$Y_t = I_t + C_t \qquad \text{einsetzt, darstellen mit}$$

(A. 23) $$Y_t = (1-s)\, Y_t + v(Y_t - Y_{t-1}) \quad \text{oder}$$

(A. 23)* $$\frac{Y_t - Y_{t-1}}{Y_{t-1}} = \frac{s}{v - s}$$

In der Tat ergäbe sich aus einer Gleichsetzung von $v = k$ eine identische Gleichgewichtswachstumsrate in beiden Modellen. Hamberg und Schultze meinen nun, um ihre Behauptung (A. 22)* = (A. 23)* zu untermauern, der Akzelerator müsse, wenn eine Gleichgewichtswachstumsrate im System erreicht werden wolle, dem marginalen Kapitalkoeffizienten gleich sein. „If induced investment were greater or less than that indicated by the technical capital coefficient, excess or deficient capacity would eventuate, and $v\,(Y_t - Y_{t-1})$ would cease to represent the investment demand ... That is to say, the warranted growth rate ... does more than maintain consistency in spending decisions; it also assures continuous full utilisation of the growing capital stock; in

---

[42] Wenn (A. 22) durch Y_{t-1} dividiert wird, ergibt sich $\frac{Y_t}{Y_{t-1}} = \frac{1}{1 - s'/k'}$ oder

(A. 22)* $$\frac{Y_t}{Y_{t-1}} - 1 = \frac{Y_t - Y_{t-1}}{Y_{t-1}} = \frac{1}{1 - s'/k'} - 1 = \frac{s/k}{1 - s/k} \quad ;$$

dabei ist berücksichtigt, daß bei Konstanz der Parameter Durchschnittsgrößen und Marginalgrößen gleich sind.

other words, it is a full-capacity growth rate as well"[43]. An anderer Stelle heißt es: „Only when the reaction coefficient v, which describes entrepreneurial investment behaviour, is equal to the technical capital coefficient ..., which stipulates the capacity consequences of investment, will the two growth rates be equality, and true dynamic equilibrium be attained"[44].

Dieser Feststellung ist ohne Vorbehalt zuzustimmen. Denn es läßt sich nicht denken, daß in einem System ein *gleichgewichtiger* Zustand erreicht wird, bei dem die durch die Einkommenserhöhungen induzierten Investitionen zu Kapazitätserweiterungen führen würden, die dann nicht ausgelastet werden. Insofern ist das Modell von Domar vollständig im Sinne der Gleichgewichtsargumentation. Denn es gewährleistet über (A. 3)*** und (A. 4) dieses „true dynamic equilibrium". Harrod aber muß, wenn er sich diesem System anpassen will, als zweite Gleichgewichtsbedingung die Gleichung (A. 4) einführen und Bedingung 2 akzeptieren. Das Beispiel hat somit deutlich gezeigt, daß Domar die Gleichgewichtskonzeption in seinem Modell in den Vordergrund stellt, Harrod *nicht*. Wenn aber die Gleichgewichtswachstumsrate des Domar-Modells und des Harrod-Modells übereinstimmt, d. h. wenn Gleichgewichtsakzelerator und Gleichgewichtskapitalkoeffizient identisch sind, dann sind auch Zahl und Art der Gleichgewichtsbedingungsgleichungen in beiden Modellen dieselben. Denn es läßt sich nach unserer Analyse des Zusammenhangs von Akzelerationsprinzip und Kapazitätseffekt der Investition feststellen, daß dann die Bedingung 1, d. h. die Gleichgewichtsbedingung $Y_t = O_t$ im Harrod-Modell, zusätzlich auftritt. Diese Bedingung entspricht aber der Gleichung (A. 4) bei Domar, da (A. 4) ohne weiteres aus Bedingung 1 folgt[45].

---

[43] D. Hamberg und C. L. Schultze, Autonomous vs. Induced Investment ..., a. a. O., S. 59.

[44] Ebenda, S. 60.

[45] Auch Ott will beweisen, daß das Domar-Modell und das Harrod-Modell nach Zahl und Art dieselben Gleichgewichtsbedingungen enthalten. Er sagt zunächst: „Die Modelle Domars und Harrods bestehen offenbar aus den gleichen Funktionen: einer Gleichung für den Kapazitätseffekt der Investitionen und einer Gleichung für den Einkommenseffekt. Beide Theorien führen zu demselben Ergebnis, zu der gleichen Fortschrittsrate einer im Gleichgewicht wachsenden Wirtschaft. Jede Theorie fordert aber eine andere Gleichgewichtsbedingung: bei Domar ist es die Gleichheit von Güterangebot und effektiver Nachfrage bzw. deren Zuwächsen, bei Harrod die Gleichheit von freiwilligem Sparen und geplanter Investition" (vgl. A. E. Ott, Über die Gleichgewichtsbedingungen in einer wachsenden Wirtschaft..., a. a. O., S. 231 ff.). Er kommt dann im Verlauf seiner Analyse zu der (richtigen) Feststellung, daß die Gleichgewichtsbedingungen in beiden Modellen identisch sind. Zu der Art seiner Analyse und zu seinen Feststellungen ist jedoch folgendes zu bemerken:

(1) Die Meinung Otts, das Harrod-Modell enthalte eine Gleichung für den Kapazitätseffekt, ist anfechtbar. In Wirklichkeit arbeitet Harrod mit dem Akzelerationsprinzip, womit sich schon zeigt, daß seine Theorie einen ganz anderen Typus darstellt als das Domar-Modell. Ott übersieht, daß

Aus dem Beispiel lassen sich weitere Schlüsse ziehen. Bei Wachstumsmodellen, die sich vor allem an der gesamtwirtschaftlichen Nachfrage orientieren (Harrod-Modelltyp), ist streng zu scheiden zwischen dem Modellteil, der die Wirklichkeit erfassen will, und dem Modellteil, der die Gleichgewichtsbedingungen enthält. Nur im letzteren Modellteil sind Akzelerator und Kapitalkoeffizient einander gleich, es handelt sich also hier immer um einen Gleichgewichtsakzelerator und einen Gleichgewichtskapitalkoeffizienten. Nur in diesem Teil entsprechen sich auch die Modelle von Domar und Harrod. Leider wird diese strenge Trennung oft nicht beachtet. Manches Mißverständnis hätte, wenn dies der Fall wäre, vermieden werden können. Modelle, die von der Angebotsseite der Wirtschaft ausgehen, wie das Domar-Modell, kennen keine Zweiteilung ihres Modells. Sie scheinen von vornherein ein reines Gleichgewichtssystem anzustreben. Deshalb ist es erklärlich, warum Domar durch sein Modell die für die fortschreitende Wirtschaft relevanten Gleichgewichtsbedingungen explizite aufgezeigt hat. Daß es sich dabei nicht um ein Modell handelt, das die Wirklichkeit nachbilden will, ist meist ebenso aus dem Gedächtnis vieler Theoretiker geschwunden wie die Zweiteilung des Modells bei nachfrageorientierten Modellen.

2. Folgerungen für die Typisierung der modernen Wachstumstheorie

a) Zusammenfassung der für die Weiterentwicklung der modernen Wachstumstheorie entscheidenden Faktoren

Wir sind nunmehr in der Lage, die Faktoren der Modelle Domars und Harrods, auch des vermeintlichen Domar-Harrod-Modelltyps, zusammenzufassen, die für die Weiterentwicklung der modernen Wachs-

bei *nachfrageorientierten* Modellen streng zwischen demjenigen Modellteil, der die Realität, und demjenigen, der das Gleichgewicht beschreibt, zu trennen ist. Das Harrod-Modell enthält keine Gleichung für den Kapazitätseffekt der Investitionen, wenigstens nicht in dem Modellteil, der die Realität beschreiben soll. Das war aus unserer Analyse deutlich geworden.

(2) Die Meinung Otts, das Domar-Modell enthalte *zunächst* nur eine Gleichgewichtsbedingung, ist nicht richtig, wie aus unserer Analyse hervorgeht. Es ist nicht vorstellbar, wie Domar zu einer *Gleichgewichts*wachstumsrate der Investition kommen soll, wenn neben dem Gleichgewicht von Güterangebot und effektiver Nachfrage nicht auch diese effektive Nachfrage (der Multiplikator) gleichgewichtig ist, also wenn hier nicht die Gleichgewichtsbedingung (A. 3)*** gilt. Das heißt aber nichts anderes, als daß die Keynessche Gleichgewichtsbedingung *von vornherein* im Domar-Modell enthalten sein muß.

tumstheorie entscheidend waren. Wie aus der vorstehenden Analyse hervorgeht, handelt es sich um zehn Faktoren, die im folgenden kurz aufgezählt werden.

Domar-Modell

1. Die gesamtwirtschaftliche Nettoinvestition beeinflußt durch ihren Einkommenseffekt und ihren Kapazitätseffekt das wirtschaftliche Wachstum entscheidend.
2. Ein gleichgewichtiges (oder störungsfreies) Wachstum ergibt sich dann, wenn beide Effekte einander entsprechen.
3. Das Gleichgewichtswachstum der Nettoinvestition verläuft auf einem Exponentialpfad.
4. Nicht die Triebkräfte des wirtschaftlichen Wachstums werden analysiert. Vielmehr ist es das Ziel Domars, einen bedingungstheoretischen Gleichgewichtspfad vorzuzeichnen, der Richtschnur für eine wachstumsorientierte Wirtschaftspolitik sein soll.

Harrod-Modell

5. Das statische Multiplikator-System von Keynes wird durch die Einführung des Akzelerationsprinzips dynamisiert und zum Multiplikator-Akzelerator-Prinzip erweitert. Die Investition wird zugleich endogener Modellbestandteil.
6. Es wird unterschieden zwischen einem Unternehmergleichgewicht (warranted rate of growth Gw), das nachfrageorientiert ist, und einem Potentialgleichgewicht (natural rate of growth Gn), das angebotsorientiert ist.
7. Das Gleichgewichtswachstum des Realeinkommens folgt einem Exponentialpfad.
8. Es sollen die eigentlichen Triebkräfte des Wachstums analysiert werden. Gleichgewichts- und Stabilitätstheoreme sind Hilfsmittel dieser dynamischen Analyse.

Vermeintlicher Domar-Harrod-Modelltyp

9. Akzelerationsprinzip und Kapazitätseffekt der Investition sind nicht identisch, sondern in ihrer Kausalitätsbeziehung, in ihrer zeitlichen Verbundenheit und in ihrer Begriffsbestimmung voneinander verschieden.
10. Nur in einem Wachstumsmodell, das die Nachfrageseite der Gesamtwirtschaft in den Vordergrund stellt, ist eine, wenn auch nur implizite Trennung in einen Modellteil, der die Wirklich-

keit erklären soll, und in einen solchen, der das Gleichgewichtssystem wiedergibt, zu erkennen. Ein Wachstumsmodell mit angebotsorientierter Prägung will vor allem das gleichgewichtige System im Wachstum aufzeigen.
Art und Anzahl der Bedingungsgleichungen des Gleichgewichts in einem Wachstumsmodell hängen ab von Art, Anzahl und Verknüpfung der vorhandenen modellendogenen Variablen.

Die angeführten zehn Punkte lassen sich zu zwei Gruppen zusammenfassen. Die Modelle von Domar und Harrod haben sowohl zur konstruktiven Ausweitung der ihnen zeitlich nachfolgenden Wachstumsmodelle als auch zu Modellen, die eine dynamische Analyse ermöglichen und einen gleichgewichtigen Wachstumsablauf postulieren, angeregt. Beide Gruppen lassen sich aus den vorgeführten Punkten ableiten:

I. Nachfrageorientierte Wachstumsmodelle

1. Wirklichkeitserklärung
   Beeinflußt durch 5, 8, 9
2. Gleichgewichtssystem
   Beeinflußt durch 6, 7, 10

II. Angebotsorientierte Wachstumsmodelle

1. Wirklichkeitserklärung
   Beeinflußt durch 1, 8, 9
2. Gleichgewichtssystem
   Beeinflußt durch 2, 3, 4, 10

Was die Modelle von Domar und Harrod zur Weiterentwicklung der modernen Wachstumstheorie beigetragen haben, ist nach dem Gesagten deutlich geworden. Sie sind nicht nur deshalb als Stimulans für die moderne Wachstumstheorie anzusehen, weil sie durch ihre provozierende Einfachheit heftiger Kritik, auch konstruktiver, ausgesetzt waren. Sie sind vor allem deshalb als Stimulans anzusehen, weil sie den Rahmen gesteckt haben für die Interpretation und Erklärung wirtschaftlicher Entwicklungsprozesse im Wachstumsmodell. Man wird daran erinnert, beim Modellbau nachfragebedingte und angebotsbedingte Größen zu beachten und mit dem analytischen Hilfsmittel des dynamischen Gleichgewichts eine dynamische Analyse durchzuführen. Man kann feststellen, daß die Weiterentwicklung der modernen Wachstumstheorie nach dieser Zweiteilung verlaufen ist: In der wachstumstheoretischen Literatur hat sich im Anschluß an die Modelle von Domar und Harrod eine angebotsorientierte und eine nachfrageorientierte Entwicklungslinie herausgebildet.

b) Zielsetzung und Aufgabe unserer Untersuchung: Kritische Analyse der nachfrage- und angebotsorientierten Wachstumstheorien

Die Zielsetzung unserer Untersuchung ist nach alledem deutlich geworden. Es ist zu prüfen, ob die moderne Wachstumstheorie — in ihrer Form als reiner Modelltheorie — in der Lage ist, den wirtschaftlichen Entwicklungsprozeß befriedigend zu erklären.

Als Aufgabe ergibt sich für uns daraus, die Entwicklungslinien der modernen Wachstumstheorie, nachfrage- und angebotsorientierte Modelle, auf ihren Erkenntniswert bezüglich der Erklärung wirtschaftlicher Entwicklungsprozesse zu untersuchen. Diese Untersuchung verfolgt bewußt nicht den Zweck der vollständigen Übersicht über die Literatur der modernen Wachstumstheorie. Vielmehr soll anhand einiger, allerdings für die moderne Wachstumstheorie repräsentativer Beispiele die Problematik des Erklärungsversuchs der wirtschaftlichen Wachstumsvorgänge aufgezeigt werden. Diese Untersuchung bestimmter Beispiele verfolgt einen weiteren Zweck. Sie soll gleichzeitig auf diejenigen Wachstumsmodelle hinführen, die dem Verfasser für eine spezielle Analyse der modernen Wachstumstheorie besonders geeignet zu sein scheinen.

B. Die nachfrageorientierte Wachstumstheorie

Der weitgehend unregelmäßige Verlauf des Wirtschaftswachstums hat die Wirtschaftstheoretiker angeregt, nach Gesetzmäßigkeiten zu suchen, die diesen Verlauf erklären könnten. Meist wurde die Ansicht vertreten, daß dieser unregelmäßige Verlauf von der Entwicklung der gesamtwirtschaftlichen Nachfrage induziert werde. Schon verhältnismäßig früh wurden Akzelerator- und Multiplikatortheorie als Erklärungsversuche herangezogen[1]. Erst die Kombination beider Theoreme, die Harrod in die Wachstumstheorie einführte, ermöglichte jedoch eine lückenlose endogene Analyse der Wirkungen, die von der gesamtwirtschaftlichen Nachfrage und ihrer Auswirkung auf das Wirtschaftswachstum ausgehen. Man erkannte aber bald, daß ohne Berücksichtigung gesamtwirtschaftlicher Angebotsfaktoren im Modell eine ausreichende Erklärung des Wirtschaftswachstums nicht möglich war. Es entstanden Modelle, die für sich in Anspruch nahmen, das Wachstumsproblem sowohl von der Angebots- als auch von der Nachfrageseite modellendogen zu erklären. Meist handelt es sich dabei, wie z. B. bei dem Modell von Minsky, um eine Untersuchung „of the joint implications of the accelerator-multiplier and the ceiling hypotheses"[2]. Es wird unsere nächste Aufgabe sein, die Entwicklung der nachfrageorientierten Modelltheorie kurz zu skizzieren, um dann anhand einer speziellen Analyse des nach unserer Ansicht repräsentativen Wachstumsmodells der nachfrageorientierten Richtung die Grenzen der nachfrageorientierten Wachstumstheorie aufzuzeigen.

---

[1] Die ersten Ansätze einer Akzeleratortheorie finden sich bei T. N. Carver, A Suggestion for a Theory of Industrial Depressions, QJE Mai 1903, zitiert nach G. Haberler, Prosperität..., a. a. O., S. 89. Über die Einführung des Multiplikatortheorems in die wirtschaftswissenschaftliche Literatur schreibt Schneider: „Mit voller Klarheit wird das Multiplikatortheorem — auch dem Namen nach — für den Fall des Kontraktionsprozesses von N. Johannsen in seiner erstmals 1903 veröffentlichten Theorie der wirtschaftlichen Depression entwickelt" (vgl. E. Schneider, Einführung in die Wirtschaftstheorie, III. Teil..., a. a. O., S. 155). Beide Theoreme sind somit zur gleichen Zeit (im Jahre 1903) in die Literatur eingegangen, wenn auch nicht in der heute üblichen Form. Es hat indessen noch über 30 Jahre gedauert, bis die Kombination beider Theoreme versucht wurde.

[2] H. P. Minsky, A Linear Model of Cyclical Growth, RESt 41 (1959), 133—145, S. 135.

I. Entwicklungsphasen der nachfrageorientierten Wachstumstheorie

1. Der Multiplikator-Akzelerator-Mechanismus als Erklärungsversuch wirtschaftlicher Prozeßabläufe auf der Nachfrageseite

Will man den wirtschaftlichen Entwicklungsprozeß mit Hilfe nachfrageorientierter Aggregatgrößen erklären, so besteht die Aufgabe darin, bestimmte Thesen über das Verhalten der Wirtschaftssubjekte als Konsumenten und Unternehmer aufzustellen. Um das Unternehmerverhalten zu erläutern, hat sich die Konjunkturtheorie seit Carver[3] unter anderem des Akzelerationsprinzips als spezieller Investitionsfunktion bedient. Nach dem Akzelerationsprinzip sind die Investitionsentscheidungen der Unternehmer abhängig von der Veränderung des gesamtwirtschaftlichen Konsums oder des Volkseinkommens. Das Konsumentenverhalten wird durch eine einfache Abhängigkeit des Konsums von der Höhe des Volkseinkommens erfaßt. Es ist das besondere Verdienst von Keynes, diese Abhängigkeit in Form der Multiplikatortheorie klar herausgearbeitet zu haben[4].

Die Zusammenführung von Multiplikatortheorie und Akzelerationsprinzip bot die Möglichkeit, eine stark vereinfachte und dadurch leicht zu handhabende Grundthese über die Entwicklung der nachfrageorientierten Aggregatgrößen aufzustellen, den Multiplikator-Akzelerator-Mechanismus. In Anlehnung an Hansen zeigte Samuelson[5] anhand eines einfachen Modells, daß sich durch die Kombination von

---

[3] T. N. Carver, A Suggestion ..., a. a. O. Die grundlegende und namengebende Arbeit über das Akzelerationsprinzip stammt von J. M. Clark, Business Acceleration and the Law of Demand: A Technical Factor in Economic Cycles, JPE 25 (1917), 217—235, w.abgedr. in Readings in Business Cycle Theory, London 1950, 235—260.

[4] Keynes hat damit den Beschäftigungsmultiplikator von Kahn ausgebaut und eigentlich erst zur Geltung gebracht. Vgl. R. F. Kahn, The Relation of Home Investment to Unemployment, EJ 41 (1931), 173—198; J. M. Keynes, The General Theory of Employment, Interest and Money, London 1936, S. 113 ff. Eine Übersicht über die Entwicklung der Multiplikatortheorie findet sich bei G. L. S. Shackle, Twenty Years on: A Survey of the Theory of the Multiplier, EJ 61 (1951), 241—260.

[5] P. A. Samuelson, Interactions Between the Multiplier Analysis and the Principle of Acceleration, REStat 21 (1939), 75—78, w. abgedr. in Readings in Business Cycle Theory ..., a. a. O., 261—269; P. A. Samuelson, A Synthesis of the Principle of Acceleration and the Multiplier, JPE 47 (1939), 786—797; P. A. Samuelson, Alvin Hansen and the Interactions Between the Multiplier Analysis and the Principle of Acceleration, REStat 41 (1959), 183—184.

Akzelerationsprinzip und Multiplikatorprozeß für den Verlauf des Realeinkommens verschiedene Bewegungsabläufe ergeben, je nach der Größe der einzelnen Parameter im Modell. Nach Samuelson hängt der gesamtwirtschaftliche Konsum (C) vom Realeinkommen (Y) der vorhergehenden Periode und die gesamtwirtschaftliche Investition (I) von der Veränderung des gesamtwirtschaftlichen Konsums im Zeitintervall von (t—1) bis (t) ab. Die Staatsausgaben (G) sind nicht näher determiniert; sie werden als exogen bestimmte Variable in das Modell eingeführt. Das gesamtwirtschaftliche Realeinkommen ergibt sich aus der Definitionsgleichung, wonach die Summe des gesamtwirtschaftlichen Konsums, der gesamtwirtschaftlichen Investition und der Staatsausgaben einer Periode das gesamtwirtschaftliche Realeinkommen dieser Periode bildet:

(B. 1) $$C_t = cY_{t-1}$$

(B. 2) $$I_t = v(C_t - C_{t-1}),$$

oder, unter Berücksichtigung von (B. 1),

(B. 3) $$I_t = v(cY_{t-1} - cY_{t-2})$$

(B. 4) $$Y_t = C_t + I_t + G_t\,;$$

unter Verwendung von (B. 1) und (B. 3) folgt aus (B. 4):

(B. 5) $$Y_t = (c + vc)Y_{t-1} - vcY_{t-2} + G_t\,.$$

(B. 5) ist eine Differenzengleichung zweiten Grades mit konstanten Koeffizienten. Ihre Lösung lautet[6]

(B. 6) $$Y_t = a_1 x_1{}^t + a_2 x_2{}^t + \frac{G}{1-c}\,,$$

wobei x_1 und x_2 die Wurzeln der quadratischen Gleichung des homogenen Teils der Differenzengleichung und a_1 und a_2 Konstante sind, die zusammen mit $G/(1-c)$ den Anfangsbedingungen genügen. Die Be-

[6] Gleichung (B. 5) läßt sich lösen, wenn ein homogener und ein inhomogener Teil gebildet wird.

Lösung des homogenen Teils:

(B. 5)* $x_t - c(1 + v)x_{t-1} + vcx_{t-2} = 0$; wenn (B. 5)* dividiert wird durch x_{t-2}, dann resultiert:

$$x^2 - c(1 + v)x + vc = 0.$$

Die Lösung dieser quadratischen Gleichung ergibt sich aus

(B. 6)* $$x_{1,2} = \frac{c(1 + v)}{2} \pm \sqrt{\frac{c^2(1 + v)^2 - 4vc}{4}}$$

Lösung des inhomogenen Teils:

(B. 5)** $$X - c(1 + v)X + vcX = G$$

(B. 6)** $$X = \frac{G}{1-c}$$

Die Gesamtlösung resultiert, unter Berücksichtigung der Anfangsbedingungen, aus (B. 6)* und (B. 6)**.

(B. 6) $$Y_t = a_1x_1{}^t + a_2x_2{}^t + \frac{G}{1-c}$$

wegung des gesamtwirtschaftlichen Realeinkommens in der Zeit hängt demnach von dem Wert der Wurzeln ab, der verschieden ausfallen wird, je nachdem $c\,(1+v)^2 \gtreqless 4\,v$. Samuelson hat gezeigt, daß die Kombinationsmöglichkeiten von c und v in vier Abschnitte und zwei Kurven eingeteilt werden können, wobei die Bedingungen $o < c \leq 1$ und $v > o$ zu beachten sind.

Aus Abb. 1 geht hervor, daß Kombinationen von c und v innerhalb der Abschnitte A und D (schraffiert)[7] reelle Wurzeln aufweisen und somit keinen zyklischen Verlauf des Realeinkommens hervorrufen. Es zeigt sich außerdem, daß die Kombinationen von c und v innerhalb der Abschnitte A und B relativ wenig von der Höhe und der Veränderung der Investitionsausgaben beeinflußt werden. Dieser Einfluß vergrößert sich mit zunehmendem v; das wird durch die Auswirkung der Kombination von c und v auf den Verlauf des Realeinkommens in den Abschnitten C, D und E deutlich.

Das rein instrumentale Modell Samuelsons zeigt die verschiedenen Möglichkeiten auf, die für den Theoretiker gegeben sind, der sich des Multiplikator-Akzelerator-Mechanismus *unter den einfachen Modellbedingungen* Samuelsons[8] bedient. Sieht man von Fall A ab, der lediglich die Multiplikatorwirkung beschreibt und somit den Einfluß der Investitionsausgaben auf den Verlauf des Realeinkommens nicht endogen erklärt, so bleiben die Möglichkeiten B bis E. Den Fall B, zyklische Bewegungen des Realeinkommens mit abnehmender Amplitude, sog. „damped fluctuations", legten Frisch[9] und Kalecki[10] ihren Konjunkturmodellen zugrunde. Der Multiplikator-Akzelerator-Mechanismus allein reichte jedoch zur Erklärung der in der Realität beobachteten unregelmäßigen Wachstumsverläufe des Realeinkommens nicht aus. Da die Oszillationen bei Fall B im Zeitablauf immer kleiner werden, mußte, sollte das System nicht nach einer gewissen Zeitspanne unwirksam werden, die These eingeführt werden, daß exogen verursachte Schocks (sog. „erratic shocks") diese Dämpfung immer wieder unterbrechen. Fall C kann den Verlauf des Realeinkommenswachstums infolge der

---

[7] Die Abschnitte A und D sind begrenzt durch die positive Ordinate, die Parallele im Abstand $c = 1$ zur positiven Abszisse und durch die Kurve I, dem geometrischen Ort für die Bedingung $c = 4\,v\,(1+g)^{-2}$. Die Kombination von c und v, die dieser Bedingung entspricht, bewirkt eine Veränderung des Realeinkommens, die unter der Bedingung $v < 1$ gemäß dem Fall A, unter der Bedingung $v > 1$ gemäß dem Fall D verläuft.

[8] Das einfache Modell Samuelsons kann erweitert werden, z. B. durch die Einführung weiterer lag-Beziehungen, weiterer exogen bestimmter Variabler usw. Die Modellabläufe werden dadurch komplizierter.

[9] R. Frisch, Propagation Problems and Impulse Problems in Dynamic Economics, in Economic Essays in Honour of Gustav Cassel, London 1933, 171—205.

[10] M. Kalecki, A Macrodynamic Theory of Business Cycles, E 3 (1935), 327—344.

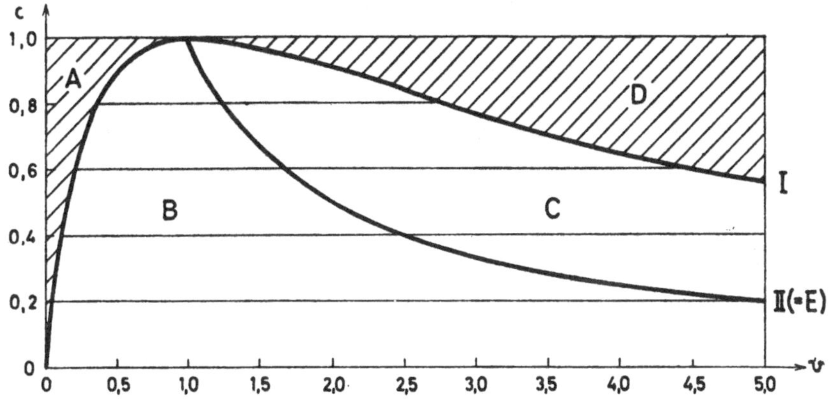

Fall	Abgrenzung	Wurzeln	Verlauf des Realeinkommens	
A	$c > \frac{4\vartheta}{(1+\vartheta)^2}$ $\vartheta < 1$	reell	*Asymptotische Annäherung an das durch den Multiplikator bestimmte Niveau [1/(1 - c)]* *Beispiel:* *c = 0,5* *ϑ = 0 M-Niveau: 2,0*	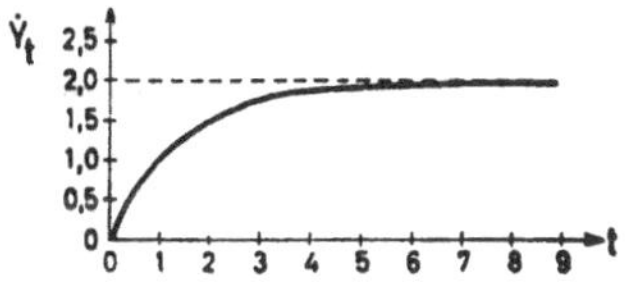
B	$c < \frac{1}{\vartheta}$	Konjugiert Komplex	*Oszillatorische Schwankungen mit abnehmender Amplitude um das durch den Multiplikator bestimmte Niveau* *Beispiel:* *c = 0,5* *ϑ = 1,0 M-Niveau: 2,0*	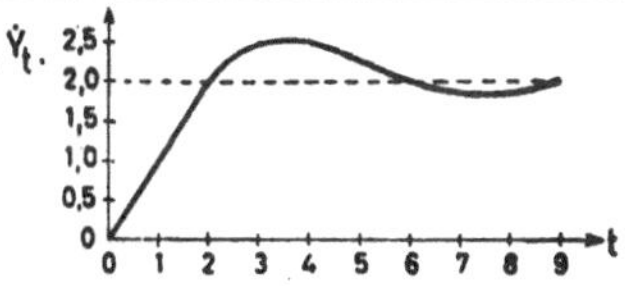
C	$\frac{4\vartheta}{(1+\vartheta)^2} > c > \frac{1}{\vartheta}$	Konjugiert Komplex	*Oszillatorische Schwankungen mit zunehmender Amplitude um das durch den Multiplikator bestimmte Niveau* *Beispiel:* *c = 0,6* *ϑ = 2,0 M-Niveau: 2,5*	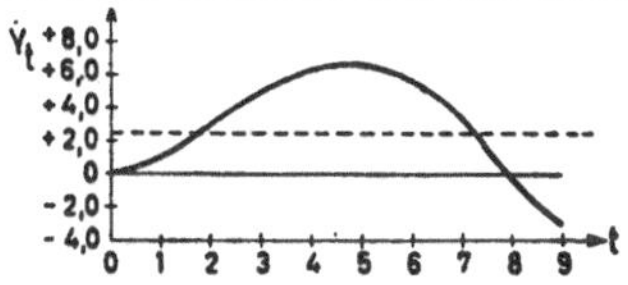
D	$c > \frac{4\vartheta}{(1+\vartheta)^2}$ $\vartheta > 1$	reell	*Anstieg mit steigender Zuwachsrate. Exponentielle Bewegung* *Beispiel* *c = 0,8* *ϑ = 4,0*	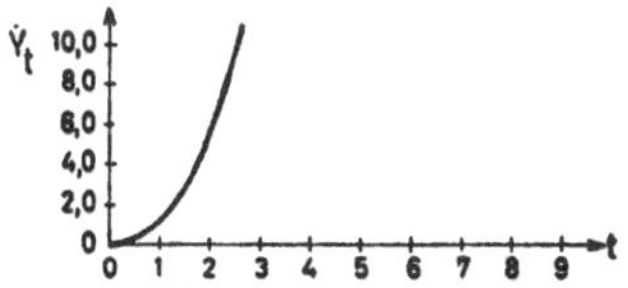
E	$c = \frac{1}{\vartheta}$	Konjugiert Komplex	*Oszillatorische Schwankungen mit gleichbleibender Amplitude um das durch den Multiplikator bestimmte Niveau* *Beispiel:* *c = 0,5* *ϑ = 2,0 M-Niveau: 2,0*	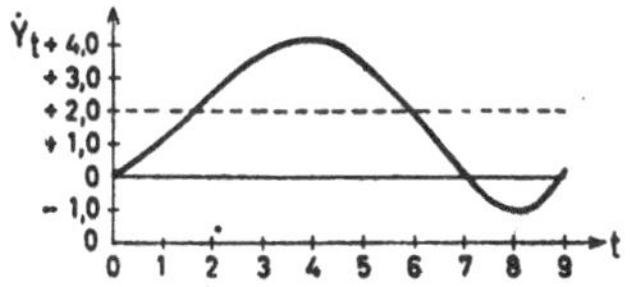

Abb. 1. Das instrumentale Modell Samuelsons*

* Durch die Annahme von Samuelson, daß in *jeder* Periode eine autonome Investition vorgenommen wird, sind die oszillatorischen Schwankungen in Bezug auf das Gleichgewichtsniveau des Multiplikators verzerrt. Das kommt besonders bei Fall E zum Ausdruck.

Kombinationsmöglichkeiten von c und v, die durch $4v/(1+v)^2 > c > 1/v$ determiniert sind, nur innerhalb enger Grenzen erklären, wie aus Abb. 1 hervorgeht. Auch hier müßten weitere, außerhalb des Multiplikator-Akzelerator-Mechanismus liegende Größen in das Modell eingeführt werden, wenn das System nicht immer heftiger werdenden Schwankungen ausgesetzt sein soll. Obere Grenzen für das Wachstum einer Volkswirtschaft bilden vor allem die Vollbeschäftigungssituation oder Engpässe in der Geldschöpfung. Hicks[11] entschied sich von vornherein für Fall D, da hier diese Grenzen ebenfalls gesetzt werden müssen, wenn das System nicht explodieren soll, aber ein weitaus größerer Kombinationsspielraum für c und v als bei Fall C besteht. Hicks führte in sein Modell neben Fall D einen durch Angebotsfaktoren bestimmten „ceiling" und einen durch endogene Kräfte eingehaltenen „floor" ein. Nach Kaldor[12], Marrama[13] und Goodwin[14] können nur „regular fluctuations" (Fall E) den in der Realität beobachteten Verlauf des Wirtschaftswachstums erklären. Der Verlauf der Zyklen ($c = 1/v$) wird mit nichtlinearen Änderungen im Investitionsverhalten der Unternehmer begründet[15].

2. Modifizierung des einfachen Multiplikator-Akzelerator-Mechanismus: Angebotsfaktoren und stetiger Wachstumsverlauf im Wachstumsmodell

a) Die explizite Einführung von Angebotsfaktoren in nachfrageorientierte Wachstumsmodelle

Schon Marrama hatte sich mit dem Kaldorschen Versuch der Konjunkturerklärung unzufrieden gezeigt, da die Erklärung der langfristigen Wachstumskräfte zu sehr vernachlässigt worden war. In seinem Modell wie auch in den späteren von Kalecki[16], Goodwin und Hicks finden sich, um dieser Kritik Rechnung zu tragen, Thesen über — meist exogen gegebene — Faktoren, die die Angebotsseite der Wirtschaft beschreiben. Die genannten Autoren waren sich wohl darüber klar, daß das (nachfrageorientierte) Multiplikator-Akzelerator-Prinzip *allein*

---

[11] J. R. Hicks, A Contribution to the Theory of the Trade Cycle, Oxford 1950.

[12] N. Kaldor, A Model of the Trade Cycle, EJ 50 (1940), 78—92.

[13] V. Marrama, Short Notes on a Model of the Trade Cycle, RES 14 (1946/47), 34—40.

[14] R. M. Goodwin, The Nonlinear Accelerator ..., a. a. O.

[15] Kurihara hat die möglichen Anwendungsfälle B, D und E des Multiplikator-Akzelerator-Mechanismus in einem Konjunktur- bzw. Wachstumsmodell als „random-shock approach" (Fall B), „constraint-cycle approach" (Fall D) und „nonlinear approach to incidental growth" (Fall E) bezeichnet. Vgl. K. K. Kurihara, An Endogenous Model of Cyclical Growth, OEP 12 (1960), 243—248, S. 243 Fußnoten 3 bis 5. Vgl. auch L. L. Pasinetti, Cyclical Fluctuations and Economic Growth, OEP 12 (1960), 215—241, S. 225 f.

[16] M. Kalecki, Theory of Economic Dynamics, London 1954.

nicht zur Erklärung des wirtschaftlichen Entwicklungsprozesses ausreichte. Die in das Modell eingeführten Faktoren sollten neben dem sich selbst erhaltenden Nachfrageprozeß auch die Angebotsseite der Wirtschaft berücksichtigen. Diese Versuche mußten jedoch solange Stückwerk bleiben, als einem endogen gegebenen Nachfrageprozeß exogen bedingte, im Modell nicht näher erklärte Angebotsfaktoren gegenübergestellt wurden. Die Arbeiten von Smithies[17], Duesenberry[18] und Minsky[19] hatten aufgrund dieser Mängel vornehmlich das Ziel, eine sowohl Angebots- als auch Nachfrageseite umfassende, generell Konjunktur- und Wachstumsentwicklung erklärende Wachstumstheorie aufzustellen, wobei das Instrument des Multiplikator-Akzelerator-Mechanismus weiterhin als Grundlage der Nachfrageanalyse diente. Minsky bemerkt zu diesen Bestrebungen: „Formally, it will be shown that the simple linear accelerator-multiplier model can be used as a flexible framework for the analysis of both economic growth and business cycles and that there is no analytical need to separate the two problems; that is, the model generates both the trend and the cycle“[20].

Um untersuchen zu können, ob es den nachfrageorientierten Wachstumsmodellen gelungen ist, eine Synthese zwischen angebots- und nachfrageorientierten Faktoren herzustellen, sind zwei Fragen zu beantworten:

1. Welche Angebotsfaktoren wurden eingeführt und wie beeinflussen sie den Modellablauf?

2. Wurde eine klare Trennung zwischen Faktoren der Angebots- und Nachfrageseite durchgeführt?

Beide Fragen sollen anhand der Modelle von Smithies[21] und Duesenberry[22] beantwortet werden.

Smithies bestimmt mit Hilfe der Konsumfunktion (B. 7)[23]

(B. 7) $$C_t = (1 - s_1 + s_2)\, Y_t$$

[17] A. Smithies, Economic Fluctuations ..., a. a. O.

[18] J. S. Duesenberry, Business Cycles and Economic Growth, New York—Toronto—London 1958.

[19] H. P. Minsky, A Linear Model ..., a. a. O.

[20] Ebenda, S. 134.

[21] A. Smithies, Economic Fluctuations ..., a. a. O. Der Einfachheit halber werden der „ratchet-effect“ sowie gewisse exogen bestimmte Faktoren, die Smithies in seinem Modell behandelt, hier außer acht gelassen, da sie für unsere Untersuchung an dieser Stelle ohne Bedeutung sind.

[22] J. S. Duesenberry, Business Cycles ..., a. a. O.

[23] Dabei bedeuten

$(1 - s_1 + s_2)$: die langfristige Konsumneigung

$(1 - s_1)$: die kurzfristige Konsumneigung

(vgl. A. Smithies, Economic Fluctuations ..., a. a. O., S. 18).

und der Investitionsfunktion (B. 8)[24]

(B. 8) $$I_t = (v_1 + v_2 + v_3)\, Y_{t-1} - v_3\, O_{t-1}$$

über die Definitionsgleichung (A. 11)

(A. 11) $$Y_t = I_t + C_t$$

die Nachfrageseite[25] der (geschlossenen) Gesamtwirtschaft — (B. 7), (B. 8) in (A. 11) —:

(B. 9) $$Y_t = \frac{v_1 + v_2 + v_3}{s_1 - s_2}\, Y_{t-1} - \frac{v_3}{s_1 - s_2}\, O_{t-1} \; .$$

Die Angebotsseite des Modells ergibt sich — wenn man die Faktoren, die die Abschreibung und die Abnutzung des Kapitalstocks ausdrücken sollen, außer acht läßt — aus der Beziehung

(B. 10) $$O_t = \frac{1}{k}\, I_{t-1} + O_{t-1} \; ,$$

eine Form, die an die Gleichung (A. 2) bei Domar erinnert. Für die Angebotsseite resultiert aus (A. 11) in Verbindung mit (B. 7) demnach folgende Bestimmungsgleichung

(B. 11) $$O_t = \frac{1}{k}\, (s_1 - s_2)\, Y_{t-1} + O_{t-1} \; .$$

Nach Duesenberry ist der dynamische Prozeß, der das Volkseinkommen bestimmt, getragen durch das Zusammenwirken der Aggregatgrößen Kapitalstock (K), Einkommen (Y), Investition (I) und Konsum (C). „The capital stock and income of one period determine the rates of saving and investment for the next. The rate of investment determines the change in the capital stock. The difference between the rate of saving and the rate of investment determines the change in the income. The new capital stock and income determine the investment and saving for the next period, and so on“[26]. Der gesamtwirtschaftliche Konsum wird bestimmt durch die Funktion (B. 12)[27]

(B. 12) $$C_t = cY_{t-1} + bK_{t-1} \; ,$$

[24] Der erste Ausdruck der Funktion soll die Auswirkung der Profite sowohl auf die Investitionsneigung als auch auf die Finanzierung der Investitionen ausdrücken („Since we are assuming that gross profits are proportional to GNP, the latter can be used as a variable of the investment function instead of profits“, ebenda, S. 15). Der zweite Ausdruck „(denotes dependence) on the existence of excess or deficient capacity“ (ebenda). Hierbei wurde vom Verf. unterstellt, daß der Ausdruck Y_F (= „full-capacity GNP“) dem Ausdruck O_t bei Domar entspricht.

[25] Vgl. ebenda, S. 33.

[26] J. S. Duesenberry, Business Cycles ..., a. a. O., S. 236.

[27] Der Koeffizient b „reflects the influence of changes in capital stock on consumption. That influence results from the influence of capital stock on profits through the influence of profits on dividends and dividends on consumption“. Ebenda, S. 196.

die gesamtwirtschaftliche Investition[28] durch

(B. 13) $$I_t = vY_{t-1} - \beta K_{t-1} \ .$$

Über die Definitionsgleichung (A. 11) ergibt sich die Bestimmungsgleichung für die gesamtwirtschaftliche Nachfrageseite:

(B. 14) $$Y_t = (v+c)\, Y_{t-1} + (b-\beta)\, K_{t-1} \ .$$

Der gesamtwirtschaftliche Kapitalstock wird über die Gleichung (B. 15)

(B. 15) $$K_t = I_t + K_{t-1}$$

in das Modell eingeführt. Unter Berücksichtigung von (B. 13) geht (B. 15) über in

(B. 16) $$K_t = vY_{t-1} + (1-\beta) K_{t-1} \ .$$

Eine Gegenüberstellung der Modelle von Smithies und Duesenberry in Abb. 2 zeigt, daß sich die Nachfragestrukturen beider Modelle weitgehend entsprechen, da sie den Multiplikator-Akzelerator-Mechanismus zur Grundlage haben. Die Angebotsseite wird jedoch unterschiedlich dargestellt. Während Duesenberry lediglich die Bestimmungs- bzw. Definitionsgleichung (B. 15) einführt, wonach die jeweilige Kapitalstockveränderung den Nettoinvestitionen entspricht[29], hat Smithies durch (B. 10) den Kapazitätseffekt der Investition wiedergegeben.

Die kurze Darstellung der Modelle von Smithies und Duesenberry reicht aus, um die gestellten Fragen zu beantworten.

1. Die in die Modelle eingeführten Angebotsfaktoren bilden keinen Gegenpol zu den modellendogenen Nachfragefaktoren: Die Erklärung der wirtschaftlichen Vorgänge auf der Angebotsseite ist nicht in gleichem Maße ausgebaut wie die der Prozesse auf der Nachfrageseite. Die Angebotsfaktoren sind vielmehr hauptsächlich[30] deshalb in das Modell aufgenommen worden, um die Investitionsfunktion aussagekräftiger zu gestalten. Das geht schon daraus hervor, daß Smithies und Duesenberry die Produktionskapazität bzw. den Kapitalstock als modellendogen bestimmten Angebotsfaktor eingeführt haben. Andere wichtige Bestimmungsfaktoren, wie die Bevölkerungsentwicklung, bleiben unberücksichtigt oder kommen nur in einem exogen gegebenen Trendfaktor — der hier nicht wiedergegeben ist — zum Ausdruck.

---

[28] Die Größe v ist der bekannte Akzeleratorkoeffizient. Die Größe β beschreibt den Einfluß des Kapitalstocks auf die Investitionsausgaben. Dieser Einfluß wird getragen durch die „marginal efficiency of investment" und durch Profitänderungen.

[29] Wie bei Smithies wurde auch bei der Wiedergabe des Modells von Duesenberry von dem dort eingeführten Abschreibungsfaktor abgesehen.

[30] Duesenberry bringt die Höhe des Kapitalstocks auch mit der Bestimmung des gesamtwirtschaftlichen Konsums in Beziehung.

Smithies Duesenberry

(I) Modellzusammenhang*)

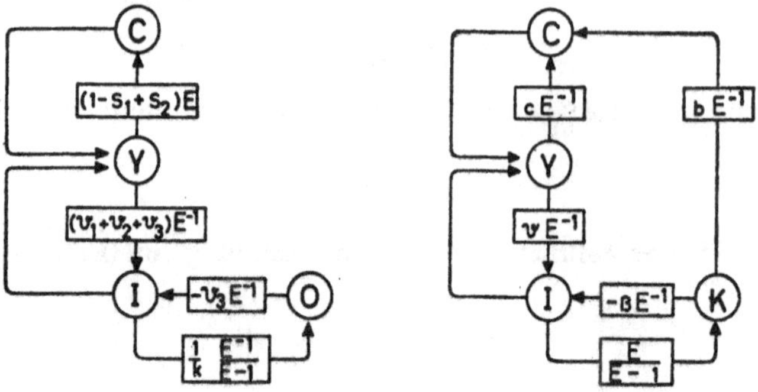

(II) Gleichungssystem**)

(a) ≡ (B. 7) $C_t = (1-s_1+s_2)\,Y_t$

(b) ≡ (B. 8) $I_t = (v_1+v_2+v_3)\,Y_{t-1} - v_3\,O_{t-1}$

(c) ≡ (A.11) $Y_t = C_t + I_t$

(d) ≡ (B.10) $O_t = \frac{1}{k}\,I_{t-1} + O_{t-1}$

(e) ≡ (B. 9) $Y_t = \frac{v_1+v_2+v_3}{s_1-s_2}\,Y_{t-1} - \frac{v_3}{s_1-s_2}\,O_{t-1}$

(f) ≡ (B.11) $O_t = \frac{1}{k}\,(s_1-s_2)\,Y_{t-1} + O_{t-1}$

(a)' ≡ (B.12) $C_t = cY_{t-1} + bK_{t-1}$

(b)' ≡ (B.13) $I_t = vY_{t-1} - \beta K_{t-1}$

(c)' ≡ (A.11) $Y_t = C_t + I_t$

(d)' ≡ (B.15) $K_t = I_t + K_{t-1}$

(e)' ≡ (B.14) $Y_t = (v+c)\,Y_{t-1} + (b-\beta)\,K_{t-1}$

(f)' ≡ (B.16) $K_t = v\,Y_{t-1} + (1-\beta)\,K_{t-1}$

*) Als Vorbild für die Darstellung der Lag-Perioden diente R. G. D. Allen, The Structure of Macro-Economic Models, EJ 70 (1960), 38—56.

E zeigt jeweils die Lag-Perioden an (z. B. $E^{-1}\,Y_t = Y_{t-1}$).

**) (a) bzw. (a)' und (b) bzw. (b)' bezeichnen die Bestimmungsgleichungen der Determinanten, (c) bzw. (c)' und (d) bzw. (d)' die Definitionsgleichungen sowie (e) bzw. (e)' und (f) bzw. (f)' die Bestimmungsgleichungen der zu erklärenden Variablen.

Abb. 2. Vergleichende Gegenüberstellung des Smithies-Modells und des Duesenberry-Modells

Sowohl bei Smithies als auch bei Duesenberry hängt das Investitionsverhalten der Unternehmer nicht nur von der Höhe des Volkseinkommens der vergangenen Periode ab, sondern wird auch durch die Höhe des Kapitalstocks bzw. der Produktionskapazität dieser Periode beeinflußt. Andererseits wirkt sich die Investitionstätigkeit wieder auf die Veränderung des Kapitalstocks oder der Produktionskapazität aus. Bei Duesenberry wird diese Verbindung durch eine einfache Bedingungs- oder Definitionsgleichung (B. 15) hergestellt. Smithies geht einen Schritt weiter. Er erklärt den Umfang der Produktionskapazität in der jeweiligen Periode mit Hilfe des Kapazitätseffekts der Investition. Smithies unternimmt damit den Versuch, nicht nur wie Duesenberry die Angebotsfaktoren in einen funktionalen Zusammenhang mit den Nachfragefaktoren zu bringen, sondern auch gleichzeitig die technische Bedingungskonstellation (gegeben durch den Kapitalkoeffizienten) zu berücksichtigen.

2. Die Trennung zwischen Faktoren bzw. Effekten der Angebotsseite und denen der Nachfrageseite ist Duesenberry weit weniger gelungen als Smithies. Duesenberry legt seinem Modell die Annahme[31] zugrunde, daß Akzeleratorkoeffizient und Kapitalkoeffizient gleich sind[32]. Das wird durch die These begründet, daß gegenwärtiger Kapitalstock (K) und gewünschter Kapitalstock ($\overline{K}$) gleich sind. In einer einfachen Funktionalbeziehung (ohne lags) kann das so ausgedrückt werden[33].

(i) $$\overline{K}_t = vY_t$$

(ii) $$\overline{K}_t - \overline{K}_{t-1} = v(Y_t - Y_{t-1}) ;$$

(iii) $$K = \overline{K}$$

(iv) $$I_t = K_t - K_{t-1} = v(Y_t - Y_{t-1})$$

Nun hat aber Duesenberry als Variable den Kapitalstock (K) explizite in das Modell eingeführt. Er kann demnach nicht mehr die stillschweigende Bedingung, daß gegenwärtiger und gewünschter Kapitalstock einander entsprechen, aufrechterhalten, sondern muß vielmehr Bedingung (iii) ausdrücklich erwähnen, um die Verbindung mit dem Kapazitätseffekt der Investition einerseits und dem Einkommenseffekt der Investition andererseits herbeizuführen. Das ist jedoch nicht geschehen. Die andere Möglichkeit, eine klare Trennung von Angebots- und Nachfragefaktoren herbeizuführen, besteht in der Einführung des Kapazitätseffekts der Investition in das Modell, wie sie Smithies vorgenommen hat. Ein Vergleich von (B. 8) und (B. 10) zeigt die Unterscheidung zwischen Kapazitätseffekt der Investition einerseits und Akzelerationsprinzip andererseits[34].

Es kann somit festgestellt werden, daß die nachfrageorientierte Wachstumstheorie die durch den Multiplikator-Akzelerator-Mechanismus repräsentierte Nachfragestruktur mit einer unvollkommenen und in den verschiedenen Modellen uneinheitlichen Angebotsstruktur kon-

---

[31] Es wird daran erinnert, daß dieser Annahme grundsätzlich die Bedingungen 1 und 2 (bzw. 2 a), die eingehend erörtert wurden, zugrundeliegen.

[32] Vgl. J. S. Duesenberry, Business Cycles ...., a. a. O., z. B. S. 197.

[33] Vgl. hierzu R. G. D. Allen, The Structure ..., a. a. O., S. 48 Fußnote 1.

[34] Smithies weist ausdrücklich auf den Unterschied der Modelle von Domar und Harrod hin, der sich u. a. durch die Verwendung des Akzelerationsprinzips bei Harrod und durch die Einführung des Kapazitätseffekts der Investition bei Domar ergibt. Smithies will durch die Berücksichtigung *beider* Effekte sein Modell realistisch gestalten. Vgl. A. Smithies, Economic Fluctuations ..., a. a. O., S. 4/5.

frontiert. Diese Unvollkommenheit und Uneinheitlichkeit kommt vor allem in der Art der Angebotsfaktoren und in der mangelnden Trennung zwischen Nachfrage- und Angebotsfaktoren zum Ausdruck. Die Angebotsseite wird hauptsächlich deshalb berücksichtigt, um eine bessere Ausgestaltung der Investitionsfunktion zu erreichen. Damit, nämlich mit der Vernachlässigung der Angebotsseite im Modell, ist es schon fraglich geworden, ob das Ziel der nachfrageorientierten Wachstumstheorie, eine *umfassende* Erklärung des Wachstumsprozesses zu geben, überhaupt erreicht werden *kann.*

b) Erklärt das nachfrageorientierte Wachstumsmodell einen stetigen oder nichtstetigen Wachstumsverlauf?

Eine endgültige Beantwortung der Frage, ob der Multiplikator-Akzelerator-Mechanismus eine umfassende Theorie darstellt, kann jedoch letztlich nur eine nähere Untersuchung des Modellablaufs nachfrageorientierter Wachstumsmodelle bringen. Diese Frage soll anhand einer Gegenüberstellung der Modelle von Hicks[35] und Duesenberry[36] untersucht werden.

Aus Abb. 3 gehen die Bausteine beider Modelle hervor. Hicks erfaßt zunächst die Nachfrage durch die bekannten Konsum- und Investitionsfunktionen, die unter Berücksichtigung der Definitionsgleichung (A. 11) die Bestimmungsgleichung für das Volkseinkommen ergeben. Er baut außerdem einen modellexogen gegebenen Faktor A in das Modell ein, der als autonome Investition bezeichnet wird. Die autonomen Investitionen sind sowohl angebots- als auch nachfrageorientiert. Sie können als durch das Wachstum des Volkseinkommen nicht induzierte Investitionen bezeichnet werden, die durch Bevölkerungswachstum, technischen Fortschritt, Staatsausgaben usw. beeinflußt sind. Unter Berücksichtigung dieser Funktionsbeziehungen und Faktoren ergeben sich folgende Gleichungen:

(B. 1) $$C_t = cY_{t-1}$$

(B. 17) $$I_t = v(Y_{t-1} - Y_{t-2}) + A_t$$

(B. 18) $$Y_t = cY_{t-1} + v(Y_{t-1} - Y_{t-2}) + A_t \,.$$

Als Ausgangsgleichung für die Lösung der Einkommensbestimmungsgleichung (B. 18) ergibt sich für den homogenen Teil von (B. 18) eine Differenzengleichung zweiter Ordnung[37].

(B. 19) $$x_t - (v+c)\,x_{t-1} + v\,x_{t-2} = o \,.$$

[35] J. R. Hicks, A Contribution ..., a. a. O.
[36] J. S. Duesenberry, Business Cycles ..., a. a. O.
[37] Vgl. hierzu im einzelnen Fußnote 6, S. 55.

Der Zeittrend von x_t kann verschiedenartig verlaufen, je nachdem die Parameter v und c festgelegt werden. Das hat sich im einzelnen aus der Analyse des instrumentalen Modells von Samuelson ergeben, so daß an dieser Stelle weitere Erläuterungen überflüssig sind. Da Hicks $0 < c < 1$ und $v > 1$ annimmt, zeigt der Zeittrend von x_t eine gemäßigt explosive Bewegung. Es ergeben sich durch den Einfluß bestimmter Grenzwerte (ceiling und floor) oszillatorische Bewegungen des Volkseinkommens. Demnach ist das System instabil.

Hicks | Duesenberry

(I) Modellzusammenhang *)

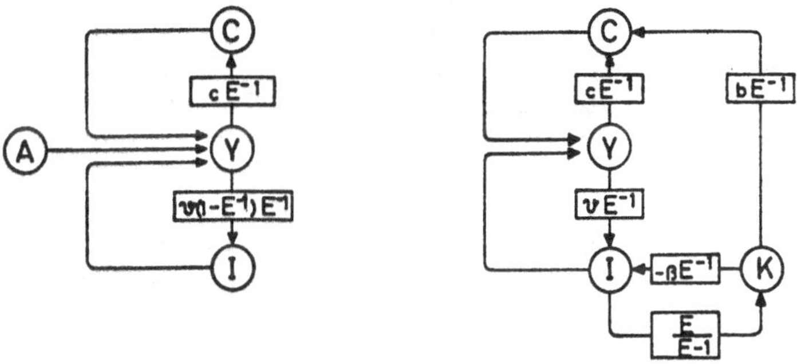

(II) Gleichungssystem **)

Hicks	Duesenberry
(a)" ≡(B. 1) $C_t = cY_{t-1}$	(a)' ≡(B.12) $C_t = cY_{t-1} + bK_{t-1}$
(b)" ≡(B.17) $I_t = v(Y_{t-1} - Y_{t-2}) + A_t$	(b)' ≡(B.13) $I_t = vY_{t-1} - \beta K_{t-1}$
(c)" ≡(A.11) $Y_t = C_t + I_t$	(c)' ≡(A.11) $Y_t = C_t + I_t$
	(d)' ≡(B.15) $K_t = I_t + K_{t-1}$
(e)" ≡(B.18) $Y_t = cY_{t-1} + v(Y_{t-1} - Y_{t-2}) + A_t$	(e)' ≡(B.14) $Y_t = (v + c)Y_{t-1} + (b - \beta)K_{t-1}$
	(f)' ≡(B.16) $K_t = vY_{t-1} + (1 - \beta)K_{t-1}$

*) Als Vorbild für die Darstellung der Lag-Perioden diente R. G. D. Allen, The Structure of Macro-Economic Models, EJ 70 (1960), 38—56.

E zeigt jeweils die Lag-Perioden an (z. B. $E^{-1} Y_t = Y_{t-1}$).

**) (a)' bzw. (a)" und (b)' bzw. (b)" bezeichnen die Bestimmungsgleichungen der Determinanten, (c)' bzw. (c)" und (d)' bzw. (d)" die Definitionsgleichungen sowie (e)' bzw. (e)" und (f)' bzw. (f)" die Bestimmungsgleichungen der zu erklärenden Variablen.

Abb. 3. Vergleichende Gegenüberstellung des Hicks-Modells und des Duesenberry-Modells

Als Ausgangsgleichung für die Lösung der Bestimmungsgleichungen der zu erklärenden Variablen Y und K, (B. 14) und (B. 16), bei Duesenberry erhält man[38]

$$\text{(B. 20)} \qquad Y_t - (v+c+1-\beta)\, Y_{t-1} + (v+c)(1-\beta) - v(b-\beta)\, Y_{t-2} = 0\,.$$

Die allgemeine Lösung dieser Gleichung lautet[39]:

$$\text{(B. 21)} \qquad Y_t = a_1 x_1{}^t + a_2 x_2{}^t\,.$$

Für den Zeittrend des Realkapitals kann, da sich nach (B. 16) für K_t eine ähnliche Abhängigkeit von der Zeit ergibt wie für Y_t, analog gesetzt werden

$$\text{(B. 22)} \qquad K_t = u_1 a_1 x_1{}^t + u_2 a_2 x_2{}^t\,.$$

Die Größen a_1 und a_2 sind zwei Zufallskonstante, die von den Anfangsbedingungen des Systems abhängen; u_1 und u_2 sind weitere Konstante, die ebenso wie die charakteristischen Wurzeln x_1 und x_2 nur von der Struktur des Modells, d. h. von den Größenverhältnissen der Parameter, nicht von den Anfangsbedingungen beeinflußt werden. Die Zeittrends von Y_t und K_t nehmen verschiedene Bewegungen an, je nachdem die Parameter in der Gleichung gewählt werden. Duesenberry setzt die Struktur seines Modells derart, daß die charakteristischen Wurzeln x_1 und x_2 des Systems reale Werte besitzen, d. h. $|x_1| > |x_2| > 1$. Wäre dies nicht der Fall, so würden die Zeittrends beider Variablen Y_t und K_t oszillatorische Bewegungen annehmen[40].

Da die Wachstumsraten von Y_t und K_t von der Bewegung des Kapitalkoeffizienten bzw. seines reziproken Wertes im Zeitablauf abhängig sind, wie aus einer Umformung von (B. 14) und (B. 16) leicht ersichtlich wird, nämlich

$$\text{(B. 14a)} \qquad \frac{Y_t - Y_{t-1}}{Y_{t-1}} = v+c-1+(b-\beta)\frac{K_{t-1}}{Y_{t-1}}$$

$$\text{(B. 16a)} \qquad \frac{K_t - K_{t-1}}{K_{t-1}} = -\beta + v\frac{Y_{t-1}}{K_{t-1}}\quad ,$$

---

[38] Wird (B. 14) mit $(1-\beta)$ und (B. 16) mit $(b-\beta)$ multipliziert, so folgt
(B. 14)* $(1-\beta)\, Y_t = (1-\beta)(v+c)\, Y_{t-1} + (1-\beta)(b-\beta)\, K_{t-1}$
(B. 16)* $(b-\beta)\, K_t = (b-\beta)\, vY_{t-1} + (b-\beta)(1-\beta)\, K_{t-1}$;
subtrahiert man (B. 16)* von (B. 14)*, so resultiert
$(1-\beta)\, Y_t - (b-\beta)\, K_t = [(1-\beta)(v+c) - (b-\beta)\, v]\, Y_{t-1}$ oder
$(b-\beta)\, K_t = (1-\beta)\, Y_t - [(1-\beta)(v+c) - (b-\beta)\, v]\, Y_{t-1}$;
durch Einsetzen in (B. 14) ergibt sich
(B. 20) $Y_t - (v+c+1-\beta)\, Y_{t-1} + [(v+c)(1-\beta) - v(b-\beta)]\, Y_{t-2} = 0$.
Vgl. hierzu J. S. Duesenberry, Business Cycles ..., a. a. O., S. 197.

[39] Vgl. hierzu Fußnote 6, S. 55.

[40] Vgl. Abb. 1. Vgl. auch R. G. D. Allen, The Structure ..., a. a. O., S. 54 und L. L. Pasinetti, Cyclical Fluctuations ..., a. a. O., S. 220 ff. und S. 239 ff.

ist vor allem die Bewegung des Kapitalkoeffizienten zu untersuchen, wenn über Stabilität oder Instabilität des Systems von Duesenberry etwas ausgesagt werden soll. Diese Bewegung kann, wie aus (B. 14 a) und (B. 16 a) hervorgeht, aus der Gegenüberstellung der Zeittrends von Y_t und K_t abgelesen werden. Geht man davon aus, daß die Anfangswerte Y_0 und K_0 der Zeittrends bekannt und positiv sind, so sind auch die Zufallskonstanten a_1 und a_2 bestimmt. Da, wie gezeigt wurde, für die von Duesenberry gewählte Struktur des Systems x_1 die dominierende Wurzel ist ($|x_1| > |x_2|$), so kann auch nur a_1 ökonomisch relevant sein[41]. Die Größe a_1 wird bestimmt durch

(i) $$Y_0 = a_1 + a_2$$

(ii) $$K_0 = u_1 a_1 + u_2 a_2 \,, \quad \text{daraus}$$

(iii) $$a_1 = \frac{u_2 Y_0 - K_0}{u_2 - u_1} \,.$$

Nur wenn demnach $u_2 > u_1$ und $u_2 > K_0/Y_0 > u_1$ (oder $u_2 Y_0 > K_0$), die Ausgangssituation also keine negativen Werte aufweist — und das nimmt Duesenberry an —, kann festgestellt werden, daß sich aus

(B. 23) $$\frac{K_t}{Y_t} = \frac{u_1 a_1 x_1{}^t + u_2 a_2 x_2{}^t}{a_1 x_1{}^t + a_2 x_2{}^t}$$

unter Berücksichtigung von $|x_1| > |x_2|$ und unter Division von Nenner und Zähler der rechten Seite von (B. 23) mit $x_1{}^t$ ergibt

(B. 24) $$\frac{K_t}{Y_t} = \frac{u_1 a_1 + u_2 a_2 (x_2/x_1)^t}{a_1 + a_2 (x_2/x_1)^t} .$$

Wenn in (B. 24) $t \to \infty$, dann $(x_2/x_1)^t \to 0$; der Kapitalkoeffizient K_t/Y_t nähert sich asymptotisch dem *konstanten* Wert u_1. Einkommen und Kapitalstock wachsen demnach proportional, der Kapitalkoeffizient bleibt konstant, es wird ein *stetiges* Wachstum der Volkswirtschaft erreicht.

Wie sind nun die Modelle von Hicks und Duesenberry vergleichsweise zu beurteilen? Wohl kann Pasinetti betonen, daß „Duesenberry is able to affirm, contrary to all previous economists who elaborated endogenous theories of fluctuations, that an economic system which is governed by the multiplier-accelerator mechanism is capable of growing steadily“[42]. Aber, so muß gefragt werden, unter welchen Voraussetzungen? Es war schon darauf hingewiesen worden, daß das Multiplikator-Akzelerator-Prinzip — in Verbindung mit weiteren endogen

---

41 Vgl. hierzu und im folgenden L. L. Pasinetti, Cyclical Fluctuations ..., a. a. O., S. 238 f.

42 Ebenda, S. 219.

oder exogen bestimmten Variablen — a priori verschiedene Möglichkeiten der Bewegung des Zeittrends der zu erklärenden Variablen offenläßt. Die Entscheidung für bestimmte Parametergrößen setzt dann ein System in Bewegung, das entweder Zyklen (Hicks) oder stetiges Wachstum (Duesenberry) erklären kann. Damit ist das System determiniert. Dabei muß Hicks, wenn er die von ihm postulierte Instabilität reduzieren will, zu exogen bestimmten Faktoren, wie monetären und angebotsorientierten, greifen. Duesenberry, der auf dasselbe Modellinstrument zurückgreift, ist in der Lage, durch eine ganz bestimmte Parameterauswahl den Pfad stetigen Wachstums endogen zu erläutern, ist aber gleichzeitig gezwungen, den Konjunkturzyklus durch exogen bestimmte Faktoren, wie „speculative fluctuations" und „financial crises", zu erklären[43]. Das ist „a consequence of the structure of the model ... — a built-in feature of any model (such as Duesenberry's or Smithies') which has such relations"[44]. Das bedeutet aber nicht anderes, als daß der Versuch, Wachstum *und* Konjunktur durch ein Modell vom Multiplikator-Akzelerator-Typ gleichzeitig, d. h. simultan und modellendogen zu erklären, *nicht* gelungen ist. Das Multiplikator-Akzelerator-Prinzip „can only give two explanations which are alternative and therefore incompatible with each other"[45]. Durch die Wahl der Parametergrößen und der Anfangsbedingungen ist bereits festgelegt, ob der Mechanismus Fluktuationen *oder* stetiges Wachstum determiniert.

Aus dieser Feststellung lassen sich zwei Diskussionsthemen ableiten.

1. Es kann a priori nicht gesagt werden, für welchen der beiden Alternativwege sich das Prinzip besser eignet. Smithies[46] zeigt zwar überzeugend die Möglichkeiten auf, die die Anwendung des Multiplikator-Akzelerator-Prinzips für die Erklärung wachstumsrelevanter Vorgänge bietet. Er untersucht sowohl die „stetige" als auch die „zyklische" Variante des Prinzips, entscheidet sich jedoch nicht für eine bestimmte Parametergröße *und, damit* für die eine oder andere Variante. Sein Modell wird dadurch, was die realitätsbezogene Orientierung betrifft, entwertet. Die Bevorzugung der einen oder anderen Alternative könnte nämlich dadurch geklärt werden, daß die von den beiden Richtungen postulierten Thesen über die Parametergrößen mit der Realität konfrontiert werden. Diese Gegenüberstellung würde aber möglicherweise auch noch keine endgültige Klärung bringen. Es wäre denkbar, daß *beide* Alternativwege die Realität erfassen: „In fact, there is no reason to suppose that the aggregate behavioural parameters, as time goes on, may not fall from the growth range into the fluctuation range, owing

---

[43] Vgl. J. S. Duesenberry, Business Cycles ..., a. a. O., S. 241 ff.
[44] R. G. D. Allen, The Structure ..., a. a. O., S. 48.
[45] L. L. Pasinetti, Cyclical Fluctuations ..., a. a. O., S. 229.
[46] A. Smithies, Economic Fluctuations ..., a. a. O., passim.

to very different causes, and later come back again on a (presumably different) growth path"[47].

Wenn man sich darüber im klaren ist, daß sich die eine oder andere Lösung durch

(a) die Parameterwahl

(b) die Wahl der Anfangsbedingungen des Systems

ergibt, führt die Entscheidung für den einen oder anderen Weg nur über eine Theorie, die sich eingehend mit (a) und (b) beschäftigt[48].

2. Diese Theorie hat eine zweifache Aufgabe. Sie muß zunächst die ökonomischen Voraussetzungen prüfen, die der Parameterwahl und der Wahl der Anfangsbedingungen zugrundeliegen. Sie muß außerdem prüfen, ob durch die mathematische Formulierung der Modelle des Multiplikator-Akzelerator-Typs nicht Elemente in die Theorie getragen werden, die eine Gesetzmäßigkeit per se beinhalten.

Schon Schelling und Alexander hatten, allerdings auf der Grundlage eines einfachen Multiplikator-Akzelerator-Prinzips, festgestellt, daß es äußerst schwierig ist, die Werte einer Differenzengleichung zweiter Ordnung so zu setzen, daß das System *stetig* wächst[49]. Tatsächlich unterliegen die festgelegten Parameter im Modell von Duesenberry strengen Restriktionen[50], was auch Duesenberry zugibt[51]. Die Analyse dieser Restriktionen gestaltet sich schwierig, da die Größe der Parameter durch das Zusammenwirken der verschiedensten Einflußfaktoren bestimmt wird. Es wäre hier zu untersuchen, inwieweit die ökonomische Aussagekraft des Systems dadurch erhöht werden kann, daß Faktoren, die bisher nur implizite (im Parameterwert) berücksichtigt wurden, nunmehr auch explizite (als endogen oder exogen bestimmte Variable) in Erscheinung treten. Im Modell von Smithies ergeben sich drei verschiedene „noncyclical solutions"[52], je nachdem $Y_t \gtreqless O_t$. Der Fall der „persistent excess capacity" ($Y_t < O_t$) scheidet

[47] L. L. Pasinetti, Cyclical Fluctuations ..., a. a. O., S. 230.

[48] Besonders deutlich wird die Bedeutung der Wahl der Anfangsbedingungen für ein stetiges Wachstum im Modell von Minsky. Vgl. H. P. Minsky, A Linear Model ..., a. a. O., bes. S. 139 ff.

[49] T. C. Schelling, Capital Growth ..., a. a. O., S. 876; S. S. Alexander, The Accelerator as a Generator of Steady Growth ..., a. a. O.

[50] Vgl. hierzu R. C. O. Matthews, Duesenberry on Growth and Fluctuations, EJ 69 (1959), 749—765, S. 758 und L. L. Pasinetti, Cyclical Fluctuations ..., a. a. O., S. 227; unter welchen Einschränkungen ein derart stetiges Wachstum möglich ist, geht auch aus einer speziellen Untersuchung von Matthews hervor. Vgl. R. C. O. Matthews, A Note on Crawling Along the Ceiling, RES 27 (1959/60), 10—15.

[51] So bemerkt Duesenberry: „If the parameters of the system lie outside certain boundaries, sustained growth will be impossible" (J. S. Duesenberry, Business Cycles ..., a. a. O., S. 236).

[52] A. Smithies, Economic Fluctuations ..., a. a. O., S. 36 ff.

von vornherein für eine Betrachtung stetiger Wachstumsprozesse aus, da er, wie die Untersuchung von Smithies ergibt, letzten Endes einen instabilen Charakter des Modells hervorruft. Der entgegengesetzte Fall einer „persistent exhilaration" ($Y_t > O_t$), wie ihn Smithies nennt, kann durchaus über längere Zeit anhalten, doch ist nicht sicher, ob er nicht die Investitionsfunktion beeinflußt, so daß inflationäre Erscheinungen auftreten. Nach Smithies können diese Erscheinungen durch monetäre und fiskalische Maßnahmen verhütet werden, doch hat Smithies solche Maßnahmen in seinem Modell nicht explizite berücksichtigt. Der Fall schließlich, daß $Y_t = O_t$, beschreibt den Zustand eines Gleichgewichtswachstums, das höchstens als „a useful path of reference" interpretiert werden kann, da „the required conditions are unlikely to be completely fulfilled in practice"[53]. Auch bei der Erklärung stetigen Wachstums im Modell von Smithies wird demnach deutlich, welchen strengen Bedingungen solche Annahmen unterworfen sind. Es muß den Kritikern des Multiplikator-Akzelerator-Prinzips zugestanden werden, daß dieser stetige Wachstumsprozeß nur in sehr engen Grenzen verlaufen kann, „from which the slightest deviation spells disaster"[54] und daß „even for the long run the economic system is at best balanced on a knifeedge of equilibrium growth"[55]. Minsky macht geltend, daß in seinem Modell der „steady growth state is not a ‚knife edge'"[56]. Er muß aber zugeben, daß dieser Zustand nur durch „continuously imposing new initial conditions which are determined by a sufficiently large constant rate of growth of ceiling income"[57] gewonnen werden kann. Die angeführten Beispiele zeigen, daß nur unter strengen Restriktionen der Parameterwerte (Duesenberry), durch häufige Variation der Anfangsbedingungen (Minsky) oder unter Zuhilfenahme exogen bestimmter Variabler (Smithies) ein stetiger Wachstumsablauf erklärt werden kann.

Die Bedingungen, die diesen stetigen Wachstumsablauf im Modell ermöglichen, sind somit häufig ökonomisch nicht haltbar. Oft ist daher das Ergebnis dieser Modelle schon vom ökonomischen Standpunkt aus nicht zu rechtfertigen.

Eine weitere Fehlerquelle kommt hinzu. Die innerhalb der Wirtschaftstheorie angewandten mathematischen Methoden sollen, wie es Tinbergen einmal ausgedrückt hat, als Administrations- oder Kodifizierungstechnik dienen, die dazu beiträgt, „einen nicht mehr überblickbaren Erscheinungskomplex mit bestimmten Ordnungsmitteln ‚durch-

---

[53] Ebenda, S. 36.
[54] Vgl. J. Tobin, A Dynamic Aggregative Model, JPE 63 (1955), 103—115, S. 103.
[55] Vgl. R. M. Solow, A Contribution to the Theory of Economic Growth, QJE 70 (1956), 65—94, S. 65.
[56] H. P. Minsky, A Linear Model ..., a. a. O., S. 141.
[57] Ebenda.

sichtig' zu machen"[58]. Diese Hilfe wird gefährlich, wenn sie ihrerseits durch die Ingangsetzung bestimmter Mechanismen „der Theorie ... einen bestimmten Inhalt auferlegt"[59]. Man hat, scharf formuliert, eingewandt, daß mathematische Modelle nur um ihrer selbst willen konstruiert würden: „die Wahl der Parameter, der Randbedingungen und isoperimetrischen Bedingungen geschieht ausnahmslos unter dem Gesichtspunkt, daß die Lösungen der aufgestellten Gleichungen gewisse Forderungen erfüllen, etwa Schwingungen bestimmter Länge ergeben u. a. m."[60]. Die Beziehungen der Variablen in der Ausgangsgleichung würden demnach so gewählt, daß ein bestimmter Schwingungszyklus erzeugt und ein (vor)bestimmtes Ergebnis daraus abgeleitet wird. Diesem ernsten Vorwurf muß entgegengehalten werden, daß solche Modelle entweder in rein instrumentaler Zielsetzung konstruiert werden, die nicht den Ehrgeiz haben, Realitäten zu erklären (Beispiel Samuelson), oder daß versucht wird, sowohl Ausgangs- als auch Schlußgleichungen zu modifizieren und nach sorgfältiger Abwägung mit erkenntnistheoretischen und realitätsbezogenen Faktoren zu konfrontieren (Beispiel Hicks). Immerhin bleibt die Tatsache bestehen, daß die Suche nach bestimmten Gesetzmäßigkeiten, die dem wirtschaftlichen Entwicklungsprozeß immanent sind oder sein sollen, zu der Übernahme von mathematisch begründeten Mechanismen geführt hat, Mechanismen deshalb, weil das Multiplikator-Akzelerator-Prinzip sich *selbst erhält und weiterträgt*. Das bedeutet nicht, daß das Prinzip an sich abzulehnen wäre. Es darf jedoch nur Bestandteil eines Wachstumsmodells bilden, wenn geklärt ist, daß sowohl seine Prämissen als auch seine Schlußfolgerungen ökonomisch sinnvoll und für die Erklärung wirtschaftlicher Entwicklungsprozesse relevant sind.

3. Zusammenfassung und Entscheidung für das repräsentative Wachstumsmodell nachfrageorientierter Prägung

Es kann somit zusammenfassend festgestellt werden, daß die nachfrageorientierte Entwicklungslinie der Wachstumstheorie auf der Grundlage des Multiplikator-Akzelerator-Prinzips nicht in der Lage ist, eine *umfassende* Analyse der volkswirtschaftlichen Entwicklungsprozesse zu geben. Einerseits stehen die Aggregatgrößen der Nachfrageseite notwendigerweise im Vordergrund der Untersuchungen; die Angebotsdeterminanten der Volkswirtschaft werden nur unvollkommen erfaßt. Andererseits ist die Erklärung eines eventuell stetigen Wachstums der Wirtschaft mit Hilfe des Multiplikator-Akzelerator-Prinzips wegen

[58] Vgl. W. Linder, Operations Research, NZZ 183 (1962), Nr. 36 v. 7. 2. 1962, 7—8, S. 7.

[59] Ebenda.

[60] W. Kellner, Der Begriff der Dynamik in der Wirtschaftstheorie, ZÖ 1 (1950), 111—116, S. 112.

der engen Grenzen, innerhalb deren sich die Parameterwerte und Anfangsbedingungen bewegen können, wenig realistisch und ökonomisch deshalb oft nicht haltbar. In manchen Fällen werden auch Verläufe, die sich aus dem angewandten, rein mathematischen Mechanismus ergeben, als ökonomische Gesetzmäßigkeiten angesehen.

Werden jedoch die Grenzen dieser nachfrageorientierten Entwicklungslinie *von vornherein* erkannt, so kann mit Hilfe des entwickelten Instrumentariums der Wachstumsprozeß der volkswirtschaftlichen Nachfrageseite analysiert werden. Wenn man unter diesem Gesichtspunkt die verschiedenen, teilweise hier vorgeführten Modelle der nachfrageorientierten Wachstumstheorie prüft, dann erfüllt das Wachstumsmodell von Hicks am ehesten diese Voraussetzungen, da es die Grenzen der Multiplikator-Akzelerator-Analyse erkennt. Im Vordergrund steht die Erklärung von Fluktuationen, die durch Gleichgewichtsanalysen in ihrem Ausmaß bestimmt werden können. Die Angebotsseite wird klar von der Nachfrageseite geschieden; sie ist mit Hilfe von exogen bestimmten Faktoren in das Modell eingeführt.

II. Das Modell von Hicks

1. Bausteine und Funktionsweise des Hicks-Modells

Schon in der Entgegnung auf das Harrod-Modell[1] hatte Hicks die Grundgedanken niedergelegt, die er dann in seinem Werk „A Contribution to the Theory of the Trade Cycle"[2] eingehend beschrieb und weiter ausbaute. Trotz heftiger Kritik[3] hat Hicks an seiner Konzeption festgehalten[4]. Dies und Äußerungen von Haberler und Jöhr bestätigen unsere Auffassung, daß wir es hier mit einer Theorie zu tun haben, die als repräsentativ für die nachfrageorientierte Wachstumsanalyse gelten kann. Nach Haberler hat seit „dem Erscheinen der ‚General Theory' .. kein ökonomisches Werk einen so starken Widerhall gefunden wie Hicks' Buch .. seine Originalität (ist) hauptsächlich in der vorbildlichen klaren Darstellung und der meisterhaften Kombination bekannter Theoreme zu einem organischen Ganzen .. zu sehen". Die Theorie von Hicks ist „das bestdurchdachte Beispiel einer großen Gruppe von ähnlichen Theorien"[5]. Jöhr bezeichnet die Hickssche Theorie als „einen Höhepunkt der ökonomischen Forschung .. Hicks hat es in meisterhafter Weise verstanden, die Grundidee seiner Konjunkturerklärung mit all jenen Qualifikationen zu versehen, welche erforderlich sind, um die Voraussetzungen des Modells der Wirklichkeit möglichst weitgehend anzunähern"[6].

---

1 J. R. Hicks, Mr. Harrod's Dynamic Theory ..., a. a. O.

2 A. a. O.

3 J. S. Duesenberry, Hicks on the Trade Cycle, QJE 64 (1950), 464—476; R. F. Harrod, Notes ..., a. a. O.; S. S. Alexander, Issues of Business Cycle Theory raised by Mr. Hicks, AER 41 (1951), 861—878; N. Kaldor, Mr. Hicks on the Trade Cycle, EJ 61 (1951), 833—847; W. W. Rostow, Some Notes on Mr. Hicks and History, AER 41 (1951), 316—324; H. W. Arndt, Mr. Hicks Trade Cycle Theory, CJE 17 (1951), 394—406; A. F. Burns, Hicks and the Real Cycle, JPE 60 (1952), 1—24; W. A. Jöhr, Die Konjunkturschwankungen ..., a. a. O., S. 558 ff.; J. Robinson, The Model of an Expanding Economy, EJ 62 (1952), 42—53; H. Neisser, Critical Notes on the Acceleration Principle, QJE 68 (1954), 253—274; J. R. Sargent, The Supply Factor in Professor Hicks' Theory of the Cycle, EJ 66 (1956), 635—661.

4 Hicks sagt darüber: „I have not felt that the book calls for revision in reprinting. It is an exercise in a particular method, and if I were to adopt a different method (as some of my critics would desire) I should have to write a different book." Vgl. das Vorwort zur 3. Auflage (1956), S. v; inzwischen ist die (unveränderte) 4. Auflage erschienen (1959).

5 G. Haberler, Prosperität ..., a. a. O., S. 538/539.

6 W. A. Jöhr, Die Konjunkturschwankungen ..., a. a. O., S. 573.

Es geht hier nicht darum, ein lückenloses Bild der Hicksschen Theorie zu zeichnen. Vielmehr sollen nur wichtige und im Zusammenhang mit unserer Fragestellung relevante Grundlinien aufgezeigt werden. Es handelt sich hierbei vor allem um realwirtschaftliche[7] Faktoren der Nachfrageseite (Multiplikator-Akzelerator-Prinzip) und der Angebotsseite (Autonome Investitionen und Pfad der Vollbeschäftigung) sowie um den konsequenten Ausbau der dynamischen Gleichgewichtsanalyse.

a) Modellendogene Erklärung der Vorgänge auf der gesamtwirtschaftlichen Nachfrageseite

aa) Der Multiplikator in einer wachsenden Wirtschaft

Eine Abhängigkeit der Konsumausgaben (C_t) vom Einkommen derselben Periode ($C_t = cY_t$) wird immer dazu führen, daß sich nach einmaliger Investitionserhöhung das gesamtwirtschaftliche Sparen und das gesamtwirtschaftliche Investitionsvolumen pari passu angleichen (statischer Multiplikator). Geht man z. B. von einer konstanten Konsumneigung $c = 0{,}9$ sowie von einem Anfangswert des Volkseinkommens von $Y_0 = 50$ und einem Anfangswert des Investitionsvolumens von $I_0 = 5$ aus, so ergibt sich in Periode $t_0 : Y_0 = cY_0 + I_0$; $50 = 0{,}9 \cdot 50 + 5$, $I_0 = S_0 = 5$, und in Periode t_1, wenn sich das Investitionsvolumen um 1 erhöht hat: $Y_1 = 0{,}9Y_1 + 6$; $Y_1 = 60$, $I_1 = S_1 = 6$.

Eine Abhängigkeit der Konsumausgaben (C_t) vom Einkommen der vorhergehenden Periode ($C_t = cY_{t-1}$) wird dagegen, wenn eine einmalige Investitionserhöhung vorgenommen wird, einen Anpassungsprozeß des Sparvolumens in Gang setzen, der solange läuft, bis sich das ursprünglich unter dem (von außen gegebenen) Investitionsvolumen liegende Sparvolumen diesem Investitionsvolumen angepaßt hat (dynamischer Multiplikator nach Frisch). Hicks unterscheidet bei der Erklärung des dynamischen Multiplikatorprozesses zwischen dem „proper saving" (S_t) und dem „actual saving" (S_t^*)[8]. Nimmt man einen Konsum-lag von einer Periode an, so entspricht der gesamtwirtschaftliche Sparbetrag der Differenz zwischen dem Konsum der Periode t (C_t) und dem Einkommen der Periode t—1 (Y_{t-1}). Das Sparen ist demnach gleich der Differenz zwischen dem Einkommen und dem Konsum, der aus diesem Einkommen hervorgegangen ist:

$$S_t = Y_{t-1} - C_t \; . \qquad \text{(B. 25)}$$

[7] Die monetäre Seite der Hicksschen Theorie wird hier vernachlässigt. Sie modifiziert lediglich das Modell und bringt keine grundlegend neuen Erkenntnisse; vgl. auch W. A. Jöhr, Die Konjunkturschwankungen ..., a. a. O., S. 574: „Die eigentliche Leistung von Hicks besteht in seiner *realwirtschaftlichen Theorie*, welche die Verknüpfung von Multiplikator und Akzelerationsprinzip auf die wachsende Wirtschaft überträgt." (Hervorhebung von W. A. Jöhr).

[8] Vgl. hierzu J. R. Hicks, A Contribution ..., a. a. O., S. 11—36.

"But 'saving' in this sense is not the saving which is equal to investment by the accounting identity"[9]. Dieses Sparen, das notwendigerweise in jedem Zeitpunkt der Investition gleich ist ($S_t^* \equiv I_t$), kann nur die Differenz zwischen dem Einkommen und dem Konsum der laufenden Periode sein:

$$S_t^* = Y_t - C_t \quad . \qquad \text{(B. 26)}$$

Die Differenz zwischen dem proper saving und dem actual saving ist somit gleich der Einkommensänderung der vorhergehenden Periode zur laufenden Periode. Jöhr nennt diese Differenz, die die Einkommensänderung von Periode zu Periode aufzeigt, Spardefizit (D_t)[10].

Geht man von einem Anfangswert des Volkseinkommens (Y_0) von 50 aus, legt man eine konstante Sparneigung von s = 0,1 zugrunde und läßt man den Wert des Investitionsvolumens von ursprünglich 5 (= I_0) auf 6 (= I_1) in der ersten Periode ansteigen, so ergibt sich, wenn dieser Wert des Investitionsvolumens von 6 im weiteren Zeitablauf beibehalten wird, folgende Sequenzanalyse:

Tabelle 1

Dynamischer Multiplikator nach Frisch

Variable	Zeitperiode 0	1	2	3	4	5	....	n
Y_t	50	51	51,9	52,71	53,439	54,0951	....	60
S_t	5	5	5,1	5,19	5,271	5,3439	....	6
$I_t = S_t^*$	5	6	6,0	6,00	6,000	6,0000	....	6
D_t	0	1	0,9	0,81	0,729	0,6561	....	0

Aus den Definitionsgleichungen (i) bis (iii) und aus den Verhaltensgleichungen (iv) und (v) läßt sich der Ablauf rekonstruieren:

(i) $Y_t = C_t + I_t$

(ii) $S_t = Y_{t-1} - C_t$

(iii) $D_t = I_t - S_t$

(iv) $C_t = (1-s)\, Y_{t-1}$

(v) $I_t = I_{t-1}$

Aus (ii) und (iv) ergibt sich

(vi) $S_t = Y_{t-1} - C_t = sY_{t-1}$; zB in t_2 5,1 aus 0,1·51 ;

aus (iii) und (vi) erhält man

(vii) $D_t = I_t - S_t = I_t - sY_{t-1}$; zB in t_2 0,9 aus 6,0 − 5,1 ;

aus (i), (iv), (vi) und (vii) schließlich

(viii) $Y_t = C_t + I_t = Y_{t-1} + D_t$; zB in t_2 51,9 aus 51 + 0,9 .

---

[9] Ebenda, S. 18.

[10] W. A. Jöhr, Die Konjunkturschwankungen ..., a. a. O., S. 556.

Dieser dynamische Multiplikatorprozeß erreicht, wenn $t \to \infty$, seinen ursprünglichen (statischen) Gleichgewichtszustand auf einem höheren Niveau wieder, nämlich wenn $S_t = S_t^* = I_t$ und $D_t = I_t - S_t = 0$.

Hicks geht jedoch einen Schritt weiter[11]. Er nimmt an, daß sich das (von außen gegebene) Investitionsvolumen gemäß bestimmten Bewegungsgesetzen von Periode zu Periode verändert. Es erfolgt nunmehr eine Anpassung des proper saving an ein moving equilibrium, wobei jedoch infolge der angenommenen Verzögerung der Konsumausgaben *sowie* der laufenden Änderung des Investitionsvolumens der Trend des gesamtwirtschaftlichen Einkommens ständig unter dem des statischen Gleichgewichtseinkommens liegt und sich, wenn $t \to \infty$, nicht dem absoluten Wert, sondern der Neigung dieses Trends annähert. Der Unterschied zwischen actual saving und proper saving wird dann, bei andauerndem Investitionsüberschuß ($I_t > S_t$), konstant (dynamischer

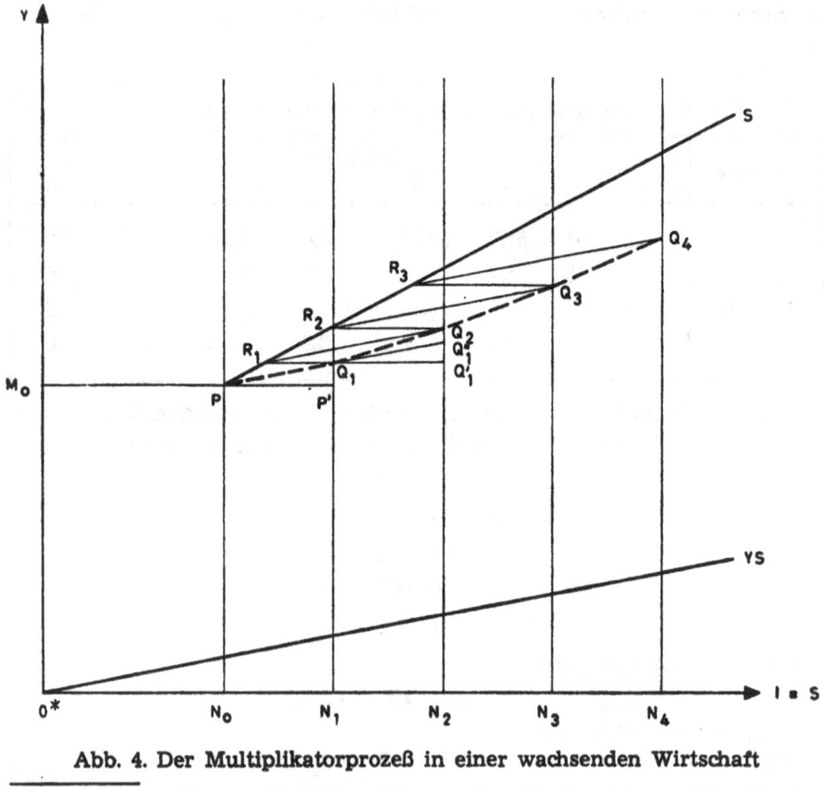

Abb. 4. Der Multiplikatorprozeß in einer wachsenden Wirtschaft

[11] Diese Erweiterung hat Jöhr *nicht* gesehen. Er bezeichnet vielmehr den dynamischen Multiplikator mit *einmaligem* Investitionsstoß als den durch Hicks eingeführten Multiplikator. Vgl. ebenda, S. 560/61.

[12] J. R. Hicks, A Contribution ..., a. a. O., S. 25 Fig. 3: „The multiplier process with expanding investment.“ Zum besseren Verständnis wurde die Abbildung jedoch erweitert.

Multiplikator nach Harrod). Anhand einer von Hicks entworfenen Abbildung[12] läßt sich dieser Prozeß beschreiben[13].

Der Prozeß beginnt im statischen Gleichgewichtspunkt P (I_0; Y_0)[14]. Die Investition vergrößere sich auf $I_1 = O^*N_1$. Das proper saving, das vom Einkommen der vorhergehenden Periode abhängt, bleibt dann unverändert O^*N_0. Das Spardefizit beträgt somit N_0N_1, das Einkommen vergrößert sich in Periode 1 um diesen Betrag. In Q_1, dem Schnittpunkt der Parallele durch P zu der scale-line YS mit der Vertikale durch N_1, läßt sich das Gesamteinkommen in Periode 1 ($Y_1 = N_1Q_1$) ablesen ($P'Q_1$ ist gleich N_0N_1; dies wird deutlich, wenn man sich den Maßstab entzerrt denkt). In Periode 2 vergrößere sich die Investition um N_1N_2 auf $I_2 = O^*N_2$. Das Volkseinkommen erhöht sich dann in Periode 2 nicht nur um den Betrag des veränderten Investitionsvolumens (N_1N_2), sondern auch um den Betrag, der sich aus dem Multiplikatoreffekt der Investitionserhöhung in Periode 1 ableitet. Das Volkseinkommen in Periode 2 ($Y_2 = N_2Q_2$) setzt sich demnach zusammen aus

(1) dem Volkseinkommen der Vorperiode: $Y_1 = N_1 Q_1 = N_2Q'_1$

(2) der Investitionserhöhung in Periode 2: $I_2 - I_1 = N_1N_2 = Q'_1Q''_1$; die Gerade $PQ_1Q''_1$ verläuft parallel zur scale-line. Die Strecke $Q'_1Q''_1$ ist gleich N_1N_2

(3) dem Multiplikatoreffekt der Investitionserhöhung in Periode 1: dieser Multiplikatoreffekt kann gefunden werden, wenn zunächst eine Horizontale durch Q_1 gelegt wird, die S in R_1 trifft. Die Parallele durch R_1 zur scale-line schneidet die Vertikale durch N_2 in Q_2. Die Strecke Q''_1Q_2 gibt den gesuchten Multiplikatoreffekt wieder.

Aus (1) bis (3) resultiert das Volkseinkommen in Periode 2 ($Y_2 = N_2Q'_1 + Q'_1Q''_1 + Q''_1Q_2 = N_2Q_2$). Das Wachstum des Einkommens folgt dem Pfad PQ_1Q_2, der bei der hier angenommenen Vergrößerung der gesamtwirtschaftlichen Investition gemäß einer arithmetischen Reihe[15] immer

---

[13] Da das gesamtwirtschaftliche Sparen nur ein Bruchteil des Volkseinkommens ist, würde die die Sparfunktion charakterisierende Gerade dicht an der Vertikalachse der Abbildung liegen. Hicks führt deshalb auf beiden Achsen einen verschiedenen Maßstab ein. Ist z. B. s = 0,1, so muß man sich die Abszisse um das 10fache auseinandergezogen denken. Die 45°-Linie (geometrischer Ort für diejenigen Fälle, in denen das gesamte Einkommen gespart wird) senkt sich daher im Verhältnis der Differenz 1 : 10. Die scale-line gibt diese neue „Führungslinie" wieder.

[14] $I_0 = O^*N_0$, $Y_0 = O^*M_0$.

[15] Hicks zeigt, daß Annahmen über andere Bewegungsabläufe der gesamtwirtschaftlichen Investitionen zu ähnlichen Ergebnissen führen. Er untersucht außer der arithmetischen Reihe ($I_t = Z + th$) noch die geometrische Reihe, wobei $I_t = Zj^t$, und die sinus-Reihe, wobei $I_t = Z\sin(th + j)$. Z, h und j sind jeweils frei wählbare Konstante. Vgl. J. R. Hicks, A Contribution ..., a. a. O., S. 176 ff.

steiler wird und mit seiner Neigung allmählich, für $t \to \infty$, zu der Neigung der S-Kurve konvergiert, also in ein konstantes Verhältnis zu dieser Neigung übergeht. Nach Hicks hat zu diesem Zeitpunkt die Wirtschaft ihr moving equilibrium erreicht, das gesamtwirtschaftliche Einkommen wächst stetig. Da sich die Konsumausgaben nach dem Einkommen der jeweils vorhergehenden Periode richten, dieses Einkommen jedoch jeweils niedriger ist als dasjenige der folgenden Periode, ist das actual saving größer als das proper saving ($I_t > S_t$). Das actual saving liegt aber wiederum unterhalb der statischen Gleichgewichtslage. Wichtigstes Ergebnis dieses dynamischen Multiplikatorprozesses ist demnach der stabilisierende Einfluß, den die verzögerten Konsumausgaben ausüben, und die Tatsache, daß der ursprünglich Keynessche Gleichgewichtsprozeß in einem dynamischen Rahmen zu einem dynamischen Bewegungsablauf wird, der für große t in jedem Zeitpunkt durch die Bedingung $I_t > S_t$ und I_t/S_t = konstant charakterisiert ist[16].

bb) Der Multiplikator-Akzelerator-Mechanismus als „cycle-maker"

Bei der Behandlung des Multiplikatorprozesses interessierten die Wirkungen des (von außen gegebenen) Investitionsvolumens auf den gesamtwirtschaftlichen output. Durch die Einführung des Akzelerationsprinzips in sein Modell stellte sich Hicks auch die Aufgabe, die Wirkungen von output-Änderungen auf das gesamtwirtschaftliche Investitionsvolumen zu untersuchen. Nicht mehr die Investition ist nunmehr die unabhängige Variable, sondern der output. Hicks hat schon damit eine bemerkenswerte Erweiterung des Akzelerationsprinzips vorgenommen, denn in früheren Veröffentlichungen war nur die Beein-

---

[16] Die Notwendigkeit, daß in einer wachsenden Wirtschaft $I_t > S_t$, ist somit von Hicks klar herausgearbeitet worden. Eines erneuten Beweises, daß $I_t > S_t$ sein muß, wie er von Hamberg, Hagger und Reitter vorgenommen wurde, hätte es demnach nicht bedurft; vgl. D. Hamberg, Investment and Saving in a Growing Economy, REStr 37 (1955), 196—201; A. Hagger, Planned Saving and Investment under Conditions of Steady Growth, REStr 38 (1956), 487—488; P. Reitter, Außenhandel..., a. a. O., S. 27 ff.

Auch andere Autoren, wie Mahr, Lutz und Albers kommen in ihren Untersuchungen zu dem Schluß, daß in einer wachsenden Wirtschaft die Beziehung $I_t > S_t$ gilt. Mahr führt aus: „Jedenfalls ist es unrichtig zu glauben, daß in einer gleichmäßig wachsenden Wirtschaft Ersparungen und Investitionen gleich hoch sind. *Es gehört geradezu zu den Voraussetzungen eines störungsfreien Wachstumsprozesses, daß die Investitionen höher sind als die Ersparungen*"; vgl. A. Mahr, Einige Grundprobleme der Theorie der wachsenden Wirtschaft, ZN 16 (1956), 301—323, S. 304; vgl. auch F. A. Lutz, Die Bedeutung der Investition für das Wachstum der Wirtschaft, Berlin—München 1957 und W. Albers, Sparen und Investieren als Bestimmungsgründe des Wachstums und der Verteilung des Sozialprodukts, WA 81 (1958 II), 1—37.

flussung der Investition durch Konsumänderungen, nicht durch Änderungen des Volkseinkommens, untersucht worden[17].

Auch in anderer Hinsicht stellt die Akzelerationstheorie von Hicks eine Erweiterung und Verfeinerung bisher bekannter Ausgestaltungen dieser Theorie dar. Der Ausbau erfolgt hauptsächlich nach zwei Richtungen hin[18]. Zunächst werden die technisch und konjunkturbedingten Veränderungen der verschiedenen Investitionsarten (Investitionen im Anlage- und Umlaufvermögen sowie Lagerinvestitionen) im Zeitablauf untersucht. Dann interessiert das Zusammenspiel dieser Veränderungen im Multiplikatorprozeß; bei einer derartigen Analyse wird besonders die Eigenschaft des Akzelerators als „cycle-maker" deutlich. Je nach der Intensität des Akzelerators ergeben sich verschiedene Möglichkeiten der Zyklenbewegung. Hicks entscheidet sich für eine ganz bestimmte Größenordnung, die seiner Ansicht nach die Wirklichkeit am ehesten beschreibt.

Nach Hicks lassen sich die charakteristischen Bewegungen der gesamtwirtschaftlichen Investition nach einer output-Erhöhung in drei Phasen darstellen. In der ersten Phase, die einige Monate dauert[19], überwiegt zunächst die Desinvestition bei den Lagervorräten („convenience inventories"). Es wird unterstellt, daß Rohstoffvorräte und Fertigwarenlager über das für den laufenden Produktionsprozeß erforderliche Maß hinaus gehalten werden, damit unverzüglich output-Vergrößerungen vorgenommen werden können, wenn es die Nachfragesituation erfordert. Diese Tendenz zur Desinvestition wird jedoch allmählich durch die im Umlaufvermögen („working capital") erfolgende Investitionstätigkeit immer mehr ausgeglichen. Denn das working capital, das definiert ist als „goods in process whose stock stands in a strict relation to the rate of output in a later period"[20], muß auf dem Stand gehalten werden, der eine laufende, schon vor der output-Erhöhung „normale" Produktion zuläßt. In der zweiten Phase, die ein

17 Vgl. z. B. E. Schneider, Einführung in die Wirtschaftstheorie, III. Teil ..., a. a. O., S. 207 ff. und W. Mieth, Das Akzelerationsprinzip, Berlin 1954, S. 22, die beide nur eine Abhängigkeit von der Konsumänderung annehmen. Dagegen vertreten z. B. Bombach und Neisser die Ansicht von Hicks: „Der Bau eines Wohnhauses ruft erhöhte Nachfrage nach Ziegelsteinen hervor (Akzelerationsprinzip in seiner ursprünglichen Form), die erhöhte Nachfrage nach Ziegelsteinen aber kann wieder den Bau neuer Ziegeleien anregen. Änderungen in der Nachfrage nach Produktionsmitteln werden also in der Produktionsmittelindustrie die gleichen Reaktionen auslösen wie Änderungen der Konsumgüternachfrage in der Konsumgüterindustrie" (G. Bombach, Beiträge ..., a. a. O., S. 57). Vgl. hierzu auch H. Neisser, Critical Notes ..., a. a. O., S. 258 Fußnote 5.

18 Vgl. im folgenden J. R. Hicks, A Contribution ..., a. a. O., S. 37 ff.; vgl. auch H. Neisser, Critical Notes ..., a. a. O., S. 256 f. und W. A. Jöhr, Die Konjunkturschwankungen ..., a. a. O., S. 562 ff.

19 So bei W. A. Jöhr, Die Konjunkturschwankungen ..., a. a. O., S. 564.

20 H. Neisser, Critical Notes ..., a. a. O., S. 274 Fußnote 8.

bis zwei Jahre dauert[21], sind Investitionen im Anlagevermögen („fixed capital") notwendig, wenn der kurzfristig im progressiven Kostenbereich sich befindende Produktionsprozeß wieder zum Punkt der optimalen Ausnutzung zurückgeführt werden soll. In dieser „hump"-Phase erfolgt der Hauptteil der induzierten Investitionstätigkeit. Die dritte Phase („tail"-Phase), die nach Jöhr ein bis zwei Jahrzehnte dauern kann, ist durch abnehmende Schwankungen der Investitionen im Anlagevermögen gekennzeichnet. Das resultiert aus drei verschiedenen Vorgängen: (a) Die zunächst für das ursprüngliche Anlagevermögen berechneten Ersatzinvestitionen sind nunmehr — gemessen am augenblicklichen fixed capital — zu klein. (b) Es machen sich Unterschiede in der Lebensdauer und Nutzungsdauer der Produktionsmittel gleicher Beschaffenheit bemerkbar. (c) Die durch die output-Erhöhung induzierten Investitionen kommen, über mehrere Perioden verteilt, zum Einsatz und zur Ausreifung.

Die Wirkung einer output-Abnahme ist nun keineswegs das Spiegelbild des beschriebenen Dreiphasenprozesses. Denn die Desinvestition im Anlagevermögen kann nur durch die Unterlassung von fälligen Ersatzinvestitionen vorgenommen werden. Der Produktionsapparat verringert sich somit im Ausmaß dieser (unterlassenen) Ersatzinvestitionen. Eine output-Abnahme wirkt demnach auf die (Des)Investitionsentscheidung der Unternehmer intensitätsmäßig weit weniger als eine output-Zunahme, doch ist die Nachwirkung im Zeitablauf größer: der Desinvestitionsprozeß dauert länger als der Investitionsprozeß. Eine relativ gleiche Wirkung des Akzelerators im Expansions- *und* Kontraktionsprozeß kann demnach nicht angenommen werden.

Um nun, nachdem die Bewegungsänderungen der durch output-Änderungen induzierten Investitionen im *Zeitverlauf* analysiert sind, auch die *Intensität* dieser Investitionsveränderungen zu bestimmen, geht Hicks von der vereinfachten Annahme aus, daß sich in der ersten Periode die Desinvestitionen in den Lagerbeständen und die Investitionen im working capital betragsmäßig ausgleichen, so daß output-Erhöhungen erst in der zweiten Periode gesamtwirtschaftliche Nettoinvestitionen induzieren. Vernachlässigt man die die Investitionsschwankungen dämpfenden Bewegungen in der „tail"-Phase, so daß sich die induzierten Investitionsänderungen in der zweiten Phase konzentrieren, und betrachtet nur die Aufschwungsphase, so kann das Volkseinkommen (Y_t) unter Berücksichtigung der verzögerten Konsumausgaben aus folgender Gleichung bestimmt werden:[22]

(B. 27) $$Y_t = (1-s+v)Y_{t-1} - vY_{t-2} \ ;$$

[21] W. A. Jöhr, Die Konjunkturschwankungen ..., a. a. O., S. 564.

[22] Vgl. hierzu und im folgenden J. R. Hicks, A Contribution ..., a. a. O., S. 69 ff.

die (induzierte) Investition (I_t^i) ergibt sich aus

(B. 28) $$I_t^i = v(Y_{t-1} - Y_{t-2}) .$$

(B. 27) ist eine Differenzengleichung zweiten Grades. Sie läßt sich zu einer quadratischen Gleichung reduzieren[23]

(B. 29) $$x^{r2} - (1-s+v)x^r + v = o ,$$

deren Lösung lautet:

(B. 30) $$x^r_{1,2} = \frac{1-s+v}{2} \pm \sqrt{\left(\frac{1-s+v}{2}\right)^2 - v} .$$

Man erhält reale Wurzeln, d. h. nichtzyklische Bewegungen, nur dann, wenn

(B. 31) $$\left(\frac{1-s+v}{2}\right)^2 \geq v$$

oder, daraus abgeleitet[24], $v < (1 - \sqrt{s})^2$ und $v > (1 + \sqrt{s})^2$. Wenn v zwischen diesen Grenzwerten liegt, sind die Wurzeln komplexer Natur. Es ergeben sich demnach vier Lösungsmöglichkeiten:[25]

(i) $v < (1 - \sqrt{s})^2$

(ii) $(1 - \sqrt{s})^2 < v < 1$

(iii) $1 < v < (1 + \sqrt{s})^2$

(iv) $v > (1 + \sqrt{s})^2$,

---

23 Da es sich um eine lineare Differenzengleichung zweiten Grades handelt, liegt folgender Lösungsansatz nahe:

$$Y_t = ax^{rt},$$

wobei a eine Integrationskonstante bezeichnet und x^r eine Funktion, die durch Einsetzen in die lineare Differenzengleichung bestimmt wird:

$$Y_t - (1 - s + v)\, Y_{t-1} + vY_{t-2} = 0$$
$$ax^{rt} - (1 - s + v)\, ax^{r(t-1)} + vax^{r(t-2)} = 0.$$

Da die Integrationskonstante beliebig gewählt werden kann, darf die Gleichung mit a durchdividiert werden. Wird die Gleichung außerdem durch $x^{r(t-2)}$ dividiert, so wird x^r von t unabhängig, wodurch die Richtigkeit des Lösungsansatzes bewiesen (mathematisch verifiziert) ist.

$$x^{r2} - (1 - s + v)\, x^r + v = 0.$$

Hicks verwendet einen anderen Ansatz, kommt aber zu dem gleichen Ergebnis. Vgl. J. R. Hicks, A Contribution ..., a. a. O., S. 184 f.

24 Aus (B. 31) $\left(\frac{1 - s + v}{2}\right)^2 \geq v$ folgt $(1 - s + v)^2 > 4v$ oder $1 - s + v > \pm 2\sqrt{v}$ und schließlich $\sqrt{s} < \pm (1 - \sqrt{v})$. Daraus ergeben sich die beiden Fälle $\sqrt{s} < 1 - \sqrt{v}$, $\sqrt{v} < 1 - \sqrt{s}$ oder $v < (1 - \sqrt{s})^2$ und $\sqrt{s} < -1 + \sqrt{v}$, $\sqrt{v} > 1 + \sqrt{s}$ oder $v > (1 + \sqrt{s})^2$

25 Vgl. hierzu J. R. Hicks, A Contribution ..., a. a. O., S. 185.

deren Verlauf für verschiedene Werte von v und s von Hicks folgendermaßen charakterisiert wird:[26]

(i) „return to the equilibrium path, after the initial kick-up"

(ii) „damped oszillations"

(iii) „explosive oszillations"

(iv) „relentless divergence".

Eine eingehende Untersuchung dieser möglichen Bewegungsabläufe im Hinblick auf eine realistische Erklärung der Wachstumsverläufe des Volkseinkommens läßt Hicks zu dem Ergebnis kommen[27], daß nur (iii) und (iv) die Wirklichkeit erklären können. Fall (i) scheidet aus, da der Akzelerator schließlich ohne Einfluß bleibt, Fall (ii), die Theorie der „erratic shocks", erscheint Hicks unwahrscheinlich, da die Annahme unerklärter unregelmäßiger Störungen, die immer dann auftreten sollen, wenn die Oszillationen beginnen, wirkungslos zu werden, für die Erklärung des Wachstumsverlaufs unbefriedigend bleibt. Nimmt man, wie Hicks, an, daß der Wachstumsverlauf zyklisch vor sich geht, so scheidet auch (iv) aus der Betrachtung aus. Fall (iii) kann aber nur dann den wirklichen Ablauf erklären, wenn durch einen irgendwie bestimmten Pfad diese Zyklen am „Explodieren" gehindert werden. Das System kann sich dadurch nicht uferlos ausweiten; andererseits gewährleistet aber der explosive Charakter der Zyklen, daß eine Dämpfung der Zyklen innerhalb gewisser Wachstumsgrenzen nicht zu befürchten ist. Hicks versucht auch zu beweisen, daß diese Theorie der „constrained explosion" mehr der Wirklichkeit entspricht als alle anderen Lösungsmöglichkeiten[28]. Um die Theorie von Hicks verstehen zu können, ist eine kurze Analyse dieser von außen gegebenen Einflüsse, die den Pfad oder „ceiling" bilden, durchzuführen. Daneben ist die weitere Annahme von Hicks zu untersuchen, daß neben den induzierten auch autonome Investitionen das Einkommensniveau bestimmen.

b) Gesamtwirtschaftliche Angebotsfaktoren als Modelldaten

aa) Autonome Investitionen als „process-maker"

Hicks stellt die These auf, daß nicht alle gesamtwirtschaftlichen Investitionen von output-Änderungen induziert werden. Logischer-

[26] Vgl. J. R. Hicks, A Contribution ..., a. a. O., S. 88. Der Fall stetiger Fluktuationen, der zwischen (ii) und (iii) liegt, wurde nicht berücksichtigt, da er bei Hicks keine Rolle spielt.

[27] J. R. Hicks, A Contribution ..., a. a. O., S. 89 ff.

[28] Ebenda, S. 92/93

weise müssen dann alle nichtinduzierten Investitionen autonom sein, was Mieth zu der Feststellung veranlaßt, daß der Begriff der autonomen Investition „ein theoretisches Residuum außerordentlich heterogener Natur (ist)“[29]. Preiser weist auf die Unabhängigkeit der autonomen Investition vom Einkommenswachstum hin: „natürlich ist ... sie nicht autonom im Sinne völliger Unabhängigkeit oder Willkür; aber sie ist autonom gegenüber dem Wachstum des Volkseinkommens“[30]. Bei Hicks kommt den autonomen Investitionen die Rolle des „process-maker“ zu[31]. Da Hicks den autonomen Investitionen (A_t) die eigentlich zentrale Stellung im Wachstumsmodell gibt[32], sei seine Begriffsbestimmung wiedergegeben: „It is not necessary to assume that all investment is induced investment. While there can be little doubt that quite a large proportion of the net investment which goes on in normal conditions has been called forth, directly or indirectly by past changes in the level of output, there is certainly some investment for which this effect is so small as to be insignificant. Public investment, investment which occurs in direct response to inventions, and much of the ‚long-range‘ investment (as Mr. Harrod calls it) which is only expected to pay for itself over a long period, all of these can be regarded as *Autonomous Investment* for our purpose“[33].

Zwar durchlaufen auch die autonomen Investitionen gemäß der — bei der Behandlung induzierter Investitionen dargestellten — Theorie über den *Zeitverlauf* der Investitionen verschiedene Phasen, wobei besonders die „hump“-Phase wichtig ist, da sie einen Investitionsschock hervorruft. Doch die *Intensität* der autonomen Investitionen läßt sich durch modellendogene Faktoren nicht bestimmen. Vielmehr wird als Trendverlauf der autonomen Investitionen ein geometrisch-stetiges Wachstum angenommen. Die gesamtwirtschaftliche autonome Investition wächst mit einer konstanten Wachstumsrate (g). Die autonome Investition in Pe-

[29] W. Mieth, Das Akzelerationsprinzip ..., a. a. O., S. 18.

[30] E. Preiser, Multiplikatorprozeß ..., a. a. O., S. 125. Ähnlich äußern sich Hicks und Jöhr: „Our autonomous investment is only autonomous with respect to the multiplier and accelerator mechanism“ (J. R. Hicks, A Contribution ..., a. a. O., S. 120). „Autonom besagt bei Hicks nicht wachstumsinduziert“ (W. A. Jöhr, Die Konjunkturschwankungen ..., a. a. O., S. 577).

[31] Dieser Ausdruck wird hier eingeführt, um im Hicksschen Modell den Unterschied zwischen der Funktionsweise der modellexogenen Faktoren (als „process-maker“) und der modellendogenen Faktoren (als „cycle-maker“) zu verdeutlichen.

[32] Robertson sagt darüber: „It was reserved for Hicks, in his brilliant study *The Trade Cycle*, to give him (der autonomen Investition, d. V.) his polysyllabic name and assign him a commanding role in the mechanism of the cycle; vgl. D. H. Robertson, Thoughts on Meeting Some Important Persons, QJE 68 (1954), 181—190, S. 182, Hervorhebung von D. H. Robertson.

[33] J. R. Hicks, A Contribution ..., a. a. O., S. 59 (Hervorhebung von J. R. Hicks). Im Vorwort zur dritten Auflage ergänzt er die Einflußfaktoren autonomer Investitionen: „technical progress, changes in wants (such as those which result from population changes), and public policy“ (ebenda, S. vi/vii).

riode t + 1 ist immer das (1 + g)-fache der autonomen Investition der Periode t. Die Bewegungen im Zeitablauf bringen es mit sich, daß dieser Trend zeitweise durch den Schock der „hump"-Phase überlagert wird. Dieser Schock genügt meistens, um über den Einkommenseffekt dieser Investition die Bewegung des Volkseinkommens zu beeinflussen und damit weitere Investitionen zu induzieren. Der einfache Multiplikatoreffekt der autonomen Investitionen bewirkt somit die Auslösung des Akzelerationsmechanismus. Beide zusammen rufen jene explosive Bewegung des Sozialprodukts hervor, die beschrieben wurde, der jedoch natürliche Grenzen gesetzt sind durch den „ceiling of full employment or full-capacity output"[34].

bb) Der „ceiling" als natürliche Wachstumsgrenze

Nach Hicks gibt es eine natürliche obere Grenze, die dem explosiven, durch das Multiplikator-Akzelerator-Prinzip ausgelösten Aufschwung Einhalt gebietet. Diese Grenze wird charakterisiert durch die Vollausnutzung der Produktionsfaktoren. Da diese Grenze, oder, wie sie Hicks nennt, dieser „ceiling", innerhalb einer wachsenden Wirtschaft gesehen werden muß, sind Annahmen über seine Veränderung im Zeitablauf notwendig. Da auch hier, wie beim Verlauf der autonomen Investitionen, auf keine modellendogene Kausalerklärung zurückgegriffen werden kann, postuliert Hicks eine Parallelentwicklung des ceiling zu der Entwicklung der autonomen Investitionen, unterstellt also ein stetiges Wachstum. Zweifellos hat zu dieser Hypothese der Gedanke geführt, daß die Größe der Kapazität und die Entwicklung der autonomen Investitionen in einem gewissen (Wachstums-)Zusammenhang stehen, wenn diese Interdependenz von Hicks — in konsequenter Beachtung des exogenen Charakters aller Angebotsgrößen in seinem Modell — auch nicht untersucht wird.

Man könnte nun erwarten, daß der einmal erreichte Vollbeschäftigungszustand beibehalten wird. Dies verhindert jedoch der Multiplikator-Akzelerator-Mechanismus. In jenem Augenblick, in dem die „hump"-Periode der autonomen Investitionen abklingt, wird der Einkommensaufschwung allein getragen durch die Einkommenseffekte der Investitionen, die durch die früheren output-Erhöhungen induziert worden waren. Da nun aber das Einkommen, wenn der ceiling erreicht ist, nicht schneller wachsen kann als dieser selbst, wird das Einkommenswachstum, solange die verzögerten Wirkungen des Akzelerators anhalten, dem ceiling folgen, aber dann bald in eine Abwärtsbewegung übergehen.

Sowohl der Wachstumspfad der autonomen Investitionen als auch der des ceiling werden somit als Modellgrößen eingeführt, die den Wachs-

[34] Vgl. J. R. Hicks, A Contribution ..., a. a. O., S. 124 ff.

tumsprozeß in Grenzen halten. Als Untergrenze des Einkommenswachstums ist die einfache Multiplikatorwirkung der autonomen Investitionen anzusehen, als Obergrenze die Entwicklung des ceiling. Innerhalb dieser Grenzen bewegt sich das Volkseinkommen. Um nun zu einer Beurteilung des Ausmaßes dieser Bewegung zu kommen, führt Hicks Gleichgewichtspfade ein, die eine dynamische Analyse ermöglichen und gleichzeitig den Umfang und die Bedingungen der Instabilität des Systems aufzeigen sollen[35].

c) Analytischer Gleichgewichtsbegriff: Stetiges Einkommenswachstum

Als Instrument für die Gleichgewichtsanalyse im Modell hat Hicks den Begriff der Regularly Progressive Economy übernommen[36]. Der gesamtwirtschaftliche output wächst hiernach mit einer konstanten Rate. Der output der Periode t ist immer das $(1+g)$-fache des outputs in Periode $t-1$ (sog. stetiges oder organisches Wachstum). Das Gleichgewichtswachstum des Einkommens wird demnach durch die Beziehung

(B. 32) $$Y_t = Y_0 \, (1+g)^t$$

ausgedrückt, ist daher bestimmt

(1) durch die Ausgangslage $Y_0 \, (1+g)^0$, also durch Y_0 und

(2) durch die konstante positive Wachstumsrate g.

Um nun das Modellgleichgewicht näher analysieren zu können, ist die Auswirkung dieses Gleichgewichtswachstums des Einkommens auf die (gleichgewichtige) Veränderung der Einkommensdeterminanten zu untersuchen. Gemäß der aufgestellten speziellen Investitionsfunktion, des Akzelerationsprinzips, induzieren output-Änderungen Investitionen. Wird ein stetiges output-Wachstum über n Perioden angenommen, so müssen diese stetigen Änderungen noch nach n Perioden Investitionen induzieren, wenn eine komplexe Investitionsfunktion von der Form

(B. 33) $$I_t^i = v_1 (Y_{t-1} - Y_{t-2}) + v_2 (Y_{t-2} - Y_{t-3}) + \ldots + v_{p-1} (Y_{t-p+1} - Y_{t-p})$$

vorausgesetzt wird[37]. Da der gesamtwirtschaftliche output mit einer im

---

[35] Hicks stellt die Frage: „is there any possibility of steady ‚equilibrium' with reference to which fluctuations might subsequently be defined?" (J. R. Hicks, A Contribution ..., a. a. O., S. 56).

[36] Vgl. J. R. Hicks, A Contribution ..., a. a. O., S. 57 Fußnote 2. Zwar räumt Hicks ein, daß Harrod nicht der erste war, der dieses Instrument in die Wachstumstheorie eingeführt hat. „But it is Mr. Harrod who has emphasized the essential part which it must play in a theory based on the acceleration principle." Hicks formt diesen Begriff nach den Gegebenheiten seines Modells um. Er verwendet den Begriff der Regularly Progressive Economy *with Autonomous Investment* (Hervorhebung vom Verf.).

[37] Vgl. J. R. Hicks, A Contribution ..., a. a. O., S. 182.

Zeitablauf unveränderten Rate gewachsen ist, kann angenommen werden, daß auch die durch dieses Einkommenswachstum induzierten Investitionen in diesem Ausmaß gewachsen sind, das Verhältnis zwischen Einkommens- und Investitionswachstum also konstant ist[38]. Ebenso kann man postulieren, daß das Wachstum des gesamtwirtschaftlichen Sparens in einem konstanten Verhältnis zum output-Wachstum steht, da gemäß der komplexen Sparfunktion von der Form[39]

$$S_t = Y_t - (c_1 Y_{t-1} + c_2 Y_{t-2} + \ldots + c_p Y_{t-p}) \tag{B. 34}$$

das Sparen von früheren output-Änderungen abhängt, die sich stetig, jeweils um $(1 + g)$, verändern.

Die Proportionen I_t^i/Y_t und S_t/Y_t sind demnach von der konstanten Wachstumsrate g abhängig, da das output-Wachstum, wie gezeigt wurde, von dieser Wachstumsrate abhängig ist. Wird g derart gewählt, daß die Proportionen I_t^i/Y_t und S_t/Y_t gleich sind, dann bleibt auch das System im Gleichgewicht: output und output-Determinanten wachsen stetig, Fluktuationen treten nicht auf[40].

Da Hicks ausdrücklich von einer „Regularly Progressive Economy with Autonomous Investment" spricht, daher auch die autonome Investition als Determinante des gesamtwirtschaftlichen Einkommens in Erscheinung tritt, ist die Analyse des Modellgleichgewichts auf diese auszudehnen. Soll das makroökonomische Gleichgewicht, wonach das gesamtwirtschaftliche Sparen dem gesamtwirtschaftlichen Investieren entspricht, erhalten bleiben, so muß die Gleichgewichtsbedingung lauten[41]

$$I_t^i + A_t = S_t. \tag{B. 35}$$

[38] Nach Hicks läßt sich dies folgendermaßen begründen: „Output p periods before (Y_{t-p}) will bear a constant proportion to current output (Y_t) — constant, that is, in the sense that it does not depend on t though it does on p. And the change in output between that period and one preceding it $(Y_{t-p} - Y_{t-p-1})$ will also bear a constant proportion to Y_t in the same sense. Now if we can assume that a given change in output calls forth induced investment ... p periods later which is a constant proportion of that change in output, it will follow that the induced investment in period t, which is due to the change in output $Y_{t-p} - Y_{t-p-1}$, is a constant proportion of that change in output, and therefore a constant proportion of Y_t itself. The same will hold for each previous period (that is to say, for each value of p). Adding up, we see that total induced investment must be in a constant proportion to Y_t" (vgl. J. R. Hicks, A Contribution ..., a. a. O., S. 57/58; für n bei Hicks wurde hier t gesetzt).

[39] Hicks beschreibt vor allem die komplexe Konsumfunktion von der Form (B. 34)* $C_t = c_1 Y_{t-1} + c_2 Y_{t-2} + \ldots + c_p Y_{t-p} + K$, wobei $\sum c_r < 1$ $(r = 1, 2, \ldots, p)$ und K als autonomer Konsum (unabhängig von Einkommensänderungen) definiert sind. Vgl. J. R. Hicks, A Contribution ..., a. a. O., S. 170 ff.

[40] Vgl. hierzu auch S. 144 ff.

[41] Vgl. J. R. Hicks, A Contribution ..., a. a. O., S. 59.

Wenn Gleichgewichtswachstum herrschen soll, genügt die Bedingung nicht mehr, daß die Proportionen I_t^i/Y_t und S_t/Y_t gleich sind. Wenn (B. 35) erfüllt sein soll, muß vielmehr die Differenz dieser Proportionen dem Verhältnis A_t/Y_t gleich sein. Da aber I_t^i/Y_t und S_t/Y_t im Zeitablauf konstant sind, muß auch A_t/Y_t im Zeitablauf konstant sein. Daraus folgt, daß — bei gegebener Wachstumsrate g — auch A_t mit dieser konstanten Rate wachsen muß. Nun ist allerdings zu bedenken, daß die autonome Investition diejenige der output-Determinanten ist, die modellexogen gegeben ist. Wenn demnach ein stetiges Wachstum des outputs konstruiert wird, so liegt die These nahe, daß sich das output-Wachstum in Niveau und Rate dem Wachstum der autonomen Investition anpaßt und nicht umgekehrt:

(1) von der Wachstumsrate der autonomen Investition wird die Gleichgewichtswachstumsrate des ganzen Systems,

(2) vom Niveau der autonomen Investition das Gleichgewichtsniveau des Einkommens bestimmt[42].

Das Gleichgewichtsniveau des Volkseinkommens muß demnach derart beschaffen sein, daß es — unter Einwirkung des gegebenen Niveaus der autonomen Investitionen — Sparvolumen und Investitionsvolumen im Zeitverlauf konstant hält.

Diese Zusammenhänge lassen sich am Beispiel des „elementary case" zeigen[43]. Die Bestimmungsgleichung des Einkommens lautet hier[44]:

(B. 18) $$Y_t = cY_{t-1} + v(Y_{t-1} - Y_{t-2}) + A_t.$$

Die Lösung dieser Gleichung ist nur möglich, wenn Annahmen über den Zeitverlauf ihres inhomogenen Teils gemacht werden. Nimmt man an, daß die autonomen Investitionen mit einer konstanten und positiven Rate g stetig wachsen, dann läßt sich schreiben

(B. 36) $$A_t = A_0 (1 + g)^t,$$

wobei A_0 durch die autonomen Investitionen der Ausgangssituation bestimmt ist. Als Lösung von (B. 18) unter Berücksichtigung von (B. 36) ergibt sich[45]

(B. 37) $$Y_t = \frac{1}{1 - c(1+g)^{-1} - vg(1+g)^{-2}} A_0 (1+g)^t + a_1 x_1^t + a_2 x_2^t.$$

---

[42] Ebenda, S. 61.

[43] Hicks spricht vom „elementary case", wenn nur jeweils die erste Phase von n lag-Perioden berücksichtigt wird. Der „multi-time lag case" (Ausdruck nach H. Neisser, Critical Notes ..., a. a. O., S. 261) erfaßt dagegen alle lag-Perioden. Vgl. z. B. die komplexen Gleichungen (B. 33) und (B. 34).

[44] Vgl. S. 64.

[45] Vgl. Anhang I: Lösung des homogenen und inhomogenen Teils der Einkommensbestimmungsgleichung im Hicks-Modell.

Der homogene Teil der Differenzengleichung führt zu Integrationskonstanten ($a_{1,2}$) und Wurzeln ($x_{1,2}$), der inhomogene Teil zum sog. Supermultiplikator H[46]

$$\text{(B. 38)} \qquad H = \frac{1}{1 - c\,(1 + g)^{-1} - vg\,(1 + g)^{-2}}\,,$$

der zusammen mit dem autonomen Investitionsniveau das Einkommenswachstum bestimmt. Da das Einkommen mit derselben Rate wächst wie die autonomen Investitionen, vgl. (B. 32), wird aus (B. 37)[47]

$$\text{(B. 39)} \qquad Y_t = HA_t.$$

Mit dieser Gleichung ist die Beziehung zwischen der autonomen Investition und dem Gleichgewichtseinkommen bestimmt. Das System wächst ohne Oszillationen entlang dem Gleichgewichtspfad des Einkommens, der durch (B. 39) eindeutig determiniert ist. Sind die a's $\neq$ o, so oszilliert das System um diesen Gleichgewichtspfad, der in diesem Fall den analytischen Maßstab für das Ausmaß der Abweichungen abgibt.

d) Das Gesamtmodell

aa) Der Zyklusablauf

Baumol[48] hat in einprägsamer Form das Modell von Hicks rekonstruiert, wobei er sich auf die Darstellung des Zyklusablaufs konzentrierte. Die Gleichungen (B. 40) bis (B. 43) geben die für den Zyklusablauf im Hicks-Modell relevanten Beziehungen wieder:

(B. 40) $C_t = cY_{t-1} + m$, als Konsumfunktion mit konstantem Glied m;

(B. 41) $I_t^i = z_1$, mit der Bedingung $K_{t-1} \leq vY_{t-1}$,

(B. 42) $I_t^i = -z_2$, mit der Bedingung $K_{t-1} > vY_{t-1}$.

[46] Hicks bemerkt hierzu: „The only condition which must be fulfilled in order to make this progressive equilibrium possible is that the denominator ... must be positive — which means that there must be enough saving to cover both the autonomous investment and the induced investment induced by the steady progress. We shall assume that this condition is fulfilled“ (J. R. Hicks, A Contribution ..., a. a. O., S. 183/184).

[47] Durch Einsetzen von (B. 32) und (B. 36) in (B. 18) erhält man

$$Y_0\,(1 + g)^t = cY_0\,(1 + g)^{t-1} + vgY_0\,(1 + g)^{t-2} + A_0\,(1 + g)^t;$$

dividiert durch $(1 + g)^t$ ergibt

$$Y_0\,[1 - c\,(1 + g)^{-1} - vg\,(1 + g)^{-2}] = A_0;$$

da $Y_0 = Y_t/(1 + g)^t$, so

$$Y_t = \frac{1}{1 - c\,(1 + g)^{-1} - vg\,(1 + g)^{-2}}\,A_0\,(1 + g)^t$$

[48] W. J. Baumol, Topology of Second Order Linear Difference Equations with Constant Coefficients, E 26 (1958), 258—285, bes. S. 281—284.

(B. 42) drückt aus, daß im fortgeschrittenen Abschwung, wenn überschüssiges Realkapital vorhanden ist, die Nettoinvestition einen negativen Wert annimmt, da „Equipment and inventories will not be replaced as they are used up“[49]. (B. 41) soll aussagen, daß im Aufschwung und noch im beginnenden Abschwung die gesamtwirtschaftliche Investition durch die Akzeleratorbeziehung bestimmt wird: $z_1 = v\ (Y_{t-1} - Y_{t-2})$.

(B. 43) $Y_t \leq Y_e$, wobei Y_e den full capacity ceiling charakterisiert.

Das System (B. 40) bis (B. 43) wird schließlich durch die Definitionsgleichung (A. 11) $Y_t = I_t + C_t$ ergänzt.

Das output-Wachstum wird im *Abschwung* bestimmt durch — (B. 40), (B. 42) in (A. 11) —

(B. 44) $$Y_{t+1} = cY_t + m - z_2;$$

das ist eine Differenzengleichung erster Ordnung, die durch eine Gerade mit der Neigung c und dem Ordinatenabschnitt m dargestellt werden kann (vgl. RR′ in Abb. 5) und die, da $c < 1$, die 45°-Linie von oben schneidet.

Im *Aufschwung* wird das output-Wachstum determiniert durch — (B. 40), (B. 41) in (A. 11) —

(B. 45) $$Y_{t+1} = (c + v)\, Y_t - vY_{t-1} + m;$$

(B.45) ist eine Differenzengleichung zweiter Ordnung mit konstanten Koeffizienten. Da Hicks aus den vier Lösungsmöglichkeiten dieser Gleichung diejenige der „explosive oszillations“ ausgewählt hat, die der Bedingung $1 < v < (1 + \sqrt{s})^2$ genügt, ergibt sich „a family of spirals which move outward in a clockwise direction“[50].

Anhand der Abb. 5 läßt sich der Zyklusablauf im Hicks-Modell verfolgen[51]. Beginnt der Prozeß bei A oberhalb der 45°-Linie, so verläuft das Wachstum entlang der Spirale, die durch (B. 45) bestimmt ist. Bei C ist Y_e erreicht; das Einkommen wird in seiner Wachstumsintensität gehemmt, allerdings erst nach zwei Perioden, da die lag-Beziehung in (B. 41) wirksam ist. Der output der nächsten Periode bestimmt sich aus — (B. 40), (B. 43) in (A. 11) —

(B. 46) $$Y_{t+1} = cY_e + m;$$

er sinkt auf D ab ($Y_t < Y_e$). In Übereinstimmung mit (B. 44) schrumpft das Volkseinkommen weiter entlang RR′ in Richtung P. Es beginnt der Anpassungsprozeß von output und Realkapital durch Desinvestitionen, die lediglich in Höhe der Ersatzinvestitionen vorgenommen werden kön-

[49] Ebenda, S. 281.
[50] Ebenda, S. 283.
[51] Vgl. Abb. 17 ebenda, S. 282.

nen. Ist diese Anpassung allmählich vollzogen, hört auch der Desinvestitionsprozeß auf. Ob aber der output-Sprung, der am Punkt J durch die Eliminierung der negativen Investitionskomponente ausgelöst wurde (die Investitionen verändern sich von $-z_2$ nach o), ausreicht, einen Aufschwung zustandezubringen (Bedingung: $Y_t > HJ$), ist fraglich. Das ständige Wachstum der autonomen Investitionen wird jedoch wahrscheinlich die Gerade RR′ allmählich nach oben schieben, bis eine gewisse Periode T erreicht ist, in der der Punkt auf RR′ mit den Koordinaten (Y_{T+1}, Y_T) über der 45°-Linie liegt. Der Aufschwung ist dann gesichert.

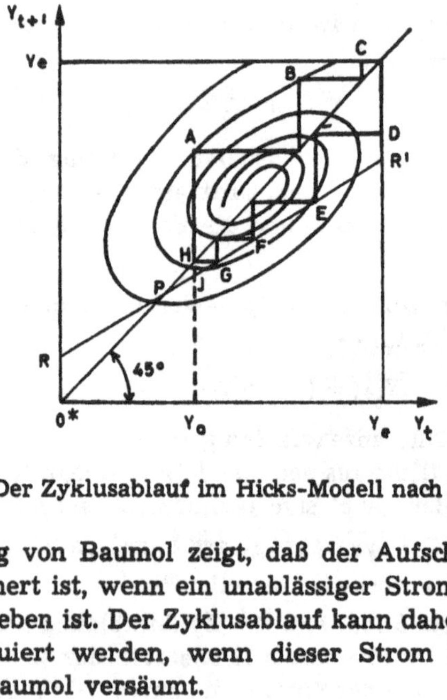

Abb. 5. Der Zyklusablauf im Hicks-Modell nach Baumol

Die Darstellung von Baumol zeigt, daß der Aufschwung im Hicks-Modell nur gesichert ist, wenn ein unablässiger Strom von autonomen Investitionen gegeben ist. Der Zyklusablauf kann daher nur dann vollständig rekonstruiert werden, wenn dieser Strom Berücksichtigung findet. Das hat Baumol versäumt.

Eine Spezifizierung der Goodwinschen Investitionsfunktion[52] zeigt anschaulich die Rolle der autonomen Investitionen im Hicksschen Zyklusmodell. Nach Todt[53] lassen sich vier Eigenschaften der Goodwinschen Investitionsfunktion

$$I_{t+\theta} = \varphi(\dot{Y}_t) + A_t \quad \text{(B. 47)}$$

herausstellen:

(i) Es existiert eine Vollbeschäftigungs-Nettoinvestition z_1, die die obere Grenze für alle induzierten Nettoinvestitionen bildet:

$$\varphi(\dot{Y}_t) \leq z_1$$

[52] Vgl. R. M. Goodwin, The Nonlinear Accelerator ..., a. a. O.

[53] H. Todt, Vergleichende Betrachtung der Konjunkturmodelle von R. M. Goodwin und J. R. Hicks, ZS 114 (1958), 445—453, S. 446/447.

(ii) Es besteht eine untere Grenze für diese Investitionen, die Kapitalabnutzung $-z_2$:

$$\varphi\ (\dot{Y}_t) \gtrsim z_2\,,\ \text{wobei}\ z_2 \leq z_1$$

(iii) Wenn das Volkseinkommen stagniert, werden keine Nettoinvestitionen induziert:

$$\varphi\ (\dot{Y}_t) = 0,\ \text{sofern}\ \dot{Y}_t = 0.$$

(iv) Die induzierten Nettoinvestitionen passen im Aufstieg ihre Beschleunigung an diejenige des Volkseinkommens an; $(\dot{Y}_t)$ steigt monoton:

$$\frac{d\varphi\ (\dot{Y}_t)}{d\,\dot{Y}_t} \geq 0\,.$$

Setzt man statt des Differentialquotienten den Differenzenquotienten und postuliert $\Theta = 1$, dann läßt sich der Zeitablauf der induzierten Investitionen aus Abb. 6 ablesen[54].

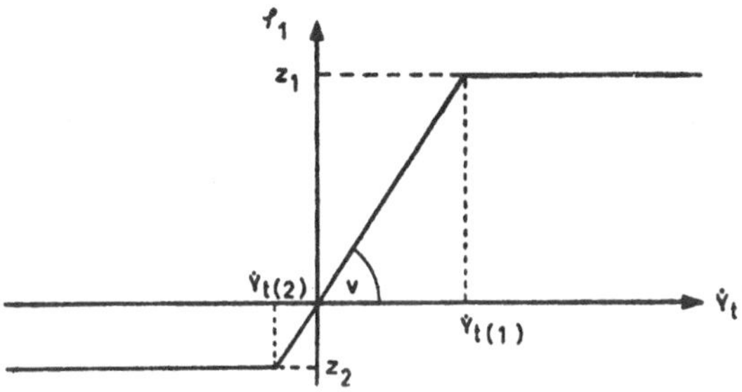

Abb. 6. Spezifizierung der Goodwinschen Investitionsfunktion

Nur innerhalb des Bereichs $\dot{Y}_{t(1)} \leftrightarrows \dot{Y}_{t(2)}$ ergeben sich Oszillationen. Nur hier bestimmt sich das Volkseinkommen nach (B. 18)[55]

(B. 18) $$Y_t = cY_{t-1} + v\,(Y_{t-1} - Y_{t-2}) + A_t.$$

Das Volkseinkommen wird aber im Zeitablauf diesen Bereich nach oben oder unten verlassen. Für den Bereich der Obergrenze sind die

[54] Entspricht Abb. 2 bei Todt, ebenda, S. 449. Die Bezeichnungen sind teilweise anders gewählt.

[55] Vgl. S. 87.

induzierten Investitionen determiniert durch z_1, für den Bereich der Untergrenze durch $-z_2$, so daß gilt

(B. 18)′ $$Y_t = cY_{t-1} + z_1 + A_t$$

(B. 18)″ $$Y_t = cY_{t-1} - z_2 + A_t.$$

Als Lösung für (B. 18) ergab sich, unter Berücksichtigung von (B. 36)[56],

(B. 37) $$Y_t = \frac{1}{1 - c(1+g)^{-1} - vg(1+g)^{-2}} A_0 (1+g)^t + a_1 x_1{}^t + a_2 x_2{}^t.$$

Für die Bereiche der Ober- und Untergrenze lauten die Lösungen:[57]

(B. 37)′ $$Y_t = \frac{A_t}{1 - c(1+g)^{-1}} + \frac{z_1}{1-c}$$

(B. 37)″ $$Y_t = \frac{A_t}{1 - c(1+g)^{-1}} - \frac{z_2}{1-c}$$

(B. 37)′ stellt den maximalen Wert dar, den das Volkseinkommen erreichen kann. Die Volkswirtschaft bewegt sich entlang dem ceiling. Andererseits kann Y_t nicht unter (B. 37)″ fallen. Hier ist der floor erreicht. Es gilt demnach $Y_{t(B.37)''} < Y_{t(B.37)} < Y_{t(B.37)'}$.

.Alle Positionen, auch die Extremfälle (B. 37)′ und (B. 37)″ sind instabil. In beiden Extrempositionen übt der Verlauf der autonomen Investitionen, wie aus (B. 37)′ und (B. 37)″ hervorgeht, einen entscheidenden Einfluß auf die Veränderung des Volkseinkommens im Zeitablauf aus. Das Volkseinkommen kann die ceiling-Position auf die Dauer deshalb nicht halten, weil der durch die Wachstumsrate g bestimmte Wachstumspfad unterhalb des ceiling-Pfades verläuft[58], d. h. die Wachstumsrate g ist sicher kleiner als die Rate der (kurzfristig) explosiven Multiplikator-Akzelerator-Zyklen. Das erste Glied auf der rechten Seite von (B. 37)′ gewinnt an Bedeutung, das zweite verliert allmählich seinen Einfluß. Ebenso wird der untere Wendepunkt durch die zunehmende Bedeutung von $A_0 (1 + g)^t/1 - c (1 + g)^{-1}$ in (B. 37)″ allmählich überwunden.

bb) Die Gleichgewichtskonzeption

Ausmaß und Verlauf des tatsächlichen Einkommenswachstums werden von Hicks anhand eines analytischen Gleichgewichtsschemas beurteilt. Die Bewegung auf diesem konstruierten Gleichgewichtspfad erhält ihre Impulse vom Wachstum der autonomen Investitionen. Sie

---

56 Vgl. S. 87.

57 Todt ist bei der Lösung der Gleichungen (B. 18)′ und (B. 18)″ ein Fehler unterlaufen. Die von Todt gewonnenen Werte für Y_t (B. 37)′ und Y_t (B. 37)″ entsprechen unseren nur dann, wenn $g \rightarrow 0$, was jedoch unwahrscheinlich ist. Vgl. hierzu Anhang II: Berechnung der Ober- und Untergrenze des Einkommenswachstums im Hicks-Modell.

58 Vgl. S. 84 f.

Übersicht 1: **Die Gleichgewichtskonzeption bei Hicks**

Gleichungsart	Transformation	elementary case	multi-time lag case
(i) Definitionsgleichung		$Y_t = C_t + I_t^i + A_t$	$Y_t = C_t + I_t^i + A_t$
(ii) Bestimmungsgleichungen der modellendogenen Determinanten			
(a) Konsum		$C_t = cY_{t-1}$	$C_t = c_1 Y_{t-1} + c_2 Y_{t-2} + \ldots + c_p Y_{t-p}$
(b) Investition		$I_t^i = v(Y_{t-1} - Y_{t-2})$	$I_t^i = v_1 (Y_{t-1} - Y_{t-2}) + \ldots + v_{p-1}(Y_{t-p+1} - Y_{t-p})$
(iii) Bestimmungsgleichung des Einkommens	(ii) in (i)	$Y_t = cY_{t-1} + v(Y_{t-1} - Y_{t-2}) + A_t$	$Y_t = \sum_{r=1}^{r=p} c_r Y_{t-r} + \sum_{r=1}^{r=p-1} v_r (Y_{t-r} - Y_{t-r-1}) + A_t$
(iv) Gleichgewichtsbedingungsgleichungen der Ausgangslage			
(a) Autonome Investition		$A_t = A_0 (1+g)^t$	$A_t = A_0 (1+g)^t$
(b) Einkommen		$Y_t = Y_0 (1+g)^t$	$Y_t = Y_0 (1+g)^t$
(v) Bestimmungsgleichung des Gleichgewichtseinkommens			
(a) Ausgangslage	(iv) in (iii)	$Y_0 (1+g)^t = cY_0 (1+g)^{t-1} + vgY_0 (1+g)^{t-2} + A_0 (1+g)^t$	$Y_0 (1+g)^t = Y_0 \Sigma c_r (1+g)^{t-r} + g Y_0 \Sigma v_r (1+g)^{t-r-1} + A_0 (1+g)^t$
(b) Lösung	(v_a) aufgelöst nach Y_t	$Y_t = \frac{1}{1-c(1+g)^{-1} - vg(1+g)^{-2}} A_t$	$Y_t = \frac{1}{1 - \Sigma c_r (1+g)^{-r} - g \Sigma v_r (1+g)^{-(r+1)}} A_t$

wachsen im Zeitverlauf mit einer konstanten, positiven Rate g. Dies löst einen Einkommenseffekt aus, dessen Größe durch den Keynesschen Investitionsmultiplikator bestimmt wird; dieser Multiplikatoreffekt determiniert zunächst das Gleichgewichtswachstum des Einkommens (sog. slump equilibrium line LL). Die laufenden Änderungen dieses Einkommensniveaus induzieren gemäß dem Akzelerationsprinzip Investitionen, deren Einkommenseffekt ebenfalls das Ausmaß des Einkommenswachstums bestimmt, so daß nunmehr, nach zwei oder drei Perioden, die Einkommenseffekte der autonomen *und* induzierten Investition das Gleichgewichtswachstum des Volkseinkommens festlegen. Dieser Gleichgewichtspfad (EE) wird somit durch den Supermultiplikator bestimmt, der den Abstand zwischen dem Wachstumspfad der autonomen Investitionen (AA) und EE angibt[59]. Der Supermultiplikator ist konstant, solange die Koeffizienten c und v konstant sind, und zeitlos, solange sich die Wachstumsrate g nicht ändert. Wenn die autonomen Investitionen nicht mehr mit einer konstanten Rate wachsen, kann ihr Verhältnis nicht mehr durch einen zeitlosen Supermultiplikator ausgedrückt werden[60]. Der Supermultiplikator wird demnach im analytischen Gleichgewichtssystem von Hicks unverändert gehalten, während alle Anregungen auf dieses System, die das Gleichgewichtswachstum des outputs auf EE ermöglichen, von den autonomen Investitionen — sei es durch ihre Wachstumsrate und/oder durch ihr Niveau — ausgehen. Stimulierender Faktor im System ist damit der Multiplikand, nicht der Multiplikator.

In Übersicht 1 findet sich eine Zusammenfassung des analytischen Gleichgewichtsprozesses im Hicks-Modell. Die Annahmen über ein stetiges Wachstum sowohl der autonomen Investitionen als auch des Volkseinkommens führen schließlich zur Beschreibung eines ganz bestimmten Gleichgewichtspfads des Volkseinkommens: Gleichung (v_b) in Übersicht 1.

2. Kritische Würdigung der Modellhypothesen und der Gleichgewichtskonzeption im Hicks-Modell

Das Hauptaugenmerk der kritischen Würdigung des Hicks-Modells gilt nicht den Faktoren, die Hicks in seinem Modell *nicht* berücksichtigt

---

[59] J. R. Hicks, A Contribution ..., a. a. O., S. 62; vgl. auch ebenda, S. 103: „When constructing the ... equilibrium line EE from the autonomous investment line AA, we had to take account of the induced investment due to the rise in output along the equilibrium line; it was this which transformed the simple multiplier into a super-multiplier". Hansen entwickelte ein ähnliches System; sein „leverage-coefficient" entspricht dem Supermultiplikator von Hicks. Auch hier determinieren Multiplikator- und Akzeleratorprozeß zusammen mit der autonomen Investition das Gleichgewichtseinkommen. Vgl. A. H. Hansen, Toward a Dynamic Theory of the Cycle, AER 42 (1952) P. P., 74—83, bes. S. 80.

[60] Vgl. hierzu H. Neisser, Critical Notes ..., a. a. O., S. 271.

hat, als vielmehr denen, die bei ihm Verwendung fanden[61]. Denn daß die nachfrageorientierte Wachstumstheorie gewisse wachstumsrelevante Größen im Modell vernachlässigt, war bereits festgestellt worden. Eine Wiederaufnahme dieser Kritik wäre müßig. Vielmehr geht es hier um eine kritische Untersuchung der von Hicks im Modell verwendeten modellendogen erklärten Verhaltenshypothesen, der modellexogenen Faktoren und der Gleichgewichtskonzeption.

a) Modellhypothesen

aa) Konsumfunktion

Seit Keynes[62] in seiner General Theory eine hypothetische Konsumfunktion beschrieben hat, sind die Versuche nicht mehr abgerissen, diese Hypothese statistisch zu verifizieren und neue Verhaltensgleichungen aufzustellen. Wesentlich unterstützt wurden diese Arbeiten durch die Veröffentlichung langer Zeitreihen für Makrogrößen durch Kuznets,[63] die die Verifizierung sog. „long run consumption functions" für das Gebiet der USA ermöglichten.

α) Fortschritte in der ökonomischen Forschung

αα) Erstes Stadium: Nach-Keynessche Periode

Das *erste Stadium* der Erforschung von Konsumfunktionen ist inzwischen abgeschlossen. Es genügt, hier die Ergebnisse festzuhalten, zumal eine zusammenfassende, chronologische Folge dieses Stadiums von Davis[64], Ferber[65], Hagen[66] und Zellner[67] gezeichnet worden ist, und

---

[61] Es hat nicht an Kritikern des Hicks-Modells gefehlt (vgl. Fußnote 3 S. 73). Wenn hier nicht näher auf diese Stimmen eingegangen wird, so aus zwei Gründen: (1) Diese Kritik scheidet oft nicht zwischen dem, was Hicks darstellte und dem, was er zu seiner Untersuchung noch hätte heranziehen sollen. Uns interessiert hier jedoch eine Kritik der von Hicks dargestellten Funktionen. Eine Trennung der Kritik nach dem Gesichtspunkt „Vorhandenes und Nichtvorhandenes im Hicks-Modell" wäre mühsam. Außerdem soll nicht eine Übersicht über vorhandene kritische Stimmen gegeben werden, sondern es wird versucht, eine eigene Kritik zu *entwickeln*. (2) Die veröffentlichten Anmerkungen zum Hicks-Modell stammen fast ausnahmslos aus den Jahren 1950—1952. Es kann mit gutem Recht behauptet werden, daß inzwischen die ökonomische Forschung weiter fortgeschritten ist. Neuere Gesichtspunkte der Wirtschaftstheorie sollen jedoch hier Berücksichtigung finden.

[62] J. M. Keynes, The General Theory ..., a. a. O., S. 90.

[63] Kuznets legte diese Daten erstmals in der University of Pennsylvania Conference am 17. 9. 1940 vor. Vgl. A. H. Hansen, A Note on the Secular Consumption Function, AER 41 (1951), 662—664, S. 662, Fußnote 2.

[64] T. E. Davis, The Consumption Function as a Tool for Prediction, REStat 34 (1952), 270—277; vgl. auch G. Gehrig, Bestimmungsfaktoren des Konsums in der Bundesrepublik, Berlin—München 1958, S. 8 ff., und G. Gehrig, Eine

Diskussionen, die dieses Stadium betreffen, in einigen Fachzeitschriften nachgelesen werden können[68]. Aus diesem ersten Stadium können insbesondere folgende Erkenntnisse gezogen werden:

1. Das Einkommen ist die bedeutendste erklärende Variable in makroökonomischen Konsumfunktionen. Es ist ökonomisch sinnvoll, das persönlich verfügbare Einkommen der privaten Haushalte für die Erklärung des privaten Verbrauchs heranzuziehen, während Volkseinkommen oder Bruttosozialprodukt Komponenten enthalten, die den privaten Haushalt entweder nicht berühren (Abschreibungen) oder sein persönliches Einkommen verringern (direkte Steuern und Beiträge zur Sozialversicherung)[69]. Die Veränderung der Einkommensverteilung übt einen gewissen Einfluß auf Veränderungen der Konsumausgaben im Zeitverlauf aus. Dieser Struktureffekt kann dadurch berücksichtigt werden, daß die Einkommensbezieher in strukturhomogene Gruppen eingeteilt werden. Die unterschiedliche Entwicklung dieser Gruppen läßt dann die unterschiedlichen Wirkungen auf die gesamtwirtschaftlichen Konsumausgaben erkennen. So zeigt beispielsweise Brown, daß für den Zeitraum 1925—1941 und 1946—1949 in Kanada beachtliche Differenzen in der marginalen Konsumquote zwischen Lohnempfängern (0,6061) und Profiteinkommensbeziehern (0,2828) bestanden[70]. Zu ähnlichen Ergebnissen kommen Klein und Goldberger für die USA[71].

Sucht man nach den als erklärende Variable in Konsumfunktionen geeigneten Einkommenskategorien, so bieten sich aus den genannten

ökonometrische Analyse des Konsums von 1925 bis 1938 und 1950 bis 1957, Berlin—München 1962, sowie H. v. Schweinitz, Die Konsumfunktion, in Die Konsum- und Investitionsfunktion. Untersuchung für die Bundesrepublik Deutschland, Köln und Opladen 1962, 255—419, S. 258 ff.

65 R. Ferber, A Study of Aggregate Consumption Functions, National Bureau of Economic Research, Technical Paper No. 8, New York 1953.

66 E. E. Hagen, The Consumption Function: A Review Article, RESt 37 (1955), 48—54.

67 A. Zellner, The Short-Run Consumption Function, E 25 (1957), 552—567.

68 Vor allem in E 13 (1945), RESt 28 (1946), RESt 30 (1948).

69 Keynes verwendet das Volkseinkommen, Clark sowie Chang und Liu benutzen das Bruttosozialprodukt in ihren Hypothesen zur Erklärung der Verbraucherausgaben. Vgl. J. M. Keynes, The General Theory ..., a. a. O.; C. Clark, A System of Equations ..., a. a. O.; C. G. Chang und T. C. Liu, US Consumption and Investment Propensities: Prewar and Postwar, AER 40 (1950), 565—582. Bator hat die Verwendung des Bruttosozialprodukts als erklärende Variable in Konsumfunktionen kritisiert. Vgl. F. M. Bator, Consumption and Investment Propensities: Comment, AER 43 (1953), 139—145, S. 141.

70 T. M. Brown, Habit Persistence and Lags in Consumer Behaviour, E 20 (1952), 355—371, S. 364. Diese Ergebnisse resultieren aus der Anwendung der „limited-information-maximum-likelihood method". Die Ergebnisse, die mit Hilfe der Methode der kleinsten Quadrate errechnet wurden, weichen nur geringfügig ab (0,5929 und 0,3419); vgl. ebenda, S. 361.

71 L. R. Klein und A. S. Goldberger, An Econometric Model ..., a. a. O., S. 51.

Gründen vor allem (1a) und (1b), oder, wenn diese Daten nicht verfügbar sind, (1c) an:

(1a) Nettoarbeitseinkommen
(1b) Nettoprofiteinkommen
(1c) Verfügbares Einkommen der privaten Haushalte
(1d) Nettoeinkommen des privaten Sektors
(1e) Volkseinkommen (Nettosozialprodukt zu Faktorkosten)
(1f) Bruttosozialprodukt

Die Kategorie (1d) wird u. a. von Hicks und Seiler verwendet. Hicks, der (1d) als „personal incomes plus undistributed profits"[72] definiert, gibt keine nähere Begründung für die Verwendung von (1d) als erklärende Variable. Die Einbeziehung der unverteilten Gewinne wird von Seiler damit begründet, daß die unverteilten Gewinne „den inneren Wert der betreffenden Unternehmungen erhöhen und in der Regel zu einem Wertzuwachs der das juristische Eigentum verkörpernden Wertpapiere führen, der ihre Inhaber — in Erwartung höherer Gewinne späterer Perioden — zu höheren Konsumausgaben veranlassen kann"[73]. Auch Cohen analysiert die Korrelation von Konsumausgaben und Nettoeinkommen des privaten Sektors. Er erhält eine bessere Annäherung beider Korrelate — in the long run — als bei der Gegenüberstellung von (1c) mit den Konsumausgaben[74].

2. Ebenso wie die erklärende Variable in Teilgrößen zerlegt werden kann, ist es auch möglich, die zu erklärende Variable aufzuspalten. Als Kriterium bietet sich vor allem die Dauerhaftigkeit der Konsumgüter an, da erwartet werden kann, daß der Konsum von dauerhaften Gütern elastischer in Bezug auf das Einkommen ist als der Konsum nicht dauerhafter Güter. Bassie hat Konsumfunktionen für Gebrauchsgüter, Verbrauchsgüter und Dienstleistungen aufgestellt[75]. Auch La Roche[76] befürwortet die Trennung in Konsumausgaben für bestimmte Güter und Dienste. Er erhält für die USA im Zeitraum 1929—1940 die Beziehungen (C_t^D = Konsum von dauerhaften Gütern, C_t^{ND} = Konsum von nicht dauerhaften Gütern und von Dienstleistungen, Y_t^v = persönlich verfügbares Einkommen in Periode t):

(B. 48) $$C_t^D = -3{,}20 + 0{,}144 \; Y_t^v$$

(B. 49) $$C_t^{ND} = 13{,}33 + 0{,}667 \; Y_t^v$$

(B. 50) $$C_t = 10{,}13 + 0{,}811 \; Y_t^v$$

[72] J. R. Hicks, A Contribution ..., a. a. O., S. 33.
[73] G. Seiler, Ökonometrische Konjunkturmodelle ..., a. a. O., S. 94.
[74] M. Cohen, Postwar Consumption Functions, REStat 34 (1952), 18—33, S. 33.
[75] V. L. Bassie, Consumers' Expenditures in War and Transition, REStat 28 (1946), 117—130.
[76] C. La Roche, Empirische Konsum- und Sparfunktionen, SZVSt 86 (1950), 193—218 u. 338—354, S. 215.

Clark[77] hat dagegen beobachtet, daß eine hohe Substitutionalität zwischen dauerhaften und nicht dauerhaften Gütern in Bezug auf die Konsumausgaben vorhanden sei, so daß eine Trennung der zu erklärenden Variablen keine neuen Erkenntnisse brächte. Gehrig kommt zu keinem befriedigenden Ergebnis, wenn er Konsumausgaben für bestimmte Gütergruppen ökonometrisch erklären will[78].

Nach Berücksichtigung aller Argumente muß man zu dem Schluß kommen, daß die Aufspaltung der Größe „Konsumausgaben" wenig zur Erklärung der gesamtwirtschaftlichen Konsumausgaben (als Aggregat) beiträgt. Strukturelle Veränderungen innerhalb der Konsumausgaben für bestimmte Gruppen (Änderung der Verbrauchergewohnheiten) sowie der schnelle technische Fortschritt, der das Warenangebot in Qualität und Preis laufend verändert, ändern gleichzeitig die Grenzen zwischen den einzelnen Gruppen, so daß langfristige, ökonometrisch fundierte Erklärungen für diese einzelnen Gruppen in ihrem Aussagegehalt fraglich werden.

3. Es ist denkbar, daß neben dem Einkommen noch andere Bestimmungsfaktoren zur Erklärung der Konsumausgaben herangezogen werden müssen. Vor allem sind hier die Verbraucherpreise und die Bevölkerungsentwicklung zu nennen. Eine große Anzahl empirisch verifizierter Konsumfunktionen hat diese Variablen berücksichtigt, entweder explizite oder als „deflator". Die Berechnung der Parameter einer Funktion läßt es geraten erscheinen, nach der letztgenannten Methode zu verfahren. Je mehr erklärende Variable eine Funktion enthält, desto größer ist die Anzahl der zu berechnenden Parameter. Die Zahl der Freiheitsgrade verringert sich dadurch. Wenn die aus den verfügbaren Daten errechneten Parameter aber signifikant sein sollen, d. h. ein wirklicher und nicht nur aus einer zufälligen Datenkonstellation heraus entstandener Zusammenhang zwischen den erklärenden und zu erklärenden Variablen der Funktion bestehen soll, dann muß die Zahl der Daten möglichst groß sein. Die Verfügbarkeit von Daten ist aber vom vorhandenen statistischen Material bzw. von der Aufbereitungsmöglichkeit dieses Materials abhängig.

Preis- und bevölkerungs*bereinigte* Funktionen überwiegen, nur in einigen sind Preis- und Bevölkerungsentwicklung explizite enthalten[79]. Im übrigen wird diesen Größen nicht viel Bedeutung im Hinblick auf die Erklärung von Konsumausgaben beigemessen[80].

---

77 C. Clark, A System of Equations ..., a. a. O., S. 99/100.

78 G. Gehrig, Bestimmungsfaktoren ..., a. a. O., S. 67 ff. u. S. 76.

79 Menges z. B. hat die Preise in seine Funktion explizite aufgenommen, Klein und Goldberger weisen die Bevölkerungsentwicklung aus. Vgl. G. Menges, Ein ökonometrisches Modell der Bundesrepublik Deutschland, IS 5 (1959), 1—22; L. R. Klein und A. S. Goldberger, An Econometric Model ..., a. a. O.

80 Vgl. z. B. C. La Roche, Empirische Konsum- und Sparfunktionen ..., a. a. O., S. 205.

Demographische, soziologische oder sozialbiologische Faktoren, die die Konsumausgaben beeinflussen, werden oft, da sie nicht quantitativ erfaßt werden können, in Form einer Trendvariablen als erklärende Variable eingeführt. Ganz abgesehen davon, daß dies bei der Parameterschätzung mittels der Methode der kleinsten Quadrate zur Ausschaltung des Trends aus den Beobachtungsreihen führt[81], ist diese Einführung von Trendfaktoren auch ökonomisch anfechtbar. Denn ein signifikanter Trendparameter bedeutet fast immer, daß relevante Bestimmungsfaktoren des Konsums nicht berücksichtigt worden sind[82].

4. Die Bedeutung der Vermögenslage des einzelnen im Hinblick auf seine Konsumausgaben wird unterschiedlich beurteilt. Nach Abwägung aller Fakten muß man zu dem Schluß kommen, daß nur in besonderen Situationen die Vermögenslage für die Konsumausgaben eine Rolle spielt. In diesem Sinne äußert sich Cohen: „the effect of liquid assets must be viewed against the backdrop of a specific historical perspective"[83]. Untersuchungen haben ergeben, daß in Westdeutschland und in den USA die Vermögenslage nur in den Jahren 1945 bis 1947 die Konsumausgaben nachhaltig beeinflußte. In den Entwicklungsländern hat der „assets effect" eine gewisse Bedeutung erlangt: es besteht hier ein ständiger Konflikt zwischen Mehrausgaben und größerer Sicherheit; er wird weitgehend durch die Vermögenslage des Konsumenten entschieden[84].

Die Erfassung der Vermögenslage des Konsumenten aufgrund des vorhandenen statistischen Materials ist nicht einfach. Klein und Goldberger setzen in ihr Modell die Kassenbestände der Haushalte ein[85]. Hamburger[86] versucht, seine Hypothese

$$C = C(W + H), \quad \text{(B. 51)}$$

[81] Vgl. hierzu H. Stöwe, Ökonometrie ..., a. a. O., S. 106 und G. Gehrig, Bestimmungsfaktoren ..., a. a. O., S. 55/56.

[82] So führt Brown eine „shift-Variable" in seine Konsumfunktion ein, um damit den Einfluß der Vermögenslage auf die Konsumentscheidung aufzuzeigen. Mangels statistischen Materials war es nicht möglich, die „liquid assets holdings of households" als Variable zu berücksichtigen (vgl. T. M. Brown, Habit Persistence ..., a. a. O., S. 358 u. S. 370). Nach Schmucker sollen Trendvariable Verbrauchs- und Geschmacksgewohnheiten, aber auch den Einfluß von in der Funktion nicht explizite ausgedrückten erklärenden Variablen wiedergeben (vgl. H. Schmucker, Zur methodischen Entwicklung der empirischen Nachfrageanalyse ..., a. a. O., S. 67). Vgl. zu diesem Problem auch H. Stöwe, Ökonometrie ..., a. a. O., S. 107 und G. Gehrig, Bestimmungsfaktoren ..., a. a. O., S. 11.

[83] M. Cohen, Liquid Assets and the Consumption Function, RESt 36 (1954), 202—211, S. 211. Diese Ansicht wird gestützt durch Fox und Smithies; vgl. hierzu H. Stöwe, Ökonometrie ..., a. a. O., S. 104.

[84] Vgl. N. X. Oanh, Some Aspects of The Theory of Economic Development, Diss. Cambridge (Mass.) 1954, S. 140 ff.

[85] L. R. Klein und A. S. Goldberger, An Econometric Model ..., a. a. O.

[86] Vgl. W. Hamburger, The Relation of Consumption to Wealth and the Wage Rate, E 23 (1955), 1—17 und W. Hamburger, The Determinants of Aggregate Consumption, RES 22 (1954/55), 23—34.

wobei W der „per capita capital value of consuming power anticipations based on property" und H der „per capita capital value of consuming power anticipations based on labor resources" bedeuten, schließlich in der Form

$$C = C(G + jE + kL) \quad \text{(B. 52)}$$

zu verifizieren. G wird gesetzt für die Nettoschuld des Staats an den privaten Sektor, E für das übrige Vermögen privater Haushalte und L für die durchschnittliche Lohnrate. Schon die Transformation von (B. 51) nach (B. 52) ist ökonomisch-theoretisch schwierig zu interpretieren. Die empirisch-statistische Verifizierung dürfte, vor allem vom verfügbaren statistischen Material her gesehen, nicht leichter fallen[87].

5. Robertson[88] hat darauf hingewiesen, daß zwischen vereinnahmten Einkommen und Konsumausgaben eine gewisse Zeit verstreicht. Dieser „household-expenditure-lag", wie ihn Metzler[89] bezeichnet, oder dieser Robertson-lag, wie er auch genannt wird, hat inzwischen in der Theorie der Konsumfunktion Eingang gefunden, vor allem in solchen Modellen, die auf Vierteljahres- oder Monatsdaten basieren. Metzler hat außerdem auf den „earning-lag" aufmerksam gemacht, der dadurch entsteht, daß Zins- und Dividendeneinkommen vielfach vierteljährlich, halbjährlich oder jährlich anfallen. Hier nimmt der lag zwischen Einkommen und Ausgaben größere Werte an. Die Verifizierung der lag-Einkommen-Hypothese führt bei den einzelnen Autoren zu verschiedenen Ergebnissen. Chang und Liu[90] veranschlagen die Dauer des lags für die USA auf etwa einen Monat, Fisher[91] untersucht die lag-Abstände von drei, sechs, neun und zwölf Monaten und erhält die höchste Korrelation zwischen Einkommen und Konsumausgaben bei einem lag von drei Monaten. Die Dauer dürfte vor allem von den jeweils in der Funktion verwendeten Einkommensarten abhängig sein. Chang und Liu benutzten das „personal income" als erklärende Variable, Fisher das Bruttosozialprodukt. Konsumfunktionen, die nur das Lohneinkommen als erklärende Variable verwenden, dürften ohne lag-Hypothese auskommen. Schon das persönlich verfügbare Einkommen, das auch bestimmte Nichtlohneinkommen enthält, wird jedoch auf Konsumausgaben verzögernd wirken. Die Verifizierungsversuche von Brown[92] für Kanada, von Fjeld-

---

87 Ähnlichen Schwierigkeiten sieht sich Melville gegenüber. Vgl. L. G. Melville, Consumption, Income, and Wealth, RESt 36 (1954), 220—225.

88 D. H. Robertson, Banking Policy and the Price Level, London 1926; D. H. Robertson, Saving and Hoarding, EJ 43 (1933), 399—413.

89 L. A. Metzler, Three Lags in the Circular Flow of Income, in Income, Employment and Public Policy, Essays in Honor of Alvin H. Hansen, New York 1948, 11—32.

90 C. G. Chang und T. C. Liu, Monthly Estimates of Certain National Product Components, 1946—49, RESt 33 (1951), 219—227, S. 225/226.

91 G. H. Fisher, A Simple Econometric Model for the United States, 1947—1950, RESt 34 (1952), 46—48, S. 46.

92 T. M. Brown, Habit Persistence ..., a. a. O., S. 358.

sted[93] für die USA und von Stöwe[94] für Deutschland lassen die Vermutung zu, daß durch die Einführung des Ausgabe-lags für Profiteinkommen die Erklärung der Konsumausgaben wesentlich verbessert wird. Die Hypothese lautet demnach:

$$C_t = a_0 + a_1 Y_t^L + a_2 Y_{t-1}^P + u_t \ , \qquad \text{(B. 53)}$$

wobei die a_i-Koeffizienten ($i = 0, 1, 2 ..$) strukturelle Koeffizienten und u_t eine stochastische Variable bedeuten; Y_t^L bezeichnet das Nettolohneinkommen in Periode t, Y_{t-1}^P das Nettoprofiteinkommen in Periode t—1.

ββ) Zweites Stadium: Demonstration Effect und Habit Persistence Effect

Das *zweite Stadium* der Erforschung von Konsumfunktionen wurde durch die Arbeiten von Modigliani[95] und Duesenberry[96] eingeleitet. Es brachte im wesentlichen zwei Erkenntnisse.

1. Die Diskussion, die schon vor Keynes darüber geführt wurde, ob eine Trennung zwischen kurzfristigen und langfristigen Konsumfunktionen durchgeführt werden müsse[97], wurde neu belebt und die endgültige Erkenntnis gewonnen, daß die kurzfristige Konsumfunktion $C_K(Y)$ nach Abb. 7 a, die langfristige $C_L(Y)$ nach Abb. 7 b verläuft.

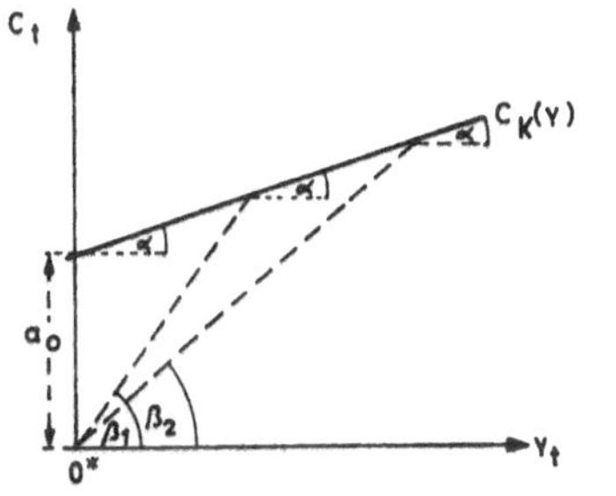

Marg. Konsumquote: tg α = konstant
Durchschnittl. Konsumquote: tg $\beta_1 > $ tg β_2

Abb. 7a. Konsumfunktion im short run

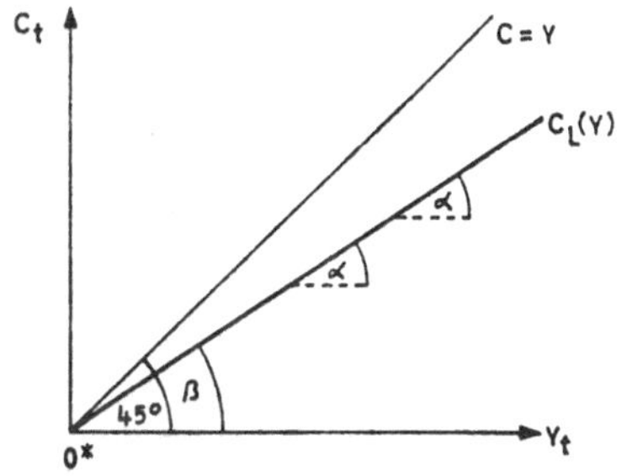

Marg. Konsumquote: tg α = konstant
Durchschn. Konsumquote: tg β = konstant

Abb. 7b. Konsumfunktion im long run

---

[93] B. L. Fjeldsted, Schätzung einer amerikanischen Konsumfunktion mit reduzierter Form und kleinsten Quadraten, IS 6 (1960), 69—74.

[94] H. Stöwe, Ökonometrie ..., a. a. O., S. 89 ff.

[95] F. Modigliani, Fluctuations in the Saving-Income Ratio: A Problem in Economic Forecasting, in Studies in Income and Wealth, Bd. 11, New York 1949, 371—438.

[96] J. S. Duesenberry, Income-Consumption Relations and their Implications, in Income, Employment and Public Policy ..., a. a. O., 54—81; J. S. Duesenberry, Income, Saving and the Theory of Consumer Behavior, Cambridge (Mass.) 1949.

[97] Vgl. hierzu A. H. Hansen, A Note on the Secular Consumption Function ..., a. a. O.

Wesentlich zu dieser Erkenntnis hat die Veröffentlichung der Kuznetsschen „langen Reihen“ beigetragen[98]. Welche Mißverständnisse bei der Interpretation empirisch verifizierter Konsumfunktionen entstehen können, wenn diese Trennung nicht beachtet wird, hat La Roche am Beispiel der Schätzungen von Paradiso demonstriert[99]. Klein und Goldberger[100] haben teilweise erhebliche Differenzen zwischen Konsumquoten aus kurzfristigen und solchen aus langfristigen Konsumfunktionen festgestellt. So betrugen die Konsumquoten für die USA im kurzfristigen Zeitraum für „employee income“ 0,62, für „nonwage nonfarm income“ 0,46 und für „farm income“ 0,39; dagegen lauteten die entsprechenden Quoten für die lange Frist 0,81, 0,60 und 0,51.

Modigliani und Duesenberry bringen beide Arten von Funktionen miteinander in Verbindung. Die Trägheit der einmal erreichten Konsumgewohnheiten verhindert bei absolut oder relativ sinkenden (steigenden) Einkommen ein proportionales Absinken (Ansteigen) des Konsums; dieser Effekt wird von Duesenberry als „ratchet-effect“ bezeichnet[101]. Die Konsumfunktion ist irreversibel im Zeitablauf.

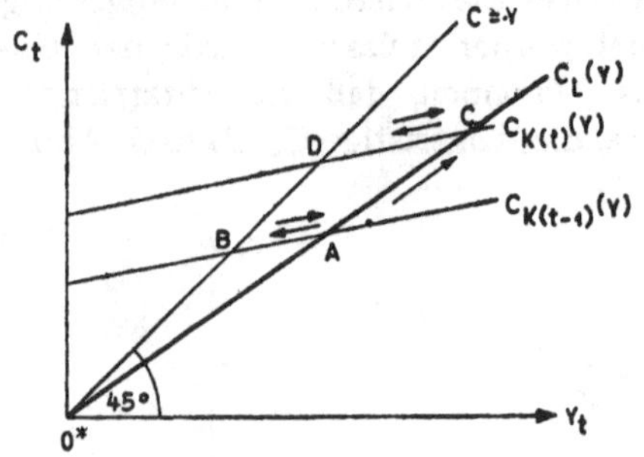

Abb. 7c. Der „ratchet-effect“

Anhand der einfachen Abbildung 7 c läßt sich diese Wirkung verdeutlichen. Wenn in A eine Depression einsetzt, wird der Konsum nicht pro-

[98] S. Kuznets, Uses of National Income in Peace and War, National Bureau of Economic Research, Occasional Paper No. 6, New York 1942. Goldsmith hat durch seine Datensammlung eine wertvolle Ergänzung geliefert; vgl. R. W. Goldsmith, A Study of Saving in the United States, Princeton 1955.

[99] Vgl. C. La Roche, Empirische Konsum- und Sparfunktionen ..., a. a. O., S. 210 ff. Er trennt die betrachteten Zeiträume 1910—1919 und 1920—1941 nach Perioden mit hoher durchschnittlicher Beschäftigung (1910—1916 und 1923 bis 1929) und nach Perioden mit starken Konjunkturschwankungen (1920 bis 1923, 1929—1937 und 1937—1940/41, jeweils bezogen auf die USA). Die langfristige Konsumfunktion ergibt sich aus den Zeiträumen 1910—1916 und 1923 bis 1929, die kurzfristige(n) aus den übrigen. Es wurden teilweise erhebliche Unterschiede zwischen beiden Arten festgestellt.

[100] L. R. Klein und A. S. Goldberger, An Econometric Model ..., a. a. O., S. 51 u. S. 63/64.

[101] J. S. Duesenberry, Income, Saving and the Theory of Consumer Behavior ..., a. a. O., S. 115.

portional zum Einkommen abnehmen (d. h. auf der Kurve $C_L(Y)$ abwärts wandern), sondern sich gegen B bewegen. Im Aufschwung wird er dagegen unterproportional zum Einkommen zunehmen, sich also auf $C_{K(t-1)}(Y)$ gegen A bewegen. In der Vollbeschäftigungsphase gilt dagegen die Beziehung $C_L(Y)$. Die Bewegung verläuft nach C. Wird in C ein erneuter Abschwung einsetzen, so bestimmt die niveauhöhere kurzfristige Konsumfunktion $C_{K(t)}(Y)$ den (kurzfristigen) Konsumverlauf.

2. Das Verhalten der Konsumenten, die sich demnach am höchsten vorangegangenen Einkommen ($\overset{o}{Y}$) ausrichten, wird durch den „demonstration effect" erklärt. Danach wird die Konsumquote des einzelnen nicht durch die absolute Höhe seines Einkommens, sondern durch die Relation zu dem Einkommen anderer, also durch seine Stellung innerhalb der volkswirtschaftlichen Einkommenspyramide, bestimmt. Daß die Aufnahme dieser „sozialen Interdependenzen" in die Theorie der Konsumfunktion schwierige Probleme mit sich bringt, die eigentlich nur durch „Verhaltenshypothesen soziologischer oder sozialpsychologischer Art" zu lösen sind, hat besonders Bössmann betont[102]. Wie Johnson[103] anschaulich zeigt, lassen sich die verschiedensten Hypothesen über das Verhalten der Konsumenten innerhalb der sozialen Struktur aufstellen („keeping up with the Joneses", oder „keeping ahead of the Smiths", um nur zwei Möglichkeiten zu nennen). Bössmann glaubt, die über dieses Thema entbrannte Diskussion[104] so abschließen zu können: „Interdependenzen von Präferenzen sind so komplexe Phänomene und die mit ihrem Nachweis verbundenen operationellen Schwierigkeiten so groß, daß es so gut wie unmöglich sein dürfte, ihre Bedeutung besonders für eine zeitliche Entwicklung der Konsumausgaben jemals zu isolieren und zu testen[105]."

Fest steht jedenfalls, daß die Modigliani-Duesenberry-Hypothese sowohl im theoretischen als auch im empirisch-statistischen Bereich der Konsumfunktion Anwendung gefunden hat. Smithies[106] und Minsky[107]

---

[102] Vgl. E. Bössmann, Probleme ..., a. a. O., S. 41 ff.

[103] H. G. Johnson, A Note on the Effect of Income Redistribution on Aggregate Consumption with Interdependent Consumer Preferences, Ea 18 (1951), 295—297, S. 296 f.; vgl. auch H. G. Johnson, The Effects of Income Redistribution on Aggregate Consumption with Interdependence of Consumers' Preferences, Ea 19 (1952), 131—147, S. 132; S. F. James und W. Beckerman, Interdependence of Consumer Preferences in the Theory of Income Redistribution, EJ 63 (1953), 70—83; H. G. Johnson, Interdependence of Consumer Preferences in the Theory of Income Redistribution: Comment, ebenda, 83.

[104] Vgl. z. B. A. C. Pigou, Professor Duesenberry on Income and Savings, EJ 61 (1951), 883—885; R. W. Clower, Professor Duesenberry and Traditional Theory, RES 19 (1952/53), 165—178.

[105] E. Bössmann, Probleme ..., a. a. O., S. 52.

[106] A. Smithies, Economic Fluctuations ..., a. a. O., S. 15 ff.

[107] H. P. Minsky, A Linear Model ..., a. a. O., S. 134 u. S. 142 ff. Minsky führt diese Hypothese allerdings nur implizite in Form eines asymmetrisch variablen Trendfaktors ein.

bauen sie in ihre theoretischen Modelle ein, Clark[108] und Brown[109] verifizieren sie in der Funktionsform

$$C_t = a_0 + a_1 Y_t + a_2 \overset{\circ}{Y} + u_t. \quad \text{(B. 54)}$$

Oanh[110] bekräftigt, daß es in den Entwicklungsländern einen mit dem „demonstration effect" vergleichbaren „catching up effect" gebe. Shinohara[111] bestätigt für das Nachkriegsjapan die Modigliani-Duesenberry-Hypothese.

Davis[112] schlägt vor, statt des jeweils höchsten Einkommens den jeweils höchsten Konsum der Vergangenheit in die Funktion einzuführen, da sich der Konsument eher am letzthöchsten Konsum als am entsprechenden Einkommen ausrichte. Brown[113] kritisiert vor allem die These, der Konsument halte jahrelang an einem letzten Endes fiktiven Niveau fest. Demgegenüber sei der Konsum der Vorperiode (C_{t-1}) noch im Bewußtsein des einzelnen und enthalte im übrigen alle Einflüsse, die aus weiter zurückliegenden Perioden auf die Konsumentscheidungen eingewirkt hätten. Dieser „habit persistence effect" ist in der Tat ökonomisch plausibler als die Modigliani-Duesenberry-Hypothese. Brown postuliert „that the decline of the effect of past habits is continuous over time, rather than discontinuous as the Modigliani-Duesenberry hypothesis suggests. Thus the habits from any real consumption vector experienced die away continuously as the time period between it and the present increases. As each new real consumption vector occurs it becomes the most recent, and hence the strongest habit-forming experience; but it, itself, has been influenced by earlier consumption experience and habits. Any level of actual consumption then represents the cumulation of all past experience, and hence a single lag of only one time period seems to be all that is required"[114].

Es ist bemerkenswert, daß Brown bessere Verifikationen mit der „habit-persistence-These" als mit der Modigliani-Duesenberry-These erreichte[115]. Auch Klein und Goldberger verwendeten den „habit-persistence-effect" in ihrer ökonometrischen Konsumfunktion[116]. Klein vertritt die Auffassung, daß „the best possible lag relation found in aggre-

[108] C. Clark, A System of Equations ..., a. a. O., S. 102 u. S. 108.

[109] T. M. Brown, Habit Persistence ..., a. a. O., S. 359.

[110] N. X. Oanh, Some Aspects ..., a. a. O., S. 140 ff.

[111] M. Shinohara, The Structure of Saving and the Consumption Function in Postwar Japan, JPE 67 (1959), 589—603, S. 599.

[112] T. E. Davis, The Consumption Function ..., a. a. O., S. 274.

[113] T. M. Brown, Habit Persistence ..., a. a. O., S. 359.

[114] Ebenda, S. 370.

[115] Ebenda, S. 361.

[116] Vgl. L. R. Klein und A. S. Goldberger, An Econometric Model ..., a. a. O., S. 8; vgl. auch L. R. Klein, R. J. Ball, A. Hazlewood, P. Vandome, An Econometric Model of the United Kingdom, Oxford 1961; hier wird in einem Modell für Großbritannien (Vierteljahresdaten) der „habit-persistence-effect" berücksichtigt (ebenda, S. 12 ff.).

gative data, however, is that in which past consumption levels rather than past income levels influence present consumption"[117]. Seiler ersetzt den Modiglianifaktor im Clark-Modell durch den Verbrauch des Vorjahres und erhält ein befriedigendes Ergebnis[118]. Stöwe berechnet eine Konsumfunktion für deutsche Verhältnisse und kommt unter Verwendung der Brown-Klein-Hypothese zu signifikanten Parametern[119]. Sowohl theoretische als auch empirisch-statistische Gesichtspunkte sprechen für den „habit-persistence-effect". Das zweite Stadium der Erforschung der Konsumfunktion hat damit einen gewissen Abschluß erreicht.

γγ) Drittes Stadium: Die Modigliani-Brumberg-Friedman-Hypothese

Das *dritte Stadium* dürfte dagegen noch nicht beendet sein. Das Studium vorliegender Querschnittsanalysen, vor allem in den USA, haben Modigliani, Brumberg und Friedman an den aufgrund der Zeitreihenanalysen aufgestellten bzw. durch sie bekräftigten Hypothesen über die Erklärungsursachen der Konsumausgaben zweifeln lassen. Wenn auch nicht, wie Houthakker behauptet[120], ohne weiteres eine klare Gegensätzlichkeit zwischen den aus Zeitreihen und den aus Querschnittsanalysen gewonnenen Daten in Bezug auf die Erforschung der Konsumausgaben festgestellt werden kann, so fehlte doch „a general analytical framework which will link together these facts, reconcile the apparent contradictions, and provide a satisfactory bridge between cross-sectional findings and the findings of aggregative time series analysis"[121].

Modigliani und Brumberg sowie Friedman versuchten, diese Brücke zu schlagen[122]. Sie präsentieren, wie es Friend und Kravis ausgedrückt haben, „a simple model of rational consumption or saving behavior", das im wesentlichen vier Gründe für das individuelle Sparen erfassen will[123]. Einmal soll das Sparen im Zeitablauf derart vorgenommen werden, daß der Konsum innerhalb eines bestimmten Zeitraums, der ein Jahr über-

---

[117] L. R. Klein, The Empirical Foundations of Keynesian Economics, in Post-Keynesian Economics, London 1955, 277—319, S. 291.

[118] G. Seiler, Ökonometrische Konjunkturmodelle ..., a. a. O., S. 94.

[119] Stöwe bemerkt hierzu: „Auch den deutschen Verhältnissen der ... Periode 1925/26—1932 scheint diese Hypothese am besten zu entsprechen"; vgl. H. Stöwe, Ökonometrie ..., a. a. O., S. 100 ff.; auch H. v. Schweinitz benutzt in seiner Konsumfunktion für Deutschland den „habit-persistence-effect"; vgl. H. v. Schweinitz, Die Konsumfunktion ..., a. a. O., S. 314 ff.

[120] Vgl. H. S. Houthakker, The Permanent Income Hypothesis, AER 48 (1958), 396—404, S. 396.

[121] F. Modigliani und R. E. Brumberg, Utility Analysis and the Consumption Function: An Interpretation of Cross-Section Data, in Post-Keynesian Economics ..., a. a. O., 388—436, S. 389.

[122] Ebenda und M. Friedman, A Theory of the Consumption Function, Princeton 1957.

[123] Vgl. I. Friend und I. B. Kravis, Consumption Patterns and Permanent Income, AER 47 (1957) P. P., 536—555, S. 537; vgl. auch die Diskussion dieses Artikels ebenda, 571—574 und 575—577.

schreitet, ein möglichst konstantes Niveau beibehält. Zum anderen sollen die Sparbeträge einen gewissen Zins- oder Renditeneffekt erzielen, ebenso einen gewissen Besitzstand dokumentieren. Schließlich soll das Sparen gewisse Unsicherheiten im zukünftigen Einkommensverlauf und gewissen Notzeiten vorbeugen. Das alles sind jedoch Hypothesen, die teilweise auch schon in früheren Konsum- bzw. Sparfunktionen Platz gefunden hatten. Um die neuartigen Gedanken dieser Theorien der Konsumfunktion herauszufinden, ist eine nähere Betrachtung ihrer Hypothesen notwendig.

Die Modigliani-Brumberg-Hypothese läßt sich am besten an Hand zweier von Brumberg[124] sowie Modigliani und Brumberg[125] veröffentlichten Konsumfunktionen erfassen:

$$c_t = \beta_{1t} y_t + \beta_{2t} y_t^e + \beta_{3t} a_t, \tag{B. 55}$$

$$c = \frac{N}{L} y^e + \frac{1}{L_t}(y - y^e) + \frac{1}{L_t}[a - a(y^e, t)]. \tag{B. 56}$$

Gleichung (B. 55) soll zum Ausdruck bringen, daß „the current individual consumption c_t, will depend on his current non-property income, y_t; on his average expected future non-property income y_t^e; and on the present value of his assets a_t"[126]. Das „property income" dürfte zwar ebenfalls die Konsumausgaben beeinflussen; dieser Effekt wird aber in der Funktion durch a_t zum Ausdruck gebracht. Die Parameter β_{1t}, β_{2t} und β_{3t} hängen ab vom Alter des Konsumenten und seiner Lebenserwartung. In Gleichung (B. 56) ist der Einfluß, der in die Parameter eingeht, präzisiert[127]. So bezeichnet N den Verdienstzeitraum („earning span") und M den Zeitraum des Ruhestandes („retirement span"); beide zusammen ergeben den für die Konsumfunktion relevanten Lebenszeitraum $(N + M = L)$ des Konsumenten. Die Größe t drückt das gegenwärtige Alter des Verbrauchers aus, so daß $L + 1 - t\ (= L_t)$ die „remaining life span at age t" bezeichnet. Die Konsumausgaben werden demnach beeinflußt durch das langfristig erwartete Einkommen der „earning span", der Differenz zwischen augenblicklichem und erwartetem Einkommen sowie der Differenz zwischen der augenblicklichen und der vom zukünftigen Einkommen und dem Lebensalter abhängigen Vermögenslage, wobei die beiden letzten Glieder der Funktion mit der „remaining life span at age t" deflationiert werden. Modigliani und Ando haben eine kurze Definition der Modigliani-Brumberg-Hypothese gegeben, die hier als Ergänzung gebracht sei: „The cornerstone of the M-B model is the notion that the purpose of saving is to enable the household to redistribute the resources it gets (and expects to get) over its life cycle in order to secure the most desirable pattern of consumption over life ... in the special case where (i) the preferred pattern of consumption calls for a constant rate of consumption over life; (ii) income, actual and expected,

[124] Vgl. R. E. Brumberg, An Approximation to the Aggregate Saving Function, EJ 66 (1956), 66—72, S. 67.

[125] Vgl. F. Modigliani und R. E. Brumberg, Utility Analysis ..., a. a. O., S. 409.

[126] R. E. Brumberg, An Approximation ..., a. a. O., S. 66/67.

[127] Vgl. F. Modigliani und R. E. Brumberg, Utility Analysis ..., a. a. O., passim.

is constant over the earning span, and (iii) variations over life in family size are neglected, the M-B model implies that the ratio of saving to income should be a positive constant at every age during the earning span, and a large negative constant during each year of the retirement span. If, however, one or more of the above three assumptions are not satisfied, the life pattern of the saving income ratio will depend on the life profiles of family size and income, and on the preferred pattern of consumption over life[128]."

Modigliani, Brumberg und Ando untermauern ihre Hypothesen durch empirisch-statistische Untersuchungen[129]. Aber es ist naturgemäß äußerst schwierig, Erwartungsgrößen, oder, wie bereits dargelegt, Größen über die Vermögenslage der Konsumenten mit dem vorhandenen statistischen Material zu verifizieren. So muß z. B. Brumberg (B. 55) in die statistisch verifizierbare Form[130]

(B. 55)* $$\Delta S = b_0 + b_1\Delta Y + b_2\Delta R + b_3 S_{-1} + b_4 G$$

transformieren. Das zukünftige Einkommen wird demnach durch das laufende Einkommen ausgedrückt, wobei ein proportionales Verhältnis zwischen beiden Größen angenommen wird ($\Delta Y^e = \beta'_0 + k\Delta Y$). Die Größe, die die Vermögenslage repräsentiert, ist ersetzt durch die Summe der Ersparnisse des Vorjahres (S_{-1}) und durch „the capital gains or losses on those savings and the initial assets that have accrued between the beginning of last year and this year, G"[131]. Das „property income" (= R) ist in (B. 55)* explizite aufgenommen worden.

Friedman[132] baut seine Hypothese auf ähnlichen Gedankengängen wie Modigliani und Brumberg auf. Er spaltet rein gedanklich das laufende Einkommen (y_t) auf in einen permanenten („permanent income" oder „discounted, expected income" y_p) und einen transitorischen Teil („transitory income" y_{tr}):

(B. 57) $$y_t = y_{p(t)} + y_{tr(t)}.$$

Der permanente Teil des Einkommens „is that portion of an individual unit's income that the unit regards, consciously or behaviorally, as permanent"[133]. Dagegen umfaßt der transitorische Teil diejenigen Einkom-

[128] F. Modigliani und A. K. Ando, Tests of the Life Cycle Hypothesis of Savings, BOIS 19 (1957), 99—124, S. 105.

[129] Vgl. F. Modigliani und R. E. Brumberg, Utility Analysis ..., a. a. O.; R. E. Brumberg, An Approximation ..., a. a. O.; F. Modigliani und R. E. Brumberg, Utility Analysis and Aggregate Consumption: An Attempt at Integration, zitiert bei A. K. Ando und F. Modigliani, Growth, Fluctuations, and Stability, AER 49 (1959) P. P., 501—524, S. 503; vgl. besonders auch die Diskussion dieser Verifizierungen: M. R. Fisher, Exploration in Savings Behaviour, BOIS 18 (1956), 201—297; F. Modigliani und A. K. Ando, Tests of the Life Cycle ..., a. a. O.; T. P. Hill, Expectations and Consumer Behaviour, BOIS 19 (1957), 137—144; M. R. Fisher, A Reply to the Critics, BOIS 19 (1957), 179—199.

[130] R. E. Brumberg, An Approximation ..., a. a. O., S. 68.

[131] Ebenda.

[132] Vgl. vor allem M. Friedman, A Theory ..., a. a. O.

[133] R. Bodkin, Windfall Income and Consumption, AER 49 (1959), 602—614, S. 602.

men, die mehr oder weniger zufällig anfallen (auch „windfall incomes“ genannt). Die Konsumausgaben werden nach dem gleichen Gesichtspunkt aufgeteilt: in einen permanenten (c_p) und einen transitorischen Teil (c_{tr})

(B. 58) $$c_t = c_{p(t)} + c_{tr(t)}.$$

Wenn nun eine Theorie der Konsumfunktion aufgestellt werden soll, so besteht die Aufgabe darin, Beziehungen zwischen diesen Einkommens- und Konsumkomponenten herzustellen. Friedman setzt zwei Hypothesen:

(i) Die permanenten Konsumausgaben bilden eine konstante Funktion des permanenten Einkommensniveaus:

(B. 59) $$c_{p(t)} = k_{(t)} y_{p(t)}, \text{ wobei } k_{(t)} = k_{(t)}(i, w, u).$$

k ist eine Variable, die vom Zins (i), dem Verhältnis (w) von Sachvermögen (nonhuman wealth) zum gesamten Vermögen und Einkommen (total wealth) sowie anderen Größen (u) abhängt, wie beispielsweise Konsumentenpräferenzen, Konsumentenbedürfnisse u. a.

(ii) Dagegen sind transitorischer Konsum und transitorisches Einkommen nicht korreliert:

(B. 60) $$c_{tr(t)} \neq f(y_{tr(t)}).$$

Es wird unterstellt, daß die anfallenden transitorischen Einkommen ausnahmslos gespart werden.

Es ist nunmehr möglich, die neuen Ideen, die die Modigliani-Brumberg-Friedman-Hypothese beinhaltet, in zwei Punkten zu fassen[134].

(1) Die Spargewohnheiten sind in den Haushalten der verschiedensten Einkommensklassen durchaus gleichartig: „the top income groups save the same proportion of their average, expected, or permanent income as lower income groups“[135]. Diese Hypothese verleiht dem Modigliani-Brumberg-Friedman-Typ der Konsumfunktion die Möglichkeit, eine säkulare Konstanz des Konsum-Einkommensverhältnisses zu postulieren.

(2) Transitorische Einkommen werden ausnahmslos (Friedman) oder fast ausschließlich (Modigliani und Brumberg) gespart, oft in Form von Sachvermögen.

Sind diese Hypothesen sowohl vom theoretischen (a) als auch vom empirisch-statistischen Standpunkt (b) aus haltbar? Dieser Frage soll im folgenden kurz nachgegangen werden.

---

[134] Vgl. vor allem I. Friend und I. B. Kravis, Consumption Patterns ..., a. a. O., S. 537 ff.

[135] Ebenda, S. 538.

(1 a) Hypothese (1) impliziert, daß Familien mit niedrigen Einkommen dieselben Präferenzen in Bezug auf gegenwärtigen und zukünftigen Konsum haben wie Familien mit höheren Einkommen[136]. Manche Überlegungen, die hier nicht wiederholt (vgl. Stadium 1 und 2 der Erforschung der Konsumfunktion) oder in extenso vorgeführt werden sollen, sprechen dafür, daß die orthodoxe Theorie dieser Hypothese vom Modigliani-Brumberg-Friedman-Typ überlegen ist. Es ist einleuchtend, daß die Präferenz für den zukünftigen Konsum zunimmt, je mehr das Realeinkommen pro Kopf steigt. Dieser Effekt dürfte durch die jeweilige Stellung innerhalb der Einkommenspyramide verstärkt werden: Haushaltungen, die an der Steigerung des Realeinkommens pro Kopf nicht teilgenommen haben (absolut oder relativ), werden sich trotzdem am Standort der nächsthöheren Einkommensklasse ausrichten. Außerdem dürfte auch für die Spargewohnheit entscheidend sein, ob Lohn- und Profiteinkommen vorliegen: „there are good reasons for believing that our Du Ponts, Fords, and Rockefellers save ... a higher proportion of their income than their less affluent neighbors“[137]. Dieses „enterprise or investment motive for saving“[138] ließe sich auch aus den verschieden hohen Konsumquoten des Klein-Goldberger-Modells ableiten.

(2 a) Es spricht a priori nichts dafür, daß zufällig anfallende Einkommen ausnahmslos gespart werden sollen. Diese Hypothese wird umso unglaubwürdiger, je geringer das Realeinkommen pro Kopf der Bevölkerung ist. Wird die Präferenz für zukünftigen Konsum nur deshalb gesteigert, weil der Einkommensanfall zufälliger Art war?

(1 b) Es ist aus der vorstehenden Diskussion deutlich geworden, daß die Hypothesen (1) und (2) „acquire their relatively new flavor not by their adherence to generally accepted doctrine on consumers' choice but rather by reliance on special restrictive assumptions whose validity can only be demonstrated or disproved by empirical investigation“[139].

Friedman hat seine Hypothese sowohl anhand von Querschnittsanalysen als auch anhand von Zeitreihenanalysen getestet[140]. Er macht den Vorschlag, für die Verifizierung von k mittels Zeitreihenanalyse folgende Beziehung zu verwenden[141]

$$C_{(T)} = k\ \beta \int_{\infty}^{T} e^{(\beta-\alpha)\,(t-T)} Y_{(t)} dt \quad . \tag{B. 61}$$

[136] R. Bodkin, Windfall Income ..., a. a. O., S. 602.

[137] Vgl. vor allem I. Friend und I. B. Kravis, Consumption Patterns ..., a. a. O., S. 537 ff.

[138] Ebenda, S. 538.

[139] Ebenda, S. 542.

[140] Friedman bemerkt: "The aim of my book (A Theory ..., a. a. O., d. V.) was to present a hypothesis about the factors determining consumption expenditures on all goods and services combined — this is the hypothesis I

T wird als bestimmte Zeiteinheit aufgefaßt, t bezeichnet die übliche Zeitdimension; k, α und β sind die Parameter der Funktion, wobei α die säkulare Wachstumsrate des Einkommens ausdrückt und β einen Dämpfungskoeffizienten darstellt, „which describes the process of forming estimates of expected or permanent income from current and past measured income; the higher β, the more rapidly the weights decline as one goes back in time, and the shorter the average lag between permanent income and the incomes averaged"[142]. Klein[143] zeigt, daß durch verschiedene Transformationen Gleichung (B. 61), die den Konsum mit einem „exponentially weighted average of present and past incomes"[144] erklärt, in die Konsumfunktion von Brown („habit-persistence-effect") übergeführt werden kann. Der Schlußfolgerung, die Klein hieraus zieht, nämlich die „rule of parsimony" — wie er die Theorie von Friedman bezeichnet — durch die bekannten „orthodoxen" Funktionen zu ersetzen, hat Friedman heftig widersprochen[145].

Zwar gibt Friedman zu, daß sich Gleichung (B.61) auf diejenige von Brown zurückführen lasse. Seine Theorie hat somit, zumindest was die Verifizierung mittels Zeitreihenanalyse betrifft, an Originalität verloren. Doch gibt Friedman zu bedenken, daß er der Verifizierung seiner Theorie mittels Querschnittsanalyse mehr Aufmerksamkeit gewidmet habe. Außerdem sei (B.61) nur als eine „special application" der permanent income Hypothese anzusehen. Er lege Wert auf die Unterscheidung zwischen der „general theory of consumer behavior" (permanent income hypothesis) und der „particular consumption function" (expected income equation, nämlich (B.61). Insofern würden alle Versuche, (B.61) zu transformieren oder zu verbessern, nur seine permanent income hypothesis stützen, denn sie sei allgemeiner formuliert und könne niemals nur durch (B.61) voll erfaßt werden. Ein weiterer Vorteil seiner Theorie komme hinzu: Zwar könne (B.61) transformiert werden, doch seien alle früheren, orthodoxen Theorien bemüht, eine Relation zwischen meßbarem Einkommen und weiteren Variablen einerseits und dem meßbaren Konsum andererseits herzustellen. Er dagegen könne mit Hilfe seiner permanent income Hypothese alle Einflüsse, die von der Nichtkonstanz des Einkommens ausgingen, eliminieren, denn die Variablen

labeled the 'permanent income hypothesis' — and to examine the consistency of this hypothesis with a wide range of evidence, including evidence from both consumer budget studies and time-series data, as well as from studies of the incomes of consumer units in different time periods"; vgl. M. Friedman, Supplementary Comment, JPE 66 (1958), 547—549, S. 548.

141 M. Friedman, A Theory ..., a. a. O., S. 142 ff.

142 Ebenda, S. 229.

143 Vgl. die Diskussion im JPE 66 (1958): L. R. Klein, The Friedman-Becker-Illusion, ebenda, 539—545; M. Friedman und G. S. Becker, Reply, ebenda, 545—547; M. Friedman, Supplementary Comment ..., a. a. O.

144 M. Friedman, Supplementary Comment ..., a. a. O., S. 548.

145 Ebenda, S. 547 ff.

der orthodoxen Theorie „simply reflected the disguised influence of income differences“. Seine Theorie gebe dagegen die Möglichkeit „of isolating the influence of some of the variables in question in their own right rather than as proxies for income differences and of taking into account still other variables“.

Wie ist diese Diskussion zu beurteilen? Zwei Eindrücke scheinen wert zu sein, festgehalten zu werden: Einmal wirft Friedman den orthodoxen Theorien vor, mit meßbaren Größen zu arbeiten, die den eigentlichen theoretischen Zusammenhang verwischen, während er mit seiner Theorie den „wahren“ Zusammenhang erfaßt. Zum anderen kann diese Theorie allerdings dann nur noch schwer verifiziert werden, da es ihr an meßbaren Größen mangelt. Wird aber nachgewiesen, daß die Verifizierungsform der Friedmanschen Theorie den orthodoxen Theorien entspricht, da sie ja meßbare Größen enthalten, dann zieht sich Friedman wieder auf sein Argument zurück, seine Theorie sei allgemeingültig gefaßt und sein Verifizierungsvorschlag könne nur Teilbereiche empirisch-statistisch testen. Ein circulus vitiosus in der Argumentation Friedmans? Es scheint so. Führen die Verifizierungsversuche mittels Querschnittsanalysen zu keinem Ergebnis dergestalt, daß die Friedman-Theorie gegenüber den anderen, „orthodoxen“ Theorien bessere Resultate ergibt, dann ist es fraglich, ob der Modigliani-Brumberg-Friedman-Hypothese zugestimmt werden kann.

Die Hypothese (1) wurde einer eingehenden Prüfung mittels Querschnittsanalysen unterzogen. Friend und Kravis[146] kommen zu dem Ergebnis, daß „the permanent income hypothesis generally provides a slightly better explanation of consumer behavior than a very simple hypothesis based entirely upon current income, but the margin of superiority is small and not consistently maintained“[147]. Houthakker[148] folgert aus der Untersuchung der Testserie von Friedman, daß Hypothese (1) als nicht gesichert gelten kann[149]. Zellner[150] versichert, daß für die USA die Friedman-Hypothese nicht signifikant bewiesen werden könnte. Nach Meinung Farrells ist es Friedman und Fisher[151] nicht gelungen, Hypothese (1) empirisch-statistisch zu verifizieren[152].

---

146 I. Friend und I. B. Kravis, Consumption Patterns ..., a. a. O., S. 543 ff.

147 Ebenda, S. 554.

148 H. S. Houthakker, The Permanent Income Hypothesis ..., a. a. O., S. 399 ff.; vgl. auch R. Eisner, The Permanent Income Hypothesis: Comment, AER 48 (1958), 972—990; M. Friedman, The Permanent Income Hypothesis: Comment, ebenda, 990—991.

149 Houthakker hält die Ergebnisse von Eisner, die die Friedman-Hypothese bestätigen, als nicht genügend gesichert (H. S. Houthakker, The Permanent Income Hypothesis: Reply, ebenda, 991—993).

150 A. Zellner, Tests of Some Basic Propositions in the Theory of Consumption, AER 50 (1960) P. P., 565—573.

151 M. R. Fisher, Exploration in Savings Behavior ..., a. a. O.

152 M. J. Farrell, The New Theories of the Consumption Function, EJ 69, (1959), 678—696, S. 682.

(2b) Empirische Untersuchungen der Hypothese (2) sind spärlicher. Es ist naturgemäß schon schwierig, den Begriff „windfall income“ so zu umreißen, daß er dem Begriff Friedmans des „transitory income“ entspricht. Klein und Liviatan[153] untersuchen die Auswirkung von „life insurance benefits“, „gambling winnings“, „cash gifts“, „cash legacies“, „postwar credits“ und anderen Einkommensarten auf Konsumausgaben. Sie bemängeln das Ergebnis von Fisher[154], der Hypothese (2) als empirisch verifiziert ansieht. Allerdings zweifelt Bodkin[155] die Definition des „transitory income“ an, die von Klein und Liviatan verwendet wurde. Er testet stattdessen den Effekt, den die einmalige Rentenzahlung an amerikanische Kriegsteilnehmer im Jahre 1950 auf die Konsumausgaben hatte. Er kommt zu dem Resultat, daß eine starke Tendenz vorherrscht, „windfall income“ auszugeben. Hypothese (2) würde damit nicht bestätigt. Kreinin[156] untersucht den Einfluß, den Wiedergutmachungsleistungen aus Deutschland an israelische Bürger auf deren Ausgabengebaren ausübten. Er bestätigt die Hypothese (2) für diesen Fall. Es ist hier allerdings hinzuzufügen, daß es zweifelhaft ist, ob diese Wiedergutmachungsleistungen wirklich zu der Kategorie der „windfall incomes“ gerechnet werden können. Es wird die Vermutung geäußert, daß es sich hier wenigstens teilweise um erwartete Einkommen handelte.

Die Diskussion der Modigliani-Brumberg-Friedman-Hypothese hat gezeigt, daß das dritte Stadium der Erforschung der Konsumfunktion zwar noch nicht abgeschlossen ist. Aber es kann doch gesagt werden, daß sowohl vom theoretischen als auch vom empirisch-statistischen Gesichtspunkt her gesehen die Überlegenheit dieser Hypothesen gegenüber den im ersten und zweiten Stadium kreierten sog. orthodoxen Hypothesen fraglich ist.

β) Konfrontierung der Forschungsergebnisse mit der Hicksschen Hypothese

Hicks gibt, wenn man auf seinen elementary case Bezug nimmt, seiner Konsumfunktion die einfache Form, die auch schon Samuelson verwendete[157]:

(B. 1) $$C_t = cY_{t-1}\,.$$

[153] L. R. Klein und N. Liviatan, The Significance of Income Variability on Savings Behavior, BOIS 19 (1957), 151—160.

[154] M. R. Fisher, Exploration in Savings Behavior ..., a. a. O.; vgl. L. R. Klein und N. Liviatan, The Significance ..., a. a. O., S. 151.

[155] R. Bodkin, Windfall Income ..., a. a. O.; vgl. auch M. Friedman, Comments on Bodkin's Paper, in Proceedings of the Conference on Consumption and Savings, University of Pennsylvania 1960, 191—205.

[156] M. E. Kreinin, Windfall Income and Consumption — Additional Evidence, AER 51 (1961), 388—390.

[157] Vgl. S. 64.

Die gesamten Konsumausgaben einer Volkswirtschaft in der Periode t (C_t) werden demnach beeinflußt durch einen bestimmten Bruchteil des Volkseinkommens der Vorperiode (cY_{t-1}). Kann diese einfache Beziehung den in der Realität beobachteten Zusammenhängen genügen?

1. Hicks stellt zunächst eine Beziehung zwischen dem Nettoeinkommen des privaten Sektors („private incomes after tax")[158] — Kategorie (1 d)[159] — und den Konsumausgaben her. Wir haben gesehen, daß der funktionale Zusammenhang beider Größen auch statistisch signifikant erscheint und bei Untersuchungen[160] zu besseren Ergebnissen als bei der Korrelation von persönlich verfügbaren Einkommen (Kategorie 1 c) mit den Konsumausgaben geführt hat. Da das Einkommen aber im Hicks-Modell nach der Kategorie (1 e) — Volkseinkommen — definiert ist, muß nachgewiesen werden, daß zwischen den Kategorien (1 d) und (1 e) im Zeitablauf eine konstante Beziehung besteht. Das läßt sich zunächst rein theoretisch begründen.

Die Differenz zwischen (1 d) und (1 e) ergibt sich im wesentlichen aus den direkten Steuern der privaten Haushalte und der Unternehmen. Da es sich hierbei demnach hauptsächlich um Steuern vom Einkommen handelt, ist anzunehmen, daß ihre Entwicklung eng mit der jeweiligen Entwicklung dieser Einkommen (demnach Kategorie 1 d) korreliert ist. Dann ist auch gesichert, daß zwischen den Kategorien (1 d) und (1 e) eine konstante Relation im Zeitablauf besteht. Statistische Untersuchungen bestätigen dies[161].

Obwohl Hicks mit dem Keynesschen Prinzip der effektiven Nachfrage bzw. mit der durch dieses Prinzip vorgegebenen Beziehung $Y = C + I$ arbeitet, mißt er die Modellgrößen nicht in „terms of wage-units (money values deflated by the wage-level)", sondern in „real terms (in terms, that is, of money values deflated by the price-level of output)"[162]. Damit wird unterstellt, daß das Verhältnis zwischen dem Konsumgüterpreisindex und dem Investitionsgüterpreisindex konstant ist. So ist es möglich, sowohl die Investitions- als auch die Ersparnis- (bzw. Konsum-) größe mit demselben Preisindex zu deflationieren.

Hicks mißt der lag-Hypothese große Bedeutung bei. Weniger die Lohneinkommen als vielmehr Gehalts- und Profiteinkommen dürften dazu beitragen, daß zwischen den vereinnahmten Einkommen und ihrer Ausgabe ein mehr oder weniger großer Zeitraum verstreicht. Nach Hicks sind zwei Tatsachen zu unterscheiden, die seine lag-Hypothese stützen: „(1) the length of time which elapses between the effective economic

158 J. R. Hicks, A Contribution ..., a. a. O., S. 33.

159 Vgl. S. 97.

160 Vgl. M. Cohen, Postwar Consumption Functions ..., a. a. O., S. 33.

161 Vgl. O. Triebel, Multiplikatorprinzip und Akzelerationsprinzip in ihrer Bedeutung für die Konjunkturtheorie, Diss. Münster/Westf. 1954, S. 190.

162 J. R. Hicks, A Contribution ..., a. a. O., S. 11/12.

earning of an income and its passage into the control of the consumer, (2) the length of time between the consumer's acquisition of spending power and his utilization of it"[163].

Empirische Untersuchungen bestätigen diese lag-Hypothese[164].

Vergleicht man die Konsumfunktion des elementary case mit den Ergebnissen, die aus dem ersten Stadium der Erforschung der Konsumfunktion resultierten, so muß man zu dem Schluß kommen, daß Hicks einen großen Teil dieser Ergebnisse in seine Konsumfunktion eingearbeitet hat (preisbereinigte Größen, lag-Hypothese, Einkommensgröße 1 d). Einflußfaktoren, die ohnehin nur von geringer Bedeutung für die Erklärung von Konsumausgaben waren (Vermögenslage des Konsumenten, Bevölkerungsentwicklung, unterschiedliche Elastizität der Nachfrage nach dauerhaften und nicht dauerhaften Gütern in Bezug auf das Einkommen), wurden nicht berücksichtigt. Zwei Hypothesen, die als wesentlich für die Erklärung der Konsumausgaben anzusehen sind, hat jedoch Hicks nicht aufgenommen. Das ist einmal die Aufteilung der Einkommensgröße in Lohn- und Nichtlohneinkommen (Größen 1 a und 1 b) sowie die Abhängigkeit des Konsums der Periode t vom Einkommen der Periode t[165]. Wenn schon Hicks wie Metzler der lag-Hypothese bei Lohneinkommen nur geringe Bedeutung zumißt („a period of one month might already be long enough")[166], dann muß er daraus auch die Konsequenzen ziehen, nämlich derart, daß dann auch ein großer Teil der im privaten Sektor verfügbaren Einkommen in derselben Periode ausgegeben wird, da die Periodenlänge bei Hicks ein Zeitintervall von einem Monat auf jeden Fall übersteigt.

2. Als Ergebnis des zweiten Forschungsstadiums der Konsumfunktion war festgehalten worden, daß der „habit-persistence-effect" der Modigliani-Duesenberry-Hypothese überlegen war. Es ist deshalb im folgenden zu prüfen, ob die Hickssche Konsumfunktion mit diesem Effekt in Übereinstimmung zu bringen ist. Auf die Frage, ob die Modigliani-Duesenberry-Hypothese in der Hicksschen Funktion zum Ausdruck kommt, wird daher nicht eingegangen. Hicks bemerkt hierzu lediglich: „Although Modigliani's hypothesis about the Consumption Function is not the same as mine, it is practically very similar, and is no doubt more

---

[163] Ebenda, S. 21/22.

[164] R. P. Mack, The Direction of Change in Income and the Consumption Function, REStat 30 (1948), 239—258; A. F. Burns, Hicks ..., a. a. O., S. 5; J. Tinbergen, Does Consumption Lag behind Incomes?, REStat 24 (1942), zitiert bei J. R. Hicks, A Contribution ..., a. a. O., S. 22. Hicks stützt sich auf diese Untersuchung: „We seem ... to be amply justified ... in concluding that consumption lags are a matter of real importance" (ebenda).

[165] Vgl. Gleichung (B. 53), S. 101.

[166] J. R. Hicks, A Contribution ..., a. a. O., S. 21; vgl. auch Fußnote 1, S. 55, ebenda.

convenient for statistical testing than the more generalized hypothesis with which I work[167]."

Bisher war bei unseren Betrachtungen nur der elementary case im Hicks-Modell berücksichtigt worden. Im multi-time lag case lautet die Konsumfunktion (vgl. Gleichung (B.34)*)[168]:

(B. 62) $$C_t = c_1 Y_{t-1} + c_2 Y_{t-2} + \dots + c_p Y_{t-p},$$

wobei $\Sigma c_r < 1$ $(r = 1, 2, \dots, p)$.

Das Einkommensniveau von n Perioden und die Einkommensentwicklung seit n Perioden beeinflussen somit den Konsum in der Periode t. Diese Aussage entspricht weitgehend dem „habit-persistence-effect". Das soll am Beispiel der Clarkschen Konsumfunktion in der Form, die ihr Seiler gegeben hat, gezeigt werden. Seiler kommt zu der empirischen Konsumfunktion[169]

(B. 63) $$C_t = 0{,}412\, PY_t + 0{,}434\, C_{t-1} + 16{,}50 + u_c,$$

wobei PY_t der Kategorie (1 d) entspricht und u_c eine Abweichungsvariable bezeichnet. Gleichung (B. 63) sagt aus, daß wenn das Nettoeinkommen des privaten Sektors in Periode t um eine Einheit gesteigert wird, dies dann zu einer Steigerung der Konsumausgaben um 0,412 Einheiten (= kurzfristige marginale Konsumneigung) führt. Außerdem werden dadurch jedoch weitere Konsumausgaben in der nächsten Periode, und zwar um $0{,}412 \cdot 0{,}434 = 0{,}179$ Einheiten induziert. Wenn man nun annimmt, daß (B. 63) für n Perioden Gültigkeit hat, so kann man die Variable C_{t-1} durch die Einkommensvariable der jeweiligen Vorperioden ersetzen, da offensichtlich $C_{t-1} = 0{,}412\, PY_{t-1} + 0{,}434\, C_{t-2} + 16{,}50$. Gleichung (B. 63) wird umgeformt zu

(B. 64) $$C_t = 0{,}412\, PY_t + 0{,}179\, PY_{t-1} + 0{,}078\, PY_{t-2} + 0{,}034\, PY_{t-3} + \dots + 29{,}15$$

Die langfristige marginale Konsumneigung ist $\Sigma c_r = 0{,}728$; die empirische Konsumfunktion (B. 64) kann aus der allgemeinen (theoretischen) Form (B. 62) ohne weiteres abgeleitet werden. Damit ist bewiesen, daß der „habit-persistence-effect" in der multi-time lag-Konsumfunktion im Hicks-Modell implizite enthalten ist.

3. Wenn Klein gezeigt hat, daß sich Gleichung (B. 61) — der Vorschlag von Friedman, seine Hypothese (1) zu verifizieren — in die Form der Konsumfunktion, die den „habit-persistence-effect" enthält, transformieren läßt, dann ist damit auch gesagt, daß Hicks die im dritten Forschungsstadium der Konsumfunktion angestellten Überlegungen impli-

---

[167] Ebenda, S. xii.

[168] Der additive Faktor K wird bei (B. 62) nicht mehr berücksichtigt, da ihn Hicks gleich Null setzt; vgl. J. R. Hicks, A Contribution ..., a. a. O., S. 183.

[169] Vgl. hierzu und im folgenden G. Seiler, Ökonometrische Konjunkturmodelle ..., a. a. O., S. 94 ff. Die Werte beziehen sich auf die USA im Zeitraum 1921—1941.

zite berücksichtigt hat. Wie außerdem aus unserer Untersuchung dieses Forschungsstadiums hervorging, ist die Verifizierung der Modigliani-Brumberg-Friedman-Hypothese keineswegs abgeschlossen. Nach Houthakker befinden wir uns erst am Beginn dieser Versuche: „The process of testing the hypothesis has only just begun[170]." Es wäre deshalb verfehlt, eine Hypothese, deren Gültigkeit sowohl ökonomisch-theoretisch als auch statistisch-empirisch in Frage steht, mit der Form der Konsumfunktion im Hicks-Modell zu konfrontieren.

Es kann somit festgestellt werden, daß die Hickssche Hypothese über die Konsumfunktion, die in den Gleichungen (B. 1) und (B. 62) zum Ausdruck kommt, weitgehend den Forschungsergebnissen über die Erklärung der Konsumausgaben entspricht. Allerdings sind zwei wesentliche[171] Einflußfaktoren *nicht* berücksichtigt worden: die Trennung der Einkommensgröße nach Einkommensgruppen (Lohn- und Nichtlohneinkommen) sowie der Einfluß der Einkommensgröße in Periode t auf die Konsumausgaben der Periode t.

bb) Investitionen

Die Investition nimmt eine zentrale Stellung als Wachstumsträger in einer fortschreitenden Wirtschaft ein. Das war schon aus der Analyse der Wachstumsmodelle von Domar und Harrod deutlich geworden. Es ist demnach verständlich, wenn Hicks der Frage der Investitionsfunktion in seinem Modell breiten Raum gewidmet hat. Er geht dabei von der Vorstellung aus, daß ein Teil der volkswirtschaftlich relevanten Investitionen wachstumsinduziert sei, während die Entstehung des anderen Teils auf modellexogene Bestimmungsgründe zurückgeführt werden könne. Es geht ihm daher von vornherein nicht darum, sämtliche Investitionen durch endogene Bestimmungsfaktoren zu erklären. Wenn dieses Problem im Vordergrund stünde, müßte er eine Untersuchung möglicher Investitionsfunktionen mit verschiedenen erklärenden Variablen vornehmen und sich für die „optimale" Investitionsfunktion entscheiden. Er hat eine andere Lösung gewählt: ihm erscheint eine Art von Investitionsfunktion als derart wesentlich, daß er sie in den Vordergrund stellt, ohne in einen Vergleich mit anderen Möglichkeiten in extenso einzutreten. Der Rest bleibt modellexogen, autonome Investition, wie er ihn nennt.

Dies muß beachtet werden, wenn die Kritik an der Hicksschen Fassung der Investitionserklärung überhaupt sinnvoll sein soll. Es wird im

170 H. S. Houthakker, The Permanent Income Hypothesis: Reply ...., a. a. O., S. 993.

171 Der Stabilisierungseffekt der Konsumfunktion wird bei Hicks durch die Nichtberücksichtigung der Periode t auf der rechten Seite der Konsumfunktion überbetont. Vgl. S. 78.

folgenden daher nicht der Weg eingeschlagen, über die Darstellung und Abwägung verschiedener möglicher Investitionsfunktionen und ihrer Konfrontierung mit den Hicksschen Erklärungsversuchen zu einer konstruktiven Kritik zu gelangen[172]. Ein anderer Weg führt zu diesem Ziel, indem folgende Fragen beantwortet werden:

a) Ist die Trennung zwischen autonomer und induzierter Investition sinnvoll?

b) Wenn ja, ist das (modifizierte) Akzelerationsprinzip nach Hicks ausreichend für eine wachstumsorientierte Investitionsfunktion?

a) Ist die Trennung zwischen autonomer und induzierter Investition sinnvoll?

Selbst wenn feststünde, daß ein Teil der Investitionen induziert, d. h. durch vorangegangene output-Änderungen ausgelöst wird, der andere Teil aber mehr oder weniger durch autonome Bestimmungsfaktoren entsteht, die nicht auf das output-Wachstum zurückgeführt werden können, dann bliebe immer noch die Frage der statistischen Verifizierung dieser Zweiteilung. Neisser sagt darüber: „Nothing corresponds statistically to the theoretical distinction between autonomous and induced investment — at least not for the past; for the future we may dream of an annual questionnaire to collect sample information of this kind[173]." Hansen bemerkt: „It is ... quite impossible to determine statistically what part is spontaneous and what part is induced[174]." Manche Autoren, so etwa Hansen, vertreten aus diesem Grund die Hypothese, daß alle Investitionen als autonom zu betrachten sind[175]. Die Frage der statistischen Verifizierung hat jedoch den Modelltheoretiker erst in zweiter Linie zu beschäftigen. Ist sein Modell plausibel, d. h. sind seine Prämissen realitätsbezogen, und logisch, d. h. sind seine Schlußfolgerungen ökonomisch vertretbar, so kann die Schwierigkeit der Verifizierung weder die Plausibilität noch die ökonomische Logik des Modells angreifen.

Aber auch über die theoretische Behandlung der Trennung von autonomen und induzierten Investitionen ist sich die Wirtschaftswissen-

---

[172] Dieser Weg war bei der Beurteilung der Hicksschen Konsumfunktion beschritten worden.

[173] H. Neisser, Critical Notes ..., a. a. O., S. 273; vgl. auch Fisher: „it would be practically impossible to differentiate empirically between endogenous and exogenous investment as set forth in Hicks's theoretical model", G. H. Fisher, Endogenous and Exogenous Investment in Macro-Economic Models, REStat 35 (1953), 211—220, S. 214.

[174] A. H. Hansen, Fiscal Policy and Business Cycles, New York 1941, S. 63; vgl. auch J. S. Duesenberry, Hicks ..., a. a. O., S. 473.

[175] Vgl. H. Stöwe, Ökonometrie ..., a. a. O., S. 112: Hansen scheint „die Hypothese der autonomen Investition letzten Endes aus Gründen der Verifizierbarkeit zu vertreten".

schaft nicht einig. Zwar bemerkt Hicks: „Naturally the distinction (zwischen autonomer und induzierter Investition, d. V.) is not in practice a sharp one; but it is sufficiently clearly marked to serve for the articulation of a theory[176]." Jedoch sind diese Grenzen nicht so genau markiert. Sie sind vielmehr flüssig. Eine durch eine output-Änderung induzierte Investition wird meist auch autonom genannt werden können, weil sich in der Realität nicht abgrenzen läßt, ob die Investition nur durch eine vorangegangene output-Änderung bestimmt wurde oder ob nicht auch noch andere Faktoren gleichzeitig die Vornahme und/oder die Größe der Investition beeinflußten, wie z. B. technischer Fortschritt, Bevölkerungswachstum usw.

Insbesondere bei einer Betrachtung des long run kann man zu der Ansicht kommen, daß die induzierten Investitionen überhaupt „verschwinden". Hicks bemerkt, daß sich die induzierten Investitionen in autonome Investitionen verwandeln können, wenn der Investor genügenden Weitblick hat[177]. Preiser hebt den Kapazitätseffekt der autonomen Investitionen als bestimmenden Faktor für das „Verschwinden" der induzierten Investitionen hervor: „Die autonome Investition schafft eine bestimmte Kapazität, und wenn das Wachstum des Volkseinkommens aus den laufenden und aus künftigen autonomen Investitionen richtig vorausgeschätzt ... worden ist, wenn mit anderen Worten die Investition und damit auch der Kapazitätszuwachs so bemessen worden ist, daß die Größen aufeinander stimmen: dann ist kein Raum für induzierte Investitionen[178]."

Diese Schlußfolgerung läßt sich jedoch auch ins Gegenteil verkehren: „Die Frage, ob es autonome Investitionen geben wird oder nicht, hängt wesentlich von der Zeitspanne ab, für die man sich interessiert. Auf lange Sicht wird jede Investition in irgendeiner Beziehung zu Änderungen der Produktionskapazität stehen[179]." Diese Betrachtungsweise entspricht derjenigen Fellners: „For long periods the distinction between ‚induced' and ‚autonomous' investment is not fruitful because all justified investment must bear a reasonable relation to output trends[180]."

Nach alledem müßten wir uns der Feststellung von Preiser anschließen, daß die „Theorie ... an Einheitlichkeit und Überzeugungskraft gewinnen (würde), wenn sie in der Lage wäre, die Unterscheidung von autonomen und induzierten Investitionen aufzugeben, die ja in der Realität nicht existiert"[181]. Was bedeutet aber das Aufgeben der Trennung zwischen autonomen und induzierten Investitionen? Werden alle In-

176 J. R. Hicks, A Contribution ..., a. a. O., S. 59.
177 Ebenda, S. 168.
178 E. Preiser, Multiplikatorprozeß ..., a. a. O., S. 164.
179 G. Bombach, Beiträge ..., a. a. O., S. 178.
180 W. J. Fellner. Long-Term Tendencies ..., a. a. O., S. 297.
181 E. Preiser, Multiplikatorprozeß ... a. a. O., S. 165.

vestitionen als autonom angesehen, so geht eine wesentliche Informationsquelle verloren. Ein Wachstumsmodell, das die Schlüsselfigur des Wachstumsprozesses, nämlich die Investition, nicht endogen zu erklären versucht, bleibt ein Rudiment. Es überläßt die Erklärung exogenen, weiter nicht faßbaren Größen. Es wird hier die Ansicht vertreten, daß *jeder* Versuch, die Investitionstätigkeit modellendogen zu erklären, aus den oben genannten Gründen *jedem* jener Versuche vorzuziehen ist, die die Investitionen als autonome Größe im Modell behandeln.

Dem wird Preiser nun allerdings zustimmen. Das Problem liegt in Wirklichkeit tiefer. Preiser wie auch Schumpeter sehen in der Investition schlechthin den dynamischen Faktor des Wirtschaftssystems, der den endogen erklärbaren Teil beeinflußt. Das Problem der Autonomie der Investition wird zum Kausalitätsproblem des Wirtschaftsprozesses überhaupt. Preiser führt aus, daß der „Anfang des ganzen Prozesses, der erste Impuls" bei der autonomen Investition liegt, daß sie insofern auch „autonom gegenüber dem Wachstum des Volkseinkommens" ist[182]. Sobald aber dieser erste Anstoß erfolgt ist, wird dann nicht der Wachstumstrend des Volkseinkommens auf die Bildung der Investitionen einwirken, wird sie induzieren? Wenn Preiser seine autonome Investition aus einer Investitionsfunktion ableitet[183], so wird es schon fraglich, ob diese Investition dann noch als autonom bezeichnet werden kann. Preiser geht aus von der Form

(i) $I_t = f(K_{t+1})$,

wobei K hier den Schumpeterschen Pioniergewinn bezeichnet. K wird aber wieder, als Erwartungsgröße, an faßbaren Größen abgelesen:

(ii) $K_t = \varphi(C_t, I_t)$.

Aus der ursprünglichen Form (i) wird demnach

(iii) $I_t = \psi(C_{t+1}, I_{t+1})$.

Da anstelle der absoluten Größen auch Zuwachsgrößen treten können, wie Preiser einräumt, und da die erklärenden Variablen in (iii) nichts anderes als die Definitionsgrößen des Volkseinkommens sind, ist schließlich die Form (iv) $I_t = \chi(Y_{t+1} - Y_t)$ denkbar. Wird (iv) als Funktion angesehen, und das wird man annehmen können, wenn man die Bemerkungen Preisers richtig deutet, so ist der Umkehrschluß von (iv), nämlich die Beeinflussung der Investition durch die (erwartete) Veränderung des Volkseinkommens, nicht ausgeschlossen, wenn auch Preiser mehr an den Kapazitätseffekt gedacht hat. I_t in Gleichung (iv) würde man somit auch als induzierte Investition deuten können; es ist überhaupt zu überlegen, ob eine Investitionsfunktion nicht immer eine induzierte Investi-

[182] Ebenda, S. 125.
[183] Vgl. im folgenden ebenda, S. 164 f.

tion als Erklärungsgegenstand hat. Hinzu kommt, daß unsere Deutung von (iv) durch Preiser indirekt bestätigt wird; Preiser bemerkt im Anschluß an Gleichung (iii): „Dagegen mag man allerdings einwenden, der wirklich schöpferische Unternehmer kümmere sich nicht um diese Größen, da er überzeugt sei, daß *seine* Ware und *sein* Verfahren sich unter allen Umständen durchsetze. Aber das gilt nur für die ausgesprochenen Schumpeterpioniere — die Masse der folgenden Unternehmer, die die allgemeine Aufwärtsbewegung erst herbeiführt, kann von der Entwicklung des Volkseinkommens nicht absehen[184]."

Letzten Endes, und das sollten die vorhergehenden Ausführungen deutlich machen, ist die Trennung zwischen autonomen und induzierten Investitionen eine Definitionsfrage. Selbstverständlich steht es frei, wie die Definitionen gesetzt werden. Preiser verwendet offensichtlich einen anderen Begriff als Hicks. Denn nach Hicks wäre die von Preiser als autonom bezeichnete Investition eine induzierte.

Welcher Schluß kann in Bezug auf die Frage, ob eine Trennung zwischen autonomen und induzierten Investitionen sinnvoll ist, gezogen werden? Es muß zunächst davon ausgegangen werden, daß die Erklärung der Investitionstätigkeit möglichst in ein Wachstumsmodell einbezogen werden sollte, da die Investition eine Zentralstellung im wirtschaftlichen Wachstumsprozeß einnimmt. Insofern wäre den Autoren zuzustimmen, die nur induzierte Investitionen gelten lassen wollen und aus diesem Grund eine Trennung ablehnen. Andererseits ist nicht zu übersehen, daß gewisse Investitionen, die dem Wachstumsprozeß den Anstoß geben oder ihm immer wieder neue Impulse verleihen, mit dem Wachstum des Volkseinkommens nicht funktional, sondern eher kausal, als „process-maker", verbunden sind. Insofern ist denjenigen Autoren recht zu geben, die vornehmlich die autonome Wirkung der Investition sehen. Aber auch sie werden einräumen müssen, daß neben dieser Wirkung sekundäre Impulse vom Volkseinkommen (seiner Veränderung oder seines Niveaus) ausgehen, die ihrerseits wieder Investitionen induzieren. Es ist demnach sinnvoll, sowohl autonome als auch induzierte Investitionen in ein Wachstumsmodell aufzunehmen[185].

---

[184] E. Preiser, Multiplikatorprozeß ..., a. a. O., S. 164 (Hervorhebung von E. Preiser).

[185] Wir befinden uns damit im übrigen in Übereinstimmung mit Krelle: „Im Zusammenhang mit der Multiplikatorenanalyse ist es ... immer mehr üblich geworden, sogar die gesamte Investition als exogen oder *autonom* anzusehen. Allerdings wird man kaum annehmen können, daß Autoren, die mit dieser Vorstellung arbeiten, im Ernst den autonomen Charakter aller Investitionen überhaupt behaupten wollten; meist handelt es sich dabei um eine vereinfachende Annahme für einen bestimmten Untersuchungszweck, bei dem die dadurch bedingten Abweichungen von der Wirklichkeit nicht von Bedeutung sind. Hicks gibt wohl die heute herrschende Ansicht richtig wieder, wenn er ähnlich wie Schumpeter nur einen gewissen Grundstock aller Investitionen als autonom ansieht." (W. Krelle, Die Investitionsfunktion, JNSt 172 (1960), 346—391, S. 347; Hervorhebung von W. Krelle).

β) Modifiziertes Akzelerationsprinzip als spezielle Investitionsfunktion

Hicks hat sich für ein modifiziertes Akzelerationsprinzip entschieden, das er als spezielle Investitionsfunktion in sein Modell einbaut. Es ist Aufgabe, zu prüfen, ob er den vielfältigen Einwendungen gegen das Akzelerationsprinzip Rechnung getragen und somit ein brauchbares Modellinstrument gewonnen hat. Diese Prüfung erstreckt sich nur auf einige wenige, aber wesentliche Einwände sowohl theoretischer als auch empirisch-statistischer Art. Im übrigen muß auf die ausführlichen Besprechungen von Eckaus[186], Mieth[187], Winding[188] und Gütermann[189] hingewiesen werden.

aa) Theoretische Behandlung

Das Akzelerationsprinzip postuliert einen einfachen Zusammenhang zwischen output[190]-Änderung und Änderung der Nettoinvestition. Der Akzelerator wird als konstant angesehen. Wenn diese Konstanz aufrechterhalten bleiben soll — so kann der *erste Einwand* gegen das Akzelerationsprinzip formuliert werden —, dann müssen die Vollausnutzung der Produktionsanlagen, die Konstanz der Produktionstechnik und eine konstante Rate der Ersatzinvestitionen in jeder Periode gewährleistet sein[191].

Hicks kommt bei seinen Untersuchungen zu dem Ergebnis, daß die Ersatzinvestitionen in einem konstanten Verhältnis zu den vorgenommenen Nettoinvestitionen stehen. Das ergibt sich aus der Gleichläufigkeit der Lebensdauer einzelner Kapitalgüter in verschiedenen Wirtschaftszweigen. Diese These, die auch Robertson, Tinbergen, Harrod und Einarsen vertreten (sog. Theorie der reinen Reinvestitionszyklen), steht der Theorie der sekundären Reinvestitionszyklen (verfochten von Pigou, Kuznets und Hansen) gegenüber, bei der nicht nur technische, sondern auch wirtschaftliche Gesichtspunkte über die Vornahme von Ersatzinvestitionen entscheiden[192]. Auch Mieth verteidigt die Theorie der sekundären Reinvestitionszyklen, da „der Unternehmer häufig einen genügend großen zeitlichen Spielraum für den Termin der Ersatzbeschaffung (hat), der es ihm erlaubt, bessere Zeiten abzuwarten“[193].

---

186 R. S. Eckaus, The Acceleration Principle Reconsidered, QJE 67 (1953), 209—230.

187 W. Mieth, Das Akzelerationsprinzip ..., a. a. O.

188 P. Winding, Some Aspects of the Acceleration Principle, Amsterdam 1957.

189 P. Gütermann, Theorie des Akzelerationsprinzips, Zürich 1961.

190 Die Differenzierung zwischen realem output und Nachfrage wird hier nicht berücksichtigt, da Hicks beide gleichsetzt.

191 J. Tinbergen, Statistical Evidence of the Acceleration Principle, Ea 5 (1938), 164—176, w. abgedr. in J. Tinbergen, Econometrics, New York—Philadelphia—Toronto 1951, 215—229.

192 Vgl. hierzu W. Mieth, Das Akzelerationsprinzip ..., a. a. O., S. 48 ff.

193 Ebenda, S. 51.

Ist die Lage wirklich so? In einer Wirtschaft, die am „production ceiling“ arbeitet, dürften vorwiegend technische Gesichtspunkte maßgebend sein, so daß Hicks zuzustimmen ist.

Technischer Fortschritt sowie Schwankungen im Auslastungsgrad sind jedoch Einflußfaktoren, die durchaus die Konstanz des Akzelerators zerstören können und die, wenn das Akzelerationsprinzip realistisch sein soll, berücksichtigt werden müssen. Außerdem gibt Rose zu bedenken, daß die Unternehmer mit der Vornahme ihrer Nettoinvestitionen keineswegs proportional zu etwaigen Nachfrageänderungen reagieren werden: „Vergrößerungen der Nachfrage (werden) von konjunkturerfahrenen Unternehmern nur sehr zögernd mit einer Erweiterung ihres Produktionsapparates beantwortet ... Diese Verzögerung wird um so stärker sein, 1. je heftiger das Wachstum der Verbrauchsgüternachfrage ist, 2. je größer das technisch notwendige Verhältnis zwischen Kapitalanlagen und Verbrauchsausgaben ist und 3. je länger die Produktionsmittel genutzt werden können, ohne daß ihre jährliche Abnutzung ein beträchtliches Ausmaß annimmt. Alle drei Faktoren tendieren dahin, die Vornahme von Nettoinvestitionen hinter dem Betrag zurückzuhalten, der notwendig wäre, um die ‚Relation‘ zu halten“[194]. Die Verfechter des Akzelerationsprinzips haben versucht, diesen Einwänden durch die nichtlineare Gestaltung des Akzelerators zu begegnen. So unterliegt der Akzelerator bei Hicks und bei Goodwin am Ende des Aufschwungs und am unteren Wendepunkt Veränderungen. In entscheidenden Phasen, so im Aufschwung, wird der Akzelerator jedoch konstant gehalten[195].

Das Akzelerationsprinzip ist demnach für eine Erklärung der Investitionsvornahme im short run nur begrenzt einzusetzen. Nun hat aber Hicks nicht nur die Beschreibung des Konjunkturzyklus im Auge gehabt. Insofern wird zweifellos die Frage interessieren, ob das Akzelerationsprinzip im long run eher als Erklärung für die Entstehung von Investitionen geeignet ist. Rose betont, daß das Prinzip bei langfristiger Betrachtung der Wirtschaftsvorgänge an Aussagewert gewinne; nur „bei Erwartung langfristiger Nachfragesteigerungen sind die Unternehmer ... bereit, das Wagnis einer Investition einzugehen“[196]. Kaldor, der als scharfer Kritiker des Akzelerationsprinzips galt (das Prinzip sei „a crude and highly unsuitable tool for analysis“)[197], gibt seine ablehnende Haltung auf, wenn das Prinzip für die Erklärung von Verhaltensweisen im long run verwendet wird. „For the purpose of a long-run model of economic growth it is legitimate to divide time

---

[194] K. Rose, Die Bedeutung des Akzelerationsprinzips ..., a. a. O., S. 340.

[195] Hicks versucht, dies zu begründen; vgl. J. R. Hicks, A Contribution ..., a. a. O., S. 170.

[196] K. Rose, Die Bedeutung des Akzelerationsprinzips ..., a. a. O., S. 338.

[197] N. Kaldor, Mr. Hicks ..., a. a. O., S. 837.

into ‚periods‘ long enough for the capital stock in any one period to be fully adjusted to the output expected for that period at the beginning of that period; which means that the ‚acceleration principle‘ is an appropriate principle to apply to characterise investment behaviour for such ‚periods‘ "[198]. Diese Periodeneinteilung begegnet dem Einwand, das Akzelerationsprinzip lasse Schwankungen im Auslastungsgrad unbeachtet. Auch Veränderungen der Kapazität und der Produktionstechnik können durch eine derartige Annahme, wie sie Kaldor gemacht hat, wenigstens teilweise berücksichtigt werden.

Ein *zweiter Einwand* trifft die Annahme des Prinzips, daß ein völlig elastisches Kreditangebot vorliege und die Unternehmerentscheidungen von Zinsreagibilität und Risikoelastizität weitgehend unabhängig seien. Wenn auch erwiesen ist, daß der Zinsfaktor bei der Planung und Durchführung der Investitionen nur eine untergeordnete Rolle spielt[199], so ist doch zu beachten, daß die Forderung nach Sicherheit, die die Kreditinstitute stellen, und das eigene Risiko der unbeschränkten Kreditnahme Grenzen setzen. „As the firm's demand for capital approaches the limit set by the security provided by the firm's own capital and its net value as a going concern, the curve (die Angebotskurve des Kapitals, d. V.) may rise steeply into a vertical wall"[200]. Schneider weist darauf hin, daß die Investitionsdisposition der Unternehmer im wesentlichen vom Kalkulationszinsfuß abhängt, der wenig oder gar nicht vom Marktzinsfuß, sondern entscheidend von der Risikopolitik der Unternehmer bestimmt wird[201]. Kalecki[202] zeigt mit seinem „Prinzip des wachsenden Risikos", welche Gefahren eine im Vergleich zum Eigenkapital des Unternehmens unverhältnismäßig hohe Verschuldung auslöst. Preiser hat in einer wohlabgewogenen Analyse die Bedeutung dieser Faktoren der Risiko- und Eigen- bzw. Fremdfinanzierung dar-

---

198 N. Kaldor, A Model of Economic Growth, EJ 67 (1957), 591—624, S. 601 Fußnote 1.

199 White hat eine Übersicht über die verschiedenen Untersuchungen und Enquêten zu dieser Frage gegeben. Vgl. W. H. White, Interest Inelasticity of Investment Demand — The Case from Business Attitude Surveys Re-examined, AER 46 (1956), 565—587. Lutz sieht zinsempfindliche Investitionen nur noch bei „sehr langdauernden Konsumgütern (Häusern) und sehr langdauernden Produktionsgütern". Beide Gruppen haben aber einen relativ kleinen Anteil an der Masse der Gesamtinvestitionen; vgl. F. A. Lutz, Zinstheorie, Zürich—Tübingen 1956, S. 176 ff. Auch Tsiang betont, „that changes in rates of interest influence very little the investment decisions of business men"; vgl. S. C. Tsiang, Accelerator, Theory of the Firm and the Business Cycle, QJE 65 (1951), 325—341, S. 333.

200 S. C. Tsiang, Accelerator ..., a. a. O., S. 333.

201 E. Schneider, Einführung in die Wirtschaftstheorie, II. Teil, Tübingen 1953, S. 166 ff.

202 M. Kalecki, The Principle of Increasing Risk, in Essays in the Theory of Economic Fluctuations, London 1939, zitiert bei W. Mieth, Das Akzelerationsprinzip ..., a. a. O., S. 94 ff. Vgl. auch M. Kalecki, Theory of Economic Dynamics, a. a. O., S. 92—94.

gelegt, indem er einmal ihren Einfluß auf die Investitionsneigung, zum anderen ihre Bedeutung für die (finanzielle) Investitionsmöglichkeit aufzeigt[203]. Krelle hat darauf aufbauend seine Investitionsfunktion entwickelt[204]. Auch bei der Betrachtung des long run behält dieser Einwand seine Gültigkeit. Man kann zwar annehmen, daß die Geld- und Kreditpolitik einer Volkswirtschaft so gehandhabt wird, daß sich bei der Zurverfügungstellung von Krediten keine Engpässe ergeben. Anders verhält es sich jedoch mit der Kreditnachfrage. Über die langfristige Entwicklung des Kalkulationszinsfußes ist wenig bekannt. Man kann sich jedoch vorstellen, daß gerade dann, wenn bei der Kreditgewährung keine Schwierigkeiten auftreten, der Risikofaktor als Hemmnis der Investition besonders gravierend ist[205].

Ein *dritter Einwand* richtet sich gegen die Annahme, daß die Investition von Veränderungen der Nachfrage bzw. des outputs abhänge. Die output-Änderung stelle nur einen speziellen Fall der Gewinnerwartungen der Unternehmer dar, denn der Gewinn errechne sich aus der Differenz zwischen Umsatz (output-Menge mal Verkaufspreis) und Produktionskosten. Makroökonomisch ist nach Mieth[206] der Gewinn von zwei Faktoren abhängig: von der Höhe des Einkommens, da sich die Nachfrage — bei Konstanz der Konsumfunktion — an der Differenz zwischen (niederem) Einkommen der Vorperiode und (höherem) Einkommen der laufenden Periode ausrichtet, wenn Preise und Produktionskosten konstant gehalten werden, und von der Veränderungsrate der Preise, da eine Preiserhöhung erhöhte Kosten nach sich zieht und so eher die Veränderungsrate der Preise als ihre absolute Höhe für die Gewinnentwicklung relevant ist. Mieth will damit zeigen, daß die Höhe des Einkommens, die den Gewinn bestimmt, somit auch die Gewinnerwartung der Unternehmer beeinflußt, da diese sich am laufenden Gewinn orientieren; weiter wird mit der Bestimmung der Gewinnhöhe auch die Selbstfinanzierungsmöglichkeit des Unternehmers abgegrenzt. Die *Höhe* des Einkommens ist somit die entscheidende unabhängige Variable für die Formulierung der Investitionsdisposition einerseits und die Finanzierungsmöglichkeit der Investition andererseits, und nicht die output-*Änderung*. Mieth und auch Rose[207], der ähnlich deduziert, werden bei ihrer Argumentation durch die „profit principles" beeinflußt, die Klein, Tinbergen, Kalecki, Kaldor und Radice

---

[203] E. Preiser, Investition und Zins, JNSt 170 (1958), 100—135, sowie E. Preiser, Nochmals: Investition und Zins, Eine Revision, JNSt 171 (1959), 241—250.

[204] W. Krelle, Die Investitionsfunktion ..., a. a. O.; vgl. auch W. Krelle, Verteilungstheorie, Tübingen 1962, S. 142 ff.

[205] Vgl. E. Preiser, Investition und Zins ..., a. a. O., S. 123 und W. Mieth, Das Akzelerationsprinzip ..., a. a. O., S. 97.

[206] Vgl. hierzu W. Mieth, Das Akzelerationsprinzip ..., a. a. O., S. 82.

[207] K. Rose, Die Bedeutung des Akzelerationsprinzips ..., a. a. O., S. 351 f.

entwickelten[208]. Unabhängige Variable sind hier das output-Niveau bzw. das Kapitalstockniveau (bei Kaldor) oder das Profitniveau.

Es ist jedoch, nach Fisher, mindestens fraglich, ob die Unternehmer niveauinduzierte („level-induced") oder veränderungsinduzierte („change-induced") Investitionen vornehmen. Die letzteren, die das Akzelerationsprinzip widerspiegelt, sind „probably more realistic" als die ersteren. „This contention stems from the fact that businessmen seem more often talk about changes in variables in which they are interested rather than absolute values of these variables"[209]. Haberler gibt zu bedenken, daß die genannten Theorien des „profit principle" einem modifizierten Akzelerationsprinzip ähneln. „Wenn z. B. Tinbergen das Investitionsvolumen von der Höhe der Profite abhängen läßt, so kommt das fast auf dasselbe hinaus wie das Akzelerationsprinzip, weil die Profite stark von den *Schwankungen* in der Gesamtnachfrage abhängen"[210]. Über die Theorie von Kaldor bemerkt er: „Kaldor vertritt die Theorie, daß das Investitionsvolumen von zwei Faktoren bestimmt wird: 1. dem Produktionsvolumen oder Einkommen und 2. dem Kapitalstock. Auch diese Theorie ist einem modifizierten Akzelerationsprinzip äquivalent. Bei gleichbleibenden Einkommen sinkt das Investitionsvolumen, da der Kapitalstock steigt... Es wird offenbar angenommen, daß über kurz oder lang der Investitionsprozeß überhaupt aufhört, falls er nicht durch eine neuerliche Einkommenssteigerung oder durch, für diese Modelle *exogene* Faktoren, wie Senkung des Zinsfußes oder Erfindungen, angeregt wird. Nehmen wir nun an, daß das Einkommen steigt, so beginnt die Investitionstätigkeit von neuem, um allmählich wieder auf Null zu sinken. Diese Theorie ist offenbar gleichbedeutend mit einer Akzelerationstheorie mit verzögerter Anpassung, d. h. wenn das Einkommen steigt, braucht es einige Zeit, bis der Kapitalstock sich angepaßt hat"[211]. Hicks hat durch den Einbau des Lundberg-lags in seine Investitionsfunktion dieser Verzögerung Rechnung getragen. Eckaus bezeichnet die „profit principles" als „velocity principles"; der Unterschied zwischen Akzelerationsprinzip und „velocity principle" bestehe nur darin, daß letzteres die Anfangsgröße des Kapitalstocks mit berücksichtige[212]. Gütermann weist allerdings darauf hin, „daß Interpretationen wie diejenige von Eckaus wegen der Interdependenz der ökonomischen Variablen sehr proble-

---

[208] Vgl. hierzu R. S. Eckaus, The Acceleration Principle ..., a. a. O., S. 224 ff.; vgl. auch N. Kaldor, The Relation of Economic Growth and Cyclical Fluctuations, EJ 64 (1954), 53—71, S. 55 ff.

[209] G. H. Fisher, Endogenous and Exogenous Investment ..., a. a. O., S. 213.

[210] G. Haberler, Prosperität ..., a. a. O., S. 544; Hervorhebung von G. Haberler.

[211] Ebenda; Hervorhebung von G. Haberler.

[212] R. S. Eckaus, The Acceleration Principle ..., a. a. O., S. 228.

matisch sind"[213]. Gerade die Größen Gewinn- und Absatzänderung sind jedoch in der Praxis oft untrennbar verbunden. So stellt Gutenberg fest, daß in der Praxis der Ausdruck Absatzerwartung, nicht etwa Gewinnerwartung, üblich sei. Es werde damit die Vorstellung verbunden, daß höherer Absatz auch höhere Gewinne nach sich ziehe[214].

Auch Merk, der darzulegen versucht, daß „der erwartete Gewinn die causa movens der privaten Investitionen ist"[215], kann einen „zwingenden Beweis dafür, daß der erwartete Gewinn als Investitionsmotiv gilt, ... nicht antreten"[216]. Er vermag nur auf die Möglichkeit der Selbstfinanzierung hinzuweisen, die durch Gewinne gegeben ist. Das Argument von Tinbergen, dem Merk sich anschließt, daß die Gewinnhäufung selbst unter Ausschluß einer exakten Rentabilitätsrechnung zu Investitionsvornahmen führt, kann kaum überzeugen. Im übrigen ist Merk bei der Stützung seiner Ansicht auf die Beweiskraft von empirisch-statistischen Untersuchungen angewiesen.

ββ) Empirisch-statistische Behandlung

Diejenigen Autoren, die das Akzelerationsprinzip als Investitionsfunktion ablehnen, stützen sich vor allem auf eine ökonometrische Untersuchung Tinbergens mittels Zeitreihenanalyse. Tinbergen gelangt hier zu der Ansicht, daß das Akzelerationsprinzip der Wirklichkeit nicht entspreche[217]. Es ist jedoch fraglich, ob das Ergebnis der Tinbergenschen Analyse einfach hingenommen werden darf. Somers bemerkt, daß Tinbergen von vornherein von falschen Voraussetzungen ausgegangen sei, als er das Akzelerationsprinzip zu verifizieren versuchte: „It appears that Tinbergen begins his statistical analysis with a confused notion of the nature of the acceleration principle[218]." Stöwe macht die Wahl des Beobachtungszeitraums für das negative Ergebnis verantwortlich. „Die eigentliche Ursache dafür, daß Tinbergen zu einem negativen Ergebnis, d. h. zur Ablehnung der Akzeleratorhypothese auf Grund seines Beobachtungsbefunds kommt, liegt sehr wahrscheinlich in der von ihm gewählten Untersuchungsperiode. Die Behandlung der gesamten Periode von etwa 1870/74 bis 1908/13 als eine strukturelle Einheit läßt sich kaum rechtfertigen[219]." Manne, der die

---

213 P. Gütermann, Theorie des Akzelerationsprinzips ..., a. a. O., S. 136.

214 E. Gutenberg, Untersuchungen über die Investitionsentscheidungen industrieller Unternehmen, Köln und Opladen 1959, S. 117.

215 G. Merk, Zur Frage der Zinselastizität der Investitionen, ZS 114 (1958), 454—467, S. 467.

216 G. Merk, Hängt die Investitionshöhe vom erwarteten Gewinn ab?, ZS 114 (1958), 652—663, S. 660.

217 J. Tinbergen, Statistical Evidence ..., a. a. O.; vgl. auch J. Tinbergen, Vérification statistique des théories des cycles économiques, Bd. I und II, Genf 1939.

218 Zitiert bei R. S. Eckaus, The Acceleration Principle ..., a. a. O., S. 218, Fußnote 2.

219 H. Stöwe, Ökonometrie ..., a. a. O., S. 79.

Untersuchungen Tinbergens fortgeführt hat, gelangt durch die Verfeinerung des Beobachtungsmaterials zu wesentlich höheren Korrelationskoeffizienten[220].

Es war wohl auch das Mißtrauen gegenüber Zeitreihenanalysen[221], das Meyer[222], Kuh[223], Hickman[224], Kisselgoff[225], Modigliani[226] und Eisner[227] veranlaßte, ihre Analysen der Investitionsfunktion mittels Querschnittsanalysen durchzuführen. Meyer und Kuh kommen zu dem Ergebnis, daß in Zeiten eines raschen Konjunkturaufschwungs, der überdies alle Voraussetzungen und Annahmen des Akzelerationsprinzips erfüllt, das Akzelerationsprinzip am besten die Investitionsvornahmen erklärt. Das war z. B. in den USA in den Jahren 1946 und 1947 der Fall. Dagegen überwiegen in Zeiten einer ruhigen Konjunkturentwicklung Liquiditätsmotive als Bestimmungsgründe für die Investition; „when demand was expanding rapidly and liquidity was plentiful, a capacity formulation of the accelerator had by far the closest relationship with investment. On the other hand, in 1948 and 1949, when

[220] A. S. Manne, Some Notes on the Acceleration Principle, REStat 27 (1945), 93—99.

[221] Das hat besonders Meyer in seiner Dissertation betont; vgl. J. R. Meyer, Business Motivation and the Investment Decision: An Econometric Study of Postwar Investment Patterns in the Manufacturing Sector, Diss. Cambridge (Mass.) 1954. Meyer und Kuh geben eine Übersicht über die bisher vorliegenden Verifizierungen, die meist auf Zeitreihenbasis vorgenommen wurden; vgl. J. R. Meyer und E. Kuh, The Investment Decision, Cambridge (Mass.) 1957, S. 24—35.

[222] Vgl. J. R. Meyer, Business Motivation ..., a. a. O.; J. R. Meyer und E. Kuh, Acceleration and Related Theories of Investment: An Empirical Inquiry, REStat 37 (1955), 217—230; J. R. Meyer und E. Kuh, The Investment Decision ..., a. a. O.

[223] J. R. Meyer und E. Kuh, Acceleration and Related Theories ..., a. a. O.; J. R. Meyer und E. Kuh, The Investment Decision ..., a. a. O.

[224] B. G. Hickman, Capacity, Capacity Utilization, and the Acceleration Principle, in Problems of Capital Formation, Princeton 1957, 419—450; B. G. Hickman, Diffusion, Acceleration, and Business Cycles, AER 49 (1959), 535—565.

[225] A. Kisselgoff und F. Modigliani, Private Investment in the Electric Power Industry and the Acceleration Principle, REStat 39 (1957), 363—380.

[226] F. Modigliani, Comment, in Problems of Capital Formation..., a. a. O., 450—463; A. Kisselgoff und F. Modigliani, Private Investment ..., a. a. O.

[227] R. Eisner, Expectations, Plans and Capital Expenditures, A Synthesis of Ex Post and Ex ante Data, in Expectations, Uncertainty and Business Behavior, New York 1958, 165—188; R. Eisner, A Distributed Lag Investment Function, E 28 (1960), 1—29; R. Eisner, Capital Expenditures, Profits and the Acceleration Principle, Vortrag auf der Conference on Research in Income and Wealth, 2./3. 2. 1962 (Manuskript), 1—40 (zur Veröffentlichung vorgesehen in Models of Income Determination, herausgegeben in der Reihe Studies in Income and Wealth vom National Bureau of Economic Research, Princeton); R. Eisner und H. Strotz, Determinants of Business Investment, in Impacts of Monetary Policy, 60—333, erscheint 1963, herausgegeben von der Commission on Money and Credit, Prentice-Hall; die American Statistical Association (Business and Economic Statistics Section) hat 1961 einen kurzen Abriß hierüber herausgegeben. Dieser wurde dem Verf. freundlicherweise von R. Eisner zur Verfügung gestellt.

economic conditions stabilized or declined in several lines of activity, the two liquidity flow variables, profits and depreciation expense, provided the best explanation of investment outlay"[228]. Diese Aussagen, die den short run betreffen, werden ergänzt durch Untersuchungsergebnisse für längerfristige Zeiträume: „In the long run ... investment outlay seemed to be less sensitive to financial considerations and more closely conditioned by the kind of technological relationships between capital and output central to acceleration theories[229]." Kisselgoff und Modigliani sowie Eisner bestätigen die Wirksamkeit von „more or less sophisticated versions of the acceleration principle and the pressure of demand on capacity as a fruitful way of explaining investment"[230]. Eisner kommt auf Grund einer sorgfältigen Studie zu der Ansicht, daß seine Analyse „would seem to offer confirmation of the operation of a distributed lag accelerator in the determination of capital expenditures"[231]. Den Gewinnen mißt er nur die Bedeutung einer „proxy variable" zu: „It similarly offers further evidence that the apparent role of past or current profits ... is in large part if not entirely a proxy role which can be accounted for by introducing properly into our quantitative analysis variables more truly structurally related to capital expenditures[232]." Hickman ist dagegen der Meinung, und er bestätigt damit die Ergebnisse von Burns, daß induzierte Investitionen vom output-Niveau abhängen; „fixed investment in the bulk of manufacturing industries is more nearly a function of the level of output than its rate of change"[233]. Modigliani weist demgegenüber in einer überzeugenden Studie, die sich mit dem Hickmanschen Beitrag beschäftigt, nach, daß „the acceleration principle, in the formulation underlying the recent work of Hicks and others, represents indeed a fruitful hypothesis in explaining the behavior of investment in fixed capital"[234]. Stöwe schließlich kommt nach eingehenden Untersuchungen zu dem Ergebnis, „daß die Akzeleratorhypothese nicht allen verfügbaren Beobachtungen widerspricht, so daß eine Ablehnung des Akzelerationsprinzips in verschiedenen theoretischen Arbeiten mit dem Verweis darauf, daß frühere empirische Studien seine Unwirksamkeit im Wirtschaftsprozeß bestätigen (in der Regel beruft man sich auf die bekannte Arbeit Tinbergen's ...), ungerechtfertigt ist"[235].

---

[228] J. R. Meyer und E. Kuh, Acceleration and Related Theories ..., a. a. O., S. 229/230.

[229] J. R. Meyer und E. Kuh, The Investment Decision ..., a. a. O., S. 135.

[230] R. Eisner, Capital Expenditures ..., a. a. O., S. 1.

[231] Ebenda, S. 26.

[232] Ebenda.

[233] Vgl. B. G. Hickman, Diffusion ..., a. a. O., S. 535; vgl. auch B. G. Hickman, Capacity ..., a. a. O., S. 438 und A. F. Burns, Hicks ..., a. a. O., S. 13.

[234] F. Modigliani, Comment ..., a. a. O., S. 463.

Wir können demnach feststellen, daß die empirisch-statistische Analyse des Problems, ob sich das (modifizierte) Akzelerationsprinzip als Investitionsfunktion eignet, nicht negativ ausgefallen ist. Freilich ist damit noch nicht endgültig bewiesen, ob die Hickssche Version des Akzelerators der Wirklichkeit entspricht. Für die Beantwortung dieser Frage ist eine Untersuchung des Hicksschen Modells notwendig, und zwar interessiert vor allem, ob die Hypothese der „constrained explosion“ Wirklichkeitsgehalt besitzt. Fisher[236] und Stöwe[237] haben versucht, dieser Frage nachzugehen.

Fisher kann zwar auf Grund seiner statistischen Testergebnisse die Hickssche Hypothese eines explosiven Akzelerators nicht zurückweisen. Er läßt sich jedoch von den Aussagen Duesenberrys[238] und Alexanders[239], die das Vorhandensein eines „real ceiling“ in den USA für die Vergangenheit verneinen, derart beeinflussen, daß er schließlich, vor allem in seiner zweiten Veröffentlichung, die Hickssche Hypothese zurückweist[240]. Stöwe befaßt sich eingehend mit der Fisherschen Untersuchung[241]. Er sieht Schwächen in der errechneten Größe der Konsumneigung, die auf die Nichtberücksichtigung der Multikollinearität zurückzuführen sind, sowie in der Wahl des Beobachtungszeitraums. Nur die Jahre bis 1937 können dem Hicksschen Modell als Untersuchungszeitraum zugrunde gelegt werden, da 1938 wieder ein Jahr des Umschwungs in den USA gewesen ist. Die auf dem Zeitraum 1929 bis 1937 aufgebaute Analyse — Fisher hatte den Zeitraum von 1929 bis 1941 einbezogen — bringt wesentlich verbesserte Ergebnisse gegenüber der Untersuchung von Fisher, die im übrigen auch durch die Untersuchung deutscher Verhältnisse in den Jahren 1925/27 bis 1932 bestätigt werden. Demnach liegt der Akzelerator nahe bei eins. Die Hypothese, daß $v \gtrapprox 1$, kann unter Beachtung eines Signifikanzgrades von 0,05 (Studentsche t-Verteilung) nicht zurückgewiesen werden. Die mittlere quadratische Abweichung des Koeffizienten liegt bei $\pm$ 0,13 und $\pm$ 0,17, der Annahmebereich im ersten Fall zwischen 0,6945 und unendlich[242].

---

235 H. Stöwe, Ökonometrie ..., a. a. O., S. 134.

236 G. H. Fisher, Hicks' „Elementary Case“ Economic Model for the United States, 1929—1941, JAStA 47 (1952), 541—549; G. H. Fisher, Some Comments on Stochastic Macro-Economic Models, AER 42 (1952), 528—539.

237 H. Stöwe, Ökonometrie ..., a. a. O.

238 J. S. Duesenberry, Hicks ..., a. a. O.

239 S. S. Alexander, Issues ..., a. a. O.

240 G. H. Fisher, Some Comments ..., a. a. O., S. 539: "But as several theorists have pointed out, the real ceiling hypothesis is apparently not realistic, especially in view of the historical record in the United States. Also, the Hicksian assumption that $\beta > 1$ is of questionable validity" (β entspricht unserem v).

241 Vgl. H. Stöwe, Ökonometrie ..., a. a. O., S. 53 ff.

242 Vgl. vor allem S. 54, 59, 63, 72 (ebenda).

Tabelle 2

Verifizierung des Hicksschen Akzelerators

Autor	Quelle	Land	Periode	v	mittl. quadr. Abweichung von v
Fisher	I, S. 546/47	USA	1929—1941	0,56	± 0,28
Stöwe	II, S. 63	USA	1929/31—1937	0,91	± 0,13
Stöwe	II, S. 73	Deutschland	1925/27—1932	0,92	± 0,17
Stöwe	II, S. 82	Deutschland	1882—1890	0,56	± 0,26
Stöwe	II, S. 82	Deutschland	1892—1900	0,71	± 0,29

I: G. H. Fisher, Hicks' „Elementary Case" . . ., a. a. O.
II: H. Stöwe, Ökonometrie . . ., a. a. O.

Stöwe ist sich jedoch nicht ganz im klaren darüber, ob er die Hickssche Hypothese verwerfen soll oder nicht. Für eine Ablehnung sprechen die Ergebnisse seiner Untersuchung deutscher Verhältnisse in den Jahren 1882 bis 1890 und 1892 bis 1900 (vgl. Tabelle 2), obwohl auch hier, rein statistisch gesehen, die Hypothese nicht zurückgewiesen werden kann. Die mittlere quadratische Abweichung des Akzelerators hat aber einen merklich höheren Streuungsbereich als bei der Untersuchung für den Zeitraum 1925/27 bis 1932: „die Tatsache, daß in praktisch allen vertretbaren Fällen der Schätzwert für den Akzelerator $v_1 < 1$ ist, (führt) zu der Vermutung, daß möglicherweise die Hickssche Hypothese doch abzulehnen ist, obwohl sich aus den Einzeltests eine solche Ablehnung ... nicht rechtfertigen läßt. Vielleicht ist durch Kumulation der Beobachtungen und eine sehr weit geführte autoregressive Transformation ein stichhaltigeres Ergebnis zu erlangen, das nach aller Wahrscheinlichkeit aber auch nicht einen Akzelerator gleich Null erwarten läßt, sondern eher einen, der näher an Eins als an Null liegt"[243]. An anderer Stelle betont er: „Die in unserer Untersuchung gefundenen Schätzwerte für den Akzelerator sind relativ groß, und von der Hicksschen Voraussetzung ($v_1 > 1$) nicht allzu weit entfernt"[244].

$\gamma\gamma$) Abschließendes Urteil: Eignet sich ein modifiziertes Akzelerationsprinzip als spezielle Investitionsfunktion?

Die theoretische Behandlung des Problems hatte gezeigt, daß man die einfache Form der Akzelerationstheorie sehr stark modifizieren

[243] Ebenda, S. 84.
[244] Ebenda, S. 135.

muß, um eine brauchbare Erklärung für das Investitionsverhalten der Unternehmer zu erhalten. Gerade Hicks hat sich jedoch bemüht, durch eine Modifizierung der Akzeleratorhypothese eine spezielle Investitionsfunktion für sein Konjunktur- und Wachstumsmodell zu gewinnen. Wenn diese Modifikationen berücksichtigt werden: Asymmetrie zwischen Auf- und Abschwung, Einführung des „production ceiling" und des Lundberg-lags, variable Akzeleratorkoeffizienten in bestimmten Konjunkturphasen, so dürfte an der Anwendung des Akzelerationsprinzips in dieser modifizierten Form als spezielle Investitionsfunktion nichts auszusetzen sein. Eine ähnliche Meinung vertreten vor allem Alexander (er spricht von „the broad concept of accelerator[245]"), Eckaus („The acceleration principle, though it must be used carefully and with judicious qualifications, does, I believe, contain an important core of truth[246]"), Chenery[247], der auf die Berücksichtigung von Unter- und Überkapazität aufmerksam macht, Goodwin[248], der die Nichtlinearität des Akzelerators unterstreicht, Hamberg, der den Akzelerator als „range" betrachtet[249], Geyer, der betont, daß eine gesicherte Basis für die Anwendung des Akzelerationsprinzips zur Begründung einer dynamischen Investitionsfunktion gegeben sei[250], Modigliani[251], Eisner[252] und, unter gewissen Einschränkungen, auch Haberler, der dann allerdings den Namen Akzelerator für diese modifizierte Form ablehnt[253]. Wenn die Langfristigkeit der modifizierten Akzelerationshypothese betont wird, dürfte ihr auch Kaldor[254] zustimmen, wenn auf ihre Verwandtschaft mit den „profit principles" hingewiesen wird, werden auch Tinbergen und Klein[255] ein positives Urteil über den Wert der Hypothese in Wachstumsmodellen abgeben. Unbefriedigend bleibt die Nichtbeachtung der Verschuldungs- und Risikobereitschaft der Unternehmer durch dieses modifizierte Akzelerationsprinzip.

Wie jedoch die empirisch-statistische Behandlung des Problems gezeigt hat, sprechen gewisse Annahmen dafür, daß im long run die finanzielle Seite als Bestimmungsfaktor für Investitionen zurücktritt (Meyer-Kuh). Auch Tinbergen hat auf Grund von statistischen Veri-

---

245 S. S. Alexander, Issues ..., a. a. O., S. 869.

246 R. S. Eckaus, The Acceleration Principle ..., a. a. O., S. 230.

247 H. B. Chenery, Overcapacity and the Acceleration Principle, E 20 (1952), 1—28.

248 R. M. Goodwin, The Nonlinear Accelerator ..., a. a. O.

249 D. Hamberg, The Accelerator in Income Analysis: Comment, QJE 66 (1952), 592—596, S. 595.

250 H. Geyer, Untersuchungen über die Theorie des dynamischen makroökonomischen Kernprozesses, Berlin 1958, S. 91.

251 Vgl. F. Modigliani, Comment ..., a. a. O.

252 Vgl. R. Eisner, Capital Expenditures ..., a. a. O.

253 G. Haberler, Prosperität ..., a. a. O., S. 543.

254 N. Kaldor, A Model ..., a. a. O., S. 601.

255 Vgl. hierzu H. Stöwe, Ökonometrie ..., a. a. O., S. 84.

fizierungsversuchen herausgefunden, daß das Akzelerationsprinzip wesentlich günstiger zu beurteilen ist, wenn seine Wirkungsweise im long run beachtet wird[256]. Die vorgeführten Untersuchungen auf der Basis von Querschnittsanalysen lassen den Schluß zu, daß dem Akzelerationsprinzip, was seine Wirklichkeitsnähe betrifft, eher zugestimmt werden muß, als daß es verneint werden kann. Zwar wird man sich, wie Stöwe, zu diesem Problem vorsichtig äußern müssen: „Zur Kontroverse ‚Akzelerationsprinzip — Gewinnprinzip' lassen sich ... keine definitiven Aussagen machen, da zu einer Verifizierung beider Hypothesen die bisher vorliegenden Untersuchungen nicht ausreichen"[257]. Doch läßt sich, wenn man die theoretische Behandlung des Problems mit berücksichtigt, sagen, daß das modifizierte Akzelerationsprinzip, etwa in der Form, wie sie Hicks verwandte, durchaus in der Lage ist, die Investitionstätigkeit in weiten Bereichen der Wirtschaft hinreichend zu erklären.

γ) Autonome Investitionen

Es ist Hicks oft der Vorwurf gemacht worden, er habe es versäumt, eine klare Definition seiner autonomen Investitionen zu geben[258]. Ist eine Verbesserungsinvestition, die zufällig einer output-Änderung folgt, so fragt Burns[259], autonom oder induziert? Sind Investitionen, die langfristig erstellt werden, autonom, wenn sie von öffentlichen Unternehmen, und induziert, wenn sie von privaten Unternehmen vorgenommen werden? Sicher sind, so stellt Fisher fest, Investitionen, die aufgrund des Bevölkerungswachstums in Angriff genommen wurden, als autonom anzusehen. Aber, „when income is rising at a rapid rate, it is conceivable that there may be an income effect on the utilization of public utility services which may induce some investment in public utility plant, over and above the investment attributable to population growth and other exogenous factors"[260].

Alle Bemühungen, eine klare Definition der autonomen Investition zu geben, übertreffen jedoch zweifellos die Absicht, die Hicks bei der Einführung der autonomen Investitionen in das Wachstumsmodell hatte.

---

[256] Unveröffentlichte Arbeit von Tinbergen, zitiert bei K. Marwede, Harrods Theorie ..., a. a. O., S. 68.

[257] H. Stöwe, Ökonometrie ..., a. a. O., S. 134.

[258] Youngson weist darauf hin, daß bei Hicks der Ausdruck autonom negativ definiert („not induced by changes in output"), und die autonome Investition schon deshalb nicht eindeutig durch Motive erklärt sei, wie das bei der induzierten Investition der Fall wäre. Vgl. A. J. Youngson, The Disaggregation of Investment in the Study of Economic Growth, EJ 66 (1956), 236—243, S. 238. Vgl. auch M. J. Ulmer, Autonomous and Induced Investment, AER 42 (1952), 596—599.

[259] A. F. Burns, Hicks ..., a. a. O., S. 13.

[260] G. H. Fisher, Endogenous and Exogenous Investment ..., a. a. O., S. 215.

Nach ihm sollen sie nur symbolhaft für das stehen, was modellendogen nicht erklärt werden kann, aber dennoch als Modellbaustein nicht vernachlässigt werden darf. Die autonomen Investitionen sind deshalb als „expository device and no more“ aufzufassen[261].

Mit dieser Feststellung können wir uns jedoch nicht zufrieden geben. Die autonome Investition spielt im Hicks-Modell eine wichtige Rolle, so daß ihr Einfluß im Modell näher zu untersuchen ist.

Es könnte der Eindruck entstehen, daß der Begriff der autonomen Investition nur dazu benutzt wird, um das Gleichgewichtssystem im Modell zu konstruieren. Das ist in der Tat auch behauptet worden. So äußert z. B. Alexander, der Wachstumspfad der autonomen Investitionen sei „merely a convenient conceptual basis from which cyclical fluctuations or nonautonomous growth can be measured“[262]. Zweifellos spielen bei Hicks die autonomen Investitionen in seinem Gleichgewichtssystem eine wichtige Rolle. Die Bedeutung der autonomen Investitionen ist damit aber nicht erschöpft. Smithies hat das Problem kurz und klar umrissen. Er gibt zu bedenken, daß die autonome Investition wie ein deus ex machina im Hicks-Modell funktioniere. „What motivates autonomous investment is entirely unexplained... And since it is the factor that explains economic growth, it urgently needs explanation“[263]. In Wirklichkeit, und das hat Hicks nicht genügend herausgestellt, repräsentieren die autonomen Investitionen den Grundstock der volkswirtschaftlichen Angebotsseite und die Triebkraft des Prozesses in seinem Modell. Insofern sind Youngson[264] und Higgins[265] auf dem richtigen Weg, wenn sie die Bestimmungsgründe der autonomen Investitionen Hicksscher Prägung herausarbeiten wollen. Vor allem Higgins versucht, sie mit Hilfe einer, wie er sich ausdrückt, „autonomous long-run investment function“ zu erklären. Demnach sind die autonomen Investitionen (A) abhängig von der Veränderung der arbeitsfähigen Bevölkerung in der Zeit ($dL/dt = \dot{L}$), von der Veränderung des „stock of known resources“ im Zeitablauf ($dK/dt = \dot{K}$) und von der Veränderung der Produktionstechnik im Laufe der Zeit ($dT/dt = \dot{T}$). Der Kapitalstock (Q) übt eine zweifache Wirkung aus: „it will in itself increase the need for replacement; and in the long run, as in the short, capital accumulation will in itself act as a drag on the flow of new investment decisions“[266]. Man erhält demnach folgende Beziehung

(B. 65) $$A = \Phi(\dot{L}, \dot{K}, \dot{T}) - \psi(Q).$$

---

[261] J. R. Hicks, A Contribution ..., a. a. O., Vorwort zur dritten Auflage, S. vii.

[262] S. S. Alexander, Issues ..., a. a. O., S. 878.

[263] A. Smithies, Economic Fluctuations ..., a. a. O., S. 5.

[264] A. J. Youngson, The Disaggregation ..., a. a. O.

[265] B. Higgins, Interactions of Cycles and Trends, EJ 65 (1955), 594—614.

[266] Ebenda, S. 596.

Wir stoßen hier an die Grenzen des nachfrageorientierten Wachstumsmodells. Denn in konsequenter Weiterführung der Gedankengänge von Higgins müßte der Begriff der autonomen Investition zu einer makroökonomischen Produktionsfunktion ausgebaut werden. Das würde jedoch den Rahmen einer nachfrageorientierten Theorie sprengen und zusätzliche Probleme gleichgewichtsanalytischer Art (etwa das Gleichgewicht zwischen gesamtwirtschaftlichem Angebot und gesamtwirtschaftlicher Nachfrage) aufwerfen. Wir kommen hier zu dem Schluß, daß die autonome Investition, die im Hicks-Modell als „processmaker" fungiert, viel zu wenig auf ihren Aussagewert in Bezug auf die Wirkung im volkswirtschaftlichen Wachstumsprozeß untersucht wurde und daß das Modell von Hicks einer Erweiterung bedarf, wobei die Form des nachfrageorientierten Wachstumsmodells dann möglicherweise verloren geht.

b) Gleichgewichtskonzeption

Dem Modellanalytiker steht ein weites Feld „sinnvoller" Gleichgewichtsbedingungen zur Verfügung, die er in unterschiedlicher Betonung des Gewichts verwenden kann. Man wird sich allerdings bei der Setzung der jeweiligen Gleichgewichtsbedingung nach den verschiedenen, im Modell vorhandenen unabhängigen Variablen und Funktionen richten müssen. Diesem analytischen Anwendungszweck ist außerdem auch der methodische Untergrund zu bereiten. In einem makroökonomischen Modell mit dynamischer Betrachtungsweise gibt es keinen Platz für Gleichgewichtsbedingungen, die auf statischer oder komparativ-statischer Methode aufbauen. Modellvariable und Methode stecken somit den Rahmen für mögliche Gleichgewichtsbedingungen ab. Als *Methode* bietet sich die dynamische Gleichgewichtsanalyse an. Diese Analyse hat jedoch erst im Laufe der letzten zwei Jahrzehnte konkrete Formen angenommen. Wir halten es deshalb für notwendig, zunächst die Funktion des dynamischen Gleichgewichts herauszuarbeiten. Der Einfluß der *Modellvariablen* auf das Gleichgewichtssystem, den wir als Konsistenzproblem der Gleichgewichtskonzeption bezeichnen wollen, wird dann anschließend untersucht.

aa) Die Funktion des dynamischen Gleichgewichts

α) Dynamisches Gleichgewicht als analytischer Maßstab

Immer wieder tauchte bei nationalökonomischen Theoretikern der Gedanke auf, die Wirtschaft strebe langfristig einer störungsfreien Entwicklung, einem gleichgewichtigen Wachstum zu. Die Klassiker z. B. glaubten, mit der Gleichgewichtsanalyse die Realität zu erklären. Sie interessierten sich vor allem für den Beharrungszustand in the long run, weniger für die Adaptionsprozesse an diesen Zustand. Das 19. Jahrhundert mit seinen Konjunkturzyklen machte jedoch deutlich, daß diese Meinung eigentlich jeder Grundlage entbehrte. Das wurde bald erkannt; der Sinn der Gleichgewichtsanalyse änderte sich dementsprechend vollständig: Die Gleichgewichtsanalyse diente nicht mehr der unmittelbaren Wirklichkeitserklärung, sondern wurde zur „analytischen Maßstabfunktion"[267], zu einem Hilfsmittel, das es ermöglichen sollte, den Grad des Ungleichgewichts festzustellen. In diesem Sinne äußerte sich z. B. Schumpeter: „The concept of a state of equilibrium, although no such state may ever be realized, is useful and indeed indispensable for purposes of analysis and diagnosis, as a point of reference, actual states can conveniently be defined by their distance from it[268]." Auch Hicks hob die Bedeutung der Gleichgewichtsanalyse als Hilfsmittel hervor[269]. Conrad hat darauf hingewiesen, daß es nicht darauf ankomme, ob dieser Gleichgewichtszustand erreicht wird, sondern darauf, daß dieses (niemals zu verwirklichende) Gleichgewicht eine Hilfskonstruktion für das Abmessen der tatsächlichen Abläufe darstelle[270]. Die stationäre Wirtschaft als reale Erscheinungsform wurde somit nicht mehr durch die statische (Gleichgewichts-) Betrachtung, sondern durch die dynamische (Ungleichgewichts-) Betrachtung erklärt. Nicht mehr die gleichgewichtsökonomische These der Klassiker, sondern die zeitökonomische These stand im Vordergrund[271]. Wohl war damit ein entscheidender Schritt vorwärts getan in der Klärung der Fronten: Die statische Betrachtungsweise sollte als „analytische Maßstabfunktion" zur Erklärung der stationären Wirtschaft dienen, während allein mit Hilfe der dynamischen Betrachtungsweise der wirkliche Ablauf des stationären Erscheinungsbilds verfolgt werden konnte.

Wollte man sich aber mit der Erklärung des stationären Erscheinungsbilds begnügen? Mit der Erkenntnis, daß die statische Betrachtungsweise nur einen Gleichgewichtszustand beschreiben konnte, war nur der erste Schritt in Richtung auf eine wirklichkeitsnahe Modelltheorie getan. Denn selbst wenn die dynamische Betrachtungsweise

---

267 Diesen Wandel der Gleichgewichtsidee von der Realitätserklärung zur Maßstabfunktion hat Rohde überzeugend herausgearbeitet. Vgl. hierzu K. E. Rohde, Gleichgewicht ..., a. a. O., S. 33.

268 J. A. Schumpeter, Business Cycles, Bd. 1, New York—London 1939, S. 69.

269 Vgl. J. R. Hicks, Gleichgewicht und Konjunktur, ZN 4 (1933), 441—455, S. 445.

270 O. Conrad, Die Grundannahmen der Gleichgewichtstheorie. Eine Auseinandersetzung mit Oskar Morgenstern, ZN 7 (1936), 234—243, S. 236; vgl. auch O. Morgenstern, Vollkommene Voraussicht und wirtschaftliches Gleichgewicht, ZN 6 (1935), 337—357, S. 344/345.

271 Die Ausdrücke „gleichgewichtsökonomische These" und „zeitökonomische These" stammen von Åkerman. Vgl. J. Åkerman, Das Problem ..., a. a. O., S. 161 ff.

die Wirklichkeitsvorgänge erfaßte, so doch nur im Rahmen einer stationären Wirtschaft. Neben dem stationären Erscheinungsbild mußte jedoch auch das evolutorische, die fortschreitende Wirtschaft beachtet werden. Man könnte nun prinzipiell die in einer stationären Wirtschaft vorherrschende Betrachtungsweise auch auf eine fortschreitende Wirtschaft übertragen. Man könnte, um es noch einmal klar auszudrücken, innerhalb eines stationären Modells (in dem sich die Werte der Variablen nicht ändern) *und* innerhalb eines evolutorischen Modells (in dem sich die Werte der Variablen ändern) statische und/oder dynamische Analysen durchführen. Wäre jedoch eine solche formale Übertragung sinnvoll? Könnte der Gleichgewichtsbegriff des stationären Modells eine analoge Anwendung auf das Modell der fortschreitenden Wirtschaft finden?

Im allgemeinen wird von einem Gleichgewichtszustand dann gesprochen, wenn sich die Erwartungen der Wirtschaftssubjekte erfüllen, am Ende einer Periode also keine Planrevisionen erforderlich sind. Die Konstanz der Variablen während einer Periode gibt diesen Zustand wieder; eine solche Konstanz herrscht aber nur in einem stationären Modell bei statischer Betrachtung. Wie Schneider bemerkt, zeigen die „Werte der Variablen eines im Gleichgewichtszustand befindlichen Systems ... stationären Verlauf, d. h. die Gleichgewichtswerte der Variablen sind im Zeitabschnitt konstant“[272]. Will man die Tatbestände des Gleichgewichtszustandes auf das Modell der fortschreitenden Wirtschaft übertragen, so gerät man in Schwierigkeiten, denn dieser Zustand *kann* offenbar nur bei einer statischen Betrachtung in einem stationären Modell vorhanden sein.

Harrod und Hicks, die nur mit Modellen der fortschreitenden Wirtschaft arbeiten, haben die Begriffe statisch und dynamisch nicht analog ihrer Bedeutung in einem stationären Modell verwendet[273]. Bei ihnen geht die scharfe Unterscheidung zwischen Erscheinungsbild (Modell) und Betrachtungsweise verloren, denn hier interessiert vor allem die Bewegungsform, ob ein Verharren oder eine Evolution vorliegt. Will man aber einen Gleichgewichtsbegriff im Modell der fortschreitenden Wirtschaft einführen, so bleibt kein anderer Weg als der von Harrod und Hicks eingeschlagene. Denn der (statische) Gleichgewichtsbegriff eines stationären Modells läßt sich nicht auf eine fortschreitende Wirtschaft übertragen, dessen Variablen sich ständig ändern.

---

[272] E. Schneider, Einführung in die Wirtschaftstheorie, II. Teil ..., a. a. O., S. 200; bei Schneider hervorgehoben.

[273] Vgl. R. F. Harrod, Towards ..., a. a. O., S. 76; Hicks unterscheidet zwei Gleichgewichtsbegriffe: „One possibility of *equilibrium* presents itself at once; it is ... the stationary state“ (J. R. Hicks, A Contribution ..., a. a. O., S. 56, Hervorhebung von J. R. Hicks). „The other possibility of equilibrium is much more interesting. It is the Regularly Progressive Economy“ (ebenda, S. 57).

Statisch bedeutet bei Hicks, daß sich die Werte der Systemvariablen nicht ändern, dynamisch, daß sie sich ändern. Somit fallen hier statische und stationäre Begriffe ebenso zusammen wie dynamische und evolutorische. Das statische *oder* stationäre Gleichgewicht („equilibrium of the stationary state") ist gekennzeichnet durch die Gleichheit bestimmter Variablen, das dynamische oder evolutorische Gleichgewicht („Regularly Progressive Economy") ist durch das gleichförmige Wachsen von gewissen Variablen im System bestimmt[274].

Dieser Begriff des dynamischen Gleichgewichts (auch „moving equilibrium" genannt)[275] hat in die Wachstumstheorie immer mehr Eingang gefunden und zweifellos dazu beigetragen, die Wirklichkeitsnähe der Wachstumsmodelle zu erhöhen, einfach deshalb, weil nunmehr auch in einem Modell der fortschreitenden Wirtschaft ein Instrument geschaffen war, das als „analytische Maßstabfunktion" fungieren konnte. Diese Funktion des dynamischen Gleichgewichts muß klar herausgestellt werden, da mancherorts der Begriff als solcher abgelehnt, andererseits aber begreiflicherweise kein Rezept gefunden wird — und nach dem Gesagten auch nicht gefunden werden kann —, den statischen Gleichgewichtsbegriff im Modell einer fortschreitenden Wirtschaft anzuwenden. Auch ist man sich dann, wenn der Begriff des dynamischen Gleichgewichts als solcher akzeptiert wird, oft nicht über seine eigentliche Funktion als analytisches Hilfsmittel im klaren. Es wird vielmehr versucht — wie es die Klassiker mit der statischen Gleichgewichtsidee taten —, das moving equilibrium mit der tatsächlichen wirtschaftlichen Entwicklung zu identifizieren. Beide Ansichten und Verfahrensweisen sind abzulehnen; sie sind aber kurz zu behandeln, um Grenzen und Anwendungsbereich des dynamischen Gleichgewichts weiterhin aufzuzeigen und seine Begriffsanalyse zu vertiefen.

1. Schneider[276] stellt zwar sehr verständlich die Unterscheidung zwischen statischer und dynamischer Betrachtungsweise in Anlehnung an Frisch[277] heraus, setzt dann aber, immer in folgerichtiger Anwendung der Definition von Frisch, dynamische Betrachtung mit einer Ungleichgewichtssituation und statische Betrachtung mit einer Gleichgewichtssituation gleich, womit er offen läßt, ob er die statische Betrachtungsweise im Sinne Frischs und damit den (statischen) Gleichgewichtsbe-

---

[274] Vgl. J. R. Hicks, A Contribution ..., a. a. O., S. 56 und S. 60.

[275] Die Ausdrücke „dynamisches Gleichgewicht" und „moving equilibrium" stehen gleichberechtigt nebeneinander; vgl. z. B. G. Bombach, Zur Theorie ..., a. a. O., S. 129. Moore verwendete zum ersten Mal den Ausdruck „moving equilibrium". Vgl. H. L. Moore, A Moving Equilibrium of Demand and Supply, QJE 39 (1924/25), 357—371; vgl. auch H. L. Moore, Synthetic Economics, New York 1929.

[276] Vgl. im folgenden E. Schneider, Einführung in die Wirtschaftstheorie, II. Teil ..., a. a. O., S. 190 ff. und E. Schneider, Statik und Dynamik, HdSw 10 (1959), 23—29.

[277] R. Frisch, Propagation Problems ..., a. a. O., S. 171.

griff bei einer fortschreitenden Wirtschaft anwenden will. Er betont zwar, daß der Begriff des moving equilibrium dieser Gleichgewichtssituation nicht entspricht, unterläßt es aber, klar zu zeigen, daß er (a) diesem Begriff gar nicht entsprechen kann, und daß es (b) gar keine Möglichkeit gibt, mit Hilfe des Begriffsinstrumentariums von Frisch einen Gleichgewichtszustand im Modell der fortschreitenden Wirtschaft zu formulieren. Das geht aus der folgenden Bemerkung Schneiders deutlich hervor. „Gelegentlich wird die Kurve störungsfreien Wachstums auch als Gleichgewichtspfad, als eine Kette aufeinanderfolgender Gleichgewichtseinkommen bezeichnet, wo sich jedes Einkommen im unmittelbar vorhergehenden Zeitpunkt zwangsläufig ergibt. Es muß indessen mit Nachdruck darauf aufmerksam gemacht werden, daß der Gleichgewichtsbegriff *in der üblichen Form* ... auf die hier dargelegten Zusammenhänge (des moving equilibrium, d. V.) nicht anwendbar ist. ... jeder Punkt auf der Kurve störungsfreien Wachstums (stellt) kein Gleichgewicht in dem Sinne dar, daß niemand Anlaß hätte, seine Dispositionen zu ändern, wenn das störungsfreie Wachstum erhalten bleiben soll. Das Einkommen im Zeitpunkt t auf der Kurve störungsfreien Wachstums erzeugt ja aus sich heraus notwendig ein weiteres Anwachsen des Einkommens und der Investitionen. In jedem Zeitpunkt müssen die Unternehmer den Kapitalstock erhöhen, um den bestehenden Kapitalstock ihren Absichten entsprechend ausnutzen zu können. Die Unternehmer müssen also fortgesetzt ihre Dispositionen in bezug auf die Investitionen ändern, so daß jeder Punkt auf der Kurve störungsfreien Wachstums zugleich gewisse Gleichgewichtsbedingungen erfüllt *und* eine Ungleichgewichtsposition darstellt. Wenn man diese eigenartige Situation als mit dem Wort *‚dynamisches Gleichgewicht'* bezeichnen will, so ist dagegen nichts einzuwenden, solange man sich über die Besonderheit dieses ‚Gleichgewichts' klar ist"[278]. Auch die Bemerkung Bombachs über die *Position* des dynamischen Gleichgewichts ist mindestens mißverständlich: „Die dynamische Gleichgewichtsanalyse läßt sich weder der komparativen Statik noch der Verlaufsanalyse als einer Betrachtungsweise kurzfristiger Bewegungsvorgänge eindeutig zuordnen. Sie steht ... in mancher Beziehung zwischen diesen beiden Betrachtungsweisen als eine neue Form der Analyse mit eigenem Erkenntnisobjekt"[279]. Dagegen hat Bombach die *Definition* des dynamischen Gleichgewichts überzeugend herausgearbeitet[280].

---

[278] E. Schneider, Einführung in die Wirtschaftstheorie, III. Teil ..., a. a. O., S. 226/227, Fußnote 2 (Hervorhebungen: vom Verf.: „in der üblichen Form"; die übrigen von E. Schneider).

[279] G. Bombach, Zur Theorie ..., a. a. O., S. 129.

[280] Bombach sagt hierüber: „In der Gleichförmigkeit der Überraschungen und Änderungen liegt das Wesen des moving equilibrium ... alle Wirtschaftssubjekte (können) die eintretenden Überraschungen ihrer Gleichförmigkeit wegen bereits antizipieren. Eine antizipierte Überraschung ist

Preiser hat versucht, diesen Schwierigkeiten zu entgehen[281]. Nicht mehr die Betrachtungsweisen von Frisch (statisch und dynamisch) stehen im Vordergrund, sondern die Modelle der stationären und der fortschreitenden Wirtschaft, und innerhalb dieser Modelle wird unter Vermeidung der Begriffe Statik und Dynamik einfach danach unterschieden, ob das Gleichgewicht oder das Ungleichgewicht untersucht werden soll. Im stationären Modell ist das Gleichgewicht durch die Gleichheit bestimmter absoluter Werte, im evolutorischen Modell durch die Gleichheit bestimmter Zuwachsraten gekennzeichnet. Statisch im Sinne von Frisch und Schneider ist dabei nur noch die Gleichgewichtsbetrachtung der stationären Wirtschaft; alle anderen Fälle sind (im Sinne Frischs) dynamisch. Mit der Gruppierung Preisers wird zwar die übliche Verbindung von „Statik" und „Gleichgewichtsbetrachtung" geopfert, aber eine saubere Einteilung gewonnen und der Begriff des dynamischen Gleichgewichts ermöglicht. Übersicht 2 bringt einen Ver-

Übersicht 2

Zusammenhang zwischen Gleichgewichtsbegriff, Betrachtungsweise und Erscheinungsbild in der Modelltheorie

Einteilung nach Schneider	Einteilung nach Preiser
1. Stationäre Wirtschaft a) statische Betrachtungsweise (= Gleichgewicht) b) dynamische Betrachtungsweise (= Ungleichgewicht)	1. Stationäre Wirtschaft a) Betrachtung des Gleichgewichts b) Betrachtung des Ungleichgewichts
2. Fortschreitende Wirtschaft a) statische Betrachtungsweise b) dynamische Betrachtungsweise	2. Fortschreitende Wirtschaft a) Betrachtung des Gleichgewichts b) Betrachtung des Ungleichgewichts

aber keine Überraschung mehr ... Es herrscht Gleichgewicht, wenn die Antizipationen der Wirtschaftssubjekte in Erfüllung gehen. Bei einer im Gleichgewicht wachsenden Wirtschaft werden bestimmte *Zuwachsraten* antizipiert" (G. Bombach, Beiträge . . . , a. a. O., S. 126, Hervorhebung von G. Bombach). An anderer Stelle sagte er: „Das Gleichgewicht äußert sich ... in der richtigen Antizipation der Zuwachsraten der einzelnen ökonomischen Größen. Die ‚Ruhe' besteht in der Gleichförmigkeit der Wachstumsraten, und man spricht von einem Gleichgewichtspfad der Entwicklung"; vgl. G. Bombach, Gleichgewicht — kein Ziel an sich, VW 14 (1960), Nr. 52/53 v. 24. 12. 1960, 50—55, S. 50.

281 E. Preiser, Multiplikatorprozeß ..., a. a. O., S. 166/167.

gleich der Gruppierungen Schneiders[282] und Preisers. Nur 1 a) entspricht bei Preiser der Statik von Frisch und Schneider; 2 a) bei Preiser ist das dynamische Gleichgewicht, d. h. der Gleichgewichtspfad der Wachstumstheorie.

2. Wenngleich bei Cassel und seiner „gleichmäßig fortschreitenden Wirtschaft“ noch nicht ohne weiteres der Eindruck gewonnen werden kann, daß mit diesem Instrument eine Erklärung der Wirklichkeit vorgenommen werden soll[283], so tritt diese Absicht bei Oparin[284], der sich auf Cassel beruft, deutlich hervor. Oparin bejaht die Frage, ob die gleichmäßig fortschreitende Wirtschaft, „in der alle Güterkategorien eine konstante Zuwachsrate erhalten unter Aufrechterhaltung der zwischen ihnen bestehenden Proportionen“[285], mit der Realität zu vereinbaren ist[286]; er versucht, diese These, nach der die „Schemata der gleichmäßig fortschreitenden Wirtschaft ... (die) allgemeinen Entwicklungstendenzen ... als Linien eines säkularen Gleichgewichts (wiedergeben müssen), die der wirtschaftlichen Entwicklung zugrunde liegen und von den Schwankungen im Ablauf der Zeit als vorübergehenden Erscheinungen frei bleiben“[287], durch empirisch-statistische Untersuchungen zu bestätigen. Deutlich zeigt sich in dieser Absicht ein Parallelfall zu dem Bemühen der Klassiker, langfristige Trendverläufe mit Hilfe der Gleichgewichtsanalyse zu erklären, nur daß Oparin das evolutorische, die Klassiker das stationäre Modell als Ausgangspunkt nahmen. Die wirtschaftliche Entwicklung nach 1930 hat Oparin ebenso wenig recht gegeben wie die Entwicklung im 19. Jahrhundert den Klassikern. Es ist daher mit Nachdruck zu betonen, daß die Gleichgewichtsidee nur als „analytische Maßstabfunktion“ fungieren kann.

Auch die Ansicht einiger Autoren, Gleichgewichtspfad der fortschreitenden Wirtschaft und statistisch ermittelter Trendwert stimmten überein, muß zurückgewiesen werden. Bombach stellt zwar fest, daß das dynamische Gleichgewicht „einen Gleichgewichtspfad des wirtschaftlichen Wachstums vor(zeichnet), ohne den Ablauf selbst zu erklären“[288]; er meint aber dann, es würde durch die Einführung eines Gleichgewichtspfads doch die „Bedingung gestellt, daß sich die positiven und negativen Abweichungen vom Gleichgewichtspfad auf lange

---

282 Vgl. E. Schneider, Einführung in die Wirtschaftstheorie, II. Teil ..., a. a. O., S. 193/194.

283 G. Cassel, Theoretische Sozialökonomie ..., a. a. O.; vgl. auch W. Kraus, Wirtschaftswachstum und Gleichgewicht, Frankfurt/Main 1955, S. 89 ff.

284 D. I. Oparin, Das theoretische Schema der gleichmäßig fortschreitenden Wirtschaft als Grundlage einer Analyse ökonomischer Entwicklungsprozesse, WA 32 (1930 II), 105—134 und 406—445.

285 Ebenda, S. 109.

286 Ebenda, S. 134 und S. 407.

287 Ebenda, S. 410.

288 G. Bombach, Zur Theorie ..., a. a. O., S. 131.

289 Ebenda, S. 132.

Sicht etwa ausgleichen"[289]. Durchschnittswerte statistischer Zeitreihen sind jedoch, wie Fellner richtig festgestellt hat[290], keine Gleichgewichtswerte. „Konjunkturelle Durchschnittswerte zeigen nämlich keineswegs, was in Abwesenheit zyklischer Störungen geschehen würde. Die Gleichgewichtsvorstellung impliziert im Grunde nur eine Situation, die von inneren Widersprüchen frei ist, in der sich die entgegengesetzten Kräfte ausgleichen, so daß in Abwesenheit irgendwelcher Störungen keine Veranlassung besteht ... , die gegebenen Zuwachsraten zu ändern"[291]. Die analytische Bedeutung der Gleichgewichtskonzeption liegt in ihrer maßstabähnlichen Hilfestellung, die sie den Modellvariablen, die die Wirklichkeit erfassen und erklären sollen, bietet; d. h. gleichzeitig, daß die Gleichgewichtsanalyse nicht etwa in der Wirklichkeit beobachtete gleichförmige oder stetige Trendverläufe beschreiben soll. „The use of the analytical equilibrium concept as a designation of a concrete historical situation is regarded as ‚misplaced concreteness', first, because of the general fallacy involved in jumping the distance between a useful fiction and particular data of observation and, second, because of the fallacy involved in forgetting the relativity of equilibrium with respect to variables and relations selected"[292].

β) Dynamisches Gleichgewicht als normatives Element im Wachstumsmodell?

Nach dem bisher Gesagten ist es nicht denkbar, daß das dynamische Gleichgewicht auch als normatives Element im Wachstumsmodell Verwendung finden kann. Nichtsdestoweniger sieht Rohde die Funktion des dynamischen Gleichgewichts sowohl in der analytischen Maßstabfunktion als auch in der konstruktiv-wirtschaftspolitischen Anwendung im Wachstumsmodell[293]. Auch Rose erkennt durchaus einen gewissen normativen Inhalt der Gleichgewichtsidee an. Es ließe sich denken, daß das dynamische Gleichgewicht „als wünschenswertes Ziel der Wirtschaftspolitik gelten (könnte), und die Theorie, die den Charakter eines solchen Gleichgewichts aufdeckt, würde dann angeben, welche Vorkehrungen zur Realisierung dieses Zieles getroffen werden müssen"[294]. Reitter schließt sich dieser Meinung an und ist sich in der konstruktiv-wirtschaftspolitischen Bedeutung der Gleichgewichtsanalyse noch sicherer als Rose[295].

---

290 Vgl. W. Fellner, Long-Term Tendencies ..., a. a. O., S. 308.

291 K. Rose, Der Erkenntniswert ..., a. a. O., S. 326.

292 F. Machlup, Equilibrium and Disequilibrium: Misplaced Concreteness and Disguised Politics, EJ 68 (1958), 1—24, S. 12.

293 Rohde spricht von einem „analytischen" und einem „konstruktiven" Anwendungszweck des dynamischen Gleichgewichts. Vgl. K. E. Rohde, Gleichgewicht ..., a. a. O., S. 219.

294 K. Rose, Der Erkenntniswert ..., a. a. O., S. 334.

295 P. Reitter, Außenhandel ..., a. a. O., S. 16.

Demgegenüber lehnen Machlup und Bombach im Modell einer fortschreitenden Wirtschaft jede irgendwie geartete Vermengung der Gleichgewichtsidee mit konstruktiv-wirtschaftspolitischen Zielsetzungen ab. Zwar können mit Hilfe der Modellanalyse durchaus Auswirkungen von wirtschaftspolitischen Zielsetzungen, wie etwa die Erreichung und Erhaltung der Vollbeschäftigung, untersucht werden. „But none of these exercises, valuable and important though they are, would be aided by incorporating our moral values or political goals into the *definition* of equilibrium ... By infusing a value judgment, a political philosophy or programme ... into the concept of equilibrium designed for economic analysis, the analyst commits the fallacy of implicite evaluation or disguised politics“[296]. Bombach bejaht nur den analytischen Anwendungszweck des Gleichgewichtsgedankens. „Gleichgewichtswachstum zu *fordern* kann nur dann Sinn haben, wenn sich beweisen läßt, daß auf diese Weise andere fundamentale wirtschaftspolitische Zielsetzungen wie gerechte Einkommensverteilung und Preisstabilität mit wirtschaftlichem Wachstum vereinbar gemacht werden können“[297]. Dieser Beweis kann jedoch mit Hilfe eines wie auch immer konzipierten Wachstumsmodells *nicht* angetreten werden, denn wer „vermag zu beweisen, daß gleichgewichtiges Wachstum ein in irgendeiner Weise erstrebenswertes Ziel ist, oder noch konkreter: daß ein gemächliches Wachstum im Gleichgewicht besser sei als ein rasches, jedoch ungleichgewichtiges Wachstum[298]“?

Der Ansicht, durch die Aufnahme wirtschaftspolitischer Zielsetzungen in die wachstumstheoretische Gleichgewichtskonzeption werde keinesfalls eine Hilfestellung für das Durchdenken dieser Zielsetzungen geleistet, kann nur zugestimmt werden. Die Verwendung der Gleichgewichtsidee als konstruktives Instrument für das Testen wirtschaftspolitischer Zielsetzungen hängt einzig und allein davon ab, ob sich das dynamische Gleichgewicht, so wie es als analytisches Hilfsmittel vorhanden ist, *zufällig* mit *irgendwelchen* anzustrebenden wirtschaftspolitischen Zielen deckt. Nur insoweit sich eine zufällige Übereinstimmung zwischen evolutorischer Gleichgewichtsidee und wirtschaftspolitischer Zielsetzung ergeben sollte, erhält demnach die Gleichgewichtsidee zugleich auch einen konstruktiv-wirtschaftspolitischen Anwendungszweck.

Nun stehen allerdings Modelldaten bzw. -funktionen und wirtschaftspolitische Zielsetzungen nicht unbedingt isoliert nebeneinander, so daß, wenn ein konstruktiver Anwendungszweck zustande kommt, diesem u. U. „eine Wechselwirkung von Realphänomen und gedanklicher Ar-

---

[296] F. Machlup, Equilibrium ..., a. a. O., S. 14, Hervorhebung von F. Machlup.

[297] G. Bombach, Wirtschaftswachstum und Stabilität ..., a. a. O., S. 21, Hervorhebung vom Verf.

[298] G. Bombach, Gleichgewicht ..., a. a. O., S. 53.

beit am theoretischen Modell zugrunde (liegt): Einerseits regte das Wachstum oft eklatant ungleichgewichtiger Wachstums- oder auch Rückschrittsprozesse dazu an, die Bedingungen für eine *gleichgewichtige* nichtstationäre Wirtschaftsentwicklung theoretisch zu ergründen; andererseits gelangten und gelangen diese modellmäßigen Erkenntnisse wirtschafts*politisch* zur Anwendung und wirken damit auf die Gestaltung des historischen Wirtschaftsablaufes"[299].

Diese Wechselwirkung kann etwa so beschrieben werden. Wirtschaftspolitische Zielsetzungen werden, da sie ja durchaus realpolitische Zwecke in einer expandierenden Wirtschaft verfolgen, zwangsläufig in die Modellbetrachtung einbezogen werden müssen, wenn das Wachstumsmodell Realitätserklärungen abgeben soll. Durch die Einbeziehung solcher Instrumentalvariablen ist der Modelltheoretiker gezwungen, sich auch Gedanken über eine sinnvolle Verknüpfung dieser Funktionen zu machen, um das Modell zu schließen. Insofern also wirtschaftspolitische Zielsetzungen in Form von irgendwelchen Modellgrößen im Modell berücksichtigt sind, wird auch die Gleichgewichtsidee „konstruktiv" mitwirken. So geht z. B. Kaldor von einer vollbeschäftigten Wirtschaft aus, weil er glaubt — und übrigens auch in einer getrennten Untersuchung eingehend darlegt —, daß hochentwickelte Wirtschaftssysteme kapitalistischer Prägung dieses Vollbeschäftigungsniveau tendenzmäßig erreichen[300]. Das Vollbeschäftigungsniveau wird zu einer Modellprämisse, die jedoch, und das kann nicht oft genug betont werden, primär mit der Gleichgewichtsidee des dynamischen Gleichgewichts *nichts* zu tun hat. Es ist deshalb abwegig, dieses Niveau in die Definitionsgleichung des Gleichgewichts aufzunehmen oder aber, wie Rothschild, zu behaupten, es handle sich hierbei um eine der Gleichgewichtsidee inhärente analytische Feststellung[301].

Es bedarf nach dem Gesagten keiner Begründung mehr, daß der analytische Anwendungszweck der Gleichgewichtsanalyse innerhalb der wachstumstheoretischen Modellanalyse eindeutig im Vordergrund steht und den eigentlichen Zweck der Gleichgewichtsidee im Modell der fortschreitenden Wirtschaft verkörpert. Der konstruktiv-wirt-

---

299 K. E. Rohde, Gleichgewicht ..., a. a. O., S. 220. Hervorhebungen von K. E. Rohde.

300 Vgl. N. Kaldor, A Model ..., a. a. O., S. 593 ff. und N. Kaldor, Economic Growth and the Problem of Inflation, Part I und II, Ea 26 (1959), 212—226 und 287—298, bes. S. 216 ff.

301 „A serious handicap for a realistic development of growth theory is the starting assumption of an equilibrium growth at full employment level ... When we try to fit growth theory to the task of explaining *actual* growth, the initial assumption of a smoothly growing full employment economy as some sort of ‚equilibrium' is an impediment which distracts our attention from the actual mechanism of economic expansion and the factors influencing it" (K. W. Rothschild, The Limitations ..., a. a. O., S. 569; Hervorhebung von K. W. Rothschild).

schaftspolitische Anwendungszweck tritt demgegenüber stark zurück und kann nur sporadisch in Erscheinung treten, da analytischer Gleichgewichtsgedanke und wirtschaftspolitische Zielsetzung zwar zusammenfallen können, nicht aber müssen.

bb) Das Konsistenzproblem der Gleichgewichtskonzeption

Nachdem im vorhergehenden Kapitel die Methode für die dynamische Gleichgewichtsanalyse klargelegt worden war, bleibt die Aufgabe, den Einfluß der Modellvariablen auf das Gleichgewichtssystem aufzuzeigen. Man kann diesen Einfluß als Konsistenzproblem der Gleichgewichtskonzeption im Wachstumsmodell bezeichnen. Das Problem hat zwei Seiten: die Konsistenz der Gleichgewichtswachstumsrate mit den Determinanten des Volkseinkommens und die Konsistenz der Gleichgewichtskapazität mit dem Gleichgewichtseinkommen.

α) Die Konsistenz der Gleichgewichtswachstumsrate mit den Determinanten des Volkseinkommens

Der Gleichgewichtsbegriff bei Hicks postuliert eine im Zeitablauf konstante Wachstumsrate g des stetig wachsenden Volkseinkommens, so daß gilt

(B. 32) $$Y_t = Y_0 (1 + g)^t .$$

Da nun aber Konsum- bzw. Sparfunktion sowie Investitionsfunktion durch die Einkommensgröße als erklärende Variable gebildet werden, muß, wenn dieses stetige Einkommenswachstum gewährleistet sein soll, das Verhältnis zwischen Einkommenswachstum einerseits und Investitions- und Konsumwachstum andererseits jeweils konstant sein. Wenn dies der Fall ist, dann wird aber auch das Verhältnis zwischen dem Wachstum der Determinanten konstant werden. Setzt man die Werte der Parameter c und v als gegeben voraus, so läßt sich die Gleichgewichtswachstumsrate g bestimmen, wenn folgendes Problem gelöst wird[302]: Unter welcher Bedingung nähern sich die Proportionen I_t^i/Y_t und S_t/Y_t einer (gemeinsamen) Wachstumsrate g, wenn vorausgesetzt wird, daß der gesamtwirtschaftliche output nach der Exponentialbedingung (B. 32) wächst und sowohl S_t als auch I_t^i durch Funktionen mit dem output-Wachstum verbunden sind. Problem ist deshalb, die Ausdrücke

$$\lim_{t \to \infty} \frac{\sum_{x=0}^{x=t} S_x}{Y_t} \quad \text{und} \quad \lim_{t \to \infty} \frac{\sum_{x=0}^{x=t} I_x^i}{Y_t}$$

[302] Vgl. D. Bodenhorn, The Stability of Growth Models, AER 46 (1956), 607—631, dessen Ausdrucksweise jedoch abgewandelt wurde.

zu bestimmen, wobei sich die Wachstumsrate g aus der Gleichsetzung dieser beiden Ausdrücke errechnet.

Wenn wir den multi-time lag case im Hicks-Modell berücksichtigen und die Gleichungen (B. 32), (B. 33) und (B. 34) zugrundelegen, so ergibt sich als Lösung[303]

(B. 66) $$\left[1 - \sum_{r=1}^{r=p} \frac{c_r}{(1+g)^{r-1}}\right] \frac{1+g}{g} = \sum_{r=1}^{r=p} \frac{v_r}{(1+g)^{r-1}}.$$

Für den elementary case gilt als Lösung[304]

(B. 67) $$\frac{s+g}{g} = \frac{v}{1+g}.$$

Hicks führt in sein Modell neben der induzierten Investition eine autonome Investitionsgröße ein, die vom Einkommenswachstum unabhängig ist. Wenn aber das Einkommen gemäß Gleichung (B. 32) wächst, dann muß auch, wenn das Gleichgewichtssystem konsistent gehalten werden soll, die Größe der autonomen Investition mit derselben Rate wachsen. Es gilt demnach, wie wir gesehen hatten,

(B. 36) $$A_t = A_0 (1+g)^t.$$

Die Wachstumsrate und das Ausgangsniveau der autonomen Investitionen bestimmen, da es sich bei den autonomen Investitionen um eine modellexogene Größe handelt, schließlich das Wachstum des Systems. Wenn wir vom elementary case ausgehen, dann stellt sich demnach das Gleichgewichtssystem unter Berücksichtigung der Gleichungen (B. 32), (B. 18) und (B. 36)[305] wie folgt dar

(B. 68) $$\frac{A_0}{Y_0} = 1 - \frac{c}{1+g} - \frac{vg}{(1+g)^2}.$$

Gleichung (B. 68) kann grundsätzlich auf zweifache Weise interpretiert werden. Wenn man von der wirklichen Struktur des Modells ausgeht, also die Werte von A_0/Y_0, c und v mißt und aus (B. 68) danach g bestimmt, dann erhält man die Gleichgewichtswachstumsrate des Systems *unter der Voraussetzung*, daß die bisherige Struktur bestehen bleibt. So ergibt sich beispielsweise bei $A_0/Y_0 = 0{,}1$, $c = 0{,}8$ und $v = 2$ eine Wachstumsrate $g = 0{,}11$, d. h. das System müßte mit 11 % wach-

---

[303] Vgl. Anhang III: Berechnung der Gleichgewichtswachstumsrate im Hicksschen multi-time lag case ohne Berücksichtigung der autonomen Investitionen.

[304] Gleichung (B. 67) läßt sich aus (B. 66) ableiten, wenn man berücksichtigt, daß im elementary case $r = 2$, $r = 1$ aber wegen der lags (Lundberg-lag und Robertson-lag) eliminiert werden muß.

[305] Vgl. S. 85 und 87.

sen[306], um *bei Erhaltung der bisherigen Struktur* im Gleichgewicht fortzuschreiten. Diese Methode ist jedoch in verschiedener Hinsicht skeptisch zu beurteilen. Einmal wird man nicht sagen können, ob die wirklich vorhandene Struktur sich als Grundlage für eine Gleichgewichtsbetrachtung im System eignet. Zum anderen, und das hängt mit dem vorher Gesagten zusammen, kann es möglich sein, daß die Gleichgewichtswachstumsraten Werte annehmen, die ökonomisch nicht mehr plausibel erscheinen.

Hicks hat deshalb Gleichung (B. 68) dahingehend interpretiert, daß von vornherein die Gleichgewichtswachstumsrate g gegeben sein muß[307]. In diesem Fall wird (B. 68) etwas darüber aussagen, wie sich die Struktur des Systems zusammensetzen muß, wenn das System einem Pfad stetigen Gleichgewichtswachstums folgen soll. In Tabelle 3 sind verschiedene Beispiele durchgerechnet. Diese Beispiele geben jeweils eine Ausgangssituation wieder. Da die Wachstumsrate und die Parameter konstant gehalten werden, ändert sich an der jeweiligen Struktur im Zeitablauf nichts mehr. Fall A zeigt, daß selbst bei geringfügigen Unterschieden in der Konsumneigung der Akzelerator erhebliche Veränderungen aufweist. Fall B zeigt, daß bei einer gegenüber Fall A erhöhten Ausgangsposition[308] von A_0/Y_0 bei unveränderter Konsumneigung die jeweiligen Werte des Akzelerators erheblich voneinander differieren. Beide Fälle machen deutlich, daß bei einem stetigen Gleichgewichtswachstum von 5% pro Jahr durch geringfügige Unterschiede in der Ausgangssituation bei höherem Verhältnis A_0/Y_0 und/oder höherer Konsumneigung der Gleichgewichtsakzelerator unter eins abfällt. Damit wäre aber die von Hicks gesetzte Forderung $v > 1$ nicht mehr erreicht. Es zeigt sich somit, daß ein Gleichgewichtswachstum im Hicksschen Sinne (gegebene Gleichgewichtswachstumsrate g) nur innerhalb bestimmter Grenzen vor sich gehen kann.

Letzten Endes ergibt sich die Konsistenz der Gleichgewichtswachstumsrate mit den Determinanten des Volkseinkommens dadurch, daß sich die Gleichgewichtsproportionen der endogenen Variablen (Konsum, induzierte Investition) an der gegebenen oder gesetzten Gleichgewichtswachstumsrate der exogenen Variablen (autonome Investition) aus-

306 Werden die angegebenen Werte in (B. 68) eingesetzt, so erhält man schließlich die quadratische Gleichung

$$0{,}9\,g^2 - g + 0{,}1 = 0,$$

deren Lösung lautet

$$g_{1,2} = \frac{1 \pm \sqrt{1 - 0{,}36}}{1{,}8} = \frac{1 \pm 0{,}8}{1{,}8}\;;$$

die Lösung g_1 ist ökonomisch irrelevant, Lösung g_2 ergibt 0,11.

307 J. R. Hicks, A Contribution ..., a. a. O., S. 184.

308 Fisher errechnet für die USA im Jahre 1940 für A_0/Y_0 0,19; vgl. G. H. Fisher, Hicks' „Elementary Case" Economic Model ..., a. a. O., S. 546.

Tabelle 3

Bestimmung der Gleichgewichtsstruktur im Hicks-Modell bei einer gegebenen Gleichgewichtswachstumsrate

	g	A_0/Y_0	c	v
Fall A	0,05	0,10	0,80	3,0450
	0,05	0,10	0,85	1,9950
	0,05	0,10	0,90	0,9450
Fall B	0,05	0,15	0,80	1,9425
	0,05	0,20	0,80	0,8400

richtet. Auf welche Weise aber diese Gleichgewichtswachstumsrate gefunden wird, ist bei Hicks nicht angegeben. Auch hier wird wieder der rein maßstabähnliche Charakter des dynamischen Gleichgewichts deutlich: eine plausibel erscheinende, konstante Wachstumsrate der autonomen Investitionen und des Volkseinkommens wird vorausgesetzt und dann beobachtet, wie sich die Parameter des Systems verhalten müssen, wenn die Stetigkeit dieses Wachstums gewährleistet sein soll. Dieser Zustand wird dann als Gleichgewicht bezeichnet.

β) Die Konsistenz der Gleichgewichtskapazität mit dem Gleichgewichtseinkommen

aa) Haben autonome Investitionen einen nichtkonkurrierenden Kapazitätseffekt?

Hicks ist oft der Vorwurf gemacht worden, er habe implizite angenommen, daß die in seinem Wachstumsmodell operierende autonome Investition wohl einen Einkommenseffekt, nicht aber einen Kapazitätseffekt habe[309]. Kaldor begründet seine Kritik mit dem Hinweis, daß wenn die autonome Investition keinen Kapazitätseffekt habe, sie dann lediglich eine Aufwendung zum Graben von Löchern oder zum Bau von Pyramiden darstelle[310]. Tsiang meint, „most investment, including what is called autonomous investment as well as induced investment, has a dual effect upon the economy“[311]. Neisser erkennt zwar an, daß

[309] Vgl. J. S. Duesenberry, Hicks ..., a. a. O., S. 467; N. Kaldor, Mr. Hicks ..., a. a. O., S. 845; J. Robinson, The Model ..., a. a. O., S. 42; S. C. Tsiang, Accelerator ..., a. a. O., S. 337; H. Neisser, Critical Notes ..., a. a. O., S. 263 f.; D. H. Robertson, Thoughts ..., a. a. O., S. 183: „He (die autonome Investition, d. V.) has become sterile — a generator of demand but not of supply. I had thought of him as an animal with rather a long period gestation — an elephant rather than a fruit-fly — but by no means an infinite one. But there seems no doubt that in Hicks's system, if he is to do his job, he must be barren.“

[310] N. Kaldor, Mr. Hicks ..., a. a. O., S. 845.

[311] S. C. Tsiang, Accelerator ..., a. a. O., S. 337.

es durchaus autonome Investitionen gebe, die keinen Kapazitätseffekt hätten. Er führt als Beispiel (staatliche) Investitionen an, die aufgrund einer Deficit-Spending-Politik vorgenommen werden. Diese Art der autonomen Investitionen will er aber von dem allgemeinen Ausdruck für die autonomen Investitionen (A_t) abtrennen und sie mit G_t bezeichnen; „A separate term G_t, Government Contribution, representing the contribution of ‚mere inflation' to income is not included by Hicks ... He presumably considered it as ‚honorary autonomous investment' — to use a phrase of D. H. Robertson — but because of the different effect on capacity, G_t and A_t should be treated differently"[312]. Aus dieser Bemerkung kann man schließen, daß Neisser dem übrigen Teil der autonomen Investitionen ($A_t - G_t$) einen Kapazitätseffekt zuerkennt.

Es ist tatsächlich schwierig, zu bestimmen, welche autonomen Investitionen einen Kapazitätseffekt haben. Zur Ermittlung der Gleichgewichtskapazität im Wachstumsmodell ist es ferner entscheidend, die autonomen Investitionen mit konkurrierendem Kapazitätseffekt von denjenigen mit nichtkonkurrierendem zu scheiden[313], da eine *zusätzliche* volkswirtschaftliche Kapazität in der wachsenden Wirtschaft nur durch autonome Investitionen mit einem nichtkonkurrierenden Kapazitätseffekt hervorgerufen werden kann. Als konkurrierender Kapazitätseffekt wird ein Effekt bezeichnet, der schon bestehende Kapazitäten brach legt sowie technisch und/oder wirtschaftlich veralten läßt und verhindert, daß die gesamtwirtschaftliche Kapazität mit einer Wachstumsrate zunimmt, die diejenige des Gesamteinkommens übersteigt. Allgemein kann folgende Bedingung aufgestellt werden[314]: Wenn das gesamtwirtschaftliche Einkommen mit der konstanten Rate g_Y und die gesamtwirtschaftliche Kapazität mit der konstanten Rate g_0 stetig wachsen, dann ist ein moving equilibrium nur dann gegeben, wenn gilt:

$$\frac{1 + g_Y}{1 + g_0} = 1 . \qquad \text{(B. 69)}$$

Ist $g_Y \gtrless g_0$, so ist die Bedingungsgleichung (B. 69) nicht mehr erfüllt, das System befindet sich nicht mehr im dynamischen Gleichgewicht. Autonome Investitionen mit nichtkonkurrierendem Kapazitätseffekt schaffen jedoch Kapazitäten, die das volkswirtschaftliche Gleichgewicht im Wachstumsmodell stören. Wenn feststeht, daß die autonomen Investitionen einen Kapazitätseffekt haben, so ist deshalb gleichzeitig zu untersuchen, ob dieser Kapazitätseffekt konkurrierender oder nichtkonkurrierender Natur ist.

---

312 H. Neisser, Critical Notes ..., a. a. O., S. 263 Fußnote 7.

313 Vgl. hierzu D. Hamberg u. C. L. Schultze, Autonomous vs. Induced Investment ..., a. a. O., S. 56 f.

314 Vgl. H. Neisser, Critical Notes ..., a. a. O., S. 268 Fußnote 8.

1. Es ist nicht sicher, ob die „public investments" ausnahmslos als Investitionen ohne Kapazitätseffekt angesehen werden können. „Government investment in such types of social overhead capital as water and sewerage works, roads and highways, hydro-electric projects, schools and even public (office) buildings obviously adds to the productive capacity of the economy"[315]. Dieser Kapazitätseffekt wird jedoch nicht unmittelbar wirksam werden und läßt sich auch kaum unmittelbar quantitativ fassen. Hamberg und Schultze sind der Meinung, daß diese Investitionen, soweit sie Kapazitätseffekte hervorbringen, nichtkonkurrierender Art sind: „In fact, given the large indivisibilities characteristic of much social overhead capital as well as the time lags often involved in the growth of demand because of important structural changes in an expanding economy, government normally invests in such capital well in advance of growth in demand"[316].

2. Zweifellos zieht die Mehrzahl der autonomen Investitionen des Privatsektors einen Kapazitätseffekt nach sich. Das ist besonders offensichtlich bei Investitionsvornahmen, die der Umstellung des Produktionsprogrammes und/oder der Kreierung neuer Produkte dienen. Aber auch Investitionen, die vornehmlich zur Rationalisierung des Produktionsprozesses beitragen, werden meist von einem (ungewollten) Kapazitätseffekt begleitet sein, da der technische Fortschritt oft nur wirksam werden kann, wenn bestimmte Aggregatgrößen, automatisierte Betriebsgrößen usw. zur Anwendung gebracht werden, die wiederum einen Kapazitätseffekt hervorrufen. Die Beantwortung der Frage, ob diese Kapazitätseffekte konkurrierend oder nichtkonkurrierend wirken, gestaltet sich ungleich schwieriger. Man wird zwar — vielleicht etwas voreilig — dem konkurrierenden Effekt den Vorzug geben. Besonders Investitionen, die eine Neukombination der Produktionsfaktoren bewirken oder die die Produktion neuer Produkte ermöglichen, werden den bereits bestehenden Kapitalstock relativ destruktiv beeinflussen. Auch kostensparende Investitionen mögen dies bewirken. „Cost-reducing improvements in production methods may permit the innovators to undersell their competitors, thereby creating excess capacity in the latter firms, and/or they may cause a shrinkage in demand for the capital goods they displace in production, with the result that excess capacity arises in the firms producing the obsolete capital goods[317]." Andererseits kann jedoch auch der nichtkonkurrierende Typ auftreten. Mangelnde Transparenz der Märkte und wettbewerbsbehindernde Marktformen werden, um nur zwei Beispiele zu nennen, den Übergang vom nichtkonkurrierenden zum konkurrierenden Typ verhindern

[315] D. Hamberg u. C. L. Schultze, Autonomous vs. Induced Investment ..., a. a. O., S. 55.
[316] Ebenda.
[317] Ebenda, S. 55/56.

oder mindestens verzögern. Auch die mehr oder weniger lange „time-rate of diffusion“ der Erfindungen und Entdeckungen ist ein solcher Hinderungsgrund[318]. Jedenfalls ist es wichtig, darauf hinzuweisen, „to avoid romantic notions about the rate of obsolescence (or Schumpeter's ‚creative destruction‘) brought about by innovations“[319].

Eine klare Stellung kann demnach *nicht* bezogen werden. Es wurde deutlich, daß von vornherein nur ein Teil der autonomen Investitionen einen Kapazitätseffekt hat und daß dieser Teil wiederum nur in bestimmten Fällen nichtkonkurrierenden Typs ist. Hicks kann diese Tatbestände für sich geltend machen und die autonomen Investitionen mit nichtkonkurrierendem Typ vernachlässigen. Insofern ist die Kritik am Hicks-Modell nicht gerechtfertigt. Andererseits kann aber auch die entgegengesetzte Ansicht vertreten werden. Neisser mißt dem nichtkonkurrierenden Typ eine derartige Bedeutung zu, daß er ihn schlechthin mit dem Begriff der autonomen Investitionen identifiziert. Dagegen läßt sich a priori wenig einwenden, zumal wenn er diejenigen autonomen Investitionen, die vom Staat ausgehen und die ohnehin einen geringen oder gar keinen Kapazitätseffekt haben, getrennt behandelt. Neisser versucht daher, das Hicks-Modell unter der Voraussetzung zu analysieren, daß die autonomen Investitionen einen (nichtkonkurrierenden) Kapazitätseffekt haben. Er muß daher die Gleichgewichtskonzeption von Hicks modifizieren, um die Konsistenz des Gleichgewichts im Modell zu wahren. Dem Versuch von Neisser[320] soll im folgenden nachgegangen werden.

ββ) Der Korrekturversuch von Neisser: Autonome Investitionen mit nichtkonkurrierendem Kapazitätseffekt im Hicks-Modell

Wird angenommen, daß die autonomen Investitionen im Hicks-Modell einen nichtkonkurrierenden Kapazitätseffekt haben, so führt das zu folgender Situation. „Autonomous investment ... by definition needs no growth in aggregate output to inspire it. To the extent that is non-competing, autonomous investment, even though it generates additional productive capacity, does not threaten existing capital with obsolescence or idleness. Hence, non-competing autonomous investment provides an outlet for saving that would otherwise have to be absorbed by investment that, for one reason or another, including the destructive effects of competitive investment, does require income growht to validate it. By doing this, non-competing autonomous investment reduces the growth of aggregate output needed for full capacity or

[318] Hamberg und Schultze bringen hierfür Beispiele; vgl. ebenda, S. 56/57 Fußnote 3.
[319] Ebenda, S. 57.
[320] H. Neisser, Critical Notes ..., a. a. O.

equilibrium utilization of the growing capital stock[321]." Will man also das Modell der gleichmäßig fortschreitenden Wirtschaft aufrechterhalten unter der Annahme, daß die autonomen Investitionen einen nichtkonkurrierenden Kapazitätseffekt haben, so muß ein Korrekturfaktor gesucht werden, der die Gleichgewichtskapazität, die vor dem Auftreten dieser Investitionen bestand, wieder herstellt. Neisser findet diese Korrektur[322], indem er der Einkommensbestimmungsgleichung des Hicks-Modells einen subtraktiven Faktor einfügt, der die autonome Investition der Vorperiode[323] darstellt ($-A_{t-1}$); dieser Korrekturfaktor entspricht der Größe der induzierten Investitionen in Periode t:

$$A_{t-1} = I_t^i \; . \tag{B. 70}$$

Die „moving equilibrium rate ... is obtained only if the capital required to support the increase in income at minimum average costs is equal to the autonomous investment in the preceding period"[324]. Das korrigierte Hicks-Modell läßt sich nun auf folgende Weise darstellen[325].

1. Ausgangslage. Bei der Untersuchung der Ausgangslage der Regularly Progressive Economy stellten wir fest[326], daß das Einkommen nur entlang dem Gleichgewichtswachstumspfad wächst, also nach der Bedingung $Y_t = Y_0 (1 + g)^t$, wenn die Ausgangslage $Y_1 = Y_0 (1 + g)$ gegeben ist, d. h. wenn die Integrationskonstanten $a_{1,2}$ der Wurzeln des homogenen Teils der Einkommensbestimmungsgleichung Null sind, so daß das Zusammenspiel von Wachstum der autonomen Investitionen, $A_t = A_0 (1 + g)^t$, und Supermultiplikator das Gleichgewichtswachstum des Einkommens ergibt. Neisser faßt beide Gesichtspunkte unter dem Begriff „equilibrium dynamics proper" zusammen; es ist „the study of the conditions, resp. investment conditions under which a growing economy remains at the point of optimum utilization or minimum average costs"[327]. Im System des moving equilibrium bedeutet dies, daß die Anfangswerte Y_0 und Y_1 „must be considered as satisfying the requirements of minimum average costs; in other words, Y_0 depends on the structure of the capacity as existing at time zero and — in the

[321] D. Hamberg u. C. L. Schultze, Autonomous vs. Induced Investment ..., a. a. O., S. 61.

[322] Vgl. H. Neisser, Critical Notes ..., a. a. O., S. 265.

[323] Neisser hat nicht begründet, warum er gerade die autonome Investition der Vorperiode als Korrekturfaktor verwendet.

[324] Ebenda, S. 266.

[325] Neisser hat die Korrektur am Hicks-Modell anhand eines einfachen Modells demonstriert (ohne Lundberg-lag und Robertson-lag). Auf die Lösung der Bestimmungsgleichung der Gleichgewichtswachstumsrate g im korrigierten Modell hat er nur hingewiesen (vgl. ebenda, S. 481). Die folgenden Ausführungen versuchen, das Hicks-Modell (also mit Lundberg-lag und Robertson-lag) in seiner korrigierten Form darzustellen. Einige Fragen wurden in einem Briefwechsel mit Prof. Dr. H. Neisser, New York, geklärt.

[326] Vgl. S. 85 ff.

[327] H. Neisser, Critical Notes ..., a. a. O., S. 255/256.

second order case — Y_1 is determined by the condition that the z's are equal to zero"[328]. Die Anfangswerte des Systems müssen demnach, damit das System auf dem Gleichgewichtspfad beginnt, der Kapazität der Ausgangslage entsprechen. Das Gleichgewicht der Ausgangslage entscheidet somit auch über das Gleichgewicht des eigentlichen Wachstumsverlaufs.

2. Wachstumsverlauf. Das Gleichgewicht des Hicks-Modells wurde durch die Ausgangslage und die Wachstumsrate g bestimmt. Die Wachstumsrate g kann im Hicks-Modell nur dann als Gleichgewichtswachstumsrate gelten, wenn sie sich aus der Beziehung $S_t = I_t^i + A_t$ errechnen läßt, wie wir gesehen hatten. Hicks hat aber bei der Festsetzung dieser Gleichgewichtsbedingung den Kapazitätseffekt der autonomen Investitionen nicht beachtet. Neisser korrigierte dies dadurch, daß er die Gleichgewichtsbedingung (B. 70) einführte, neben dem Korrekturfaktor $(-A_{t-1})$. Diese Korrektur verändert die Definitionsgleichung des Einkommens zu

(B. 71) $$Y_t = C_t + I_t^i + A_t - A_{t-1}.$$

Unter Berücksichtigung der Gleichgewichtsbedingung (B. 70) und der Definitionsgleichung (B. 71) erhält man die Gleichgewichtsbedingungsgleichung des Einkommens

(B. 72) $$Y_t = C_t + A_t;$$

da A_t notwendigerweise I_{t+1}^i entsprechen muß, wenn (B. 70) gelten soll, so formuliert (B. 73) die Gleichgewichtsbedingung des Systems:

(B. 73) $$S_t = I_{t+1}^i.$$

Die Gleichgewichtswachstumsrate g des Systems errechnet sich demnach aus Gleichung (B. 73), wobei s und v gegeben sein müssen. Die Rate g bestimmt das Wachstum der autonomen Investitionen und über den Supermultiplikator auch das Wachstum des Einkommens. Die errechnete Gleichgewichtswachstumsrate g muß deshalb in die Lösung der Einkommensbestimmungsgleichung eingesetzt werden, damit gezeigt werden kann, von welchen Faktoren das Gleichgewichtswachstum des Einkommens bei gegebener Wachstumsrate abhängt. Es zeigt sich, daß das Niveau der autonomen Investitionen und die Größen s und v dieses Einkommensniveau bestimmen.

3. Korrigiertes Gesamtmodell. Wir sind nunmehr in der Lage, das korrigierte Gesamtmodell darzustellen.

Im elementary case lautet die Ausgangsgleichung des Einkommens

(B. 71) $$Y_t = C_t + I_t^i + A_t - A_{t-1}.$$

[328] H. Neisser, Critical Notes ..., a. a. O., S. 269; die z's entsprechen unserer Bezeichnung $a_{1,2}$.

Die Determinanten C_t und I_t^i sind bestimmt durch die Verhaltensgleichungen der Wirtschaftssubjekte

(B. 1) $$C_t = cY_{t-1} \quad \text{und}$$

(B. 28) $$I_t^i = v\,(Y_{t-1} - Y_{t-2}) \,.$$

Als Bestimmungsgleichung des Einkommens erhält man — (B. 1) und (B. 28) in (B. 71) —:

(B. 74) $$Y_t = cY_{t-1} + v\,(Y_{t-1} - Y_{t-2}) + A_t - A_{t-1} \,.$$

Die Annahme eines moving equilibrium erfordert spezielle Aussagen über die Bewegung des Einkommens und der autonomen Investitionen

(B. 32) $$Y_t = Y_0\,(1+g)^t \quad \text{und}$$

(B. 36) $$A_t = A_0\,(1+g)^t \,.$$

Die Berücksichtigung von (B. 32) und (B. 36) ergibt die Bestimmungsgleichung des Gleichgewichtseinkommens[329]

(B. 75) $$Y_0\,(1+g)^t = cY_0\,(1+g)^{t-1} + vgY_0\,(1+g)^{t-2} + A_0 g\,(1+g)^{t-1} \,.$$

Die Lösung von (B. 75) lautet

(B. 76) $$Y_t = \frac{1}{1 - c\,(1+g)^{-1} - vg\,(1+g)^{-2}}\, g\,(1+g)^{-1} A_t \,,$$

wobei der Bruch in Gleichung (B. 76) den Supermultiplikator des korrigierten Gesamtmodells wiedergibt.

Neisser verzichtet von vornherein auf die Möglichkeit, die Gleichung (B. 76) auf zweifache Art zu interpretieren[330]. Er setzt nicht eine bestimmte Gleichgewichtswachstumsrate als gegeben voraus, wie Hicks, sondern er entschließt sich, die Gleichgewichtswachstumsrate aus den gegebenen Werten von c, v, sowie Y_0 und A_0 zu bestimmen. Es ist deshalb zweckmäßig, Gleichung (B. 76) entsprechend umzuformen:

(B. 76)* $$\frac{A_0}{Y_0} = \left[\, 1 - c\,(1+g)^{-1} - vg\,(1+g)^{-2} \,\right] \Big/ \; g\,(1+g)^{-1} \,.$$

Berücksichtigt man nunmehr die Gleichgewichtsbedingungsgleichung (B. 73), so läßt sich, wenn die entsprechenden Bestimmungsgleichungen für die Determinanten S_t und I_{t+1}^i eingesetzt werden, g errechnen. Zunächst ergibt sich

329 Aus (B. 32) läßt sich auch ableiten, daß gelten muß: $v\,(Y_{t-1} - Y_{t-2}) = vgY_0\,(1+g)^{t-2}$, und aus (B. 36), daß $A_t - A_{t-1} = gA_0\,(1+g)^{t-1}$.

330 Vgl. S. 145 ff.

(B. 77) $Y_t - cY_{t-1} = v\,(Y_t - Y_{t-1})$ und, nach einiger Umformung[331],

(B. 77)* $$\frac{Y_t - Y_{t-1}}{Y_{t-1}} = g = \frac{1-c}{v-1} .$$

Bei gegebener Wachstumsrate ist es möglich, den Supermultiplikator zu bestimmen. Der Wert des Supermultiplikators und der Wert des Niveaus der autonomen Investitionen ergeben zusammen das Einkommensniveau. Setzt man den Wert der errechneten Wachstumsrate in (B. 76) ein, so erhalten wir schließlich[332]

(B. 78) $$Y_t = \frac{(v-c)^2}{v(1-c)^2} \cdot \frac{1-c}{v-c} \cdot A_0\,(1 + \frac{1-c}{v-1})^t .$$

Nehmen wir an, $c = 0{,}945$, $v = 2{,}1$ und $A_0/Y_0 = 0{,}1$, so läßt sich folgendes Zahlenbeispiel durchrechnen.

Tabelle 4a

Gleichgewichtswachstum im korrigierten Hicks-Modell: Gleichgewichtseinkommen und Gleichgewichtswachstumsrate

t	Y	A	C	I^i	g
—2	100	10	.	.	0,05
—1	105	10,5	94,5	10	0,05
0	110,25	11,025	99,225	10,5	0,05
1	115,7625	11,57625	104,18625	11,025	0,05

In Tabelle 4 a sind die Werte aufgezeigt, die sich unter Berücksichtigung von (B. 73) und (B. 74) ergeben. Die Bestimmungsgleichung des Gleichgewichtseinkommens und die Bestimmungsgleichung der Gleich-

---

331 Gleichung (B. 77) kann umgeformt werden in

$$Y_t\,(1 - v) = Y_{t-1}\,(c - v) \qquad \text{oder}$$

$$\frac{Y_t}{Y_{t-1}} = \frac{c - v}{1 - v} \text{, woraus sich ergibt}$$

(B. 77)* $$\frac{Y_t}{Y_{t-1}} - 1 = \frac{Y_t - Y_{t-1}}{Y_{t-1}} = \frac{c - v - (1 - v)}{1 - v} = \frac{1 - c}{v - 1}$$

332 Der Nenner von (B. 76) läßt sich unter Berücksichtigung von (B. 77)* umgestalten zu

$$1 - \frac{c}{1+g} - \frac{vg}{(1+g)^2} = 1 - \frac{c\,(v-1)}{v-c} - \frac{v\,(1-c)\,(v-1)\,(v-1)}{(v-1)\,(v-c)\,(v-c)}$$

$$= \frac{(v-c) - c\,(v-1)}{v-c} - \frac{v\,(1-c)\,(v-1)}{(v-c)^2}$$

$$= \frac{v\,(1-c)\,(v-c) - v\,(1-c)\,(v-1)}{(v-c)^2}$$

$$= \frac{v\,(1-c)^2}{(v-c)^2}$$

gewichtswachstumsrate werden zusammengeführt; auf diese Weise errechnet sich das Gleichgewichtseinkommen.

Tabelle 4b

Gleichgewichtswachstum im korrigierten Hicks-Modell: Der Gleichgewichtssupermultiplikator

t	Y	H	N	H · N	A
—2	100	210	1/21	10	10
—1	105	210	1/21	10	10,5
0	110,25	210	1/21	10	11,025
1	115,7625	210	1/21	10	11,57625

Tabelle 4 b zeigt den direkten Weg; das Gleichgewichtseinkommen wird über den Gleichgewichtssupermultiplikator errechnet, wobei H der Supermultiplikator und N der von Neisser im Supermultiplikanden berücksichtigte Korrekturfaktor sind:

(B. 79) $$N = \frac{g}{1+g}.$$

In Übersicht 3 ist das korrigierte Gleichgewichtsmodell zusammenfassend dargestellt. Die vorgeführten Rechenoperationen in den Tabellen 4 a und 4 b können mit Hilfe dieser Übersicht analytisch rekonstruiert werden.

4. Vergleich des Hicks-Modells mit dem korrigierten Modell nach Neisser. Ein Vergleich beider Modelle erscheint angebracht, um ungeklärte Fragen zu beantworten. Die Gegenüberstellung der Übersichten 1[333] und 3 ergibt, daß der Supermultiplikator in beiden Modellen der gleiche ist. Der in Gleichung (B. 38) dargestellte Supermultiplikator im Hicks-Modell

(B. 38) $$H = \frac{1}{1 - c\,(1+g)^{-1} - vg\,(1+g)^{-2}}$$

findet sich in dem durch Neisser korrigierten Modell wieder; der Bruch in (B. 76) entspricht (B. 38). Der Unterschied zwischen beiden Modellen liegt im Supermultiplikanden[334]. Während bei Hicks die Bestimmungsgleichung des Gleichgewichtseinkommens lautet

(B. 39) $$Y_t = HA_t,$$

[333] Vgl. S. 94.

[334] Neisser bemerkt dazu im Briefwechsel: „the supermultiplier is the same in Hicks and in my equation provided that the equations differ only in the term: $-A_{t-1}$. What differs is the super*multiplicand* ... The g is not part of the supermultiplier. It reduces its effect on income" (Her-

Übersicht 3

Die von Neisser korrigierte Hickssche Gleichgewichtskonzeption

Gleichungsart	Transformation	korrigierter elementary case
(i) Definitionsgleichung		$Y_t = C_t + I_t^i + A_t - A_{t-1}$
(ii) Bestimmungsgleichungen der modellendogenen Determinanten		
(a) Konsum		$C_t = cY_{t-1}$
(b) Investition		$I^i_t = v\,(Y_{t-1} - Y_{t-2})$
(iii) Bestimmungsgleichung des Einkommens	(ii) in (i)	$Y_t = cY_{t-1} + v\,(Y_{t-1} - Y_{t-2}) + A_t - A_{t-1}$
(iv) Gleichgewichtsbedingungsgleichungen der Ausgangslage		
(a) Autonome Investition		$A_t = A_0\,(1+g)^t$
(b) Einkommen		$Y_t = Y_0\,(1+g)^t$
(v) Bestimmungsgleichung des Gleichgewichtseinkommens		
(a) Ausgangslage	(iv) in (iii)	$Y_0\,(1+g)^t = cY_0\,(1+g)^{t-1} + vgY_0\,(1+g)^{t-2} + A_0g\,(1+g)^{t-1}$
(b) Lösung	(v_a) aufgelöst nach Y_t	$Y_t = \dfrac{1}{1 - c\,(1+g)^{1-} - vg\,(1+g)^{-2}} \cdot g(1+g)^{-1}A_t$

Übersicht 3 (Fortsetzung)

Die von Neisser korrigierte Hickssche Gleichgewichtskonzeption

Gleichungsart	Transformation	korrigierter elementary case
(vi) Gleichgewichtsbedingungsgleichung des Wachstumsverlaufs		$S_t = I^i_{t+1}$
(vii) Bestimmungsgleichung der Gleichgewichtswachstumsrate		
(a) Ausgangslage	(ii) in (vi)	$Y_t - cY_{t-1} = v\,(Y_t - Y_{t-1})$
(b) Lösung	(vii_a) aufgelöst nach g	$\frac{Y_t - Y_{t-1}}{Y_{t-1}} = g = \frac{1-c}{v-1}$
(viii) Lösungsgleichung des Gleichgewichtseinkommens		
(a) Ausgangslage	(vii_b) in (v_b)	$Y_t = \frac{1}{1 - c\left(1+\frac{1-c}{v-1}\right)^{-1} - v\,\frac{1-c}{v-1}\left(1+\frac{1-c}{v-1}\right)^{-2}} \cdot \frac{1-c}{v-c}\,A_t$
(b) Lösung	($viii_a$) vereinfacht	$Y_t = \frac{(v-c)^2}{v\,(1-c)^2} \cdot \frac{1-c}{v-c}\,A_o\left(1+\frac{1-c}{v-1}\right)^t$

unterscheidet sich die Bestimmungsgleichung des Gleichgewichtseinkommens bei Neisser durch den Ausdruck N:

(B. 80) $Y_t = HNA_t$, oder, unter Berücksichtigung von (B. 79)

(B. 80)* $$Y_t = H \frac{g}{1+g} A_t.$$

Diese Korrektur, die sich aus der Einführung des subtraktiven Faktors ($-A_{t-1}$) in die Definitionsgleichung des Einkommens und aus der Einführung der Gleichgewichtsbedingungsgleichung (B. 73) ergeben hatte, hat bedeutsame Konsequenzen, wie aus Tabelle 4 b hervorgeht. Nach unserem Beispiel, das durch die Werte $v = 2{,}1$, $c = 0{,}945$, $g = 0{,}05$ und $A_0/Y_0 = 0{,}1$ gekennzeichnet ist, haben beide Supermultiplikatoren den Wert 210. Während aber bei Neisser der Faktor N im Supermultiplikanden den Lösungswert des Gleichgewichtseinkommens auf $Y_t = 10\,A_t$ reduziert, erhält man bei Hicks den völlig unrealistischen Wert $Y_t = 210\,A_t$.

5. Prüfung der Korrektur von Neisser. Die Operation von Neisser bedarf einer näheren Prüfung. Das kann auf zweifache Weise geschehen.

(a) Wenn schon Neisser die eine Möglichkeit, das Gleichgewichtswachstum derart zu interpretieren, daß g eine *gegebene* Größe ist, nicht verfolgt — und er sich damit in Gegensatz zu Hicks stellt —, dann ist es angebracht, sein Ergebnis durch die errechnete Gleichgewichtsbedingung im multi-time lag case zu überprüfen. Wir hatten in Gleichung (B. 66) einen allgemeinen Ausdruck für die Konsistenz des Modellgleichgewichts erhalten:

(B. 66) $$\left[1 - \sum_{r=1}^{r=p} \frac{c_r}{(1+g)^{r-1}}\right] \frac{1+g}{g} = \sum_{r=1}^{r=p} \frac{v_r}{(1+g)^{r-1}} \,.$$

Da durch die Gleichgewichtsbedingung (B. 73) gleichzeitig ausgedrückt wird, daß der Lundberg-lag, nicht aber der Robertson-lag in der Bestimmungsgleichung des Einkommens vernachlässigt werden kann, ist bei der Berechnung der Gleichgewichtswachstumsrate g aus (B. 66) folgende Bedingung zu setzen:

linke Seite der Gleichung: $r_p = 2$, alle übrigen r's = o;

rechte Seite der Gleichung: $r_p = 1$, alle übrigen r's = o.

---

vorhebung von H. Neisser). Um die Bedeutung von N hervorzuheben, wurde in (B. 78) der Ausdruck

$$\frac{(v-c)^2}{v\,(1-c)^2} \cdot \frac{1-c}{v-c}$$

ungekürzt ausgewiesen.

Löst man (B. 66) auf in (B. 66)*

$$\text{(B. 66)*} \quad \left[1 - c_1 - \frac{c_2}{1+g} - \frac{c_3}{(1+g)^2} - \ldots - \frac{c_p}{(1+g)^{p-1}}\right] \frac{1+g}{g} = v_1 + \frac{v_2}{1+g} + \ldots + \frac{v_p}{(1+g)^{p-1}},$$

so gilt für die Errechnung von g demnach:

$$\text{(B. 81)} \quad \left(1 - \frac{c}{1+g}\right) \frac{1+g}{g} = v;$$

es ergibt sich

$$\text{(B. 81)*} \quad g = \frac{1-c}{v-1} \; .$$

(B. 81)* entspricht der Lösung der Bestimmungsgleichung der Gleichgewichtswachstumsrate (B. 77)*.

(b) Soll das Ergebnis von Neisser geprüft werden, dann muß vor allem gezeigt werden, daß die Gleichgewichtsbedingungsgleichung

$$\text{(B. 70)} \quad A_{t-1} = I_t^l$$

notwendig ist, damit

1. die Integrationskonstanten $a_{1,2}$ des homogenen Teils der Bestimmungsgleichung des Einkommens Null sind und
2. das Wachstum des Gleichgewichtseinkommens auf dem Gleichgewichtspfad verläuft, d. h. der Supermultiplikator von t unabhängig ist.

Zunächst kann (B. 70) unter Berücksichtigung[335] von (B. 28) und (B. 36) umgeformt werden in

$$\text{(B. 82)} \quad A_0 (1+g)^{t-1} = v (Y_{t-1} - Y_{t-2}).$$

Wenn man zurückgreift auf die Lösung des homogenen und inhomogenen Teils der Bestimmungsgleichung des Einkommens im korrigierten Modell[336], so erhält man einen Ausdruck für die rechte Seite der Gleichung (B. 82):

$$\text{(B. 83)} \quad A_0 (1+g)^{t-1} = v \left\{ a_1 \left[x_1^{r\,(t-1)} - x_1^{r\,(t-2)}\right] + a_2 \left[x_2^{r\,(t-1)} - x_2^{r\,(t-2)}\right] + Hg (1+g)^{-1} A_0 \left[(1+g)^{t-1} - (1+g)^{t-2}\right] \right\} .$$

335

$$\text{(B. 28)} \quad I_t^l = v (Y_{t-1} - Y_{t-2});$$

$$\text{(B. 36)} \quad A_t = A_0 (1+g)^t.$$

336 Vgl. Anhang IV: Lösung des homogenen und inhomogenen Teils der Einkommensbestimmungsgleichung im korrigierten Hicks-Modell.

Diese Gleichung muß für alle t erfüllt sein. Nur wenn die Bedingung gilt, daß $x^r_{1,2} \neq (1 + g)$, dann sind die Integrationskonstanten Null. Wenn diese Voraussetzung in (B. 83) eingeführt wird, dann ergibt sich

$$\text{(B. 84)} \qquad A_0 (1 + g)^{t-1} = vHg (1 + g)^{-1} A_0 \left[(1 + g)^{t-1} - (1 + g)^{t-2} \right].$$

Durch verschiedene Umformung[337] erhält man schließlich die Lösungen

$$\text{(B. 84 a)*} \qquad g_1 = \frac{1 - c}{v - 1},$$

$$\text{(B. 84 b)*} \qquad g_2 = -1.$$

Das Ergebnis (B. 84 b)* kann als ökonomisch nicht plausibel vernachlässigt werden. Aus (B. 84 a)* lassen sich nunmehr die Antworten auf die gestellten Fragen ablesen:

1. Es hat sich gezeigt, daß $(1 + g) = \frac{v-c}{v-1}$ und damit die Bedingung $(1 + g) \neq x^r_{1,2}$ erfüllt ist.
2. Da sich für Y_t die Lösung $Y_t = gH (1 + g)^{-1} A_0 (1 + g)^t$ ergibt, ist der Supermultiplikator von t unabhängig; das Gleichgewichtseinkommen verläuft auf dem Gleichgewichtspfad des moving equilibrium.

cc) Grenzen des dynamischen Gleichgewichts in der nachfrageorientierten Wachstumstheorie

Der Versuch von Neisser, das Hicks-Modell zu korrigieren, hat wertvolle Einblicke in Gleichgewichtsstruktur und Konsistenz des Hicks-Modells vermittelt. Eine abschließende Betrachtung über das Hickssche Gleichgewichtsmodell müßte nunmehr Nachfrage- und Angebotsseite in der Gesamtwirtschaft *zusammenführen* oder wenigstens untersuchen, ob im Hicks-Modell der Gleichgewichtsbegriff, daß gesamtwirtschaftliche Nachfrage und gesamtwirtschaftliches Angebot einander gleich sind, berücksichtigt ist.

Hicks macht jedoch keine speziellen Annahmen über eine gesamtwirtschaftliche Angebotsfunktion im Wachstumsmodell. Das erschwert

---

[337] Wird (B. 84) mit $(1 + g)^{t-2}$ durchdividiert, so resultiert
$1 + g = vHg (1 + g)^{-1} [(1 + g) - 1]$ oder

$$(1 + g)^2 = \frac{vg^2}{1 - c (1 + g)^{-1} - vg (1 + g)^{-2}};$$

daraus ergibt sich die quadratische Gleichung
$g^2 (1 - v) + g (2 - c - v) + (1 - c) = 0.$
Die Lösung dieser Gleichung lautet

$$g_{1,2} = \frac{-(2-c-v) \pm \sqrt{(2-c-v)^2 - 4(1-c)(1-v)}}{2 (1 - v)} = \frac{-(2 - c - v) \pm (c - v)}{2 (1 - v)}$$

die Entscheidung, ob ein solcher Begriff vorhanden ist. Hicks determiniert lediglich die Nachfrage und setzt implizite die Bedingung, daß das, was nachgefragt wird, auch angeboten wird. „It is in fact an inverted form of Say's Law[338]." Nach Sargent bedeutet dies, daß sich das Hickssche System jederzeit im Gleichgewicht befinde, ob es nun einem Gleichgewichtspfad stetigen Wachstums folge oder nicht. Die Frage nach dem Gleichgewicht im Hicks-Modell könne demnach nur lauten: „Under what conditions would a system, which always maintains itself in equilibrium, move along a path of steady growth[339]?" Man könnte natürlich auch sagen: wenn das System stetig wächst, ist offenbar auch ein Gleichgewicht zwischen Nachfrage und Angebot gegeben (sonst wüchse es nicht stetig). Es bliebe dann aber der Vorwurf, daß dies von Hicks nicht explizite gezeigt wurde.

Ist aber tatsächlich damit, daß Hicks so etwas wie eine „inverted form of Say's Law" impliziert, schon gesagt, daß er auch die Gleichgewichtsbedingung „gesamtwirtschaftliches Angebot gleich gesamtwirtschaftliche Nachfrage" stillschweigend in sein Modell eingeführt hat? Hicks sagt selbst darüber: „Since I treated $D = y$ always, I didn't need to use ‚equilibrium' in the supply and demand sense. Consequently I had it free for other uses. There is continuity between these uses and some of the regular uses; the stationary state is still an equilibrium even in my sense ... Nevertheless, I have often wished that I had used some other word[340]." Sargent räumt an anderer Stelle[341] ein, Hicks wolle mit der Annahme, daß Gesamtangebot und Gesamtnachfrage gleich seien, nichts über ein Gleichgewicht aussagen, sondern lediglich das *wirkliche* Verhalten des outputs beschreiben. Wenn in der Bestimmungsgleichung des Einkommens die Größen A_t, Y_{t-1}, Y_{t-2}, c und v gegeben wären, dann könne man nicht etwa ableiten, welche Höhe der output der laufenden Periode *haben müsse*, um der Nachfrage zu entsprechen, sondern welche Höhe der output der laufenden Periode *haben werde*.

Wie ist die Stellungnahme Sargents zu beurteilen? Einerseits wertet er die Gleichheit von Angebot und Nachfrage im Hicks-Modell als Setzen einer Gleichgewichtsbedingung, andererseits ist er sich anscheinend im klaren darüber, daß nicht eine wirkliche Gleichgewichtsbedingung im Sinne des dynamischen Gleichgewichts postuliert ist, sondern eben ein Anpassungsvorgang mit vollkommener Elastizität. Für Hicks gibt es das Problem der Gleichgewichtsbedingung „Angebot gleich Nachfrage" *nicht*. Das geht auch aus seiner Bemerkung hervor. Für ihn steht von vornherein fest, *daß* dieser Anpassungsvorgang stattfindet,

338 J. R. Sargent, The Supply Factor ..., a. a. O., S. 636.

339 Ebenda, S. 642.

340 Aus einem Briefwechsel zwischen Hicks und Sargent. Vgl. ebenda, S. 642 Fußnote 1.

341 Ebenda, S. 636.

in der Realität stattfindet. Er benötigt somit keine Gleichgewichtsbedingung. Auch hier stoßen wir an die Grenze des nachfrageorientierten Wachstumsmodells. Da keine Faktoren im Modell berücksichtigt sind, die explizite die Angebotsseite der Wirtschaft erfassen, sind auch keine Gedanken darüber anzustellen, inwieweit ein Gleichgewicht zwischen Angebot und Nachfrage in der Gesamtwirtschaft herrschen muß, *wenn* das dynamische Gleichgewicht im Sinne eines stetigen Verlaufs des Gesamteinkommens aufrechterhalten bleiben soll.

Sargent versucht, in dieser Richtung vorzudringen. Er expliziert einige Angebotsbedingungen, die im Hicks-Modell implizite enthalten sind[342], und setzt somit konsequent die Linie von de Jong[343] fort, der sich um die Einführung von Angebotsfaktoren in das Keynes-Modell bemühte. Ganz abgesehen davon, daß die Analyse Sargents immanenter Kritik ausgesetzt ist, weil sie die Preisanpassungen im Zusammenspiel zwischen Angebot und Nachfrage nicht genügend beachtete[344], ist auch sein Bemühen als solches Stückwerk geblieben. Denn nur die Einführung einer makroökonomischen Produktionsfunktion kann die Angebotsseite einer Volkswirtschaft genügend beschreiben — das hatten wir schon an anderer Stelle gesehen[345] —, nicht aber die Explizierung einiger Angebotsfaktoren, die im Hicks-Modell verborgen sind.

3. Zusammenfassung und Ausblick

Aus der Analyse der nachfrageorientierten Wachstumstheorien hatte sich ergeben, daß das Modell von Hicks noch am ehesten den Ansprüchen einer wirklichkeitsnahen Wachstumstheorie genügt. Wir haben daraufhin dieses Modell näher untersucht, seine wesentlichen Aussagen herausgestellt und es im Hinblick auf Modellvariable und Gleichgewichtskonzeption kritisch durchleuchtet. Die modellendogenen Verhaltensfunktionen hielten einer Konfrontierung mit Theorien über Kon-

---

342 Ebenda, S. 636 ff.

343 Vgl. F. J. de Jong, Supply Functions in Keynesian Economics, EJ 64 (1954), 3—24; R. G. Hawtrey, Keynes and Supply Functions, ebenda, 834—839; F. J. de Jong, Keynes and Supply Functions: A Rejoinder, ebenda, 840—842; D. H. Robertson, Keynes and Supply Functions, EJ 65 (1955), 474—477; H. G. Johnson, Keynes and Supply Functions: A Mathematical Appendix, ebenda, 477—478; F. J. de Jong, Keynes and Supply Functions: Second Rejoinder, with a Note on the Concept of Monetary Equilibrium, ebenda, 479—484; R. G. Hawtrey, Keynes and Supply Functions: A Further Note, EJ 66 (1956), 482—484; D. H. Robertson, Keynes and Supply Functions: Two Comments, ebenda, 485—487; F. J. de Jong, Keynes and Supply Functions: Third Rejoinder and Final Observations, ebenda, 488—492. Diese Diskussionsergebnisse sind ausgebaut worden in: F. J. de Jong, The Concept of Monetary Equilibrium, and Its Relation to Post-Keynesian Economics, WA 77 (1956 II), 1—43; P. Wells, Keynes' Aggregate Supply Function: A Suggested Interpretation, EJ 70 (1960), 536—542.

344 Vgl. hierzu H. Neisser, The Supply Factor in the Theory of the Cycle — Some Comments, EJ 68 (1958), 150—154, bes. S. 152 ff.

345 Vgl. S. 133 f.

sum- und Investitionsverhalten der Wirtschaftssubjekte, die auf anderen Grundsätzen als die Hicksschen aufgebaut waren, sowie den empirisch-statistischen Erkenntnissen einigermaßen stand. Auch die Gleichgewichtskonzeption im Hicks-Modell wurde als durchaus sinnvoll im Hinblick auf eine analytische Maßstabfunktion befunden. Ein normativer Gehalt, das war von vornherein festgestellt worden, konnte von der Konzeption des dynamischen Gleichgewichts nicht erwartet werden. Auch die Konsistenz der Hicksschen Gleichgewichtskonzeption ist im allgemeinen gewahrt; soweit den autonomen Investitionen ein nichtkonkurrierender Kapazitätseffekt zugesprochen werden muß, hat Neisser versucht, in einem korrigierten Modell diese Konsistenz wieder herzustellen.

Unbefriedigend am Hicks-Modell bleibt, und das kam bei unserer Analyse ebenso deutlich zum Ausdruck, die Vernachlässigung der gesamtwirtschaftlichen Angebotsseite. Besonders bei der Untersuchung der autonomen Investitionen und der Gleichgewichtsbedingung „Nachfrage gleich Angebot in der Gesamtwirtschaft" ist das zutage getreten. Man ist versucht, zu argumentieren, daß das in einem *nachfrage*orientierten Modell nicht anders sein könne. Schließlich stünden hier die nachfrageorientierten gesamtwirtschaftlichen Größen gleichsam ex definitione im Vordergrund. Gerade deshalb war es unser Anliegen, bei der Untersuchung des Hicks-Modells zu prüfen, ob diese Vernachlässigung die Wachstumsanalyse beeinträchtigt. Wir sind zu der Ansicht gekommen, daß dies tatsächlich der Fall ist.

Aus diesen Feststellungen leitet sich unsere weitere Aufgabe ab. Bei der Analyse der Stimulans der modernen Wachstumstheorie hatte sich ergeben, daß Harrod für die nachfrageorientierte, Domar für die angebotsorientierte Richtung befruchtend gewirkt hatten. Wenn wir zu dem Ergebnis kamen, daß die Vernachlässigung der Angebotsfaktoren im Modell die Wachstumstheorie nachfrageorientierter Prägung teilweise entwertet, so liegt nichts näher, als uns der angebotsorientierten Wachstumstheorie zuzuwenden. Füllt sie die festgestellte Lücke? Erfüllt sie die Erwartungen in Bezug auf eine Theorie, die eine umfassende Analyse der wirtschaftlichen Entwicklungsprozesse im Rahmen eines Modells geben kann? Es ist vor allem zu untersuchen, ob die angebotsorientierte Wachstumstheorie sich auf die Herausstellung der gesamtwirtschaftlichen Angebotsfaktoren beschränkt oder ob sie nicht zu einer gewissen Synthese zwischen Nachfrage- und Angebotsfaktoren gelangt. Sollte dies nicht der Fall sein, dann ist sorgfältig zu prüfen, ob angebotsorientierte Faktoren ausreichen, die volkswirtschaftlichen Entwicklungsprozesse befriedigend zu erklären. Es wäre denkbar, daß die Gewichte der Angebots- und der Nachfragefaktoren verschieden sind, daß die Angebotsfaktoren ein größeres Gewicht haben und damit den Wachstumsprozeß entscheidend beeinflussen.

C. Die angebotsorientierte Wachstumstheorie

Während die nachfrageorientierte Wachstumstheorie vornehmlich an das Multiplikator-Akzelerationsprinzip Harrods anknüpfte, hatten andere Versuche das Ziel, die Analyse der gesamtwirtschaftlichen Angebotsseite, die vor allem Domar beachtet hatte, weiter auszugestalten. Dies geschah nach zwei Richtungen hin. Einmal besann man sich darauf, daß neben dem Produktionsfaktor Kapital auch das Bevölkerungswachstum einen wesentlichen Angebotsfaktor darstellt. „Solange es nicht gelingt, den wichtigsten Produktionsfaktor, die menschliche Arbeitskraft, in die Analyse des Wachstumsprozesses einzubeziehen, kann das Stadium der unvollkommenen Modelle nicht überwunden werden“[1]. Das Bevölkerungswachstum wurde daher explizite im Wachstumsmodell berücksichtigt. Die andere Richtung begnügte sich mit einem Ausbau der vorhandenen Konzeption des Kapitalkoeffizienten. Es entstand eine Theorie des Kapitalkoeffizienten. Beide Richtungen konnten jedoch letztlich nur zu neuen Erkenntnissen gelangen, wenn sie sich verbanden und damit den Weg ebneten für eine Wachstumsanalyse mit Hilfe der substitutionalen makroökonomischen Produktionsfunktion. Diese angebotsorientierte Wachstumstheorie verfolgte zunächst ganz spezielle Ziele: man wollte beweisen, daß Harrods Instabilitätstheorem durchaus widerlegt werden konnte, wenn man nur dem neoklassischen Gedankengut mehr Beachtung schenkte als bisher. Daneben interessierte aber auch die Erklärung des Wirtschaftswachstums überhaupt. Inwieweit es der angebotsorientierten Wachstumstheorie gelungen ist, dieses Ziel zu erreichen, wird im folgenden untersucht. Sollte eine *umfassende* Erklärung wirtschaftlicher Entwicklungsvorgänge gegeben werden, dann mußten zwei Probleme gelöst werden: (a) die Beseitigung des Gleichgewichtsmechanismus der Neoklassik und (b) die Berücksichtigung gewisser nachfrageorientierter Faktoren im Modell.

[1] G. Bombach, Zur Theorie ..., a. a. O., S. 159.

I. Entwicklungsphasen der angebotsorientierten Wachstumstheorie

1. Vorläufer der angebotsorientierten Wachstumstheorie: Die einseitige Berücksichtigung eines Produktionsfaktors

Hamberg hat bemerkt, die Wachstumsraten der Vollbeschäftigung (g_V) und der ausgelasteten Kapazitäten (g_O) müßten nicht notwendigerweise einander entsprechen, wie es Domar postuliert hatte. Nur wenn die Bedingung gelte, daß $g_V/g_O = 1$, seien beide Raten gleich; „the income growth will ensure both the capacity use of a growing capital stock and full employment of a growing labor supply"[2]. Ist — nach Hamberg — $g_V/g_O > 1$, genügt das Wachstum der Produktionskapazitäten nicht, um die Vollbeschäftigung des wachsenden Arbeitsangebots sicherzustellen; ist $g_V/g_O < 1$, dann ist selbst bei Vollbeschäftigung die Produktionskapazität nicht voll ausgelastet. Eisner[3] knüpfte daran an und schlug vor, einen Auslastungskoeffizienten in die Gleichgewichtsbedingungsgleichung $\dot{Y}_t = \dot{O}_t$ einzuführen.

Angeregt durch die Kritik von Hamberg und Eisner versuchte Koo, das System von Spengler[4], das die Bevölkerungswachstumsrate explizite berücksichtigt, weiter auszubauen und zu einem Modell vorzustoßen, das „the rate of human betterment measured in terms of per capita income" zu bestimmen vermag[5]. Koo macht die Wachstumsrate

---

[2] A. Y. C. Koo, Per Capita Rate of Economic Growth, WA 74 (1955 I), 47—62, S. 52. D. Hamberg, Full Capacity vs. Full Employment Growth, QJE 66 (1952), 444—449. Vgl. auch die sich daran anschließende Diskussion: H. Pilvin, Full Capacity vs. Full Employment Growth, QJE 67 (1953), 545—552; R. F. Harrod, Comment, ebenda, 553—559; E. D. Domar, Further Comment, ebenda, 559—563; D. Hamberg, Full Capacity vs. Full Employment Growth: Some Further Remarks, QJE 68 (1954), 641—648; I. Adelman und O. Lobo, Some Observations on Full Employment vs. Full Capacity, AER 46 (1956), 412—419.

[3] R. Eisner, Underemployment Equilibrium Rates of Growth, AER 42 (1952), 43—58. Vgl. auch die Diskussion dieses Beitrages durch Hamberg und Wagner: D. Hamberg, Underemployment Equilibrium Rates of Growth: Comment, AER 43 (1953), 377—384; H. M. Wagner, Underemployment Equilibrium Rates of Growth: Further Comment, ebenda, 384—385; R. Eisner, Rejoinder, ebenda, 385—393.

[4] J. J. Spengler, The Population Obstacle to Economic Betterment, AER 41 (1951) P. P., 343—354.

[5] A. Y. C. Koo, Per Capita Rate . . ., a. a. O., S. 61. Vgl. auch die sich daran anschließende Diskussion: D. Hamberg, Per Capita Rate of Economic Growth, WA 75 (1955 II), 268—274; A. Y. C. Koo, Per Capita Rate of Economic Growth: A Rejoinder to Professor Hamberg, WA 77 (1956 II), 110—113.

des per capita Einkommens abhängig von der Domarschen Wachstumsrate s/k, dem Auslastungskoeffizienten von Eisner und dem Teil der Kapitalakkumulation, der durch das Bevölkerungswachstum induziert wird[6]. Aber ebenso wie in den Modellkonstruktionen von Haavelmo[7] und Leibenstein[8], die ein dynamisiertes Malthus-System vorführen[9], wird dadurch der Produktionsfaktor menschliche Arbeitskraft in den Vordergrund gestellt und die Analyse des Produktionsfaktors Realkapital zu sehr vernachlässigt.

Domar dagegen unterstreicht die Bedeutung des Realkapitals für den wirtschaftlichen Wachstumsprozeß:[10]

1. In hochentwickelten Ländern bestimmt in erster Linie das Realkapital durch den Kapazitätseffekt der Investition das Wachstum, in weniger entwickelten Ländern wird das Wachstum der Volkswirtschaft geradezu durch das Wachstum des Realkapitals determiniert.

2. Die durch Investitionen hervorgerufenen Einkommenseffekte beeinflussen die effektive Nachfrage über den Multiplikatoreffekt wesentlich.

3. Ungenutztes Kapital verhindert neue Investitionsentscheidungen der Unternehmer, während Auswirkungen der Unterbeschäftigung nicht unmittelbar auf das Wachstum des Arbeitskräfteangebots zurückwirken.

Einige Autoren haben die Bedeutung des Produktionsfaktors Realkapital dann auch zum Anlaß genommen, Modelle aufzustellen, die vor allem das Realkapital berücksichtigen: es entstand eine Theorie des Kapitalkoeffizienten[11].

Die Kritik an diesen Versuchen und die Weiterentwicklung der Wachstumstheorie zeigten jedoch, daß die einseitige Berücksichtigung eines Produktionsfaktors im Modell keine befriedigende Erklärung der

---

6 A. Y. C. Koo, Per Capita Rate ..., a. a. O., S. 57.

7 T. Haavelmo, A Study in the Theory of Economic Evolution, Amsterdam 1954.

8 H. Leibenstein, A Theory of Economic-Demographic Development, Princeton 1954; H. Leibenstein, Economic Backwardness and Economic Growth, New York 1957.

9 Auf Einzelheiten muß verzichtet werden. Eine kurze Darstellung des Systems bringt K. E. Boulding, In Defense of Statics ..., a. a. O., S. 498.

10 Vgl. E. Domar, Further Comment ..., a. a. O., S. 559.

11 Vgl. z. B. W. Fellner, The Capital-Output Ratio in Dynamic Economics, in Money, Trade and Economic Growth, In Honor of John Henry Williams, New York 1951, 105—134.

Wachstumsprozesse bringen konnte. Pilvin[12] sowie Adelman und Lobo[13] teilten keineswegs die Ansicht Hambergs. Sie stellten fest, daß unter der Annahme einer „normal production function" keiner der beiden Produktionsfaktoren unterbeschäftigt sein müsse, auch wenn die Wachstumsraten der Vollbeschäftigung und die der ausgelasteten Kapazitäten nicht übereinstimmten. Power strebte zwar in seinem ersten Modell[14] noch eine Theorie des Kapitalkoeffizienten an, kam aber in seinem zweiten Modell[15] schon nähe an die Ansätze einer makroökonomischen Produktionsfunktion heran. Die Wachstumstheoretiker erkannten offensichtlich, daß die Berücksichtigung *eines* Produktionsfaktors im Wachstumsmodell nicht dazu ausreicht, den Wachstumsprozeß zu erklären. Wenn aber beide Produktionsfaktoren explizite in Erscheinung traten, dann lag es nahe, auch ihre gegenseitigen Beziehungen zu analysieren. Dabei war die Annahme gerechtfertigt, daß diese Beziehungen in the long run substitutiver, nicht limitationaler Art seien. Der Weg für eine substitutionale makroökonomische Produktionsfunktion als Hilfsmittel der angebotsorientierten Wachstumstheorie war somit geebnet.

2. Die neoklassische Wachstumstheorie als Erklärungsversuch des wirtschaftlichen Wachstums

Für den theoretischen Rahmen der angebotsorientierten Wachstumstheorie dient als Vorbild die neoklassische Kapitaltheorie (Böhm-Bawerk, Wicksell), die die Produktions- und Verteilungstheorie der Klassiker in die Grenzproduktivitätstheorie übergeführt hat. Diese Analyse der Produktions- und Verteilungsseite der Wirtschaft, die innerhalb eines stationären Modells vorgenommen wurde, wird nun wieder aufgegriffen und in einem evolutorischen Modell weitergeführt[16]. Nach diesem neoklassischen Vorbild sind die Modelle von Tobin[17], Solow[18], Swan[19], Little[20] und Meade[21] konstruiert worden.

---

[12] Pilvin kritisiert die Wachstumsmodelle von Domar und Harrod vor allem deshalb, weil sie „do not include a comprehensive treatment of all factor changes". Vgl. H. Pilvin, Full Capacity..., a. a. O., S. 545.

[13] I. Adelman und O. Lobo, Some Observations..., a. a. O.

[14] J. H. Power, Capital Intensity and Economic Growth, AER 45 (1955) P. P., 197—207.

[15] J. H. Power, The Economic Framework of a Theory of Growth, EJ 68 (1958), 34—50.

[16] Vgl. hierzu K. Ara, Capital Theory and Economic Growth, EJ 68 (1958), 511—527, S. 511.

[17] J. Tobin, A Dynamic Aggregative Model..., a. a. O.

[18] R. M. Solow, A Contribution..., a. a. O.; vgl. auch J. Buttrick, A Note on Professor Solow's Growth Model, QJE 72 (1958), 633—636.

[19] T. W. Swan, Economic Growth and Capital Accumulation, ER 32 (1956), 334—361.

[20] I. M. D. Little, Classical Growth, OEP 9 (1957), 152—177.

[21] J. E. Meade, A Neo-Classical Theory of Economic Growth, London 1961.

a) Repräsentatives Beispiel für die neoklassische Wachstumstheorie: Das Modell von Solow

Als Beispiel für die neoklassische Wachstumstheorie möge das Modell von Solow[22] dienen, das einen der ersten fundierten Beiträge der neoklassischen Entwicklungslinie darstellt und auf das deshalb auch immer wieder in der Literatur zurückgegriffen wird.

Geht man von der Annahme aus, daß die Produktionsfaktoren Realkapital (K) und Arbeit (L) durch ihre Größe und ihr Zusammenwirken das gesamtwirtschaftliche Produktionsergebnis (Y) bestimmen, so läßt sich, wenn der Wachstumsverlauf oder Zeittrend beider Faktoren bekannt ist, auch das Wachstum von Y feststellen. Produktionsfaktoren und Produktionsergebnis stehen in einem funktionalen Zusammenhang. Das kann durch eine makroökonomische Produktionsfunktion ausgedrückt werden:

(C. 1) $$Y_t = f(K_t, L_t).$$

Diese Produktionsfunktion wird im allgemeinen als homogen ersten Grades dargestellt: eine proportionale Vergrößerung der eingesetzten Produktionsfaktoren führt zu einer proportionalen Erhöhung des gesamtwirtschaftlichen outputs (constant returns to scale). Die Bestimmung des output-Wachstums führt über die Bestimmung der Zeittrends von Realkapital und Arbeit. Solow nimmt an, daß sich der Produktionsfaktor Arbeit nach einem bestimmten, exponential verlaufenden Wachstumstrend mit der Wachstumsrate n entwickelt

(C. 2) $$L_t = L_0 e^{nt}.$$

Die Veränderung des bestehenden Kapitalstocks richtet sich nach der Kapitalakkumulation. Diese wird bestimmt durch die Menge an beabsichtigten Sparbeträgen. Da angenommen wird, daß diese Menge in einem proportionalen Verhältnis zum Volkseinkommen steht, gilt für die gesamtwirtschaftliche Nettoinvestition ($\dot{K}_t$) die Beziehung

(C. 3) $$\dot{K}_t = sY_t.$$

Unter Berücksichtigung von (C. 2) und (C. 3) ergibt sich aus (C. 1)

(C. 4) $$\dot{K}_t = sf(K_t, L_0 e^{nt}).$$

Nach Solow wickelt sich der Wachstumsprozeß demnach wie folgt ab: „at any moment of time the available labor supply is given ... and the available stock of capital is also a datum. Since the real return to factors will adjust to bring about full employment of labor and capi-

[22] R. M. Solow, A Contribution ..., a. a. O.

tal we can use the production function ... to find the current rate of output. Then the propensity to save tells us how much of net output will be saved and invested. Hence we know the net accumulation of capital during the current period. Added to the already accumulated stock this gives the capital available for the next period and the whole process can be repeated"[23].

Selbst wenn die Funktion (C. 4) noch nicht determiniert ist, lassen sich einige Feststellungen in bezug auf Stabilität oder Instabilität des Systems treffen[24]. Setzt man $K_t/L_t = r_t$, so erhält man aus (C. 4) nach einigen Umformungen[25]

$$\text{(C. 5)} \qquad \dot{r}_t = sf(r_t, 1) - nr_t.$$

Die Veränderung der Kapitalintensität ($\dot{r}_t$) hängt demnach von zwei Einflüssen ab. Sie wird positiv beeinflußt durch die Vergrößerung des Kapitalstocks und negativ durch das Wachstum des Produktionsfaktors Arbeit (n). Im Quadranten I eines rechtwinkligen Koordinatensystems mit den Achsen $\dot{r}_t$ und r_t läßt sich die Funktion nr_t als Strahl mit der Neigung n darstellen. Die Funktion $sf(r_t, 1)$ kann, wenn eine bestimmte Produktionsfunktion zugrundegelegt wird (z. B. Cobb-Douglas-Typ), die Form einer konvex gekrümmten Kurve annehmen. In Abb. 8 sind diese beiden Funktionsformen eingetragen[26]. Die Kapitalintensität ($\dot{r}_t > o$) verändert sich solange, als $sf(r_t, 1) > nr_t$. Wenn $sf(r_t, 1) = nr_t$, dann wachsen beide Produktionsfaktoren mit derselben Rate und auch der gesamtwirtschaftliche output, da eine homogene Produktionsfunktion ersten Grades unterstellt wird. Dieses erreichte Gleichgewicht bei einer konstanten Kapitalintensität r^* ist stabil. Ist $r_t > r^*$. so gilt auch $nr_t > sf(r_t, 1)$. Aus (C. 5) läßt sich ablesen, daß dann r_t solange abnimmt,

---

23 R. M. Solow, A Contribution ..., a. a. O., S. 68; Swan kommt zu einem ähnlichen Schluß: „The given rate of growth of labour ... determines the equilibrium growth rate of the whole economy, while the saving ratio determines the output-capital ratio at which equilibrium will occur" (T. W. Swan, Economic Growth ..., a. a. O., S. 336).

24 Vgl. im folgenden R. M. Solow, A Contribution ..., a. a. O., S. 68 ff.

25 Die Beziehung $r_t = K_t/L_t$ kann unter Berücksichtigung von (C. 2) umgeformt werden in

$$\text{(C. 4)*} \qquad K_t = r_t L_0 e^{nt};$$

differenziert nach der Zeit ergibt sich

$$\text{(C. 4)**} \qquad \dot{K}_t = \dot{r}_t L_0 e^{nt} + nr_t L_0 e^{nt}.$$

Wird in (C. 4) $L_0 e^{nt}$ vor die Klammer gesetzt und $\dot{K}_t$ durch die rechte Seite der Gleichung (C. 4)** ersetzt, so resultiert

$$\text{(C. 4)***} \quad (\dot{r}_t + nr_t) L_0 e^{nt} = sL_0 e^{nt} f\left(\frac{K_t}{L_0 e^{nt}}, 1\right) \text{ oder}$$

$$\text{(C. 5)} \qquad \dot{r}_t = sf(r_t, 1) - nr_t.$$

26 Vgl. R. M. Solow, A Contribution ..., a. a. O., S. 70, Fig. I.

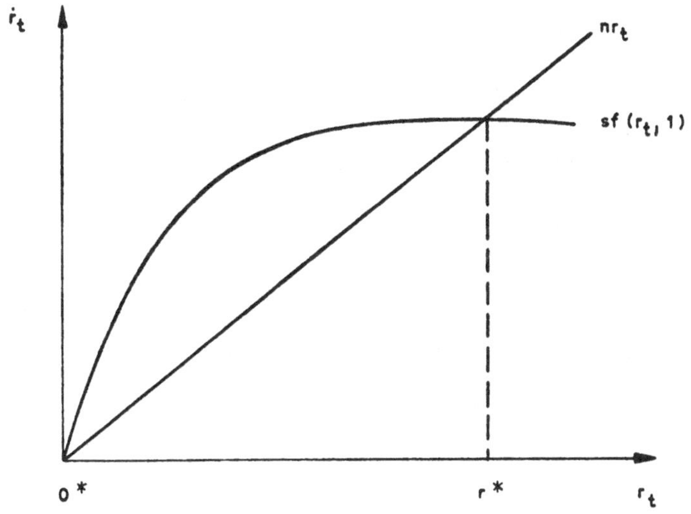

Abb. 8. Gleichgewichtsniveau der Kapitalintensität nach Solow

bis $r_t = r^*$. Ist $r_t < r^*$, so gilt $nr_t < sf(r_t, 1)$; da $\dot{r}_t > o$, wird $r_t \rightarrow r^*$ streben. Die Funktion $sf(r_t, 1)$ kann auch andere Formen als die in Abb. 8 gezeigte annehmen. Solow kommt in der Untersuchung möglicher Formen zu dem Schluß, daß nur in Extremfällen kein stabiles Gleichgewichtswachstum zustandekommt.

Auch wenn Produktionsfunktion (C. 1) determiniert wird, etwa in Gestalt der Cobb-Douglas-Funktion

(C. 6) $$Y_t = K_t^a L_t^b \qquad (a + b = 1),$$

bestätigt sich die Stabilität des Wirtschaftswachstums. Unter Berücksichtigung von (C. 6) ergibt sich aus (C. 4)

(C. 7) $$\dot{K}_t = sK_t^a \quad (L_0 e^{nt})^b$$

Die Lösung der integrierten Gleichung (C. 7) lautet

(C. 8) $$K_t = \left(K_0^b - \frac{s}{n} L_0^b + \frac{s}{n} L_0^b e^{nbt}\right)^{\frac{1}{b}} .$$

Bei großem t wächst K_t wie $\left(\frac{s}{n}\right)^{\frac{1}{b}} L_0 e^{nt}$, also mit derselben Rate wie L_t. Der Gleichgewichtswert der Kapitalintensität läßt sich, unter Berücksichtigung von (C. 6) und der Bedingung $\dot{r}_t = o$ aus (C. 5) ablesen:[27]

$$r^* = \left(\frac{s}{n}\right)^{\frac{1}{b}} .$$

---

[27] Aus (C. 5) wird, unter Berücksichtigung von (C. 6), $\dot{r}_t = sr_t^a - nr_t$. Wenn $\dot{r}_t = 0$, dann $\frac{r_t}{r_t^a} = \frac{s}{n}$ oder $r_t = \left(\frac{s}{n}\right)^{\frac{1}{1-a}}$.

In diesem Punkt entspricht der Gleichgewichtswert des Kapitalkoeffizienten (K_t/Y_t) dem Wert s/n[28].

Das Modellbeispiel von Solow veranlaßt zu zwei Folgerungen, die schlechthin für die neoklassische Wachstumstheorie gelten.

1. Als Ergebnis des Modellablaufs bei Solow ergibt sich eine bemerkenswerte Stabilität des Wirtschaftswachstums. Das steht im Gegensatz zu dem Modell von Harrod. Hier war ein Instabilitätstheorem postuliert worden: nur unter ganz bestimmten Voraussetzungen konnte das (Gleichgewichts-) Wachstum stabil gehalten werden. In der Tat geht es der neoklassischen Wachstumstheorie vor allem darum, zu zeigen, daß die Wachstumstheorie von Harrod zu falschen Schlußfolgerungen führe, weil sich ihr Instrumentarium für die Analyse langfristiger Entwicklungsprozesse nicht eigne[29]. Das Instabilitätstheorem von Harrod könne widerlegt werden, wenn nur eine genügende Flexibilität der Preise und Löhne vorausgesetzt und die Substitutionalität der Produktionsfaktoren berücksichtigt werde[30]. Die postulierte Inflexibilität und Limitationalität dieser zur Interpretation des Entwicklungsprozesses wichtigen Faktoren müßten zwangsläufig ein „Knife-Edge"-Wachstum herbeiführen[31]. Dagegen biete der Rahmen der neoklassischen Wachstumstheorie genügend Raum für ein stabiles Wachstum auf breiter Grundlage: „when production takes place under the usual neoclassical conditions of variable proportions and constant returns to scale, no simple opposition between natural and warranted rates of growth is possible. There may not be any ... knife-edge. The system can adjust to any given rate of growth of the labor force, and eventually approach a state of steady proportional expansion"[32]. Da die Funktion nr_t als natural rate im Sinne Harrods (bei Vernachlässigung der Änderungen des technischen Wissens), und die Funktion $sf(r_t, 1)$ als warranted rate aufgefaßt werden können, läßt sich diese Behauptung

---

[28] Aus (C. 6) ergibt sich $\frac{Y_t}{K_t} = \left(\frac{L_t}{K_t}\right)^b$ oder $\frac{K_t}{Y_t} = \left(\frac{K_t}{L_t}\right)^b$; da der Gleichgewichtswert der Kapitalintensität $r^* = \frac{K_t}{L_t} = \left(\frac{s}{n}\right)^{\frac{1}{b}}$ ist, gilt für den Gleichgewichtswert des Kapitalkoeffizienten $\frac{K_t}{Y_t} = \left(\frac{K_t}{L_t}\right)^b = \frac{s}{n}$.

[29] „One usually thinks of the long run as the domain of the neoclassical analysis, the land of the margin ... the single composite commodity is produced by labor and capital under the standard neoclassical conditions" (R. M. Solow, A Contribution ..., a. a. O., S. 66).

[30] „It is ... maintained that if due attention is paid to the price mechanism in general and to factor substitution in particular, then full employment growth equilibrium exists and is likely to be stable". Vgl. F. H. Hahn, The Stability of Growth Equilibrium, QJE 74 (1960), 206—226, S. 206.

[31] R. M. Solow, A Contribution ..., a. a. O., S. 65/66.

[32] Ebenda, S. 73.

Solows aus Gleichung (C. 5) und Abb. 8 ablesen. Auch die Determinierung der Produktionsfunktion verändert dieses Ergebnis nicht. Wenn, wie Solow annimmt, Cr bei Harrod den (Gleichgewichts-) Kapitalkoeffizienten bezeichnet, dann ist Cr = s/n oder n = s/Cr: „the natural rate equals ‚the' warranted rate, not as an odd piece of luck but as a consequence of demand-supply adjustments"[33].

Eisner und Green kommen demgegenüber zu der Feststellung, daß die Modelle von Harrod und Domar variable Faktorverhältnisse zulassen und sich auch mit den Problemen flexibler Preise befassen[34]. Eine kurze Analyse genügt, um diese Feststellung zu bestätigen.

In „Towards a Dynamic Economics" formuliert Harrod das Gleichgewichtswachstum Gw folgendermaßen:

$$Gw = \frac{s-d}{Cr}; \tag{C. 9}$$

d steht für „deepening". Wenn d positiv ist, erhöht sich Cr im Zeitablauf, „and may eventually become so great as to enable us to dispense with d"[35]. Änderungen von Cr bedeuten aber Änderungen der Faktorverhältnisse. Das läßt sich anhand der Cobb-Douglas-Funktion (C. 6) zeigen. Wird Cr als Gleichgewichtskapitalkoeffizient aufgefaßt und ist $K_t/L_t = r_t$, so läßt sich schreiben

$$Cr = \frac{K_t}{Y_t} = \frac{r_t}{r_t^a}. \tag{C. 10}$$

Das Gleichgewichtswachstum ergibt sich dann aus

$$Gw = (s-d)\frac{1}{r_t^b}. \tag{C. 11}$$

Die partielle Differentiation von Gw nach r_t führt, unter Konstanthaltung von s und d, zu

$$\frac{\delta Gw}{\delta r_t} = -(s-d)\frac{b}{r_t^{b+1}}. \tag{C. 12}$$

Aus (C. 12) geht hervor, daß die Bedingung gelten muß:

$$\frac{\delta Gw}{\delta r_t} < 0 \tag{C. 13}$$

Die partielle Differentiation von Gw nach d führt, wenn s und r konstant gehalten werden, zu

$$\frac{\delta Gw}{\delta d} = -\frac{1}{r_t^b}. \tag{C. 14}$$

(C. 14) enthält die Bedingung, daß

$$\frac{\delta Gw}{\delta d} < 0. \tag{C. 15}$$

---

[33] Ebenda, S. 77.

[34] R. Eisner, On Growth Models and the Neo-Classical Resurgence, EJ 68 (1958), 707—721; vgl. hierzu R. M. Solow, Is Factor Substitution a Crime, and if so, how bad? Reply to Professor Eisner, EJ 69 (1959), 597—599 und J. Tobin, Reply to Professor Eisner, ebenda, 599—600; H. A. J. Green, Growth Models, Capital and Stability, EJ 70 (1960), 57—73.

[35] Vgl. R. F. Harrod, Towards ..., a. a. O., S. 96.

(C. 13) und (C. 15) zeigen deutlich, daß sich Harrods warranted rate of growth Gw sowohl durch eine Steigerung der Kapitalintensität als auch durch die Vergrößerung der Veränderungsrate der Kapitalintensität verringert. Selbst wenn angenommen wird, daß d, wie Harrod vermutet, bei großem Cr gegen Null strebt, genügt (C. 13), um zu zeigen, daß die Veränderung der Kapitalintensität auf die Rate Gw einwirkt, daß demnach dem Harrodschen Modell variable Faktorverhältnisse zugrundeliegen.

Wir wollen hier nicht untersuchen, worauf die Instabilität des Harrodschen Systems im einzelnen zurückzuführen ist. Eisner meint, die Instabilität bei Harrod liege in „incapacities of adjustment of the monetary framework and of the economic system generally and not (in) an arbitrary assumption of (technologically determined) corners in the production isoquants" begründet[36]. Uns interessiert vielmehr, auf welcher Problemstellung das Stabilitätstheorem der neoklassischen Wachstumstheorie beruht, d. h. ob die neoklassische Wachstumstheorie einer gründlichen Analyse ihrer Prämissen standhält. Zuvor ist jedoch zu prüfen, ob sich die Zielsetzung der neoklassischen Wachstumstheorie bereits darin erschöpft, das Instabilitätstheorem Harrods auszuräumen, oder ob angestrebt wird, den wirtschaftlichen Entwicklungsprozeß in seiner ganzen Komplexität zu erklären. Denn würde sich die neoklassische Wachstumstheorie auf die erstgenannte spezielle Zielsetzung beschränken, so wäre eine umfassende Wachstumstheorie *von vornherein,* d. h. von der Zielsetzung her, nicht gegeben. Eine weitere Analyse würde sich dann erübrigen.

2. Es finden sich bei den Autoren neoklassischer Wachstumsmodelle gelegentlich Bemerkungen, die darauf hindeuten, daß die Erklärung des Wachstumsprozesses schlechthin angestrebt wird. Zwar stellt Solow einleitend ausdrücklich auf die spezielle Zielsetzung ab, das Instabilitätstheorem Harrods zu widerlegen. Doch schließt er seine Analyse mit der Feststellung, daß er „the tightrope view of economic growth" vorführen wollte unter alleiniger Berücksichtigung der neoklassischen Seite und der „full employment economics — in the dual aspect of equilibrium condition and frictionless, competitive, causal system"[37]. Auch die Bemerkung von Tobin, daß „there is room for growth and cycle models based on different premises"[38], läßt darauf schließen, daß es den Autoren der neoklassischen Wachstumstheorie letztlich darauf ankommt, einen ganz *bestimmten Typ* der Wachstumstheorie zu entwickeln und somit der eigentlichen Zielsetzung zu entsprechen, den Wachstumsprozeß in seiner Komplexität, nicht nur in seiner möglichen Stabilität zu erfassen.

Wenn diese Absicht allerdings den Modellen zugrundeliegt, dann bieten ihre Prämissen reichlich Gelegenheit zur Kritik. Robinson be-

[36] R. Eisner, On Growth Models ..., a. a. O., S. 710.
[37] R. M. Solow, A Contribution ..., a. a. O., S. 91.
[38] J. Tobin, Reply to Professor Eisner ..., a. a. O., S. 600.

merkt[39] treffend: „The difficulty of the problem arises ... from attempting *to rig up assumptions to make it seem plausible* that a private-enterprise economy would continuously accumulate, under long-period equilibrium conditions, with continuous full employment of a constant labour force, without any cyclical disturbances ... *But why try to make it seem plausible,* when we know that in real life nothing like it ever happens?“ Wie in der nachfrageorientierten Wachstumstheorie durch das Multiplikator-Akzelerator-Prinzip ein Mechanismus eingeführt wurde, dessen Auswirkungen auf das Modellergebnis nicht immer kontrolliert werden konnten, so scheint in der neoklassischen Wachstumstheorie ein Gleichgewichtsmechanismus zu herrschen, der bereits das Modellergebnis in den Modellprämissen verankert[40]. Es hat nicht an Versuchen gefehlt, durch die Einführung realistischer Thesen diesen Mechanismus aufzulösen und zu einem realistischen Wachstumsmodell angebotsorientierter Prägung vorzustoßen.

b) Versuch einer Verallgemeinerung: Das Modell von Smithies

Smithies zweifelt das Ergebnis des Solow-Modells an. Ist ein Wachstumsmodell realistisch, das die Konstanz des Kapitalkoeffizienten beinhaltet? Es ist durchaus vorstellbar, daß sich der Kapitalkoeffizient im Zeitablauf ändert. Zur Untersuchung dieser Frage dient Smithies ein einfaches neoklassisches Wachstumsmodell, das modifiziert wird[41]

Nimmt man an, daß nicht nur die quantitative Änderung und Zusammensetzung der Produktionsfaktoren Arbeit und Realkapital, sondern auch sonstige, vor allem qualitative Einflüsse (z. B. Organisationsänderungen, technisches Wissen, Ausbildung der Arbeiter usw.) die Höhe des gesamtwirtschaftlichen outputs beeinflussen, und erfaßt man diese Einflüsse in der Produktionsfunktion durch Hinzufügen eines Trendfaktors t, der das quantitative Zusammenwirken der Produktionsfaktoren nicht beeinflußt, so kann man schreiben

(C. 16) $$Y_t = F(K_t, L_t, t) .$$

Der technische Fortschritt, der durch t erfaßt wird, verschiebt die Produktionsfunktion. Isoliert man diese Bewegung, setzt man also t

---

[39] J. Robinson, Accumulation and the Production Function, EJ 69 (1959), 433—442, S. 433 (Hervorhebungen vom Verf.).

[40] So bemerkt z. B. Hahn: „the rejection of the Harrod-Domar ‚Knife Edge‘ has been based on models in which it is assumed that full employment savings are at all times equal to full employment investment“; vgl. F. H. Hahn, The Stability ..., a. a. O., S. 206.

[41] A. Smithies, Productivity, Real Wages and Economic Growth, QJE 74 (1960), 189—205.

vor die Klammer in (C. 16), so beschreibt T(t) die kumulierten Wirkungen der Verschiebung im Zeitablauf[42]

$$Y_t = T(t)\,F(K_t, L_t) \qquad \text{(C. 17)}$$

oder, in der Form der Cobb-Douglas-Funktion (a + b = 1):

$$Y_t = T(t)\,K_t^a L_t^b\ . \qquad \text{(C. 18)}$$

Wird (C. 18) total nach der Zeit differenziert und durch Y_t dividiert, so ergibt sich die Wachstumsrate des gesamtwirtschaftlichen outputs[43]

$$\frac{\dot{Y}_t}{Y_t} = \frac{\dot{T}}{T} + a\frac{\dot{K}_t}{K_t} + b\frac{\dot{L}_t}{L_t}. \qquad \text{(C. 19)}$$

Die Wachstumsrate $\dot{L}_t/L_t$ läßt sich unter der Annahme, daß die Reallohnrate gleich dem Grenzprodukt der Arbeit ist, aus (C. 19) eliminieren[44]

$$\frac{\dot{Y}_t}{Y_t} = \frac{1}{a}\frac{\dot{T}}{T} + \frac{\dot{K}_t}{K_t} - \frac{b}{a}\frac{\dot{w}_t}{w_t}. \qquad \text{(C. 20)}$$

---

[42] T(t) soll ausdrücken, daß die Verlaufsform des technischen Fortschritts in der Zeit nicht näher bestimmt ist. Die Form könnte z. B. T_t oder e^t lauten. Um diese Unbestimmtheit auszudrücken, wird bei den folgenden Ableitungen der Ausdruck T mit keinem Suffix versehen.

[43] Durch totale Differentiation nach der Zeit und Division durch Y_t erhält man aus (C. 18)

$$\frac{\dot{Y}_t}{Y_t} = \frac{\dot{T}}{T} + T\frac{\delta F}{\delta K_t}\frac{\dot{K}_t}{Y_t} + T\frac{\delta F}{\delta L_t}\frac{\dot{L}_t}{Y_t}\ . \qquad \text{(C. 18)*}$$

Da eine homogene Funktion ersten Grades unterstellt wird, lassen sich die Glieder der Produktionsfunktion jeweils durch die partielle Differentiation der Funktion und durch die Anteile der Produktionsfaktoren am Gesamtprodukt substituieren.

Die partielle Differentiation von Y_t nach L_t bzw. K_t ergibt

$$\frac{\delta Y_t}{\delta K_t} = T\frac{\delta F}{\delta K_t} \qquad \text{(C. 18a)**}$$

$$\frac{\delta Y_t}{\delta L_t} = T\frac{\delta F}{\delta L_t}\ . \qquad \text{(C. 18b)**}$$

Berücksichtigt man, daß die Anteile von K_t an Y_t (= a) und von L_t an Y_t (= b) ausgedrückt werden können als

$$a = \frac{\delta Y_t}{\delta K_t}\frac{K_t}{Y_t}\ ;\quad \frac{\delta Y_t}{\delta K_t} = a\frac{Y_t}{K_t} \qquad \text{(C. 18a)***}$$

$$b = \frac{\delta Y_t}{\delta L_t}\frac{L_t}{Y_t}\ ;\quad \frac{\delta Y_t}{\delta L_t} = b\frac{Y_t}{L_t}\ , \qquad \text{(C. 18b)***}$$

so resultiert aus der Substitution von (C. 18a)** und (C. 18b)** unter Berücksichtigung von (C. 18a)*** und (C. 18b)*** die Gleichung (C. 19).

[44] Ist die Reallohnrate w_t gleich dem Grenzprodukt der Arbeit, so gilt

$$\frac{\delta Y_t}{\delta L_t} = b\frac{Y_t}{L_t}, \qquad \text{(C. 18b)***}$$

$$w_t = b\frac{Y_t}{L_t}. \qquad \text{(C. 19)*}$$

Aus (C. 20) zeigt sich, daß

(1) das Volkseinkommen umso schneller wächst, je niedriger die Wachstumsrate des Reallohns ist

(2) das Volkseinkommen schneller wächst als das Realkapital, wenn gilt[45]

$$\text{(C. 21)} \qquad \frac{\dot{w}_t}{w_t} < \frac{1}{b}\,\frac{\dot{T}}{T}.$$

Diese Ungleichheit wird in der Realität erfüllt. Das läßt sich z. B. anhand der Statistiken des National Bureau für die USA im Zeitraum 1909—1957 nachweisen[46]. Danach erhöhte sich die Produktivität um 400 vH, der Reallohnindex um 500 vH. Berücksichtigt man, daß b = 0,65, so ist (C. 21) bestätigt.

Was folgt nun aus einem Vergleich des Smithies-Modells mit dem Solow-Modell?

1. Nimmt man an, daß sich der Produktionsfaktor Arbeit mit einer konstanten Wachstumsrate n ($\dot{L}_t/L_t = n$), die Produktivität mit einer konstanten Wachstumsrate j ($\dot{T}/T = j$) und der Reallohn mit einer kostanten Wachstumsrate h ($\dot{w}_t/w_t = h$) exponential entwickeln, dann lauten die Gleichungen (C. 19) und (C. 19)**:

$$\text{(C. 19a)} \qquad \frac{\dot{Y}_t}{Y_t} = j + a\,\frac{\dot{K}_t}{K_t} + bn$$

$$\text{(C. 19a)**} \qquad \frac{\dot{Y}_t}{Y_t} = n + h\,.$$

Aus der Differentiation von (C. 19)* nach der Zeit resultiert

$$\text{(C. 19)**} \qquad \frac{\dot{L}_t}{L_t} = \frac{\dot{Y}_t}{Y_t} - \frac{\dot{w}_t}{w_t}.$$

Wird (C. 19)** in (C. 19) substituiert, so ergibt sich

$$\text{(C. 19)***} \qquad \frac{\dot{Y}_t}{Y_t}(1\text{—}b) = \frac{\dot{T}}{T} + a\,\frac{\dot{K}_t}{K_t} - b\,\frac{\dot{w}_t}{w_t},$$

oder, da a = 1 — b, Gleichung (C. 20).

[45] Aus (C. 20) folgt

$$\frac{\dot{Y}_t}{Y_t} - \frac{\dot{K}_t}{K_t} = \frac{1}{a}\,\frac{\dot{T}}{T} - \frac{b}{a}\,\frac{\dot{w}_t}{w_t}. \text{ Wenn}$$

$$\frac{\dot{Y}_t}{Y_t} > \frac{\dot{K}_t}{K_t}, \text{ dann } \frac{1}{a}\,\frac{\dot{T}}{T} > \frac{b}{a}\,\frac{\dot{w}_t}{w_t} \text{ oder}$$

$$\frac{1}{b}\,\frac{\dot{T}}{T} > \frac{\dot{w}_t}{w_t}.$$

[46] Vgl. hierzu A. Smithies, Productivity ..., a. a. O., S. 200.

(C. 19 a) und (C. 19 a)** stellen zwei Bedingungen dar, die simultan erfüllt sein müssen, wenn ein Gleichgewichtswachstum im Solow-Modell erreicht werden soll. Die Wachstumsrate des Kapitals, die nach der Gleichsetzung von (C. 19 a) und (C. 19 a)** feststeht,

$$\text{(C. 22)} \qquad \frac{\dot{K}_t}{K_t} = -\frac{j}{a} + n + \frac{h}{a},$$

ist nur dann der (Gleichgewichts-)Wachstumsrate des Einkommens gleich, wenn die zusätzliche Bedingung eingeführt wird

$$\text{(C. 23)} \qquad h = \frac{j}{b} \quad \text{oder} \quad \frac{\dot{w}_t}{w_t} = \frac{1}{b}\frac{\dot{T}}{T}.$$

Nur über (C. 23) erreichen wir einen konstanten Gleichgewichtskapitalkoeffizienten, wie ihn Solow dargestellt hat[47].

Die Gleichgewichtswachstumsrate des Volkseinkommens wird — nach (C. 19 a)** — nur noch bestimmt durch die Wachstumsrate des Produktionsfaktors Arbeit und durch die Wachstumsrate des Reallohns. Das Produktivitätswachstum hat die Wirkung, daß es die Notwendigkeit einer Kapitalakkumulation verringert.

2. Smithies will mit seinem Beispiel hervorheben, daß das Solow-Modell nur als Spezialfall eines allgemein gefaßten, angebotsorientierten Wachstumsmodells gelten kann, und zwar als Modell, das in jedem Augenblick das Volkseinkommen im Gleichgewichtswachstum hält. Bereits eine exponential wachsende Reallohnrate garantiert im Solow-Modell kein Gleichgewichtswachstum mehr, wenn sie nicht der mit der Produktionselastizität der Arbeit gewichteten Wachstumsrate der Produktivität gleich ist (C. 23).

Smithies zeigt, daß die Variation der Solowschen Modellvoraussetzungen zu einer Modell-Lösung führt, die realistischer ist. In der Realität dürfte eher (C. 21) als (C. 23) gelten, so daß das Wachstum des Volkseinkommens nach

$$\text{(C. 24)} \qquad \frac{\dot{Y}_t}{Y_t} > n + h$$

bestimmt ist. Das Wachstum des Realkapitals $\dot{K}_t/K_t$ ergibt sich bei Smithies aus der These über die Kapitalakkumulation, die sich nach

---

[47] Wird (C. 23) in (C. 22) eingesetzt, so ergibt sich

$$\text{(C. 22)*} \qquad \frac{\dot{K}_t}{K_t} = -\frac{hb}{a} + n + \frac{h}{a} \qquad \text{oder}$$

$$\text{(C. 22)**} \qquad \frac{\dot{K}_t}{K_t} = \frac{h}{a}(1-b) + n.$$ Da $1 - b = a$, so entspricht

(C. 22)** Gleichung (C. 19a)**.

der Sparquote richtet. Unter Berücksichtigung von (C. 3) resultiert schließlich[48]

$$\text{(C. 25)} \qquad \frac{\dot{K}_t}{K_t} = sT^{\frac{1}{a}} \left(\frac{w_t}{b}\right)^{-\frac{b}{a}}$$, und, (C. 25) eingesetzt in (C. 20):

$$\text{(C. 26)} \qquad \frac{\dot{Y}_t}{Y_t} = \frac{1}{a}\frac{\dot{T}}{T} + sT^{\frac{1}{a}} \left(\frac{w_t}{b}\right)^{-\frac{b}{a}} - \frac{b}{a}\frac{\dot{w}_t}{w_t}.$$

Da, nach Smithies, technischer Fortschritt, Reallohnrate und Sparquote im Zeitablauf exponential wachsen[49], ändert sich (C. 26) in

$$\text{(C. 27)} \qquad \frac{\dot{Y}_t}{Y_t} = \frac{j}{a} + s_0 T_0^{\frac{1}{a}} \left(\frac{w_0}{b}\right)^{-\frac{b}{a}} e^{\left(\frac{j}{a} - \frac{bh}{a} + c\right)t} - \frac{bh}{a}.$$

3. Smithies und Solow haben als gemeinsame Grundlage, die allerdings mehr oder minder stillschweigend angenommen wurde, den Grundgedanken der Grenzproduktivitätstheorie und anstelle einer fehlenden Investitionsfunktion eine These, die die Akkumulation abhängig macht vom Sparen. Darüber hinaus führt Smithies den technischen Fortschritt und die Reallohnrate ein und hier überzeugt sein Einwand gegenüber Solow, daß ein Gleichgewichtswachstum nur zustandekommt, wenn (C. 23) gilt. Wichtiger aber ist nun die Frage, ob man diesen Theorietyp als eine zureichende Lösung des Wachstumsproblems benutzen kann, was in allgemeiner Form nichts anderes bedeutet als die Frage, ob man aus den neoklassischen Grundannahmen heraus zu einer befriedigenden Wachstumstheorie kommt. Schon hier soll gesagt werden,

---

[48] Aus (C. 3)

$$\text{(C. 3)} \qquad \dot{K}_t = sY_t \qquad \text{folgt auch}$$

$$\text{(C. 3)*} \qquad \frac{\dot{K}_t}{K_t} = s\frac{Y_t}{K_t}.$$

Aus (C. 18)

$$\text{(C. 18)} \qquad Y_t = T(t)\, K_t^a L_t^b \quad \text{ergibt sich}$$

$$\text{(C. 18)**} \qquad \frac{Y_t}{K_t} = T\left(\frac{L_t}{K_t}\right)^b \text{; in Verbindung mit (C. 19)*}$$

$$\text{(C. 19)*} \qquad w_t = b\,\frac{Y_t}{L_t} \quad \text{läßt sich (C. 3)* errechnen.}$$

Es gilt nämlich

$$\left(\frac{L_t}{K_t}\right)^b = \left(\frac{K_t}{L_t}\right)^{-b} = \left(\frac{w_t}{bT}\right)^{-\frac{b}{a}} \text{ und, eingesetzt in (C. 3)*,}$$

$$\text{(C. 25)} \qquad \frac{\dot{K}_t}{K_t} = sT^{\frac{1}{a}}\left(\frac{w_t}{b}\right)^{-\frac{b}{a}}$$

[49] $T = T_0 e^{jt}$, $w_t = w_0 e^{ht}$, $s_t = s_0 e^{ct}$.

daß der Versuch von Smithies, das Modell von Solow seines Gleichgewichtscharakters zu entkleiden und zu einem realistischen, angebotsorientierten Wachstumsmodell vorzustoßen, anregen, aber nicht überzeugen kann. Der Gleichgewichtsmechanismus, insbesondere die Hypothesen der Grenzproduktivitätstheorie und die über die Kapitalakkumulation, sind im Smithies-Modell erhalten geblieben. Inwieweit Modellgedanke und Modellaufbau durch diesen neoklassischen Gleichgewichtsmechanismus beeinflußt werden, soll im folgenden aufgezeigt werden.

3. Der Gleichgewichtsmechanismus im neoklassischen Wachstumsmodell

a) Die Grenzproduktivitätstheorie als Gleichgewichtsmechanismus

Der Gleichgewichtsmechanismus im neoklassischen Wachstumsmodell kann nur voll erfaßt werden, wenn die Determinanten und gegenseitigen Beziehungen von Angebots- und Nachfrageseite der Faktormärkte explizite herausgestellt werden. Im Modell von Solow sind nur die Angebotsseiten der Faktormärkte, die in (C. 2) und (C. 3) zum Ausdruck kommen, dargestellt worden; es wurde vorausgesetzt, daß sich die Nachfrageseiten der Faktormärkte simultan an die Angebotsseiten anpassen. Wie sind die Annahmen im einzelnen?

Das Angebot an Arbeitskräften ($\overset{*}{L}_t$) ist unabhängig von der Bewegung der Löhne. Es folgt einer exogen gegebenen, konstanten Wachstumsrate n:

(C. 28) $$\overset{*}{L}_t = \overset{*}{L}_0 e^{nt} .$$

Die Nachfrage auf dem Arbeitsmarkt richtet sich nach der Bedingung, daß die Reallohnrate w_t der Grenzproduktivität der beschäftigten Arbeitskräfte (L_t) entspricht. Dies setzt voraus, daß die Unternehmer Gewinnmaximierung anstreben, atomistische Konkurrenz auf Faktor- und Warenmärkten herrscht, ein einheitlicher Lohnsatz vorhanden ist und die Beschäftigten mit ihrem Grenzprodukt entlohnt werden:

(C. 29) $$\frac{\delta f(K_t, L_t)}{\delta L_t} = w_t .$$

Durch die Anpassung der Reallohnrate an das Wachstum des Arbeitsangebots wird das Gleichgewicht auf dem Arbeitsmarkt hergestellt:

(C. 30) $$\overset{*}{L}_t = L_t .$$

Das Ausmaß an Investitionsmöglichkeiten ($\dot{K}^*_t$) ist gegeben durch die Beziehung, die die Kapitalakkumulation beschreibt

(C. 31) $$\dot{K}^*_t = sY_t.$$

Die Nachfrage nach Realkapital wird bestimmt durch die Bedingung, daß die gesamtwirtschaftliche Zinsrate i_t der Grenzproduktivität des Realkapitals entspricht

(C. 32) $$\frac{\delta f(K_t, L_t)}{\delta K_t} = i_t.$$

Die Zinsrate, i_t, ist der gesamtwirtschaftlichen Profitrate gleich, wenn der gesamte Sparbetrag der Volkswirtschaft nur aus Profiten besteht. Durch die Anpassung der Zins- oder Profitrate an das Wachstum des Kapitalangebots wird ein Gleichgewicht zwischen der durch (C. 31) determinierten Kapitalakkumulation und der Investitionsnachfrage ($\dot{K}_t$) hergestellt.

(C. 33) $$\dot{K}^*_t = \dot{K}_t.$$

Das Angebot auf dem (aggregierten) Warenmarkt wird determiniert durch die substitutionale, makroökonomische Produktionsfunktion

(C. 1) $$Y_t = f(K_t, L_t).$$

Die beschäftigten Arbeitskräfte (L_t) erbringen mit Hilfe des genutzten Kapitalstocks (K_t) den gesamtwirtschaftlichen output (Y_t). Durch den Anpassungsmechanismus von w und i ist sichergestellt, daß die vor-

Übersicht 4

Der Gleichgewichtsmechanismus im neoklassischen Wachstumsmodell

(C. 28)	$L^*_t = L^*_0 e^{nt}$
(C. 29)	$\frac{\delta(K_t, L_t)}{\delta L_t} = w_t$
(C. 30)	$L^*_t = L_t$
(C. 31)	$\dot{K}^*_t = sY_t$
(C. 32)	$\frac{\delta(K_t, L_t)}{\delta K_t} = i_t$
(C. 33)	$\dot{K}^*_t = \dot{K}_t$
(C. 1)	$Y_t = f(K_t, L_t)$

handenen Arbeitskräfte (L^*_t) und der vorhandene Kapitalstock (K^*_t) auch beschäftigt bzw. genutzt werden, so daß in jedem Augenblick Vollbeschäftigung beider Produktionsfaktoren herrscht. Der gesamtwirtschaftliche output entspricht somit im Gleichgewicht dem potentiell möglichen.

Der besprochene Gleichgewichtsmechanismus im neoklassischen Wachstumsmodell ist in Übersicht 4 zusammenfassend dargestellt.

Auch anhand zweier grafischer Abbildungen läßt sich dieser Mechanismus deutlich nachweisen.

Als Ausgangspunkt dient eine Abbildung, die im wesentlichen auf Ara[50] zurückgeht. Hier wird (C. 28) außer acht gelassen; es wird also angenommen, daß sich das Angebot an Arbeit nach der Nachfrage nach Arbeit richtet und beide in jedem Augenblick übereinstimmen. In einem rechtwinkligen Koordinatensystem werden auf der positiven Ordinate die Arbeitsproduktivität (Y_t/L_t) und die Reallohnrate (w_t)

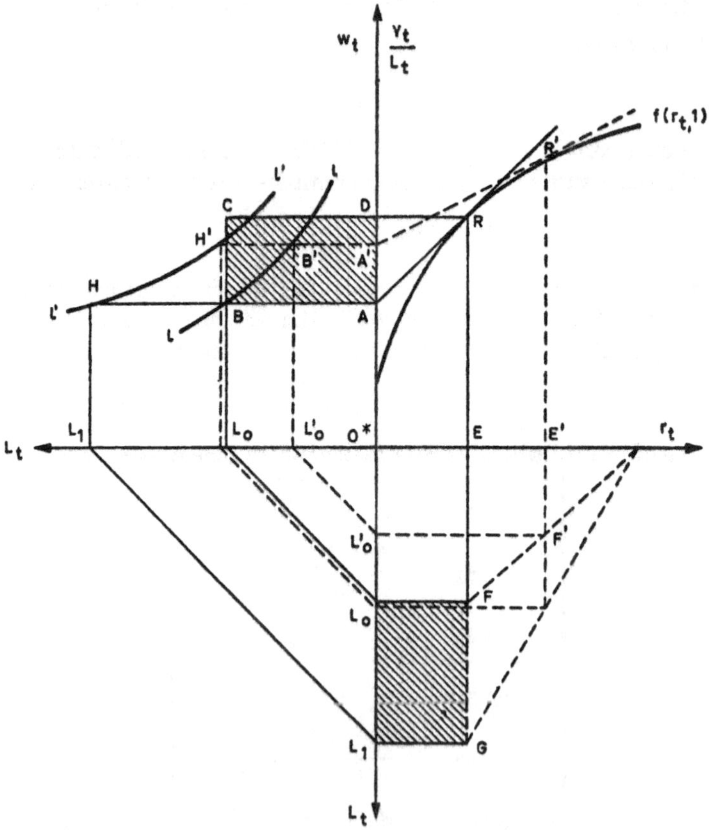

Abb. 9. Neoklassisches Wachstumsmodell bei unbegrenztem Arbeitsangebot

[50] K. Ara, Capital Theory ..., a. a. O., S. 522, Fig. 3.

aufgetragen, auf der positiven Abszisse die Kapitalintensität (r_t). Auf den negativen Koordinatenachsen wird der Produktionsfaktor Arbeit (L_t) gemessen (vgl. Abb. 9).

Gegeben sind ein bestimmter Arbeiterstamm L_0, der vorhandene Kapitalstock K_0, die gesamtwirtschaftliche Produktionsfunktion und die Reallohnrate w_0. Die Beziehung (C. 29) läßt sich durch die Tangente AR an die Produktionsfunktion ausdrücken: im Punkt R entsprechen sich Reallohnrate und Grenzproduktivität der Arbeit. Gleichzeitig ist dadurch die Kapitalintensität O*E bestimmt, die die Kosten der Unternehmer minimiert. Bei gegebenem Kapitalstock K_0 (= O^*EFL_0), gegebenem Arbeiterstamm L_0 und gegebener Reallohnrate w_0 (= O*A) ergibt sich der Gleichgewichtspunkt B, der auf der Grenzproduktivitätskurve der Arbeit ll liegt. Diese Kurve bestimmt sich aus Alternativannahmen über die jeweils determinierenden Variablen w, K_0, L_0 (vgl. z. B. $A'R'E'F'L'_0B'$, wobei $O^*E'F'L'_0 = O^*EFL_0$). Die Lohnsumme w_0L_0 ist durch O^*L_0BA bezeichnet. Da der gesamtwirtschaftliche output durch O^*L_0CD repräsentiert ist, ergibt sich die Profitsumme aus ABCD[51]. Wenn der gesamte anfallende Profit akkumuliert wird, erweitert sich der Kapitalstock um FGL_1L_0 (= ABCD). Die Kapitalintensität bleibt konstant, da sich der Reallohnsatz nicht verändert hat. Der Kapitalzuwachs wird von einem Zuwachs an Arbeitskräften begleitet ($L_0 \rightarrow L_1$); die Grenzproduktivitätskurve der Arbeit verschiebt sich (l'l')[52]. Bestimmende Kräfte in diesem System sind somit die Reallohnrate und die Kapitalakkumulation.

Wird nun aber davon ausgegangen, daß das Arbeitskräftereservoir nicht beliebig wachsen kann und unabhängig von der jeweiligen Höhe der Reallohnrate ist — vgl. (C. 28) —, so ändert sich die Situation. Der Zuwachs an Arbeitskräften wird nicht mehr durch Reallohnrate und Kapitalakkumulation, die zusammen die Grenzproduktivitätskurve der Arbeit bestimmen, determiniert. Die exogen gegebene, konstante Bevölkerungswachstumsrate n begrenzt das gesamtwirtschaftliche Wachstum und bestimmt es damit (vgl. Abb. 10). Wird nämlich die Profitsumme ABCD akkumuliert, so steht die im zuwachsenden Kapitalstock einzusetzende Arbeitsmenge mit L_1 bereits fest. Die volle Ausnutzung des Kapitalstocks kann nur bei einer Erhöhung der Kapitalintensität (von E nach H) erreicht werden ($O^*EFL_0 + ABCD = O^*HGL_1$). Dadurch er-

---

51 Der gesamtwirtschaftliche Profit darf jedoch nicht als Restgröße aufgefaßt werden, wie sich dies u. U. aus der grafischen Darstellung folgern ließe. Er bestimmt sich ebenso wie die Lohnsumme aus dem Grenzproduktivitätsprinzip. Vgl. hierzu E. Preiser, Erkenntniswert und Grenzen der Grenzproduktivitätstheorie,SZVSt 89 (1953), 25—45, w. abgedr. in E. Preiser, Bildung und Verteilung ..., a. a. O., 193—217, S. 203.

52 Das raumgleiche Viereck zu O^*EGL_1 läßt sich mit Hilfe des Strahlensatzes konstruieren. Auf diese Weise erhält man, ähnlich wie B auf ll, den Punkt H' auf l'l'.

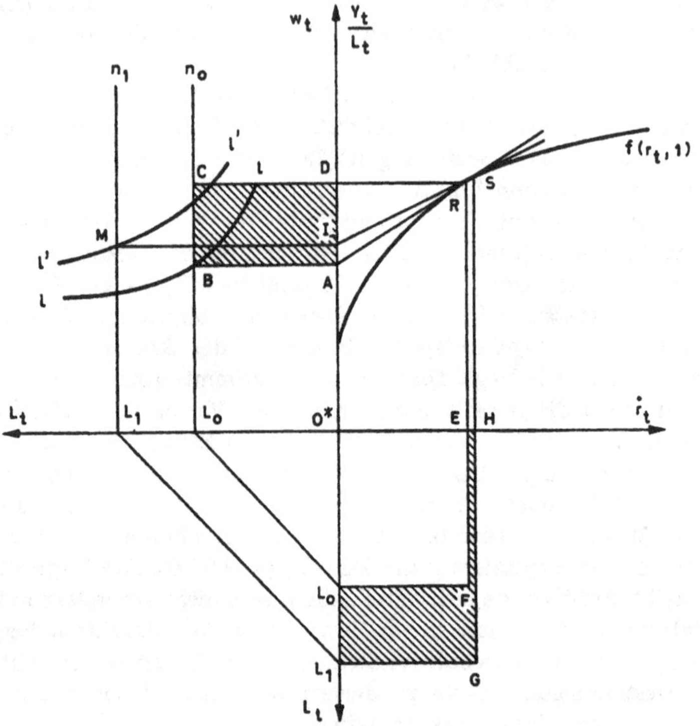

Abb. 10. Neoklassisches Wachstumsmodell bei begrenztem Arbeitsangebot

höht sich jedoch auch die Reallohnrate (A → I). Der Gleichgewichtspunkt M liegt auf der Grenzproduktivitätskurve der Arbeit l' l', die von der ursprünglichen (l l) verschieden ist. Das Gleichgewicht des Systems stellt sich bei der von Solow bezeichneten Gleichgewichtskapitalintensität r* ein. Zins- und Lohnrate bleiben, wenn r* erreicht ist, konstant; bei großem t wachsen Kapitalstock und gesamtwirtschaftlicher output mit derselben Rate wie die Bevölkerung. Gleichgewichtskapitalkoeffizient und Gleichgewichtskapitalintensität sind dann Konstante.

b) Beseitigung des Gleichgewichtsmechanismus

Seit John Bates Clark wird die Grenzproduktivitätstheorie in ihrer makroökonomischen Version immer wieder als Erklärungsversuch der Einkommensverteilung in der Volkswirtschaft herangezogen. Produktionstechnische, naturalökonomische Gesetze bestimmen die volkswirtschaftliche Einkommensverteilung: die Produktionsfaktoren werden

„im Verhältnis ihrer relativen Seltenheit entlohnt“[53]; der Preis für den Einsatz eines Produktionsfaktors steigt in dem Verhältnis, in dem sich seine Einsatzmenge verringert, wenn der Einsatz des anderen Produktionsfaktors konstant gehalten wird. Mehreinsatz eines Produktionsfaktors ist gleichbedeutend mit der Senkung seines Grenzprodukts, da der Unternehmer solange den Produktionsfaktoreneinsatz variieren wird, bis er die Minimalkostenkombination erreicht hat. Das sind bekannte Dinge, die hier nicht weiter erörtert zu werden brauchen[54]. Die neoklassische Wachstumstheorie entwickelt aus der Grenzproduktivitätstheorie, die nur die Nachfrage auf den Faktormärkten beschreibt, eine dynamische Preistheorie der Faktormärkte: die Produktionsfunktion, die in ihrer Form determiniert ist, bildet zusammen mit der modellexogen oder -endogen bestimmten Angebotskurve der Produktionsfaktoren die Grundlage für den Preisbildungsprozeß[55]. Warum dynamische Preistheorie? Die Anwendung der statischen Grenzproduktivitätstheorie auf dynamische Probleme glaubte man dadurch erreichen zu können, daß die *Angebots*seite der Faktormärkte variiert wurde. Nach (C. 28) wächst das Angebot an Arbeit mit einer konstanten Rate n. Demgemäß verändert sich auch, wie aus Abb. 10 ersichtlich wird, der Lohnsatz w. Die Nachfrageseite, die Funktion sf(r, 1), bleibt unverändert. Ist der Zuwachs an Realkapital, der durch die Profitsumme determiniert ist, größer als diese Rate n, so wird der Faktor Arbeit relativ knapp, die Kapitalintensität erhöht sich, die Löhne steigen relativ zu den Profiten. Die Ausschöpfung des Sozialprodukts ist voll erfaßt („adding-up“-Theorem), die Einkommensverteilung mit einer „quasidynamischen“ Grenzproduktivitätstheorie bestimmt.

Wird die Existenz des Grenzproduktivitätsprinzips als Modellbestandteil unterstellt, und bleibt der technische Fortschritt ohne Ansatz,

---

[53] E. Preiser, Erkenntniswert und Grenzen ..., a. a. O., S. 202 (bei Preiser teilweise gesperrt).

[54] Wir schließen uns Preiser an, der bemerkt: „Ich muß auf Literaturhinweise und Belege der Einzelheiten verzichten. Angesichts der vielen Abwandlungen, die die Grenzproduktivitätstheorie erfahren hat, würden sie auch wenig nützen“ (vgl. E. Preiser, Erkenntniswert und Grenzen ..., a. a. O., S. 196 Fußnote 1). Genannt seien nur: E. Preiser, Besitz und Macht in der Distributionstheorie, in Synopsis, Festgabe für Alfred Weber, Heidelberg 1948, 333—358, w. abgedr. in E. Preiser, Bildung und Verteilung ..., a. a. O., 173—192; W. Krelle, Die Grenzproduktivitätstheorie des Lohnes, JNSt 162 (1950), 1—42; V. Zarnowitz, Die Theorie der Einkommensverteilung, Tübingen 1951; E. Preiser, Erkenntniswert und Grenzen ..., a. a. O.; E. Preiser, Distribution (I), HdSw 2 (1959), 620—635; G. Bombach, Die verschiedenen Ansätze der Verteilungstheorie, in Einkommensverteilung und technischer Fortschritt ..., a. a. O., 95—154.

[55] „Die Einkommensverteilung ist bestimmt, sobald einerseits die Kurven der Grenzproduktivität und damit die Nachfragekurven, andererseits die Angebotskurven bzw. die Mengen der zur Verfügung stehenden Produktionsfaktoren bekannt sind“, vgl. E. Preiser, Erkenntniswert und Grenzen ..., a. a. O., S. 202.

so läßt sich aus Gleichung (C. 19) ohne weiteres ableiten[56], daß das Wachstum des gesamtwirtschaftlichen outputs aus dem gewogenen arithmetischen Mittel des Wachstums des Kapitalstocks und des Arbeitspotentials bestimmt wird — wobei die Exponenten als Gewichte fungieren —, wenn eine homogene Produktionsfunktion ersten Grades in Form der Cobb-Douglas-Funktion der Betrachtung zugrundeliegt $(a + b = 1)$:

$$\frac{\dot{Y}_t}{Y_t} = a\frac{\dot{K}_t}{K_t} + b\frac{\dot{L}_t}{L_t}. \tag{C. 34}$$

Nun ist es unwahrscheinlich, daß die Determinanten des gesamtwirtschaftlichen outputs mit der gleichen Rate wachsen. Weit wahrscheinlicher ist der Fall, der sich aus der Realität für viele hochindustrialisierte Länder ableiten läßt, daß die Wachstumsrate des Kapitalstocks größer ist als die des Arbeitspotentials. Damit sinkt jedoch die Grenzproduktivität des Kapitals, und die Kapitalintensität steigt. Diese Bewegung führt zu einer sinkenden Profitrate, da diese in jedem Zeitabschnitt der Grenzproduktivität des Kapitals entspricht — vgl. (C. 32). Dieser Prozeß ist besonders deutlich von Hicks hervorgehoben worden[57]. Ohne entgegengesetzte Wirkungen fällt daher die Profitrate und verursacht schließlich einen Rückgang, wenn nicht sogar ein „dry up“ der Investitionen.

Als Therapie dient der arbeitssparende technische Fortschritt, d. h. ein technischer Fortschritt, der die Grenzproduktivität des Kapitals gegenüber derjenigen des Arbeitspotentials erhöht[58]. Dieser Ansicht von Hicks sind Fellner[59] und Bruton[60] gefolgt. Auch Champernowne wählt in seinem System die Rate des technischen Fortschritts derart, daß sie in jedem Zeitpunkt der fallenden Profitrate entgegenwirkt und ihren negativen Effekt auf die Investitionstätigkeit ausgleicht. Somit wird ein stetiges Wachstum erreicht[61]. Hamberg wendet sich gegen diese Argumentation[62]. Es ist nämlich durchaus nicht sicher, ob dies der

---

[56] Vgl. S. 176.

[57] J. R. Hicks, The Theory of Wages, London 1935, S. 127 ff.

[58] Das ist *ein* mögliches Kriterium für die Klassifizierung des technischen Fortschritts. Daß von anderen Autoren andere Kriterien verwendet worden sind, hebt Ott hervor; vgl. A. E. Ott, Technischer Fortschritt, HdSw 10 (1959), 302—316.

[59] W. Fellner, Trends and Cycles in Economic Activity, New York 1956, S. 195 ff. und S. 237 ff.; W. Fellner, Quantitative Sufficiency of Innovations and Proper Distribution of Their Factor-Saving Effects, É 9 (1956), 283—313.

[60] H. J. Bruton, Growth Models and Underdeveloped Economies, JPE 63 (1955), 322—336; H. J. Bruton, Innovations and Equilibrium Growth, EJ 66 (1956), 455—466.

[61] D. G. Champernowne, Capital Accumulation and the Maintenance of Full Employment, EJ 68 (1958), 211—244.

[62] D. Hamberg, Production Functions, Innovations, and Economic Growth, JPE 67 (1959), 238—245.

Fall ist. Denn „income distribution is not governed solely by the technical elasticity of substitution, a physical characteristic of production functions"[63]; andere Faktoren wirken auf die Determinanten der Einkommensverteilung ein, wie „the different elasticities of supply of capital and labor, changes in the degrees of imperfect competition, international trade, and the existence of a ‚multiplicity of products"[64]. Diese Einflußfaktoren wurden jedoch auch schon von Hicks[65] und Machlup[66] erkannt. Die unvollkommene Konkurrenz kann ohne weiteres in die Grenzproduktivitätstheorie eingebaut werden, wie beispielsweise Robinson[67] und Chamberlin[68] gezeigt haben. Auch der Fall der „consumer commodity substitution", der aus der Annahme einer produzierten Vielzahl von Erzeugnissen resultiert, sowie die Einflüsse des internationalen Handels können als abhängig von der jeweiligen Produktionsstruktur der Volkswirtschaft angesehen werden.

Hamberg hat daher mit seiner Kritik nicht das eigentlich Wesentliche getroffen. Denn er hat zwar erkannt, daß der Profitrate eine wichtige Funktion innerhalb des wirtschaftlichen Wachstumsprozesses zukommt; deshalb das Bemühen, eine sinkende Profitrate und damit eine ungünstige Beeinflussung des Wirtschaftswachstums zu vermeiden. Er hat aber nicht gesehen, daß die Erklärung dieser Profitrate ungenügend ist. Der Profit braucht keineswegs zu sinken; denn er ist „nicht einfach der andere Teil eines gegebenen Volkseinkommens, sondern eine im Prozeß der wirtschaftlichen Entwicklung selbständig bestimmte Größe"[69]. Hamberg hat zwar mit seiner Kritik die strenge Ableitung der Einkommensverteilung aus dem Grenzproduktivitätsprinzip erschüttert, ist jedoch nicht zu der Erkenntnis vorgestoßen, daß eine vollständige Theorie der Einkommensverteilung nur innerhalb eines Rahmens errichtet werden kann, der auch die anderen Faktoren umfaßt, die das Wachstum bestimmen.

Was folgt aus dieser Betrachtung? Unseres Erachtens zwei Feststellungen, die zu dem Schluß führen, daß wenn eine realitätsnahe Wachstumstheorie gewonnen werden soll, der Gleichgewichtsmechanismus in den neoklassischen Wachstumsmodellen, der von der „quasidynamischen" Grenzproduktivitätstheorie ausgeht, beseitigt werden muß.

---

63 D. Hamberg, Production Functions..., a. a. O., S. 240.

64 Ebenda.

65 J. R. Hicks, Distribution and Economic Progress: A Revised Version, RES 4 (1936/37), 1—12.

66 F. Machlup, The Commonsense of the Elasticity of Substitution, RES 2 (1934/35), 202—213.

67 J. Robinson, The Economics of Imperfect Competition, London 1933.

68 E. H. Chamberlin, Monopolistic Competition and the Productivity Theory of Distribution, Explorations in Economics, 1936, 237—249, w. abgedr. in Readings in the Theory of Income Distribution, Philadelphia—Toronto 1949, 143—157.

69 E. Preiser, Distribution..., a. a. O., S. 628.

Denn er behandelt die Einkommensverwendungsseite der Volkswirtschaft völlig ungenügend und räumt der Einkommensverteilung eine falsche Stellung innerhalb des Modells ein.

1. Die neoklassische Wachstumstheorie untersucht das Wachstum der Angebotsseite der Volkswirtschaft. Sie vernachlässigt die Nachfrageseite, die *Einkommensverwendung,* völlig und setzt einfach voraus, daß das Warenangebot in jedem Zeitpunkt auch abgenommen wird. Wenn die Hypothesen der „quasidynamischen" Grenzproduktivitätstheorie Gültigkeit haben, dann ist kein Platz für Funktionen, die das Konsum- und Investitionsverhalten der Wirtschaftssubjekte erklären. Wir haben jedoch gesehen — das kam bei der Behandlung der nachfrageorientierten Wachstumstheorie deutlich zum Ausdruck —, daß die Verhaltensweisen das Wirtschaftsgeschehen entscheidend beeinflussen. Eine realitätsnahe Wachstumstheorie kann es sich einfach nicht leisten, diese Erkenntnis zu übergehen und zu postulieren, das Wachstumsgeschehen werde von der Angebotsseite beherrscht, die Nachfrage passe sich in jedem Augenblick an dieses Angebot an. Woran die „quasidynamische" Grenzproduktivitätstheorie innerhalb der Wachstumstheorie letztlich scheitert, ist ihre Behauptung, der Profit könne aus der Grenzproduktivität des Kapitals erklärt werden.

2. Die substitutionale makroökonomische Produktionsfunktion eignet sich demnach nicht zur Erklärung makroökonomischer *Einkommensverteilungs*prozesse in einer wachsenden Wirtschaft. Man muß von der Vorstellung abgehen, wie sie noch etwa Douglas hatte, die Produktionsfunktion verfolge vor allem den Zweck, verteilungstheoretische Aussagen zu machen. Damit würde die Produktionsfunktion ihre eigentliche Aufgabe im Wachstumsmodell verlieren. Diese Aufgabe liegt im rein produktionstechnischen Ansatz, der die Zusammenhänge zwischen Produktionsfaktoren einerseits und Produktionsergebnis andererseits erklären soll. Dagegen haben in einer Wachstumstheorie rein produktionstechnische, naturalökonomische Gesetze der Einkommensverteilung keinen Platz. Sie müssen ersetzt werden durch sozialökonomische Erklärungen, durch Verhaltenspositionen der wirtschaftenden Menschen, die ja letztlich wirtschaften, und zwar sowohl, was den Einsatz der Produktionsmittel, als auch, was den Verbrauch der produzierten Güter betrifft. Es ist demnach notwendig, für die unternehmerischen und für die privaten Verhaltensweisen (Investition und Verbrauch) Zusammenhänge zu finden. Die Produktion allerdings läuft nach naturalökonomischen Gesetzen ab. Insofern eignet sich die substitutionale makroökonomische Produktionsfunktion zur Erklärung dieses Phänomens.

Damit ist zwar festgestellt,daß die neoklassische Wachstumstheorie nicht in der Lage sein kann, aus der produktionstechnischen Erfassung der Angebotsseite mit Hilfe der Produktionsfunktion Produktangebot *und* Einkommensverteilung zu erklären. Richtig aber ist die Erkenntnis, daß die Einkommensverteilung zur Erklärung der wirtschaftlichen Wachstumsprozesse herangezogen werden muß. In welcher Form das geschieht, ist eine zweite Frage. Daß es nicht mit Hilfe der Grenzproduktivitätstheorie geschehen kann, auch nicht mit der „quasidynamischen", ist aus dem bisher Gesagten deutlich geworden.

c) Konsequenzen der Beseitigung des Gleichgewichtsmechanismus

Die Konsequenzen, die einerseits aus der Ablehnung der „quasidynamischen" Grenzproduktivitätstheorie, andererseits aus der Erkenntnis resultieren, daß die Einkommensverteilung ein wichtiger Erklärungsfaktor für das wirtschaftliche Wachstum darstellt, liegen auf der Hand. Es müssen sozialökonomisch orientierte Beziehungen gesucht werden, die gleichzeitig eine eventuelle Verschiebung der Einkommensverteilung festhalten und deren Wirkung aufzeigen können.

Kaldor[70] versucht, ein Wachstumsmodell unter Berücksichtigung dieser Erfordernisse aufzubauen. Er übernimmt die schon bei Robinson eingeführte Einkommensverteilungstheorie der Nachfrageseite[71], fragt aber nicht nur nach den Bestimmungsgrößen der Sparquote, sondern auch nach den Determinanten der gesamtwirtschaftlichen Investitionen, womit er einerseits die bisher postulierte automatische Anpassung zwischen Profitrate und Grenzproduktivität des Kapitals verneint, andererseits von der Nachfrageseite aus mit Hilfe einer Verhaltensfunktion den Prozeß der Investitionsvornahme zu erfassen versucht. Gleichzeitig und notwendigerweise mißt er der distributionstheoretischen Seite der makroökonomischen Produktionsfunktion keine Bedeutung mehr zu[72] — er erklärt ja Akkumulations- und Verteilungsprozeß nunmehr anhand nachfrageorientierter Verhaltensfunktionen — und sieht in der neoklassischen Produktionsfunktion zusammen mit dem Prozeß des technischen Fortschritts eine Einheit, die nach ihm nicht zu trennen ist: „it is conceptually impossible to evaluate the growth of productivity

[70] N. Kaldor, A Model..., a. a. O.

[71] Vgl. hierzu J. Robinson, The Accumulation of Capital, London 1956, S. 75 ff., S. 255, S. 271 u. S. 312; Kaldor bezeichnet diese Art der Einkommensverteilungstheorie als Keynessche Theorie, da das von Keynes herausgestellte Multiplikatorprinzip alternativ als Einkommensverteilungsprinzip verwendet werden könne und außerdem der Grundgedanke dieser Verteilungstheorie bei J. M. Keynes, A Treatise on Money, London 1930, dargestellt sei; vgl. N. Kaldor, Alternative Theories of Distribution, RES 23 (1955/56), 83—100.

[72] N. Kaldor, Essays on Economic Stability and Growth, London 1960, Introduction S. 13: „As was perceived by the classical economists, there is an intimate connection between growth and distribution, but the precise nature of this relation can only be satisfactorily analysed in terms of Keynesian economics".

due to technical progress separately from that due to capital accumulation"[73]. Kaldor hat somit in bemerkenswerter Weise die neoklassische Linie weiterentwickelt: einerseits wird die Forderung der neoklassischen Betrachtungsweise, angebots- und verteilungstheoretische Gesichtspunkte im Wachstumsmodell zu berücksichtigen, beachtet, wobei mit Hilfe einer „technical progress function" die Angebotsseite, gleichzeitig aber die distributionstheoretische Seite nicht nach neoklassischem, sondern nach Keynesschem Vorbild, demnach nach nachfrageorientierten Gesichtspunkten in das Modell eingeführt werden. Zwar entfernt sich Kaldor damit vom rein neoklassischen Vorbild, doch ist aus den bisherigen Ausführungen deutlich geworden, daß ohne diese Mischung mit Keynesschen Gedankengängen eine rein bedingungstheoretische, „tightrope view of economic growth" (Solow) übrigbliebe, die zur Erklärung des Wachstumsprozesses um so weniger beigetragen hätte, als sie von der Erfassung der Realität weit entfernt gewesen wäre. Unseres Erachtens ist deshalb das Modell von Kaldor für eine nähere Analyse allen anderen Modellen der angebotsorientierten modernen Wachstumstheorie vorzuziehen.

---

73 Ebenda.

II. Das Modell von Kaldor

Seit der kritischen Auseinandersetzung mit dem Hicksschen Modell[1] befaßt sich Kaldor in seinen Veröffentlichungen mit Problemen der Wachstumstheorie. Seine Ansicht über die Ursachen und den Ablauf des gesamtwirtschaftlichen Wachstumsprozesses hat er, nach einigen weiteren Voruntersuchungen zu diesem Thema[2], in den Abhandlungen „A Model of Economic Growth" und „Economic Growth and the Problem of Inflation"[3] niedergelegt. Inzwischen hat er seine Theorie modifiziert[4]. Auch dürften die bisher zu den sehr pointiert vorgetragenen Ansichten Kaldors erschienenen kritischen Stimmen[5] erst den Anfang einer detaillierten Auseinandersetzung mit seinem Werk bilden, zumal seine bisher veröffentlichten Aufsätze, die sich mit dem Wachstum befassen, nunmehr in einem Sammelband „Essays on Economic Stability and Growth"[6] zusammengefaßt und somit einem größeren Leserkreis zugänglich gemacht wurden.

1. Bausteine und Funktionsweise des Kaldor-Modells

Die wesentlichen Gedankengänge des Kaldorschen Modells lassen sich am besten fassen, wenn zunächst die fundamentale These Kaldors dargelegt wird, daß das Wachstum des gesamtwirtschaftlichen outputs

---

1 N. Kaldor, Mr. Hicks ..., a. a. O.

2 N. Kaldor, The Relation of Economic Growth ..., a. a. O.; N. Kaldor, Alternative Theories ..., a. a. O.; N. Kaldor, L'Évolution Capitaliste à la Lumière de l'Économie Keynésienne, É 10 (1957), 261—275.

3 a. a. O.

4 N. Kaldor, Capital Accumulation and Economic Growth, in The Theory of Capital, London 1961, 177—222. Vgl. hierzu die Diskussion, ebenda, 367—374; N. Kaldor und J. A. Mirrlees, A New Model of Economic Growth, RES 29 (1962), 174—192.

5 Vgl. z. B. K. W. Rothschild, The Limitations ..., a. a. O.; H. Atsumi, Mr. Kaldor's Theory of Income Distribution, RES 27 (1960), 109—118; J. Tobin, Towards a *General* Kaldorian Theory of Distribution, ebenda, 119—120; vgl. hierzu N. Kaldor, A Rejoinder to Mr. Atsumi and Professor Tobin, ebenda, 121—123; R. Findlay, Economic Growth and the Distributive Shares, ebenda, 167—178; vgl. hierzu N. Kaldor, A Rejoinder to Mr. Findlay, ebenda, 179—181; M. Falise, L'Analyse de la Répartition du Revenu National de N. Kaldor, RÉP 70 (1960), 393—418; J. Marchal, Note Complémentaire sur le Modèle de Répartition du Revenu National Proposé par Nicholas Kaldor, ebenda, 463—529; J. Black, The Technical Progress Function and the Production Function, Ea 29 (1962), 166—170; J. Encarnación, Overdeterminateness in Kaldor's Growth Model, EJ 72 (1962), 736—738; N. Kaldor, A Comment, ebenda, 739—740.

6 a. a. O.

vom Wachstum der verfügbaren Angebotsfaktoren begrenzt wird. Will man daher die Ursachenfaktoren des wirtschaftlichen Wachstums ergründen, so ist das Wachstum des verfügbaren gesamtwirtschaftlichen Angebots zu erklären, eine Aufgabe, die durch die Analyse des Zusammenwirkens und der Entwicklung des technischen Fortschritts, der Kapitalakkumulation und des Bevölkerungswachstums gelöst werden kann. Das Vollbeschäftigungsgleichgewicht ergibt sich aus der Einkommensverteilungsdynamik in der Volkswirtschaft, die die gesamten Ersparnisse an die gesamten Investitionen angleicht. Das kurzfristige Gleichgewicht oder das *Ausgangs*gleichgewicht im Kaldorschen Modell kann demnach als I/S-Gleichgewicht bezeichnet werden. Das langfristige Gleichgewicht oder das *Prozeß*gleichgewicht bildet Kaldor durch die Annahme einer im Zeitablauf konstanten gesamtwirtschaftlichen Profitrate (P/K). Sie bewirkt gleichzeitig — in Verbindung mit ganz bestimmten Annahmen über den Verlauf der gesamtwirtschaftlichen Angebotsfunktion —, daß gewisse, im historischen Ablauf beobachtete Kontinuitäten, wie konstanter Kapitalkoeffizient oder konstante Profitquote, als Ergebnis auch im Kaldorschen Modell erscheinen. Kaldor hält sein Modell deshalb für besonders realitätsnah[7].

a) Das kurzfristige Gleichgewicht als Ergebnis der Einkommensverteilungsdynamik

Zur Demonstration des kurzfristigen Gleichgewichtsprozesses bedient sich Kaldor des Werkzeugs der repräsentativen Firma, dieses, wie er sagt, „time-honoured device ... which is assumed to behave like a small-scape replica of the economy as a whole“[8].

In einem Koordinatensystem, dessen positive Ordinate Preise und Kosten und dessen positive Abszisse output und Beschäftigungsgrad messen, werden diejenigen Faktoren eingetragen, die die kurzfristige Angebots- und Nachfragekurve bestimmen.

1. Da sich in der (geschlossenen) Gesamtwirtschaft die Materialkosten gegenseitig kompensieren, bestehen die Gesamtkosten im wesentlichen aus Lohnkosten, die als gegeben angenommen werden. Postuliert man außerdem, daß Durchschnittskosten und Grenzkosten bis zu einem gewissen Ausnutzungsgrad K der Kapazität konstant sind, so stellen sich die (gesamtwirtschaftliche) Grenzkostenkurve (GK) und die (gesamtwirtschaftliche) variable Durchschnittskostenkurve (DVK) als Horizontale zur Abszisse dar, die bis zu dem erwähnten Ausnutzungsgrad zusammenfallen (vgl. Abb. 11). Nimmt man weiterhin an, daß kein ato-

[7] N. Kaldor, A Model ..., a. a. O., S. 592.

[8] N. Kaldor, Capital Accumulation ..., a. a. O., S. 197. Vgl. für die folgenden Ausführungen ebenda, S. 197—200 und N. Kaldor, Economic Growth ..., a. a. O., S. 216—220.

mistischer Wettbewerb auf den Absatzmärkten herrscht, sondern von den Firmen ein Minimumpreis gesetzt wird, der bis zu einem gewissen Grad von den Marktgegebenheiten unabhängig ist[9] (ein „minimum margin of profit" oder ein „degree of monopoly" wird von den Firmen in Anspruch genommen), so ergibt sich der linke Zweig der kurzfristigen Angebotskurve AA ($\overline{B'K'}$) aus der um diesen Monopolgrad nach oben verschobenen Horizontalen von GK und DVK ($\overline{BK}$). Je größer die Wettbewerbsintensität, desto kleiner wird dieser minimum margin of profit; sein Grenzwert ist die DVK-Kurve.

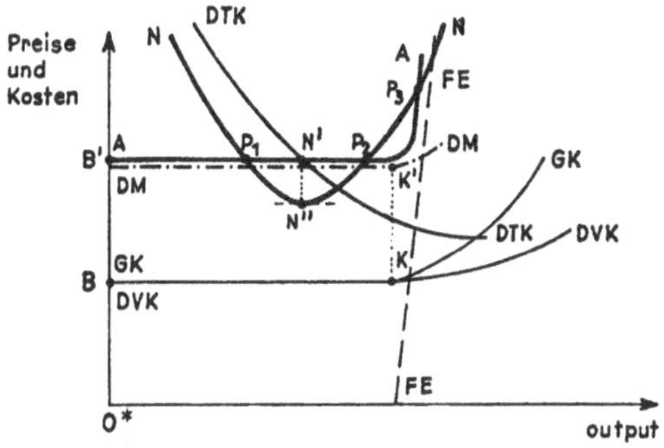

Abb. 11. Vollbeschäftigungsgleichgewicht durch die Einkommensverteilungsdynamik

Jenseits des Ausnutzungsgrads K der Kapazität wird die (gesamtwirtschaftliche) Angebotskurve durch eine Kapazitätsgrenze bestimmt, die nicht durch physische Produktionsmittel, sondern durch die vorhandenen Arbeitskräfte determiniert ist. In einer entwickelten Industriewirtschaft unter Bedingungen des unvollkommenen Wettbewerbs dürfte diese These berechtigt sein[10]. Die kurzfristige Angebotskurve AA der repräsentativen Firma wird demnach gebildet durch die „degree of monopoly-line" (DM) und die „full-employment-line" (FE).

2. Die Nachfrageseite wird zunächst charakterisiert durch eine von links nach rechts abfallende Nachfragekurve (linker Ast der Kurve NN bis N'' in Abb. 11). Die Kurve fällt deshalb von links oben nach rechts unten, weil mit dem anhaltenden Absinken der Preise im Verhältnis zu den Kosten die effektive Nachfrage, die durch das vom output unabhängige Investitionsniveau bestimmt wird, zunimmt. Diese Nachfragefunktion ist demnach festgelegt durch die Gleichung[11]

[9] Von Kaldor wird dies damit begründet, daß „our firm, for fear of spoiling the market, will not reduce prices, relative to costs, below a certain point" (N. Kaldor, Economic Growth ..., a. a. O., S. 217).

[10] Vgl. hierzu besonders N. Kaldor, Capital Accumulation ..., a. a. O., S. 198 Fußnote 1.

[11] Vgl. N. Kaldor, Capital Accumulation ..., a. a. O., S. 199 und N. Kaldor, Economic Growth ..., a. a. O., S. 218.

(C. 35) $$D = \frac{1}{(\alpha - \beta)\,[(p - c)/p] + \beta}\ A\ ,$$

wobei D die aggregierte reale Nachfrage ausdrückt, A den (realen) Investitionsbetrag, der sich vom output-Wachstum unabhängig (autonom) entwickelt, (p—c)/p die Profitspanne in Bezug auf den Verkaufspreis sowie α und β die Sparquoten aus Profiten und Löhnen.

Gleichung (C. 35) wird verständlicher, wenn man von der ursprünglichen Keynesschen Fassung des Investitionsmultiplikators ausgeht. Hier ist $D = (1/s)\,A$. Während jedoch Keynes die Sparquote als unabhängig und konstant ansieht, betont Kaldor, daß eine gesamtwirtschaftliche Sparfunktion von der Form $S = sY$ die beiden hauptsächlichen Einkommensverteilungsaggregate Profite (P) und Löhne (W), ihren Anteil und ihre Höhe im Zeitablauf erfassen müsse[12], um mögliche Strukturveränderungen in der Einkommensverteilung analysieren und ihre Auswirkung auf die übrigen, im System vorhandenen gesamtwirtschaftlichen Größen untersuchen zu können. Durch die Einführung dieser Sparfunktion

(C. 36) $$S_t = \alpha P_t + \beta W_t, \text{ wobei } 1 > \alpha > \beta \geq 0,$$

und der Identitätsgleichung

(C. 37) $$Y_t \equiv P_t + W_t$$

wird der Keynessche Investitionsmultiplikator zu dem Ausdruck in Gleichung (C. 35) umgeformt, wenn noch berücksichtigt wird, daß sich (p — c)/p in gesamtwirtschaftlicher Betrachtung zu P/Y umgestaltet.

Die bisherige Annahme, daß das Investitionsniveau und die Variation dieses Niveaus von Änderungen des output-Niveaus unabhängig sind, läßt sich jedoch bei einer Betrachtung der Realität nicht halten. Vielmehr wird sich, wenn der Auslastungsgrad der Kapazität eine „normale“ Profitrate zuläßt, d. h. „when receipts cover average *total* costs (including ‚normal‘ profits)“[13], eine funktionale Abhängigkeit der Inlandsnachfrage von der Wachstumsrate des outputs ergeben. Führt man die durchschnittliche Gesamtkostenkurve (DTK) ein, so wird jenseits des Punktes N′ (dem Schnittpunkt von DTK mit AA) jede weitere Erhöhung des outputs Investitionen induzieren, da bei N′ ein Auslastungsgrad der Kapazität erreicht wird, der einen „normalen“ Profit ermöglicht. Da unterstellt werden kann, daß dieses durch das output-Wachstum induzierte Investitionsvolumen die gleichzeitige Vergrößerung des Sparvolumens bei jeder gegebenen Einkommensverteilung übersteigt, erhält die Nachfragekurve rechts von N′ einen ansteigenden Ast, so daß die Gesamtnachfragekurve NN u-förmig wird und gemäß der Funktion

---

[12] Vgl. hierzu vor allem N. Kaldor, Alternative Theories ..., a. a. O., S. 94 ff.

[13] N. Kaldor, Economic Growth ..., a. a. O., S. 219 (Hervorhebung von N. Kaldor).

$$(C.38) \qquad D = \frac{1}{(\alpha - \beta)\,[(p - c)/p] + \beta}\,(A + I^i)$$

verläuft, wobei I^i die induzierten Investitionen darstellt. Die Kurve NN im Koordinatensystem wird umso weiter von der Abszisse entfernt sein, je größer $(A + I^i)$ und je kleiner die Sparquoten α und β sind. Wird die in Abb. 11 gezeigte Lage angenommen, so ergeben sich drei Schnittpunkte mit der Angebotskurve AA, P_1, P_2 und P_3, wobei P_2 als instabiler Gleichgewichtspunkt (NN schneidet AA von unten) von vornherein für unsere Betrachtung ausscheidet, da jede Veränderung zwangsläufig zum Gleichgewicht in P_1 oder P_3 führen würde.

Kaldor leitet aus seiner Analyse von Angebots- und Nachfrageseite in einer repräsentativen Firma bedeutsame Folgerungen für die Gesamtwirtschaft ab. Demnach kann es ein stabiles Unterbeschäftigungsgleichgewicht (P_1) nur bei fehlenden induzierten Investitionen geben. Das Vorhandensein von induzierten Investitionen bewirkt eine Richtungsänderung der Nachfragekurve NN (rechts von N'') nach oben. In P_3 wird somit ein stabiler[14] Gleichgewichtspunkt bei vollbeschäftigter Wirtschaft[15] erreicht. Dieses Einpendeln von Angebots- und Nachfrageseite der Gesamtwirtschaft im Gleichgewichtspunkt P_3 wird — nach der Darstellung von Kaldor — durch die Einkommensverteilungsdynamik bewirkt. Aus Abb. 11 geht hervor, daß in P_3 die Profitspanne höher ist als die durch die degree of monopoly-line (DM) wiedergegebene. Durch dieses Ansteigen der Profitspanne wird aber notwendigerweise eine allmähliche Veränderung der Einkommensverteilung herbeigeführt, wobei sich gleichzeitig S/Y und I/Y in P_3 angleichen. So trägt, wie Kaldor vermutet, der ungleich höhere Sparanteil der Profite wesentlich zur Stabilität des kapitalistischen Systems bei. Nachfrageerhöhungen, die sich in Preiserhöhungen auswirken, reduzieren nämlich durch den Übertragungseffekt wirksamer Kaufkraft von Kontrakt- auf Residualeinkommen die Wirkung (realer) effektiver Nachfrage, da eben der Sparanteil von Residualeinkommen (αP) den von Kontrakteinkommen (βW) weit übersteigt[16]. Die Vollbeschäftigungssituation entsteht demnach aus der Einkommensverteilungsdynamik zwischen Profit

---

[14] Die Angebotskurve AA schneidet hier die Nachfragekurve NN von unten.

[15] P_3 liegt auf dem Ast der Angebotskurve AA, der durch die Vollbeschäftigungslinie FE bestimmt ist.

[16] Empirisch wird diese Ansicht bestätigt. So berichtet Kaldor von den USA, daß „gross savings out of gross (company) profits can be put at 70 per cent, whereas savings out of personal incomes (excluding unincorporated businesses) are only around 5 per cent". Auch die angeführten theoretischen Gründe, nämlich die große Unsicherheit in Bezug auf Höhe und Veränderung der Residualeinkommen und ihre Funktion für die Selbstfinanzierung erscheinen durchaus plausibel. Vgl. N. Kaldor, Capital Accumulation ..., a. a. O., S. 194 f. und N. Kaldor, Economic Growth ..., a. a. O., S. 215.

und Lohn durch Angleichung von S an I. Kaldor setzt deshalb als (kurzfristige) Gleichgewichtsbedingung den Ausdruck

$$S_t = I_t. \qquad \text{(C. 39)}$$

Offenbar führt der Weg zu diesem Gleichgewicht — das geht aus dem bisher Gesagten hervor — nur über zwei Voraussetzungen, die zu erfüllen sind. Einmal muß der gesamtwirtschaftliche output wachsen, damit Investitionen induziert werden, zum anderen muß eine bestimmte „Reizschwelle" überschritten werden (N' in Abb. 11), damit die Unternehmer — bei einem bestimmten Auslastungsgrad der Kapazitäten, der eine gewisse Profitquote zuläßt — überhaupt auf derartige output-Veränderungen mit Investitionsentscheidungen reagieren. Jenseits eines bestimmten Auslastungsgrads dürfte der Unternehmer, wie auch immer begründet[17], die „normale" Profitspanne (m), die durch die Horizontale DM in Abb. 11 charakterisiert ist, als Mindestforderung ansehen und möglichst danach trachten, seine Profitspanne höher als m anzusetzen. Die Erreichung des Vollbeschäftigungsgleichgewichts mit Hilfe von (zusätzlichen) induzierten Investitionen ist demnach (wenn die Schwelle N' überschritten werden soll) von der Bedingung abhängig, daß

$$\frac{P_t}{Y_t} \geq m. \qquad \text{(C. 40)}$$

Gleichzeitig ist der Expansion der Profitquote jedoch eine Grenze gesetzt. Wenn ein begrenztes Arbeitsangebot vorausgesetzt wird, so kann in einer vollbeschäftigten Wirtschaft der Reallohn nur durch den Angebotspreis an Arbeit (w) determiniert sein, der in einer wachsenden Wirtschaft — bei zunehmender Arbeitsproduktivität — höher liegt als der Lohn am Existenzminimum (w_{min}). Das bedeutet aber auch, daß das gesamtwirtschaftliche Profitvolumen unterhalb der Differenz zwischen dem gesamtwirtschaftlichen output und dieser „subsistence wage-bill" liegen muß. Die Profitquote bei vollbeschäftigter Wirtschaft ist demnach außerdem determiniert durch die Grenze $w \geq w_{min}$:

$$\frac{P_t}{Y_t} \leq \frac{Y_t - W_{min}}{Y_t}. \qquad \text{(C. 41)}$$

Wird (C. 40) nicht erfüllt, so führt die Entwicklung schließlich zu einem Keynesschen Unterbeschäftigungsgleichgewicht[18], wird (C. 41) nicht er-

[17] Kaldor hat nicht versucht, eine Erklärung für die Einführung gewisser Bedingungen zu geben, sondern nur auf die Folgen hingewiesen, die ihre Nichterfüllung mit sich bringt. Es ist jedoch unerläßlich, bestimmte Verhaltensweisen des Unternehmers zu postulieren, *damit* diese Bedingungen erfüllt werden.

[18] Vgl. N. Kaldor, A Model ..., a. a. O., S. 607 ff.; außerdem N. Kaldor, Capital Accumulation ..., a. a. O., S. 201.

reicht, so wird eine Situation heraufbeschworen, die Marx im ersten Band des „Kapitals“ so drastisch geschildert hat[19].

Eine weitere Voraussetzung dafür, daß die Volkswirtschaft das Gleichgewicht in P_3 erreicht, ist allerdings auch, daß der reale Gleichgewichtslohn das kurzfristige Arbeitsgrenzprodukt nicht übersteigt. Solange — bei kurzfristiger Betrachtung — die Produktivität konstant bleibt, wird das Arbeitsgrenzprodukt durch das Durchschnittsprodukt gekennzeichnet, d. h. durch die Horizontale BK in Abb. 11. Sobald jedoch abnehmende Grenzerträge auftreten, sobald also die Vollbeschäftigungslinie FE die DVK-Kurve rechts von K trifft (vgl. Abb. 11), und die Grenzkostenkurve schneller steigt als die Durchschnittskostenkurve, kann der Fall eintreten, daß der (reale) Gleichgewichtslohn die Gleichgewichtsprofitquote immer mehr drückt und dadurch das Erreichen des Vollbeschäftigungsgleichgewichts in P_3 verhindert. Als weitere Bedingung, falls abnehmende Grenzerträge auftreten, ist deshalb die Ungleichung einzuführen

$$\text{(C. 42)} \qquad \frac{W_t}{Y_t} \leq \frac{\frac{dY_t}{dL_t} L_t}{Y_t} ,$$

die besagt, daß die Lohnquote die output-Elastizität der Arbeit[20] nicht übersteigen darf, wenn die Erreichung des Vollbeschäftigungsgleichgewichts gewährleistet sein soll.

Zusammenfassend hat Kaldor also das Zustandekommen des Vollbeschäftigungsgleichgewichts anhand folgender Beziehungen analysiert:

$$\text{(I)} = \text{(C. 36)} \quad S_t = \alpha P_t + \beta W_t$$

$$\text{(II)} = \text{(C. 37)} \quad Y_t \equiv P_t + W_t$$

$$\text{(III)} = \text{(C. 39)} \quad S_t = I_t$$

$$\text{(a)} = \text{(C. 40)} \quad \frac{P_t}{Y_t} \leq m$$

$$\text{(b)} = \text{(C. 41)} \quad \frac{P_t}{Y_t} \leq \frac{Y_t - W_{min}}{Y_t}$$

$$\text{(c)} = \text{(C. 42)} \quad \frac{W_t}{Y_t} \leq \frac{\frac{dY_t}{dL_t} L_t}{Y_t} .$$

Mit Hilfe der Gleichungen (I) bis (III) fängt er den kurzfristigen Prozeßablauf nach dem Vorbild des Keynesschen Investitionsmultiplikators

---

[19] Vgl. N. Kaldor, A Model ..., a. a. O., S. 607 f. und S. 619 ff. sowie N. Kaldor, Alternative Theories ..., a. a. O., S. 97 f.

[20] Es wird ein gegebener Wert von K und eine einfache Funktionsbeziehung $Y = \psi(L)$ angenommen, wobei $\psi' > 0$ und $\psi'' \leq 0$. Vgl. N. Kaldor, Capital Accumulation ..., a. a. O., S. 202.

ein. Bemerkenswerte Erweiterungen des Keynesschen Konzepts kann er durch die Einführung einer nach Profiten und Löhnen aufgespaltenen Sparfunktion und durch die Heraushebung der Bedeutung der Profite für die Erreichung der Vollbeschäftigung erzielen. Unbefriedigend bleibt vorläufig, daß sowohl das output-Wachstum als auch die Verhaltensweise der Unternehmer bei der Vornahme von Investitionen noch nicht näher erklärt werden. Im Gegensatz zur bisher vorgeführten Einkommensverteilungsdynamik, die zu einem Ausgangsgleichgewicht im System — wie wir es bezeichnen — führt, wird die Analyse dieser Faktoren den eigentlichen *Prozeß*ablauf in der wachsenden Wirtschaft aufzeigen. Denn schließlich werden nur bei wachsendem output zusätzliche Investitionen induziert, mit denen dieses Vollbeschäftigungsgleichgewicht erreicht werden kann. Da das Wachstum des outputs bei Kaldor durch das Wachstum der „available resources" bestimmt wird, ist es notwendig, sich der Analyse dieser Faktoren zuzuwenden.

b) Kapitalakkumulation und technischer Fortschritt

aa) Voraussetzungen eines beschleunigten wirtschaftlichen Wachstums

Ist das Bevölkerungswachstum relativ gering — wie es wohl in den meisten hochentwickelten westlichen Ländern der Fall sein dürfte —, und kann man im langfristigen Trend Vollbeschäftigung annehmen, so hängt das Wachstum der Volkswirtschaft entscheidend von dem Strom technischer Erfindungen und/oder Verbesserungen *sowie* von dem „technical dynamism"[21] ab, der Geschwindigkeit, mit welcher diese Techniken zur Anwendung kommen, was sich in der Veränderung von gesamtwirtschaftlicher Kapitalintensität, Kapitalakkumulation und Produktivität ausdrückt. Kaldor erfaßt die *Auswirkung* dieser Veränderungen auf das output-Wachstum in einer „technical progress function", die eigentliche *Antriebskraft* im Prozeß des wirtschaftlichen Wachstums in einer Investitionsfunktion. Die erstere beinhaltet gesamtwirtschaftliche Angebotsfaktoren, die letztere versucht, das Unternehmerverhalten mit Hilfe von nachfragebedingten Faktoren zu erklären. Beide Funktionen sagen somit nicht nur etwas aus über Antrieb und Verlauf des gesamtwirtschaftlichen Angebots, sondern bilden auch die Grundlage für die langfristige Analyse des Gleichgewichts zwischen gesamtwirtschaftlichem Angebot und gesamtwirtschaftlicher Nachfrage.

---

[21] Nach Kaldor drückt sich dieser „technical dynamism" im Verhältnis Akkumulationsrate zu Änderungsrate des outputs aus. Vgl. N. Kaldor, Economic Growth ..., a. a. O., S. 222.

bb) *Die technical progress function*

Kaldor distanziert sich ausdrücklich von Versuchen, die von einer Unterscheidung zwischen einer Bewegung auf der Produktionsfunktionskurve und einer Verschiebung dieser Kurve ausgehen. Nach ihm ist beides nicht voneinander zu trennen[22]. Die laufende Verbesserung des technischen Wissens und die Nutzung dieser Veränderung durch eine gleichzeitige Kapitalakkumulation lassen sich in ihrer Auswirkung nicht voneinander unterscheiden; beide beeinflussen *irgendwie* die Veränderung der Kapitalintensität und das Wachstum der (Arbeits-)Produktivität. Deshalb versucht Kaldor, das Wachstum der gesamtwirtschaftlichen Angebotsseite nicht durch die Analyse der *Ursachen* dieses Wachstums, sondern durch die Fixierung der *Effekte* dieser Ursachen zu fassen. Er nimmt einen einfachen Zusammenhang zwischen dem Wachstum der Produktivität und dem Wachstum der Kapitalintensität an, der in der Kurve TT (vgl. Abb. 12 a) zum Ausdruck kommt. Die

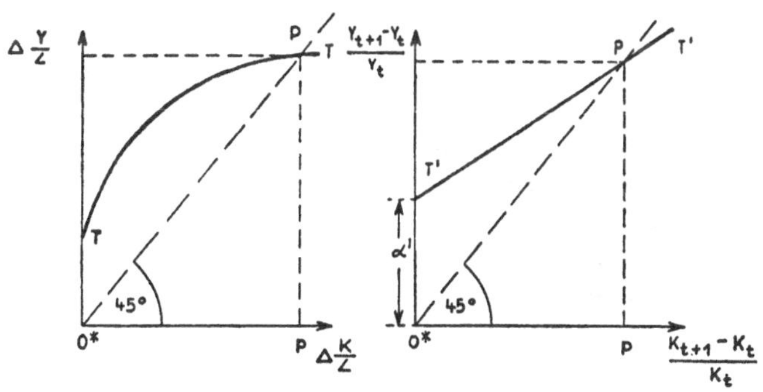

Abb. 12a Abb. 12b

Abb. 12a. Zusammenhang zwischen dem Wachstum der Arbeitsproduktivität und dem Wachstum der Kapitalintensität
Abb. 12b. Die technical progress function

Kurve schneidet den positiven Abschnitt der Ordinate, weil ein bestimmter Prozentsatz an technischem Fortschritt selbst dann auftritt, wenn das Einsatzverhältnis der Produktionsfaktoren unverändert bleibt, und ist konvex nach oben gekrümmt, da jenseits eines bestimmten Maximums (O*p) durch eine weitere Steigerung der Kapitalintensität das Wachstum der Produktivität nur noch mit abnehmender Rate zunimmt. Die *Form* der Kurve drückt aus, daß bisher noch nicht zur Anwendung gekommene, verbesserte oder neue Techniken mehr oder weniger intensiv genutzt werden können. Es gibt deshalb viele Raten des technischen Fortschritts, die mehr oder weniger das output-Wachs-

[22] Vgl. vor allem N. Kaldor, Capital Accumulation ..., a. a. O., S. 204 ff.

tum beeinflussen, je nach der Höhe und Geschwindigkeit der Kapitalakkumulation. Die *Höhe* der Kurve vermittelt somit einen Eindruck von der Risikofreudigkeit und dem „technical dynamism" der Unternehmer, und damit auch von dem Grad der wirtschaftlichen Entwicklung einer Volkswirtschaft. In einer unterentwickelten Wirtschaft wird die TT-Kurve einen relativ geringen Abstand von der Abszisse haben[23]. Wird angenommen, daß sich aufgrund der Einkommensverteilungsdynamik Vollbeschäftigung ergibt, und außerdem, der Einfachheit halber, daß eine lineare TT-Funktion existiert, dann wandelt sich Abb. 12 a in Abb. 12 b[24]. Die T'T'-Funktion läßt sich ausdrücken in der Gleichung

(C. 43) $$\frac{Y_{t+1} - Y_t}{Y_t} = \alpha' + \beta' \frac{K_{t+1} - K_t}{K_t} ,$$

wobei $\alpha' > 0$ und $1 > \beta' > 0$. Gleichung (C. 43) zeigt — bei konstanter Bevölkerung und Vollbeschäftigung — eine einfache lineare Beziehung zwischen den Wachstumsraten des gesamtwirtschaftlichen outputs und des Realkapitals[25].

Das output-Wachstum wird jedoch vom Bevölkerungswachstum nicht unabhängig sein. Um diesen Einfluß analysieren zu können, ist das Bevölkerungswachstum explizite in das Modell einzuführen. Da das Bevölkerungswachstum als exogene Variable angesehen werden kann — es wird beeinflußt durch Geburtenraten, Verlängerung der Lebenserwartung durch Fortschritte in der Medizin u. a. m. —, nimmt Kaldor in the long run eine einfache Wachstumsbeziehung des maximal zur Verfügung stehenden Arbeitspotentials L_t^* an[26]:

(C. 28) $$L_t^* = L_0^* \, e^{nt} ,$$

wobei n die maximale Wachstumsrate der Bevölkerung bezeichnet. Das Bevölkerungswachstum wird demnach als unabhängig vom output-Wachstum angenommen. Zwar könnte mit Malthus auch eine Abhängigkeit der Bevölkerungswachstumsrate l_t von der Wachstumsrate des gesamtwirtschaftlichen outputs g_t postuliert werden:

(C. 44) $$l_t = g_t \; (g_t \leq n);$$

jedoch werden bei langfristiger Betrachtung hauptsächlich exogene Faktoren auf das Bevölkerungswachstum einwirken, die einerseits die

---

[23] Vgl. hierzu N. Kaldor, Capital Accumulation ..., a. a. O., S. 208 f. und N. Kaldor, A Model ..., a. a. O., S. 596.

[24] In Abb. 12 a bleibt offen, ob Vollbeschäftigung herrscht; die Funktion in Abb. 12 a ist bevölkerungsbereinigt. In Abb. 12 b wird P nur erreicht, wenn (als Nebenbedingung) das (kurzfristige) Vollbeschäftigungsgleichgewicht erfüllt ist.

[25] Vgl. hierzu K. W. Rothschild, The Limitations ..., a. a. O., S. 571 und N. Kaldor, A Model ..., a. a. O., S. 604.

[26] N. Kaldor, Capital Accumulation ..., a. a. O., S. 186 f.; vgl. hierzu S. 180.

Abhängigkeit vom output-Wachstum aufheben und andererseits das Bevölkerungswachstum limitieren, so daß eher die folgende funktionale Abhängigkeit angenommen werden kann:

(C. 45) $$l_t = n \, (g_t > n)$$[27].

Kaldor geht demnach von der These aus, daß die Bevölkerung mit der maximalen Rate n wächst, wobei $g_t > n$. Berücksichtigt man diese These in Gleichung (C. 43), die ursprünglich unter der Voraussetzung einer konstanten Bevölkerung formuliert wurde, so ergibt sich[28]

(C. 46) $$\frac{Y_{t+1} - Y_t}{Y_t} - n = \alpha' + \beta' \left(\frac{I_t}{K_t} - n \right)$$

oder

(C. 46)' $$\frac{Y_{t+1} - Y_t}{Y_t} = \alpha' + \beta' \frac{I_t}{K_t} + (1 - \beta') \, n.$$

Die technical progress function in der Form (C. 46) oder (C. 46)' erklärt somit das gesamtwirtschaftliche output-Wachstum als eine Funktion des Wachstums des gesamtwirtschaftlichen Kapitalstocks — hervorgerufen durch die Kreierung *und* Anwendung eines konstant fließenden Stroms technischer Erfindungen — und als eine Funktion des exogen gegebenen Bevölkerungswachstums, wobei das Arbeitskräftepotential mit einer bestimmten Maximalrate n geometrisch wächst — vgl. (C. 28). Die Vollbeschäftigung dieses Potentials ist durch die (kurzfristige) Einkommensverteilungsdynamik gewährleistet. Sie muß jedoch nunmehr, nachdem das Bevölkerungswachstum explizite in das System eingeführt wurde, durch eine Gleichgewichtsbedingungsgleichung ausgedrückt werden[29]:

(C. 30) $$L_t = L_t^* \quad ,$$

wobei L_t die arbeitende Bevölkerung („labour employed") im Zeitablauf und L_t^* den „maximum amount of labour available at time t"[30] bezeichnen.

---

[27] Vgl. hierzu N. Kaldor, A Model ..., a. a. O., S. 614 f.

[28] Ebenda, S. 615; Gleichung (C. 46) entspricht Gleichung (14) bei N. Kaldor, Capital Accumulation ..., a. a. O., S. 215: $G_0 = \alpha' + \beta' \, (G_K - \lambda)$, wenn man berücksichtigt, daß $G_0 = G_Y - n$ (vgl. ebenda, S. 221), und, daß G_Y in unserer Terminologie dem Ausdruck $(Y_{t+1} - Y_t)/Y_t$ sowie G_K dem Ausdruck I_t/K_t entspricht. Für die Koeffizienten in Gleichung (C. 46) gelten die Bedingungen $\alpha' > 0$ und $1 > \beta' > 0$; vgl. N. Kaldor, A Model ..., a. a. O., S. 604.

[29] Vgl. S. 180.

[30] Vgl. N. Kaldor, Capital Accumulation ..., a. a. O., S. 184 Fußnote 2 und S. 186.

Da Kaldor das Bevölkerungswachstum als exogen gegeben darstellt, bleibt die Aufgabe, die Absorption von technischen Erfindungen durch die Kapitalakkumulation zu erklären, d. h. das Unternehmerverhalten näher zu untersuchen.

cc) *Annahmen über das Investitionsverhalten der Unternehmer*

Ursprünglich hatte Kaldor die Hypothese aufgestellt, daß die Investitionsentscheidungen in jeder Periode von dem Wunsch der Unternehmer abhängen, eine konstante Beziehung zwischen dem Betrag ihres investierten Kapitals und ihres Umsatzes aufrechtzuerhalten, wobei von ihnen der in der Vergangenheit erzielte Umsatzzuwachs und der Profitanteil am Umsatz unverändert in die Zukunft projiziert wird[31]. Aufgrund dieser Annahme stellte Kaldor eine Investitionsfunktion auf, die die Investitionen in jeder Periode mit der Umsatzänderung von Periode (t—1) zu Periode (t) und mit der Änderung der Profitrate in diesem Zeitraum funktional verband[32]:

$$I_t = (Y_t - Y_{t-1})\left(\alpha'' + \beta'' \frac{P_{t-1}}{K_{t-1}}\right) + \beta''\left(\frac{P_t}{K_t} - \frac{P_{t-1}}{K_{t-1}}\right) Y_t \,. \qquad \text{(C. 47)}$$

Sofern die Profitrate im Zeitablauf konstant ist, wird die Investitionsentscheidung der Unternehmer lediglich abhängig von der erwarteten (und realisierten) Wachstumsrate des Umsatzes.

Kaldor ist — u. a. auch aufgrund der an der Form dieser Investitionsfunktion geübten Kritik[33] — zu dem Schluß gekommen[34], daß die Investitionsneigung eigentlich nicht von der Änderung der realisierten Profitrate im Vergleich zur Vorperiode abhängt, sondern von der erwarteten, „prospective rate of profit", die von der realisierten Rate immer dann abweichen muß, wenn sich die Kapitalproduktivität neuer Investitionsvorhaben vom im Augenblick realisierten Kapitalkoeffizienten unterscheidet. Die erwartete Profitrate muß[35] sogar höher sein als die realisierte. Denn es ist anzunehmen, daß die Realkapitalmenge, die notwendig ist, um einen bestimmten output-Strom in der Zukunft

---

[31] N. Kaldor, A Model ..., a. a. O., S. 600 f. und S. 604 f.

[32] Die Investitionsfunktion wird mit Hilfe einer Differenzengleichung ($I_t = K_{t-1} - K_t$) abgeleitet aus der funktionalen Abhängigkeit des Kapitalstocks K_t von der Höhe des outputs in der Periode $t-1$ und des relativen Anteils der Profitrate an diesem output in dieser Periode:

$$K_t = \alpha'' Y_{t-1} + \beta'' \frac{P_{t-1}}{K_{t-1}} Y_{t-1} \,, \qquad \text{(C. 47)*}$$

wobei $\alpha'' > 0$, $\beta'' > 0$. Vgl. ebenda, S. 604.

[33] Vgl. N. Kaldor, Capital Accumulation ..., a. a. O., S. 212 Fußnote 1.

[34] Vgl. ebenda, S. 214 Fußnote 1.

[35] Vgl. zum folgenden ebenda, S. 213 f.

zu produzieren, geringer sein wird als diejenige, die zu einem bisherigen bestimmten output-Strom beigetragen hat. Damit wird auch gesagt, daß die Unternehmer eigentlich nicht eine bestimmte Profitrate, sondern eine bestimmte Profitsumme anstreben, die mindestens so groß sein muß wie in der Vergangenheit. Die Ansicht, daß aus den genannten Gründen die „prospective rate of profit" höher sein muß als die „realized rate of profit", setzt aber gleichzeitig voraus, daß die Unternehmer die Entwicklung der Kapitalproduktivität und der Kapitalakkumulation und wiederum deren Auswirkung auf den Verlauf der Profitrate richtig oder vollkommen voraussehen, was a priori nicht angenommen werden kann, und was, das sei hier nur angemerkt, auch vom kausalanalytischen Standpunkt nicht befriedigt. Denn soll nun in einer Investitionsfunktion, die ja das Zustandekommen der Investitionsentscheidungen erläutern will, die Entwicklung der Kapitalakkumulation wiederum als Erklärungsursache für die Profitrate gelten, deren Veränderung ihrerseits dann den Investitionsverlauf erklärt?

Kaldor versucht, diesem Dilemma zu entgehen[36]. Er ersetzt (C. 47) durch (C. 48)[37]

(C. 48) $$I_{t+\theta} = \left(\frac{Y_{t+1} - Y_t}{Y_t} - n - \alpha'\right)\frac{K_t}{\beta'} + nK_t + \mu\frac{d}{dt}\left(\frac{Y_t}{K_t}\right).$$

Die ersten beiden Glieder der rechten Seite von (C. 48) leiten sich ab aus (C. 46):

(C. 46) $$\frac{Y_{t+1} - Y_t}{Y_t} - n = \alpha' + \beta'\left(\frac{I_t}{K_t} - n\right).$$

Durch einfache Umformung von (C. 46) kann I_t bestimmt werden:

(C. 46)″ $$\left(\frac{Y_{t+1} - Y_t}{Y_t} - n - \alpha'\right)\frac{K_t}{\beta'} + nK_t = I_t.$$

Kaldor will mit (C. 46)″ zum Ausdruck bringen, daß die Investitionsentscheidungen vom langfristigen output-Wachstum, das — nach ihm — vom Wachstum des technischen Fortschritts, des Realkapitals und der Bevölkerung bestimmt wird, abhängig sind. In (C. 46)″ kann eine Weiterentwicklung des in (C. 47) enthaltenen Akzelerationsprinzips gesehen werden. Dort war nur auf das output-Wachstum abgestellt worden; hier sind auch die Bestimmungsgründe dieses output-Wachstums in die Investitionsfunktion aufgenommen.

Das dritte Glied der rechten Seite von (C. 48) soll andeuten, daß sich die Unternehmer bei ihren Investitionsentscheidungen nicht nach der Entwicklung der Profitrate P/K, sondern nach der Entwicklung

[36] Vgl. N. Kaldor, Capital Accumulation ..., a. a. O., S. 210 ff.

[37] $\alpha' > 0$, $1 > \beta' > 0$, $\mu > 0$.

der Kapitalproduktivität Y/K richten. Kaldor greift demnach nur einen Teil der Beziehung P/K = P/Y · Y/K als Bestimmungsgrund heraus. Warum ist aber nur noch Y/K und nicht mehr P/K relevant? Um das zu verstehen, muß gezeigt werden, daß die Profitquote P/Y den Unternehmer bei seinen Investitionsentscheidungen wenig beeinflußt. Kaldor ist der Meinung, daß die Investitionsentscheidungen der Unternehmer von einer „prospective rate of profit" abhängen. Erwartungen richten sich aber wiederum meist nach den Erfahrungen aus der Vergangenheit. Wenn man nun Projektionen, die auf langjährigen Erfahrungen basieren, als „erwartungs-unelastisch", und solche, die auf „events of the very recent past" aufbauen, als „erwartungs-elastisch" bezeichnet, dann ist, nach Kaldor, die Profitquote eine „erwartungs-unelastische" Größe, da sie einen bestimmten Trendverlauf aufweist und gegenüber kurzfristigen Schwankungen unempfindlich ist. Dagegen wird der Umsatz, und damit auch[38] die Größe Y/K „erwartungs-elastisch" sein. Die Unternehmer richten sich bei ihrer Investitionsvornahme nach „erwartungs-elastischen" Größen. Deshalb nimmt Kaldor eine funktionale Abhängigkeit zwischen der Investitionstätigkeit und der *Veränderung* der Kapitalproduktivität an: als drittes Glied wird in (C. 48) der Ausdruck $\mu \frac{d}{dt}\left(\frac{Y_t}{K_t}\right)$ eingefügt.

Zusammenfassend ist festzustellen, daß Kaldor das Wachstum des volkswirtschaftlichen Angebots durch folgende Beziehungen charakterisiert hat:

(IV) = (C. 46) $$\frac{Y_{t+1} - Y_t}{Y_t} - n = \alpha' + \beta' \left(\frac{I_t}{K_t} - n\right)$$

(V) = (C. 28) $$L_t^* = L_o^* \, e^{nt}$$

(VI) = (C. 30) $$L_t = L_t^*$$

(C. 48) $$I_{t+\theta} = \left(\frac{Y_{t+1} - Y_t}{Y_t} - n - \alpha'\right)\frac{K_t}{\beta'} + nK_t + \mu \frac{d}{dt}\left(\frac{Y_t}{K_t}\right).$$

Das output-Wachstum wird demnach bestimmt durch die Veränderung des Bevölkerungswachstums und durch die Änderung einer Größe, die aus der Entstehung und Anwendung von technischen Erfindungen resultiert und entsprechende Verschiebungen der Kapitalintensität und der (Arbeits-) Produktivität bewirkt. Das Bevölkerungswachstum ist exogen erklärt. Die Beschäftigung der angebotenen Arbeitsmenge wird durch das kurzfristige Vollbeschäftigungsgleichgewicht, ausgedrückt in (VI), gewährleistet. Die Entstehung technischer Erfindungen ist exo-

[38] Daß Kaldor derartige Folgerungen zieht, kann nur vermutet werden. Vgl. N. Kaldor, Capital Accumulation ..., a. a. O., S. 213 f. und S. 216.

gen behandelt, während ihre Anwendung eine Verhaltensfunktion, die die Investitionsentscheidungen der Unternehmer erfaßt, erläutert.

c) Langfristiges Gleichgewicht: Konstanz der Profitrate

aa) Der Übergang vom kurzfristigen zum langfristigen Gleichgewicht

Die Form der Investitionsfunktion (C. 48) läßt darauf schließen, daß sich das Wachstum des Kapitalstocks beschleunigt an das Wachstum des gesamtwirtschaftlichen outputs anpaßt, wenn das letztere ursprünglich größer ist als das erstere. Je näher der Anpassungsprozeß dem (stabilen) Gleichgewichtspunkt P rückt (vgl. Abb. 13)[39], desto mehr gleichen sich die beiden Wachstumsraten an.

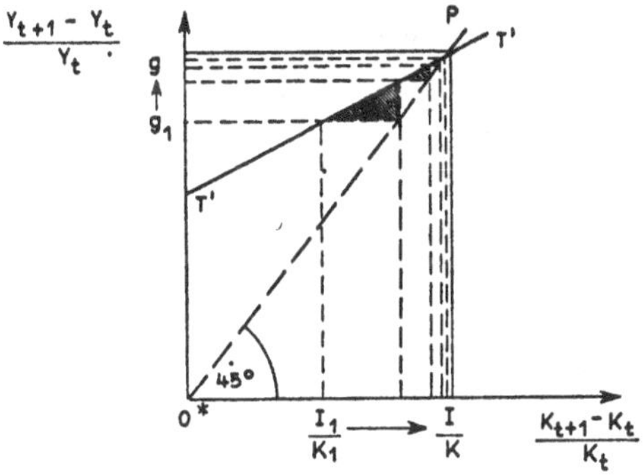

Abb. 13. Anpassung an das langfristige Gleichgewicht

Wie kommt dieser Anpassungsprozeß zustande? In der ursprünglichen Situation, in der $g_1 > I_1/K_1$, stimmen die geplanten bzw. erwarteten mit den realisierten Investitionsvorhaben nicht überein. Wie aus der Kaldorschen Investitionsfunktion (C. 48) abgelesen werden kann, ist diese Übereinstimmung nur gegeben, wenn (1) und (2) erfüllt sind:

(1) Die Wachstumsrate des Kapitalstocks gleicht sich an diejenige des Volkseinkommens an. Denn die Unternehmer richten sich bei ihrer Investitionstätigkeit nach der Wachstumsrate des Einkommens.

---

[39] Abb. 13 entspricht Fig. 5 bei N. Kaldor, A Model..., a. a. O., S. 609. Der Einfluß des Bevölkerungswachstums (n) ist hier nicht berücksichtigt. Mit g wird die Gleichgewichtswachstumsrate bezeichnet, mit g_t (t = 1,2...) die Wachstumsraten des outputs im Anpassungsstadium.

(2) Die Unternehmer nehmen „erwartungs-elastische" Größen als Richtgröße für ihre Investitionsentscheidung. Je weniger sich diese Größen im Zeitablauf verändern, umso wahrscheinlicher wird ein langfristiger Gleichgewichtszustand erreicht werden. Da die Unternehmer im Zeitablauf in steigendem Maße ihre Voraussicht (aufgrund ihrer gesammelten Erfahrungen) werden vervollkommnen können, wird die *Veränderung* der Kapitalproduktivität, die Kaldor als „erwartungs-elastisch" bezeichnet, kleiner werden. Der allmähliche Anpassungsprozeß des kurzfristigen an das langfristige Gleichgewichtswachstum ist demnach dadurch gekennzeichnet, daß die Veränderung der Kapitalproduktivität (Y/K) bzw. ihres reziproken Wertes, des Kapitalkoeffizienten (K/Y = v), gegen Null tendiert:

(C. 49) $$\frac{dv_t}{dt} = 0 .$$

Gilt (C. 49), dann sind in the long run die Wachstumsraten des Volkseinkommens und des Realkapitals gleich:

(C. 50) $$\frac{Y_{t+1} - Y_t}{Y_t} = \frac{K_{t+1} - K_t}{K_t} .$$

Der Gleichgewichtspunkt P ist erreicht und wird auch gehalten, da die Unternehmer keine Veranlassung sehen, ihre erstrebte „vollkommene Voraussicht", die durch (C. 49) und (C. 50) charakterisiert ist, wieder zu ändern.

Setzt man in (C. 46), die Bestimmungsgleichung des Volkseinkommens

(C. 46) $$\frac{Y_{t+1} - Y_t}{Y_t} - n = \alpha' + \beta' \left(\frac{I_t}{K_t} - n\right) ,$$

die Gleichgewichtsbedingung (C. 50) ein, dann erhält man die Gleichgewichtswachstumsrate des Systems G_Y:

(C. 51) $$G_Y = \frac{\alpha'}{1 - \beta'} + n$$

oder, wenn man $\alpha'/(1-\beta') \equiv \gamma'$ setzt[40],

(C. 51)′ $$G_Y = \gamma' + n.$$

Kaldor glaubt jedoch, daß weitere Bedingungsgleichungen aufgestellt werden müssen, um ein Gleichgewichtsmodell bei Vollbeschäftigung und in langfristiger Betrachtung vorführen zu können, da nur über die *Veränderung* des Kapitalkoeffizienten — vgl. (C. 49) — etwas ausgesagt, seine Höhe jedoch nach wie vor nicht determiniert sei[41]. Die Bestimmung von v führt über die Konzeption des langfristigen oder P/K-Gleichgewichts.

---

[40] Vgl. N. Kaldor, A Model..., a. a. O., S. 611 und N. Kaldor, Capital Accumulation..., a. a. O., S. 216.

[41] N. Kaldor, Capital Accumulation..., a. a. O., S. 217.

bb) Das langfristige Gleichgewicht

Daß die Investitionsquote im langfristigen Gleichgewichtswachstum letztlich von der Bestimmung des *Niveaus* des Kapitalkoeffizienten abhängt, läßt sich leicht nachprüfen, wenn Gleichung (C. 48) durch Y_t dividiert wird. Unter Berücksichtigung von (C. 49) ergibt sich, daß die Investitionsquote im Zeitablauf von der Gleichgewichtswachstumsrate G_Y und dem *Niveau* (nicht der Entwicklung) des Kapitalkoeffizienten bestimmt wird, wobei v zeitabhängig, also im dynamischen Gleichgewichtssystem indeterminiert ist. Auch aus der ursprünglichen Form der Investitionsfunktion bei Kaldor, (C. 47), läßt sich diese Folgerung ableiten[42]. Während jedoch, um zu diesem Ergebnis zu gelangen, in der ursprünglichen Fassung der Kaldorschen Wachstumstheorie die Bedingungen aus (C. 49) und (C. 51) *sowie* die Forderung, daß

$$\text{(C. 52)} \qquad \frac{P_t}{K_t} = \frac{P_{t-1}}{K_{t-1}} \, ,$$

gegeben sein müssen[43], sind in der neueren Form nur noch die Bedingungen (C. 49) und (C. 51) relevant. Der Kapitalkoeffizient bleibt in beiden Systemen indeterminiert, die Profitrate wird im langfristigen Gleichgewicht zum konstanten Faktor. Die Konstanz der Profitrate wird aber in der neuen Fassung der Wachstumstheorie von Kaldor[44] nicht mehr ohne nähere Erklärung als Bedingung gesetzt, wie durch (C. 52), sondern aufgrund weiterer Bestimmungsfaktoren zu erklären versucht.

Die Profitrate wird sich langfristig ähnlich entwickeln wie gewisse monetäre Größen, wie z. B. die Veränderung der langfristigen Zins-

---

[42] Statt

$$\text{(C. 47)} \qquad I_t = (Y_t - Y_{t-1})\left(\alpha'' + \beta'' \frac{P_{t-1}}{K_{t-1}}\right) + \beta'' \left(\frac{P_t}{K_t} - \frac{P_{t-1}}{K_{t-1}}\right) Y_t$$

kann auch geschrieben werden

$$I_t = \frac{K_t}{Y_{t-1}} (Y_t - Y_{t-1}) + \beta'' \left(\frac{P_t}{K_t} - \frac{P_{t-1}}{K_{t-1}}\right) Y_t \, .$$

Die Investitionsquote wird determiniert durch

$$\text{(C. 47)}' \qquad \frac{I_t}{Y_t} = \frac{Y_t - Y_{t-1}}{Y_{t-1}} \cdot \frac{K_t}{Y_t} + \beta'' \left(\frac{P_t}{K_t} - \frac{P_{t-1}}{K_{t-1}}\right) \, .$$

Im Gleichgewicht ergibt sich

$$\text{(C. 47)}'' \qquad \frac{I_t}{Y_t} = \gamma' \frac{K_t}{Y_t} \, , \text{ da}$$

$$\frac{P_t}{K_t} = \frac{P_{t-1}}{K_{t-1}} \text{ und } \frac{Y_t - Y_{t-1}}{Y_{t-1}} = \gamma' \, .$$

Die Form (C. 47)″ findet sich bei Kaldor, A Model ..., a. a. O., S. 611.

[43] Vgl. N. Kaldor, A Model ..., a. a. O., S. 612.

[44] N. Kaldor, Capital Accumulation ..., a. a. O.

rate r und des Risikofaktors φ, die beide die Liquiditätspräferenz kompensieren[45]. Zwar kann im ungleichgewichtigen Prozeß zunächst angenommen werden, daß der Unternehmer nur Investitionen vornimmt, wenn das Niveau beider Größen *mindestens* durch die Höhe der erzielten Profitrate aufgewogen wird, wenn demnach $P/K \geqq r + \varphi$, doch ist diese Ungleichung im langfristigen Gleichgewichtsprozeß mit (C. 49) inkompatibel. Denn die Erfüllung dieser Ungleichung kann durchaus bedeuten, daß die Investition jeder Periode diejenige der „*new* investment opportunities accruing in that period"[46] übersteigt und somit keinen Gleichgewichtszustand gewährleistet. Mit anderen Worten, es muß, um die tatsächliche der gewünschten Kapitalstockbewegung in jeder Periode anzugleichen, *monetäres und reales Wirtschaftswachstum* in the long run übereinstimmen:

(C. 53) $$\frac{P_t}{K_t} = r_t + \varphi_t .$$

Eine weitere Untersuchung dieser Forderung bedarf der näheren Bestimmung der monetären Faktoren r und φ, die von Kaldor als „supply price of risk capital" bezeichnet werden. Die Zinsrate ist, entsprechend der Keynesschen Untersuchungen, abhängig von der Liquiditätspräferenzfunktion und der Geld- und Kreditpolitik; es existiert eine Mindestzinsrate ($\bar{r}$), unter die r nicht fallen kann; es gilt

(C. 54) $$r \geqq \bar{r}.$$

Die Risikoprämie φ wird notwendigerweise beeinflußt durch die Liquidität bzw. Illiquidität der Investitionsanlage. Wenn man unterstellt, daß das variable Kapital (V) in einer linearen Beziehung zum output steht (V = nY), daß demnach nur das fixe Kapital (F) durch Änderungen der Produktionstechnik beeinflußt wird, so wird jede Erhöhung des Verhältnisses von fixem zu variablem Kapital ein Ansteigen des Kapitalkoeffizienten hervorrufen. Die Risikoprämie wird somit schließlich bestimmt durch den Kapitalkoeffizienten, so daß

(C. 55) $$\varphi_t = \xi_1 \left(\frac{F}{Y} \right) \text{ oder, vereinfacht, } \varphi_t = \xi_2 (v_t),$$

wobei $\xi_2 > 0$. Außerdem wird postuliert, daß die Profitrate bei gegebener Zinsrate r, die der Einfachheit halber der langfristigen Mindestzinsrate $\bar{r}$ gleichgesetzt wird,

(C. 56) $$r_t = \bar{r} ,$$

---

[45] Vgl. hierzu und im folgenden N. Kaldor, Economic Growth ..., a. a. O., S. 287 f. und N. Kaldor, Capital Accumulation ..., a. a. O., S. 217 ff. Kaldor bezeichnet φ als „marginal risk premium on investment", ebenda, S. 219. Vgl. auch ebenda, S. 189.

[46] N. Kaldor, Capital Accumulation ..., a. a. O., S. 218 (Hervorhebung von N. Kaldor).

irgendwo in der Mitte zwischen den Grenzrisikoprämien des variablen und fixen Kapitals (φ_V, φ_F) liegen muß, wenn ein gleichgewichtiges Wachstum gewährleistet sein soll

$$\text{(C. 57)} \qquad \varphi_F + \bar{r} > \frac{P}{K} > \varphi_V + \bar{r},$$

was aus (C. 53) einerseits und aus (C. 55) in Verbindung mit der Annahme, daß $\varphi_F > \varphi_V$, andererseits abgelehnt werden kann.

Zusammenfassend läßt sich sagen, daß die langfristige Gleichgewichtskonzeption Kaldors durch folgende Bedingungen charakterisiert ist:

$$\text{(VII)} = \text{(C. 49)} \qquad \frac{dv_t}{dt} = 0$$

$$\text{(VIII)} = \text{(C. 53)} \qquad \frac{P_t}{K_t} = r_t + \varphi_t$$

$$\text{(IX)} = \text{(C. 56)} \qquad r_t = \bar{r}$$

$$\text{(X)} = \text{(C. 55)} \qquad \varphi_t = \xi(v_t)$$

$$\text{(d)} = \text{(C. 57)} \qquad \varphi_F + \bar{r} > \frac{P}{K} > \varphi_v + \bar{r}.$$

Beziehung (VII) schafft die Voraussetzung für die Annäherung des kurzfristigen an das langfristige Gleichgewicht, die Bedingungsgleichungen bzw. Funktionen (VIII) bis (X) und (d) ermöglichen ein langfristiges Gleichgewicht durch die Determinierung der langfristigen Profitrate.

d) Das Gesamtmodell

Kaldor hat mit den Beziehungen (I) bis (X) und (a) bis (d) die Voraussetzungen für ein geschlossenes, Prozeßverlauf und Gleichgewicht aufzeigendes Wachstumsmodell geschaffen, das im folgenden zusammenfassend kurz skizziert wird.

aa) Theoretisches Modell und „stylized facts"

Die auffallende Diskrepanz, die im allgemeinen zwischen den Ergebnissen theoretischer Wachstumsmodelle und dem tatsächlichen Wirtschaftsablauf festzustellen ist, erklärt Kaldor mit der Behandlung einiger Faktoren im Modell, die meist als Konstante oder nicht-ökonomische Variable und daher als nicht-variierbar den Ablaufprozeß im theoretischen Modell wenig oder gar nicht beeinflussen, in der Wirklichkeit aber den Wirtschaftsablauf entscheidend determinieren[47]. Kal-

[47] Vgl. hierzu N. Kaldor, A Model..., a. a. O., S. 591 und N. Kaldor, Capital Accumulation..., a. a. O., S. 177.

dor nennt zwei Faktoren: den technischen Fortschritt und die Unsicherheit im unternehmerischen Investitionsverhalten. Theoretischen Modellen, die diese Faktoren nicht enthalten oder nur als Konstante behandeln, mißt er von vornherein wenig interpretativen Wert in Bezug auf das Wirtschaftswachstum bei. Modelle dagegen, die beide Faktoren in Form von technischen Bedingungsgleichungen (z. B. der technical progress function) oder Verhaltensfunktionen (z. B. der Investitionsfunktion) enthalten, laufen nicht Gefahr, in ihren modelltheoretischen Prozeßabläufen zu wirklichkeitsfremden Ergebnissen zu gelangen. Ein brauchbares Modell muß diese beiden Faktoren als Prozeßanreger und -träger herausstellen.

Die Schwierigkeit des Theoretikers, ein einigermaßen realitätsnahes Wachstumsmodell zu gestalten, ist nun doppelter Natur. Denn weder realiter noch im theoretischen Modell lassen sich beide Faktoren eindeutig isoliert erfassen, da sie zu sehr mit anderen Variablen verflochten sind. In der Realität können lediglich bestimmte Kontinuitäten beobachtet werden, die irgendwie, da die Vermutung dafür spricht, auf den Einfluß des technischen Fortschritts und/oder des Unternehmerverhaltens zurückgeführt werden müssen. Kaldor versucht, dieses Phänomen durch die Aufzählung von sechs solcher Kontinuitäten zu fassen, die er „stylized facts“ nennt[48]. Im einzelnen charakterisiert Kaldor diese für die Entwicklung der kapitalistischen Wirtschaft typischen Faktoren wie folgt:

(1) Gesamtwirtschaftliche Produktion und Arbeitsproduktivität wachsen ständig; es gibt keine Anzeichen für eine fallende Produktivitätswachstumsrate im langfristigen Trend.

(2) Die Kapitalintensität nimmt laufend zu, wie immer man auch das Aggregat „Kapital“ messen mag.

(3) Die Profitrate bleibt im Zeitablauf konstant. Sie liegt gleichzeitig höher als die „reine“ langfristige Zinsrate, die am Ertrag der „gilt-edged bonds“ gemessen wird.

(4) Der Kapitalkoeffizient zeigt im langfristigen Trend weitgehende Konstanz; wenigstens gibt es im long run keine eindeutig aufwärts oder abwärts gerichtete Tendenzen.

(5) Profitquote und Investitionsquote sind eng korreliert; es wurden konstante Profit- und Lohnquoten in Perioden beobachtet, in denen auch die Investitionsquote konstant ist.

(6) Die *Höhe* der angesprochenen gesamtwirtschaftlichen Größen ist in verschiedenen hochentwickelten Ländern verschieden. Die *Veränderung* dieser Größen zeigt jedoch einheitlich in die beschriebene Richtung.

---

[48] N. Kaldor, Capital Accumulation..., a. a. O., S. 178 f.

Wenn nun die Theorie realitätsnah sein soll, dann müssen die Ergebnisse des theoretischen Modellablaufs diese „stylized facts" kausalanalytisch erklären und auch im Erscheinungsbild diese Kontinuitäten ergeben: „My purpose... is to present a model of income distribution and capital accumulation which is capable of explaining at least some of these ‚stylized' facts", sagt Kaldor[49]. Durch die Aufstellung von sechs „artificial" oder „critical assumptions" versucht er, der Lösung dieses Problems näher zu kommen[50], wobei er eine Reihe von Modellen mit abnehmendem Abstraktionsgrad entwickelt und über vier Zwischenmodelle[51] schließlich zu seinem Endmodell kommt, das den technischen Fortschritt und das Unternehmerverhalten berücksichtigt.

bb) Die Zwischenmodelle

Ausgangspunkt für die Betrachtung des wirtschaftlichen Entwicklungsprozesses bildet ein Modell, das einfache Beziehungen zwischen den Produktionsfaktoren Realkapital und Arbeit sowie zwischen den Einkommenskategorien Löhne und Profite wiedergibt. Als spezielle Bedingungen gelten strenge Komplementarität zwischen den Produktionsfaktoren (Gleichungen (i) und (ii) im Modell A, vgl. Übersicht 5) und einseitige Verwendungszwecke der Einkommensarten (iv): alle Profite werden gespart, alle Löhne konsumiert. Auf dem Arbeitsmarkt herrscht ein unbegrenztes Arbeitsangebot zu konstantem Lohnsatz (iii). Die Identitätsgleichung (v), die die Beziehung auf der Einkommensverteilungsseite wiedergibt, und die Keynessche Gleichgewichtsbedingung, wonach sich freiwillige Ersparnis und geplante Investition entsprechen (vi), vervollständigen das Bild. Als „critical assumption", die übrigens durch die folgenden Modelle nicht aufgehoben wird, postuliert Kaldor „constant returns to scale in any particular process of production" und „natural environment does not impose any limitation to expansion"[52]. Der Modellmechanismus läßt über die Gleichungen (i) und (iii) die Einkommenskategorien unabhängig von der Zeit werden. Da bestimmte Annahmen über ihren Verwendungszweck gemacht werden (iv), und gleichzeitig die Beziehung zwischen output und Einsatz des Produktionsfaktors Realkapital durch (ii) festgelegt ist, kann schließlich aus der Gleichgewichtsbedingung (vi), da die Sparquote ja ebenfalls von der Zeit unabhängig wird, der Prozeßantrieb für das wirtschaftliche Wachstum abgelesen werden: output und Realkapital wachsen

[49] N. Kaldor, Capital Accumulation..., a. a. O., S. 179.
[50] Ebenda, S. 183 f.
[51] Kaldor verbindet mit diesen Zwischenmodellen Betrachtungen über die Modelle von Ricardo, Marx, von Neumann, Wicksell, Keynes, Harrod und Domar. Diese mehr dogmengeschichtlich interessanten Vergleiche werden hier nicht behandelt.
[52] N. Kaldor, Capital Accumulation..., a. a. O., S. 183 f

Übersicht 5: Die Zwischenmodelle bei Kaldor

Modell A	Modell B	Modell C	Modell D
(i) $O_t = \overline{O}$ (ii) $v_t = \overline{v}$ (iii) $w_t = w_{min}$ (iv) $s_t = \frac{P_t}{Y_t}$	(i) $O_t = \overline{O}$ (ii) $v_t = \overline{v}$ (iii) $L_t^* = L_0^*\ e^{nt}$ (a*) $w_t \geq w_{min}$ (iv) $s_t = \frac{P_t}{Y_t}$	(i) $O_t = f(v_t)$ (ii) $L_t^* = L_0^*\ e^{nt}$ (a*) $w_t \geq w_{min}$ (b*) $\frac{P_t}{K_t} \geq r + \varphi$ (iii) $s_t = \frac{P_t}{Y_t}$	(i) $O_t = f(v_t)$ (ii) $L_t^* = L_0^*\ e^{nt}$ (a*) $w_t \geq w_{min}$ (b*) $\frac{P_t}{K_t} \geq r + \varphi$ (iii) $s_t = \alpha \frac{P_t}{Y_t}$
(v) $P_t = Y_t - w_t L_t$	(v) $P_t = Y_t - w_t L_t$	(iv) $P_t = Y_t - w_t L_t$	(iv) $P_t = Y_t - w_t L_t$
(vi) $s_t Y_t = \frac{dK_t}{dt}$	(vi) $s_t Y_t = \frac{dK_t}{dt}$ (vii) $L_t = L_t^*$	(v) $s_t Y_t = \frac{dK_t}{dt}$ (vi) $L_t = L_t^*$ (vii) $v_t = \phi\left(\frac{P_t}{K_t}\right)$	(v) $s_t Y_t = \frac{dK_t}{dt}$ (vi) $L_t = L_t^*$ (vii) $v_t = \phi\left(\frac{P_t}{K_t}\right)$

Anmerkung: O = Y/L.

mit derselben Rate, die Profitrate wird durch das Realkapitalwachstum ($P/K = \Delta K/K$), die Profitquote durch die Investitionsquote bestimmt ($P/Y = \Delta K\bar{v}/K$).

Modell B hebt die unrealistische Annahme, das Arbeitsangebot sei bei konstantem Lohn (ausgedrückt in „terms of wage goods")[53] unbegrenzt, auf. Es existiert nun ein Arbeitspotential L^*, das sich mit der konstanten Wachstumsrate n entwickelt (Gleichung (iii) in Modell B) und auch — unter der Annahme einer vollbeschäftigten Wirtschaft — im Wirtschaftsprozeß eingesetzt ist (vii). Der Gleichgewichtslohn verharrt nicht mehr auf dem Lohnniveau des Existenzminimums, sondern übersteigt dieses Niveau (a^*). Das Wirtschaftswachstum wird durch die maximal mögliche Wachstumsrate der (vollbeschäftigten) Bevölkerung bestimmt ($\Delta Y/Y = n$). Die Profitrate hängt ebenso von n ab ($P/K = n$) wie die Profitquote von n und dem gesamtwirtschaftlichen Kapitalkoeffizienten, der nach wie vor als konstant (ii) angenommen wird ($P/Y = n\bar{v}$).

Modell C räumt mit der These auf, daß „there is strict complementarity between Capital and Labour (or commodity-inputs and labour-inputs) in the production of both equipment goods and wage goods"[54]. Den Produktionsfaktoreneinsatz regeln nicht mehr konstante Beziehungen, sondern ein im Zeitablauf sich verändernder Kapitalkoeffizient (Gleichung (i) in Modell C). Der Kapitalkoeffizient wird im Gleichgewicht eine Funktion der Profitrate (vii). Die Profitrate wiederum muß hoch genug sein, um die Zinsrate langfristiger Papiere und eine bestimmte Risikoprämie abzudecken, wenn überhaupt eine Kapitalakkumulation gewährleistet sein soll (b^*). Denn die Profitrate wird allein bestimmt von der maximalen Wachstumsrate der Bevölkerung, die *unmittelbar* keinen Anreiz auf Investitionsentscheidungen ausübt. Am Modellprozeß ändert sich gegenüber Modell B nichts. Die Profitquote wird jetzt lediglich durch einen variablen Investitionskoeffizienten beeinflußt ($P/Y = n\varnothing n$).

Modell D bringt die Aufhebung der unrealistischen These, daß alle Profite gespart und alle Löhne konsumiert werden. Gleichung (iii) in Modell D stellt fest, daß nur ein bestimmter Prozentsatz α der Profite gespart wird, vernachlässigt aber gleichzeitig die Tatsache, daß ein bestimmter Prozentsatz β der Löhne gespart wird (βW; in (iii) ist $\beta = 0$). Profitrate und -quote werden durch α beeinflußt: $P/K = n/\alpha$ und $P/Y = (n/\alpha) \varnothing (n/\alpha)$.

cc) Das Endmodell

Diejenigen Faktoren, die ein theoretisches Wachstumsmodell letzten Endes realitätsnah gestalten, werden erst im Endmodell berücksichtigt:

[53] Ebenda, S. 184.
[54] Ebenda.

technischer Fortschritt und unvollkommener Wettbewerb, der wiederum zurückwirkt auf das Investitionsverhalten der Unternehmer. Die neu hinzugekommenen Beziehungen (IV), (VII), (VIII), (IX), (X) und (d), die die Wirkungsweise von Kapitalakkumulation und technischem Fortschritt charakterisieren, sowie (a) und (c), die den unvollkommenen Wettbewerb einführen, brauchen nicht näher erklärt zu werden, da unserer Darstellung des Kaldorschen Wachstumsmodells dieses Endmodell zugrundeliegt. Lediglich zur Verdeutlichung sind die einzelnen Beziehungen im Zusammenhang noch einmal in der Übersicht 6 aufgeführt worden.

Der Modellablauf im Endmodell geht aus von einer durch die Beziehungen (IV) und (VII) herbeigeführten langfristigen Gleichgewichtswachstumsrate der gesamtwirtschaftlichen Angebotsseite; denn (VII) unterstellt, daß das Kapitalwachstum demjenigen des outputs entspricht, so daß (C. 50) gilt. Da die maximale Wachstumsrate der Bevölkerung exogen gegeben ist (V) und außerdem feststeht, daß das Arbeitsangebot auch beschäftigt wird (VI), lautet die Gleichgewichtswachstumsrate der Angebotsseite (G_Y)

(C. 51) $$G_Y = \frac{\alpha'}{1-\beta'} + n \text{ oder, wenn } \frac{\alpha'}{1-\beta'} \equiv \gamma',$$

(XI) $$G_Y = \gamma' + n\,.$$

Soll nun aber ein gesamtwirtschaftliches Gleichgewicht erreicht werden, so müssen die Modellbeziehungen, die die Verteilungs- und Verwendungsseite der Volkswirtschaft verkörpern, mit der Gleichgewichtswachstumsrate der Angebotsseite kompatibel sein. Über die (kurzfristige) Gleichgewichtsbedingung (III) sowie über (VII) werden zunächst die Glieder der rechten Seite der Identitätsgleichung $\frac{I}{K} = \frac{I}{Y} \cdot \frac{Y}{K}$ bestimmt. Damit ist eine Beziehung zwischen der Angebotsseite und der Verwendungsseite der Volkswirtschaft hergestellt:

(XII) $$\frac{s_t}{v_t} = \gamma' + n\,.$$

Über die — der Einfachheit halber reduzierte — Sparfunktion (I a) werden schließlich auch die Angebotsseite und die Verteilungsseite miteinander verbunden; (I a) in (XII) eingesetzt ergibt

(XIII) $$\frac{P_t}{K_t} = \frac{\gamma' + n}{\alpha}\,.$$

Die Profitrate ist der eigentliche Träger des Gleichgewichtswachstums der Realseite der Volkswirtschaft. Es ist jedoch auch eine Abstimmung

Übersicht 6

Das Endmodell bei Kaldor

(I)	$S_t = \alpha P_t + \beta W_t$	(Ia) $S_t = \alpha P_t$
(II)	$Y_t \equiv P_t + W_t$	
(III)	$S_t = I_t$	
(IV)	$\frac{Y_{t+1} - Y_t}{Y_t} - n = \alpha' + \beta'\left(\frac{I_t}{K_t} - n\right)$	
(V)	$L_t^* = L_o^* e^{nt}$	
(VI)	$L_t = L_t^*$	
(VII)	$\frac{dv_t}{dt} = o$	
(VIII)	$\frac{P_t}{K_t} = r_t + \varphi_t$	
(IX)	$r_t = \overline{r}$	
(X)	$\varphi_t = \xi(v_t)$	
(a)	$\frac{P_t}{Y_t} \geq m$	
(b)	$\frac{P_t}{Y_t} \leq \frac{Y_t - W_{min}}{Y_t}$	
(c)	$\frac{W_t}{Y_t} \leq \frac{\frac{dY_t}{dL_t} L_t}{Y_t}$	
(d)	$\varphi_F + \overline{r} > \frac{P}{K} > \varphi_V + \overline{r}$	
(XI)	$G_Y = \gamma' + n$	
(XII)	$\frac{s_t}{v_t} = \gamma' + n$	
(XIII)	$\frac{P_t}{K_t} = \frac{\gamma' + n}{\alpha}$	
(XIV)	$\frac{\gamma' + n}{\alpha} = \overline{r} + \xi(v_t)$	

mit Größen notwendig, die die monetäre Seite der Wirtschaft charakterisieren und ihrerseits wieder auf die Profitrate einwirken. Durch die Annahme von Kaldor, daß die langfristige Zinsrate r und die Risikoprämie φ, die die Profitrate beeinflussen (VIII), ihrerseits wieder bestimmte funktionale Zusammenhänge aufweisen, (IX), (X), wird es notwendig, eine weitere Bedingungsgleichung abzuleiten, wenn monetäres und reales Wirtschaftswachstum einander entsprechen sollen[55]:

$$\text{(XIV)} \qquad \frac{\gamma' + n}{\alpha} = \bar{r} + \xi(v_t).$$

Wird (XIV) nach v_0 gelöst, so ergeben sich alle noch vorhandenen Unbekannten des Endmodells.

Die Rolle der Ungleichungen (a) bis (d) ist bereits aufgezeigt worden. (a) ist eine Mindestbedingung, deren Funktion als „Prozeßschwelle" bezeichnet werden könnte. Die Ungleichungen (b) bis (d) gewährleisten, daß das System auf ein bestimmtes Niveau gebracht wird, nämlich ein Vollbeschäftigungsniveau, auch im langfristigen Trend. Dabei ist zu berücksichtigen, daß (b) und (d) Alternativbedingungen darstellen, von denen nur die jeweils höhere wirksam werden kann[56].

2. Einige Probleme und Modifizierungen im Kaldor-Modell

Das Kaldor-Modell läßt, so sehr es auch gegenüber der nachfrageorientierten und der neoklassischen Wachstumstheorie offensichtliche Fortschritte aufzeigt, noch einige Probleme offen. Kaldor hat selbst den Versuch unternommen, einige dieser Probleme durch die Modifizierung seiner früheren Modelle zu lösen[57].

Eine kritische Würdigung des Kaldor-Modells, die sich mit langfristigen Aspekten auseinandersetzen will, muß sich auf zwei Punkte konzentrieren: Einmal auf die Wechselwirkung zwischen Investitionsfunktion und technical progress function, zum anderen auf Probleme der Konzeption des langfristigen Gleichgewichts im Modell.

a) Die Wechselwirkung zwischen Investitionswachstum und technical progress function

Makroökonomische Produktionsfunktionen, etwa vom Typ Cobb-Douglas (erklärende Variable: Realkapital und Arbeit), die erweitert

[55] Die Beziehung (XIV) ergibt sich aus den Gleichungen (XIII), (VIII), (IX) und (X).

[56] Vgl. hierzu N. Kaldor, Capital Accumulation ..., a. a. O., S. 221 f. Es sei vermerkt, daß (X) und (d) von Kaldor als problematisch angesehen werden: „I hesitate to put forward the relationship — (X), d. V. — ... as more than a tentative suggestion, which would be prepared to discard in favour of a better alternative, if such could be found" (ebenda, S. 222).

[57] Vgl. N. Kaldor und J. A. Mirrlees, A New Model ..., a. a. O.

worden sind durch eine dritte Komponente, den technischen Fortschritt (als Trendvariable), bezeichnet Kaldor als „arbitrary and artificial". Er wendet ein, daß (1) zwischen dem Auftreten technischer Neuerungen und ihrer Verwendung eine gewisse Zeit verstreiche, so daß nicht ohne weiteres eine pari passu-Anpassung vermutet werden könne, daß (2) der technische Fortschritt nicht als quantifizierbare Größe aufgefaßt werden könne, so daß eine Gleichstellung (als erklärende Variable) mit den quantifizierbaren Größen Realkapital und Arbeit nicht statthaft sei, und daß (3) die Veränderung des technischen Fortschritts nicht unabhängig von der Veränderung des Realkapitals vor sich gehe, daß also gewisse Zusammenhänge der erklärenden Variablen untereinander bestünden, die aber eine Erklärung der zu bestimmenden Variablen output erschwerten[58].

Ist diese Kritik Kaldors berechtigt? Läßt sich nicht seine technical progress function in eine makroökonomische Produktionsfunktion, etwa vom Cobb-Douglas-Typ[59], überführen, so daß seine Kritik wenigstens teilweise gegenstandslos wird? Hat er andererseits das Problem der Wechselwirkung zwischen Investitionswachstum und Realkapitalwachstum auf der einen Seite und output-Wachstum auf der anderen Seite in seinem Modell befriedigend gelöst? Diese Fragen sollen im folgenden beantwortet werden.

aa) Cobb-Douglas-Funktion, technischer Fortschritt und Investitionswachstum

α) Produktionsfunktion und technischer Fortschritt bei Tinbergen und Solow

Werden zunächst die Beziehungen zwischen den Produktionsfaktoren Arbeit und Realkapital untersucht[60], so kann, bei Annahme substitutionaler Verhältnisse, von einer einseitigen Substitution des einen Faktors durch den anderen im Zeitablauf gesprochen werden: die Kapitalintensität vergrößert sich. In einem rechtwinkligen Koordinatensystem, das auf der positiven Abszisse den Faktor Arbeit, auf der positiven Ordinate den Faktor Realkapital enthält, bedeutet das die Verschiebung eines bestimmten Punktes der Produktionsfaktorenkombination auf der Isoquante in Richtung Ordinate. Wird der technische Fortschritt isoliert, d. h. bei Konstanthaltung der Kombinationsmöglich-

---

[58] Vgl. hierzu N. Kaldor, A Model..., a. a. O., S. 595/596, N. Kaldor, Economic Growth..., a. a. O., S. 221/222 und insbesondere N. Kaldor, Capital Accumulation..., a. a. O., S. 204 ff.

[59] Die Literatur ist zahlreich. Eine verständliche Einführung in die Methoden Solow und Kendrik-Ott gibt beispielsweise H. Riese, Strukturprobleme des wirtschaftlichen Wachstums, Basel 1959.

[60] Vgl. im folgenden K. Oppenländer, Ordnungspolitische und analytische Probleme..., a. a. O., S. 180 ff.

keit von Arbeit und Realkapital betrachtet, so äußert er sich in einer Verschiebung der Isoquante(n) in Richtung auf den Nullpunkt. Denn ein technischer Fortschritt hat dann stattgefunden, wenn mit dem gleichen Aufwand an Realkapital und/oder Arbeit ein größerer output oder wenn der gleiche output mit einem geringeren Aufwand an Realkapital und/oder Arbeit erstellt werden kann. Bombach sieht im technischen Fortschritt „alle Faktoren, außer der in Stunden gemessenen Arbeit und des durch irgendeinen Mengenindex zum Ausdruck gebrachten Realkapitaleinsatzes, die einen Einfluß auf die Höhe der Ausbringung haben", zusammengefaßt[61]. Ott bringt im Begriff des technischen Fortschritts auch „die Schaffung neuer, d. h. bis zu der betreffenden Zeit unbekannter Produkte" unter[62].

Beide Vorgänge, die Bewegung auf der Produktionsfunktionskurve und ihre Verschiebung lassen sich in einer makroökonomischen Produktionsfunktion, die Tinbergen erstmals entwickelt hat, zusammenfassen. Er knüpfte an die Cobb-Douglas-Funktion von der Form $u = \psi(a, K)$ an, wobei der output mit u und die Produktionsfaktoren mit a und K bezeichnet werden. Douglas erhält eine linearhomogene Funktion von der Form $u = a^{\lambda} K^{1 \cdot \lambda}$. „Wir werden im folgenden ... Kapital und Boden kombinieren und mit unserem Symbol K die Gesamtmenge der zwei Produktionsfaktoren angeben. Im übrigen verwenden wir die Douglas'sche Formel des homogen-linearen Typus. In einer Hinsicht werden wir sie aber verallgemeinern, und zwar durch Anhängung eines in der Zeit wachsenden Faktors ε^t; wir schreiben also: $u = \varepsilon^t a^{\lambda} K^{1 \cdot \lambda}$. Dadurch wird der Möglichkeit einer im Laufe der Zeit steigenden (oder eventuell einer fallenden) Effizienz des Produktionsprozesses Rechnung getragen, also auch die Möglichkeit gegeben, das Element der *technischen Entwicklung* in unser Schema einzubeziehen"[63]. Roy und Ruttan bemühten sich besonders um den Ausbau dieser Funktionsform[64], eine Vielzahl von Autoren führten Verifizierungen durch.

Die Veröffentlichung von Solow[65] gab neuen Auftrieb für Forschungen dieser Art, da Solow einen neuen Weg im Hinblick auf die empi-

---

[61] G. Bombach, Quantitative und monetäre Aspekte des Wirtschaftswachstums, in Finanz- und währungspolitische Bedingungen stetigen Wirtschaftswachstums, Schriften des Vereins für Socialpolitik NF 15, Berlin 1959, 154—230, S. 184; vgl. hierzu auch die Generaldiskussion, ebenda, 230—265, sowie die Spezialdiskussion, ebenda, 317—325 und das Schlußwort von Bombach, ebenda, 335—340.

[62] A. E. Ott, Technischer Fortschritt ..., a. a. O., S. 302.

[63] J. Tinbergen, Zur Theorie der langfristigen Wirtschaftsentwicklung, WA 55 (1942 I), 511—549 S. 519 u. 521 (Hervorhebung von J. Tinbergen).

[64] Vgl. hierzu G. E. Reuss, Produktivitätsanalyse, Basel—Tübingen 1960, S. 136 f.

[65] R. M. Solow, Technical Change and the Aggregate Production Function, REStat 39 (1957), 312—320; vgl. auch W. P. Hogan, Technical Progress and Production Functions, REStat 40 (1958), 407—411 und R. M. Solow, Reply, ebenda, 411—413.

rische Verifizierung beschritt. Bombach bemerkt, „daß das Solowsche Verfahren für die Quantifizierung des technischen Fortschritts in verschiedener Hinsicht mehr leistet und vor allem ungleich einfacher zu handhaben ist als die herkömmliche ökonometrische Verifizierung der Cobb-Douglas-Funktion mittels Regressionsanalyse“[66]. Solow umgeht das Problem der Multikollinearität[67], indem er die Werte der Exponentialkoeffizienten der Produktionsfunktion aus früheren Untersuchungen übernimmt und sie als Gewichte der Faktoranteile am output verwendet. Unter Zugrundelegung dieser Methode läßt sich ein Verfahren zur Messung des technischen Fortschritts ableiten. Die schon von Cobb und Douglas gefundenen Werte von 0,25 für die Grenzproduktivität des Kapitals und von 0,75 für die Grenzproduktivität der Arbeit[68] sind durch die Berechnungen von Valavanis-Vail für die USA bestätigt worden[69].

In jüngster Zeit haben sich besonders Niitamo[70], Bombach[71], Aukrust[72], Kuhlo[73] und eine Sachverständigengruppe der Hohen Behörde der Montanunion[74] der Methoden von Tinbergen und Solow bedient.

β) Die Kritik von Aukrust und Bombach

Aukrust knüpft an die Verifizierung einer makroökonomischen Produktionsfunktion vom Tinbergen-Typ für die norwegische Wirtschaft im Zeitraum 1900—1955 einige kritische Bemerkungen[75]. Durch die These, daß technischer Fortschritt und Realkapital *unabhängig vonein-*

---

[66] G. Bombach, Quantitative und monetäre Aspekte..., a. a. O., S. 186.

[67] Vgl. hierzu H. Mendershausen, On the Significance of Professor Douglas' Production Function, E 6 (1938), 143—153; vgl. auch E. H. Phelps Brown, The Meaning of the Fitted Cobb-Douglas-Function, QJE 71 (1957), 546—560.

[68] Die Produktionsfunktion lautet: $P = 1{,}01 L^{0{,}75} K^{0{,}25}$. Die Berechnungen beziehen sich auf die USA und decken den Zeitraum 1899—1922. Vgl. C. W. Cobb und P. H. Douglas, A Theory of Production, AER 18 (1928), Supplement, 139—165, S. 151.

[69] S. Valavanis-Vail, An Econometric Model of Growth, USA: 1869—1953, AER 45 (1955), 208—221, bes. S. 210; die Produktionsfunktion lautet: $P = 0{,}374 L^{0{,}6991} K^{0{,}2488}$.

[70] O. Niitamo, The Development of Productivity in Finnish Industry 1925—1952, PMR No. 15 (1958), 30—41.

[71] G. Bombach, Quantitative und monetäre Aspekte..., a. a. O.; vgl. auch G. Bombach, Probleme der Produktivitätsmessung, KP 5 (1959), 321—343.

[72] O. Aukrust, Investment and Economic Growth, PMR No. 16 (1959), 35—53.

[73] K. C. Kuhlo, Die Wachstumsprognose, insbesondere auch die Prognose der Produktivitätsentwicklung, in Diagnose und Prognose als wirtschaftswissenschaftliche Methodenprobleme, Schriften des Vereins für Socialpolitik NF 25, Berlin 1962, 215—268.

[74] R. Regul und Mitarbeiter, Methoden zur Vorausschätzung der Wirtschaftsentwicklung auf lange Sicht, in Statistische Informationen, Stat. Amt der Europ. Gemeinschaften, 8 (1960), 571—763.

[75] O. Aukrust, Investment..., a. a. O., S. 46 f.

ander als erklärende Variable in die Produktionsfunktion eintreten, wird ausgesagt, daß der output einmal durch die Vermehrung des Kapitaleinsatzes erhöht werden kann, selbst wenn diese Vermehrung bei konstantem technischem Wissen vor sich geht. Zum anderen kann auch die Veränderung des technischen Fortschritts allein eine output-Erhöhung herbeiführen, ohne daß eine simultane Erhöhung des Realkapitalbestandes eintritt. Beide Fälle sind zwar denkbar, aber wohl nicht die Regel. Aukrust hält den letzteren Fall für realistischer als den ersteren. Er leitet daraus die Folgerung ab, daß die Möglichkeiten, das output-Wachstum durch vermehrte Investitionen zu erhöhen, beträchtlich kleiner sind, als im allgemeinen angenommen wird.

Bombach legt seine Kritik anläßlich der Besprechung der von Kuhlo verifizierten Produktionsfunktion für die Bundesrepublik und der im Auftrag der Hohen Behörde der Montanunion erstellten Funktion dar[76]. In der Kuhloschen Funktion trägt der technische Fortschritt mit über 2 vH jährlichem realem Wachstum in erheblichem Maße zum Wachstum des outputs bei. „Die 2 vH technischer Fortschritt fallen gewissermaßen vom Himmel: sie sind da, wenn es überhaupt keine Vermehrung des Sachkapitalbestandes gibt (Nettoinvestition = o), sie lassen sich aber auch in keiner Weise beschleunigen, auch nicht durch noch so kapitalintensive Fertigungsverfahren. Das kann nicht die Wirklichkeit sein“[77]. Bombach fordert eine Theorie des technischen Fortschritts[78], um einerseits von der vereinfachten Annahme einer exponentialen Trendbewegung des technischen Fortschritts wegzukommen, andererseits aber auch den Zusammenhang zwischen der Bewegung des technischen Fortschritts und der Veränderung des Realkapitals zu determinieren.

Diese Notwendigkeit ergibt sich auch als Ergebnis der kritischen Durchleuchtung der Funktion, die im Auftrag der Hohen Behörde der Montanunion erstellt wurde[79]. Die Sachverständigengruppe geht von dem bekannten Ansatz Tinbergens aus[80]

$$Y_t = \beta K_t^a L_t^{(1-a)} e^{\lambda t} , \qquad \text{(C. 58)}$$

wobei β als Dimensionsfaktor bei unseren weiteren Betrachtungen ver-

[76] G. Bombach, Zu Kuhlo, Die Wachstumsprognose, insbesondere auch die Prognose der Produktivitätsentwicklung, in Diagnose und Prognose..., a. a. O., 412—414 und G. Bombach, Über die Möglichkeit wirtschaftlicher Voraussagen, KY 15 (1962), 29—67, bes. S. 51 ff.

[77] G. Bombach, Zu Kuhlo..., a. a. O., S. 414.

[78] Einige Ansätze hierzu sind vorhanden. Vgl. z. B. S. C. Gilfillan, The Prediction of Technical Change, REStat 34 (1952), 368—385; W. R. Maclaurin, The Sequence from Invention to Innovation and its Relation to Economic Growth, QJE 67 (1953), 97—111; Y. Brozen, Determinants of the Direction of Technological Change, AER 43 (1953) P. P., 288—302.

[79] G. Bombach, Über die Möglichkeit..., a. a. O., S. 51 ff.

[80] R. Regul und Mitarbeiter, Methoden zur Vorausschätzung..., a. a. O., S. 618 ff.

nachlässigt werden kann. Durch Differenzierung ergibt sich aus (C. 58), wie wir schon an anderer Stelle gesehen hatten,

(C. 59)
$$\frac{\dot{Y}_t}{Y_t} = a\frac{\dot{K}_t}{K_t} + (1-a)\frac{\dot{L}_t}{L_t} + \lambda \ .$$

Die Bewegung der Produktionsfaktoren Arbeit und Realkapital im Zeitablauf wird in den Gleichungen (C. 60) und (C. 61) beschrieben:

(C. 60)
$$L_t = L_0 e^{nt}$$

(C. 61)
$$\dot{K}_t = \alpha Y_t ,$$

wobei α als Investitionsquote bezeichnet wird. Unter Beachtung von (C. 60) und (C. 61) ergibt sich schließlich für $\dot{Y}_t/Y_t$ in Gleichung (C. 59) — k_0 = Kapitalkoeffizient der Periode t = o —:

(C. 62)
$$\frac{\dot{Y}_t}{Y_t} = (nb+\lambda)\frac{k_0(nb+\lambda)\alpha e^{(nb+\lambda)t} - \alpha b}{k_0(nb+\lambda)\alpha b e^{(nb+\lambda)t} - \alpha b}$$

Bei großem t resultiert, wenn α und λ über einen genügend großen Zeitraum hinweg konstant bleiben, auch für $\dot{Y}_t/Y_t$ ein konstanter Wert:

(C. 63)
$$\lim_{t\to\infty}\frac{\dot{Y}_t}{Y_t} = \frac{nb+\lambda}{b} .$$

Wie aus (C. 63) hervorgeht, übt die Investitionsquote somit keinen Einfluß mehr auf das output-Wachstum aus. Das Wachstum und die Produktionselastizität des Produktionsfaktors Arbeit bestimmen zusammen mit der Zuwachsrate des technischen Fortschritts die (konstante) Wachstumsrate des outputs. Die Studie der Sachverständigengruppe zeigt, daß die Investitionsquote und damit die Investitionstätigkeit immer nur einen vorübergehenden Einfluß auf das output-Wachstum hat. Auch hier kann Bombach in seiner Kritik recht gegeben werden, wenn er bemerkt: „Erfolg dürfte den hier beschriebenen Verfahren nur dann beschieden sein, wenn es gelingt, die Hypothese des autonomen technischen Fortschritts über Bord zu werfen und seine Hauptdeterminanten empirisch in den Griff zu bekommen. Insbesondere müssen die Zusammenhänge zwischen dem technischen Fortschritt und der Realkapitalbildung in der Vergangenheit ausfindig gemacht werden[81]."

[81] G. Bombach, Über die Möglichkeit..., a. a. O., S. 53/54.

Uns erscheint es besonders wichtig, darauf hinzuweisen, daß die Wahl der Investitionsfunktion eine entscheidende Rolle bei diesem Ergebnis spielt. Solange an der neoklassischen Tradition festgehalten wird, eine einfache Kapitalakkumulation anzunehmen, wie sie sich in (C. 61) ausdrückt, kann man dem Gleichgewichtsmechanismus im Wachstumsmodell, wie gezeigt wurde, nicht entrinnen. Schon deshalb muß dem Kaldor-Modell der Vorzug gegeben werden, weil dort versucht wird, eine von produktionstechnischen und gleichgewichtsorientierten Beziehungen unabhängige Investitionsfunktion zu entwickeln.

γ) Der Modifizierungsversuch von Solow'

Solow schließt sich der Kritik Aukrusts an[82]. Es müsse unterstellt werden, daß in der Realität der technische Fortschritt in die entsprechenden Kapitalgüter eingehe, ehe er überhaupt einen Effekt auf den output ausüben könne. Mit dem Versuch einer Modifizierung[83] seiner ursprünglichen Funktion[84] will er vor allem zeigen, daß die Beachtung der Wechselwirkung von Realkapitalveränderung und Bewegung des technischen Fortschritts die Investitionsrate für das output-Wachstum bedeutend werden läßt. Solow kommt zunächst auf die ursprüngliche Funktion

$$Y_t = K_t^a L_t^{(1-a)} e^{\lambda t} \qquad \text{(C. 58)}'$$

zurück. Aber diese Funktion impliziert, „that old and new capital equipment participate equally in technical change. This conflicts with the casual observation that many if not most innovations need to be embodied in new kinds of durable equipment before they can be made effective. Improvements in technology affect output only to the extent that they are carried into practice either by net capital formation or by the replacement of old-fashioned equipment by the latest models, with a consequent shift in the distribution of equipment by the date of birth“[85]. Solow versucht, diesen Erfordernissen Rechnung zu tragen. Er erhält schließlich[86] eine modifizierte Produktionsfunktion, die den

---

[82] R. M. Solow, Investment and Economic Growth: Some Comments, PMR No. 19 (1959), 62—68.

[83] R. M. Solow, Investment and Technical Progress, in Mathematical Methods in the Social Sciences 1959, Stanford 1960, 89—104.

[84] R. M. Solow, Technical Change..., a. a. O.

[85] R. M. Solow, Investment and Technical Progress..., a. a. O., S. 91.

[86] Die Transformationen von (C. 58) nach (C. 64) werden hier nicht behandelt. Vgl. hierzu R. M. Solow, Investment and Technical Progress..., a. a. O., S. 91—93.

output als Ergebnis des Arbeitsinputs und einer gewichteten Summe der vergangenen Bruttoinvestitionen ausweist

$$\text{(C. 64)} \qquad Y_t = e^{-\delta a t} L_t^{(1-a)} J_t^a \,, \text{ wobei } J_t = \int_{-\infty}^{t} e^{\frac{\delta+\lambda}{a} v} I_v dv \,.$$

Die Größe v zeigt das jeweilige Konstruktionsjahr der Kapitalstockgüter an; die durchschnittliche Lebensdauer dieser Güter wird mit einem konstanten Ausdruck $1/\delta$ bezeichnet. Als wichtigstes Resultat der Verifizierung dieser Produktionsfunktion für die USA im Zeitraum 1919—1953 ergibt sich, daß die jährliche durchschnittliche Wachstumsrate des technischen Fortschritts bei 2,5 vH liegt, während aus Funktion (C. 58)' nur 1,5 vH resultierten. Das war zu erwarten. Das Gewicht des alten Kapitalstocks, der in (C. 58)' mitgeschleppt wurde, drückte die Produktivitätssteigerung. Anhand eines numerischen Beispiels wird von Solow gezeigt[87], daß in der Funktion (C. 64) das output-Wachstum auf Veränderungen des Kapitalstocks empfindlicher reagiert als in (C. 58)'.

Werden die Parameter $\lambda = 0{,}015$, $(1-a) = 0{,}7$ und $\delta = 0{,}05$ gesetzt und wird postuliert, daß die „historical rate of gross capital formation" plötzlich verdoppelt wird, dann ergibt sich nach zehn Jahren folgendes Bild: Nach (C. 58)' hat sich der output um 28 vH, nach (C. 64) um 35 vH erhöht. Wäre die Verdoppelung nicht vorgenommen worden, dann hätte sich in beiden Fällen ein Wachstum von 16 vH ergeben. Die Verdoppelung der Bruttoinvestition brachte demnach nach (C. 58)' ein um 12, nach (C. 64) aber ein um 19 Punkte höheres Ergebnis. Deutlich wird der Unterschied zwischen (C. 58)' und (C. 64) vollends, wenn in (C. 58)' die Rate des technischen Fortschritts mit 0,015, in (C. 64) aber mit 0,03 angesetzt wird. Dann resultiert aus (C. 64) eine Steigerung des outputs von 61 vH, bei Verdoppelung der Bruttoinvestitionen, anstatt von 35 vH.

Für das Kaldor-Modell ergeben sich aus diesem Modifizierungsversuch Solows folgende Konsequenzen: Zeigt sich, daß eine Überführung der technical progress function in eine Cobb-Douglas-Funktion der Form (C. 58)' von vornherein ausgeschlossen ist, so muß Kaldor beweisen, daß die technical progress function der von Solow modifizierten Funktion gleichwertig oder überlegen ist. Läßt sich jedoch eine Transformation durchführen, dann muß sich Kaldor zu einer analogen Modifizierung entschließen, da ihn sonst der Vorwurf trifft, der auch der nichtmodifizierten Cobb-Douglas-Funktion (C. 58)' anhaftet.

---

[87] Vgl. R. M. Solow, Investment and Economic Growth ..., a. a. O., S. 66 f. und R. M. Solow, Investment and Technical Progress ..., a. a. O., S. 98 f.

bb) Kann die technical progress function in eine Cobb-Douglas-Funktion übergeführt werden?

Durch eine einfache mathematische Transformation wäre es zwar möglich, die *lineare* technical progress function in eine Cobb-Douglas-Funktion vom Solow-Typ überzuführen[88]. Aber es ist kaum wahrscheinlich, daß Kaldor dieser Überführung zustimmen würde[89]. Diese Vermutung kann einmal durch die Untersuchung der Kausalaussage beider Funktionen, zum anderen aber auch durch eine analytische Untersuchung bekräftigt werden.

1. Schon unsere Darstellung der technical progress function im Kaldor-Modell hatte gezeigt, daß sie die Auswirkung von Investitionstätigkeit und technischem Fortschritt untrennbar miteinander verbindet. Beide stehen nicht unabhängig voneinander in einem funktionalen Verhältnis zum output, wie in der makroökonomischen Produktionsfunktion, sondern technischer Dynamismus und Investitionsverhalten bedingen sich gegenseitig. Lundberg[90] und Black[91] heben diese Vorteile der technical progress function gegenüber der Produktionsfunktion besonders hervor. „A production function relates possible output to the capital stock at any given time, regardless of the time-pattern of the accumulation process by which the capital stock has been reached. A technical progress function relates the rate of growth of possible production to the rate of investment at any time[92].“ Kaldor ist deshalb zuzustimmen, wenn er die Unterscheidung „between the movement *along* a ‚production function‘ with a given state of knowledge, and a *shift* in the ‚production function' caused by a change in the state of knowledge“ als willkürlich und künstlich bezeichnet[93]. Die Bewegung des technischen Fortschritts und die Kapitalakkumulation können nicht voneinander getrennt werden. Beide beeinflussen sich gegenseitig: ebenso wie der technische Fortschritt zur Kapitalakkumulation anregt, so stimuliert der Akkumulationsprozeß auch das Wachstum des "know-how"[94]. Dies wurde auch von den Interpreten der Cobb-Douglas-Funktion, wie Aukrust und Bombach, erkannt, und

[88] Vgl. hierzu A. E. Ott, Produktionsfunktion, technischer Fortschritt und Wirtschaftswachstum, in Einkommensverteilung und technischer Fortschritt ..., a. a. O., 155—202, S. 200 ff. und K. Oppenländer, Ordnungspolitische und analytische Probleme ..., a. a. O., S. 184/185 Fußnote 59.

[89] In diesem Sinne äußert sich auch Krelle. Vgl. W. Krelle, Income Distribution and Technical Progress, KY 14 (1961), 81—96, S. 95.

[90] E. Lundberg, The Profitability of Investment, EJ 69 (1959), 653—677, S. 662.

[91] J. Black, The Technical Progress Function and the Production Function ..., a. a. O.

[92] Ebenda, S. 166.

[93] N. Kaldor, A Model ..., a. a. O., S. 596 (Hervorhebungen von N. Kaldor).

[94] Vgl. hierzu N. Kaldor, Economic Growth ..., a. a. O., S. 221.

daraus entstand das Bemühen, die Cobb-Douglas-Funktion zu modifizieren.

2. Kaldor wendet sich gegen alle Versuche, die die technical progress function in eine Cobb-Douglas-Funktion überführen wollen. Er lehnt solche Versuche auch, ganz abgesehen von der kausalanalytischen Unvereinbarkeit beider Funktionen, aus rein analytischen Gründen ab.

Selbst eine lineare technical progress function von der Form

(C. 65) $$Y_t = Be^{\lambda t}K_t^a ,$$

die den Faktor Arbeit als konstant ansieht, könne nicht in eine Cobb-Douglas-Funktion transformiert werden, da das konstante Glied B von den Anfangsbedingungen Y_0 und K_0 abhängig sei: $B = B(Y_0, K_0)$, während eine Produktionsfunktion vom Typ

(C. 66) $$Y_t = f(K_t, t)$$

erfordere, daß die Funktion von den Anfangsbedingungen unabhängig sei[95]. Das muß auch Black gegen sich gelten lassen, der bei seiner Untersuchung zu dem Schluß kommt, daß der lineare Typ der technical progress function in eine Cobb-Douglas-Funktion transformiert werden kann.

Black gibt andererseits den exakten Beweis dafür, daß die technical progress function in ihrer *allgemeinen Form nicht* transformiert werden kann[96]. Die Koordinaten eines Punktes p auf der konvex gekrümmten technical progress function TT (vgl. Abb. 12 a)[97] können, wenn die Kurve in einem rechtwinkligen positiven Koordinatensystem mit den Achsen $\dot{Y}_t/Y_t = Y^*$ (Ordinate) und $\dot{K}_t/K_t = K^*$ (Abszisse) liegt, ausgedrückt werden in

(C. 67) $$p = \frac{dY^*}{dK^*} = \frac{d\left(\frac{1}{Y}\frac{dY}{dt}\right)}{d\left(\frac{1}{K}\frac{dK}{dt}\right)} .$$

Da Y und K in irgend einem Zeitpunkt prädeterminiert sind, kann (C. 67) vereinfacht werden zu

(C. 68) $$p = \frac{K}{Y}\,\frac{d\left(\frac{dY}{dt}\right)}{d\left(\frac{dK}{dt}\right)} .$$

[95] Vgl. N. Kaldor, Capital Accumulation ..., a. a. O., S. 215 Fußnote 1.
[96] Vgl. im folgenden J. Black, The Technical Progress Function and the Production Function ..., a. a. O., S. 168 f.
[97] Vgl. S. 199.

Die Frage, ob die technical progress function zu einer Cobb-Douglas-Funktion integriert werden kann, hängt nun entscheidend davon ab, ob die beiden Glieder der rechten Seite der Identitätsgleichung

(C. 69) $$\frac{dY}{dt} = \frac{dY}{dK}\,\frac{dK}{dt}$$

voneinander abhängen. Und die technical progress function *postuliert, daß* sie gegenseitig abhängig sind. Während deshalb nach der Cobb-Douglas-Funktion eine Vereinfachung der Gleichung (C. 68) in (C. 70) zulässig ist

(C. 70) $$p = \frac{K}{Y}\,\frac{dY}{dK} = a\,,$$

da hier gemäß der Prämissen der Cobb-Douglas-Funktion die Grenzproduktivität des Kapitals (dY/dK) von der Akkumulationsrate des Kapitals (dK/dt) unabhängig ist, muß in der technical progress function eine Abhängigkeit angenommen werden. Gleichung (C. 68) wandelt sich dann zu

(C. 71) $$p = \frac{K}{Y}\left[\frac{dY}{dK} + \frac{dK}{dt}\,\frac{d\left(\frac{dY}{dK}\right)}{d\left(\frac{dK}{dt}\right)}\right]$$

$$= \frac{K}{Y}\,\frac{dY}{dK}\left[1 + \frac{\frac{dK}{dt}}{\frac{dY}{dK}}\,\frac{d\left(\frac{dY}{dK}\right)}{d\left(\frac{dK}{dt}\right)}\right].$$

Black bezeichnet die „elasticity of response" von dY/dK auf Änderungen von dK/dt mit w und schreibt Gleichung (C. 71) dann

(C. 71)* $$p = a\,(1 + w)\,.$$

Wird $w = o$, so drückt das aus, daß die technical progress function linear ist; nach Black ist dann eine Umwandlung in eine Cobb-Douglas-Funktion möglich. Wenn w positiv ist, so bedeutet dies, daß eine gesteigerte Kapitalakkumulation auch die Grenzproduktivität des Kapitals erhöht, die Steigung der technical progress function wird steiler. Bei Kaldor ist w negativ, da er eine konvex gekrümmte technical progress function annimmt (vgl. Abb. 12 a).

Zusammenfassend kann festgestellt werden, daß eine Umformung der Kaldorschen technical progress function in eine Cobb-Douglas-Funktion nicht möglich ist. Einmal spricht die kausalanalytische Interpretation beider Kurven dagegen. Zum anderen hat Black deutlich gezeigt, daß die allgemeine Form der technical progress function (nichtlineare Form) nicht zu einer Cobb-Douglas-Funktion integriert werden kann, da die Veränderung der Grenzproduktivität des Kapitals von der

Bewegung der Kapitalakkumulation abhängt. Kaldor legt diese nichtlineare Form seinem Modell zugrunde[98]; die technical progress function ist an einigen Stellen im Kaldor-Modell nur der Einfachheit halber in der linearen Form dargestellt worden[99]. Selbst wenn jedoch die Linearform der technical progress function als Normalfall unterstellt wird, kann Kaldor zeigen, daß infolge der Abhängigkeit der Integrationskonstanten B von den Anfangswerten der Funktion eine Transformation ausgeschlossen ist.

cc) Die Neuformulierung der technical progress function und der Investitionsfunktion im Kaldor-Modell

Wenn wir auf die eingangs erwähnte Kritik Kaldors an der makroökonomischen Produktionsfunktion vom Cobb-Douglas-Typ, die durch die Einfügung des technischen Fortschritts erweitert wurde, zurückkommen, dann muß Kaldor aufgrund unserer bisherigen Untersuchung voll zugestimmt werden. Kann aber, und das ist nunmehr die entscheidende Frage, die durch Solow modifizierte Cobb-Douglas-Funktion durch die technical progress function ersetzt werden, bzw. ist die technical progress function dieser Funktion vorzuziehen?

Solow ist von einer Betrachtung der Nettogrößen auf eine Betrachtung der Bruttogrößen übergegangen, denn nur so war es ihm möglich, eindeutige Beziehungen zwischen (Brutto-) Investition, technischem Fortschritt und Kapitalstock herzustellen, da die Entwicklung der Ersatzinvestitionen eng mit dem technischen Fortschritt verbunden ist, andererseits aber eine Unterteilung des technischen Fortschritts in einen technischen Fortschritt, der auf Ersatzinvestitionen einwirkt, und in einen sonstigen technischen Fortschritt rein willkürlich wäre und überdies durch keine empirische Zahl belegt werden könnte. Kaldor erfaßt in seiner technical progress function die Beziehungen zwischen Kapitalakkumulation einerseits und technischem Fortschritt andererseits. Insofern ist seine Konzeption der nichtmodifizierten Cobb-Douglas-Funktion überlegen und der modifizierten Form mindestens ebenbürtig. Aber er hat in seiner Investitionsfunktion nur das Nettokonzept verwendet, nicht das Bruttokonzept. Insofern muß er den Gedanken Solows folgen und in seiner Investitionsfunktion von der gesamtwirtschaftlichen Bruttoinvestition ausgehen.

---

[98] Vgl. z. B. N. Kaldor, A Model ..., a. a. O., S. 597, N. Kaldor, Economic Growth ..., a. a. O., S. 223, N. Kaldor, Capital Accumulation ..., a. a. O., S. 208.

[99] Das betont auch Black. Vgl. J. Black, The Technical Progress Function and the Production Function ..., a. a. O., S. 169. Die lineare Form der technical progress function findet sich z. B. bei N. Kaldor, A Model ..., a. a. O., S. 609.

Die Neuerungen, die Kaldor in sein Wachstumsmodell eingeführt hat, können in fünf Punkten zusammengefaßt werden[100]. Sie befassen sich fast ausnahmslos mit der technical progress function und der Investitionsfunktion.

1. Der technische Fortschritt wird erst wirksam durch die Errichtung neuer Anlagen, die wiederum von der Investitionsentscheidung der Unternehmer abhängt. „Hence the ‚technical progress function‘ has been re-defined so as to exhibit a relationship between the rate of change of gross (fixed) investment per operative and the rate of increase in labour productivity on *newly installed equipment*“[101].
2. Die Bedeutung der Abnutzung des eingesetzten Kapitalgüterbestandes wird explizite vorgeführt. Die Bestimmungsgründe für diese Abnutzung liegen keinesfalls im technischen Bereich, sondern im wirtschaftlichen. Kaldor und Mirrlees postulieren, daß „this *continuing obsolescence is broadly foreseen by entrepreneurs* who take it into account in framing their investment decision“[102].
3. Die unternehmerische Verhaltensweise in Bezug auf Investitionsvornahmen ist, besonders was das Unsicherheitsmoment als erklärende Variable betrifft, neu formuliert worden.
4. Neben der wirtschaftlich bedingten Abnutzung existiert auch diejenige, die auf exogene Faktoren (Naturgewalten u. a.) zurückgeführt werden kann.
5. Die Messung des Kapitalstocks wird bei laufendem technischem Fortschritt und laufender Abnutzung sehr schwierig; „the model avoids the notion of a quantity of capital, and its corollary, the rate of capital accumulation, as variables of the system; it operates solely with the value of current gross investment (gross (fixed) capital expenditure per unit of time) and its rate of change in time“[103].

Aus den Gleichungen (C. 72), (C. 73) und (C. 74) können im wesentlichen diese Neuformulierungen abgelesen werden:

(C. 72) $$\frac{\dot{p}_t}{p_t} = f\left(\frac{\dot{i}_t}{i_t}\right), \text{ wobei } f_0 > 0,\ f' > 0,\ f'' < 0.$$

(C. 73) $$i_t \leq \int_t^{t+T} e^{-(\varphi+\delta)(\tau-t)} (p_t - w^*_\tau)\, d\tau$$

(C. 74) $$i_t \leq \int_t^{t+h} (p_t - w^*_\tau)\, d\tau$$

[100] Vgl. N. Kaldor und J. A. Mirrlees, A New Model ..., a. a. O., S. 174.
[101] Ebenda, Hervorhebung von N. Kaldor und J. A. Mirrlees.
[102] Ebenda; hervorgehoben von N. Kaldor und J. A. Mirrlees.
[103] Ebenda.

Gleichung (C. 72) gibt die neuformulierte technical progress function wieder. Die jährliche Wachstumsrate der Produktivität derjenigen Arbeiter, die in neu errichteten Anlagen arbeiten ($\dot{p}_t/p_t$), ist danach eine Funktion der Wachstumsrate der Investitionen je Arbeiter ($\dot{i}_t/i_t$). Nicht mehr die Akkumulationsrate, sondern die Rate der Bruttoinvestition je Beschäftigten und nicht mehr die Rate der Produktivität in der gesamten Wirtschaft, sondern die Rate der Produktivität der in diesen Anlagen Beschäftigten werden somit in das Modell eingebaut.

Die Gleichungen (C. 73) und (C. 74) stellen die Investitionsfunktion des Systems dar. Demnach sind die Unternehmer nur bereit zu investieren, wenn die „earning power to their fixed assets" über einem bestimmten Minimum liegt, wobei das Minimum in ihren Augen durch die „earning power of fixed assets in the economy in general" fixiert wird[104]. Kaldor und Mirrlees erklären diese Abhängigkeit damit, daß es dem Unternehmer schwer fallen dürfte, kreditwürdig zu bleiben, wenn seine Gewinne, langfristig gesehen, im Verhältnis zum beschäftigten Fixkapital gering sind. In (C. 73) bezeichnet T die angenommene aktive Lebensdauer des Kapitalbestandes, φ steht für das, was der Unternehmer als die allgemeine Profitrate vermutet, w^* bedeutet die erwartete Lohnrate („which is a rising function of future time")[105]; δ drückt die durch exogene Einflüsse hervorgerufene Abnutzungsrate aus. Neben (C. 73) bestimmen weitere Gründe die Investitionstätigkeit: „investment projects which qualify for adoption must pass a further test — apart from the test of earning a satisfactory rate of profit — and that is that the cost of the fixed assets must be ‚recovered' within a certain period — i. e. ... that the gross profit earned in the first h years of its operation must be sufficient to repay the cost of investment"[106]. Diese Beziehung soll (C. 74) ausdrücken; (C. 73) ist als Ungleichung, (C. 74) jedoch eher als Gleichung anzusehen. Die Autoren bemerken, daß (C. 74) eine häufig angewandte Methode ist, um den Einfluß der Unsicherheit, der durch den technischen Fortschritt im Verein mit der Abnutzung des Fixkapitals hervorgerufen wird, in den Griff zu bekommen.

Die Investitionsfunktion bringt, soweit sich übersehen läßt, gegenüber den früheren Kaldor-Modellen zwei Verbesserungen.

Einmal wird die Zinsrate nicht mehr als erklärende Variable in das System einbezogen. Kaldor und Mirrlees sagen darüber: „So long as one could assume that the rate of interest was a constant, determined by some psychological minimum (the ‚pure' liquidity preference of Keynesian theory), this did not matter very much. But it was unsatisfactory to rely on the *excess* of the rate of profit over the rate of

---

[104] Ebenda, S. 177.
[105] Ebenda.
[106] Ebenda, S. 178.

interest as an important element — determining the chosen capital/output ratio and through that, the other variables — considering that this excess is under the control of the monetary authorities; if the authorities were to follow a policy of keeping the money rate of interest in some constant relationship to the rate of profit — which they may be easily tempted to do — this would have endowed them with an importance in the general scheme of things which is quite contrary to common experience“[107].

Die zweite Verbesserung liegt darin, daß das fixe Kapital in seiner Bedeutung für die langfristige Gewinnentwicklung mehr betont wird als bisher. In früheren Modellen war die Risikoprämie φ abhängig gewesen vom variablen Kapitalkoeffizienten. (C. 73) und (C. 74) sind zwar nicht unvereinbar mit dieser Beziehung; „but they also take into account that the ‚riskiness‘ of the investment in fixed capital will be all the greater the longer the period over which the cost of the investment is ‚recovered‘ out of the profits — a matter which depends not only on the capital/output ratio (or rather, the investment/output ratio) but also on the share of gross profits in output“[108]. Kaldor hat somit seine schon in früheren Modellen erkennbare Ansicht, daß vor allem Erwartungsgrößen die Investitionsentscheidungen beeinflussen, nunmehr klar in den Vordergrund gestellt. Eine endgültige kritische Würdigung der Gleichungen (C. 73) und (C. 74) läßt sich hier nicht durchführen; sie führt über eine detaillierte Theorie der Erwartungen.

b) Probleme der Konzeption des langfristigen Gleichgewichts im Kaldor-Modell

Das Interesse im Kaldorschen System des langfristigen Gleichgewichts muß sich notwendigerweise der Investitionsfunktion und der technical progress function zuwenden, da sich Kaldor dafür entschieden hat, der Investition und der Angebotsseite überhaupt die aktive Rolle zuzuschreiben. Die Konstanz der Profitrate im Zeitablauf und die Konstanz der Einkommenswachstumsrate sind die Säulen im Gleichgewichtssystem Kaldors, während das Sparen lediglich eine passive Rolle übernimmt: seine kurzfristige Anpassung an das Investitionsvolumen (über die Einkommensverteilungsdynamik) führt zur Vollbeschäftigung[109]. Ist es Kaldor gelungen, die Konzeption des langfristigen

---

107 Ebenda, S. 189 (Hervorhebung von N. Kaldor und J. A. Mirrlees).

108 Ebenda, S. 178 Fußnote 1.

109 Kaldor und Mirrlees sagen darüber: „The present model is analogous to the earlier models in the following main features:

(1) like all ‚Keynesian‘ economic models, it assumes that ‚savings‘ are passive — the level of investment is based on the volume of investment decisions made by entrepreneurs, and is independent of the propensities to

Gleichgewichts überzeugend herauszuarbeiten und kann diese Konzeption als dynamisches Gleichgewicht bezeichnet werden? Diese Fragen sollen uns im folgenden beschäftigen.

aa) Die unterschiedliche Erklärung der Profitrate

α) Die Konstanz der Profitrate als autonomes Postulat

Die allmähliche Anpassung des kurzfristigen an das langfristige Gleichgewichtswachstum ist gekennzeichnet durch die Beziehung $dv/dt \rightarrow o$; in der langfristigen Gleichgewichtssituation tendiert die Veränderung der Kapitalproduktivität bzw. des Kapitalkoeffizienten gegen Null. Das war aus Gleichung (C. 49) hervorgegangen[110]. Im langfristigen Gleichgewichtswachstum sind somit die Wachstumsraten des Einkommens und des Kapitalstocks gleich.

Zu dieser Gleichheit kann es jedoch nur kommen, wenn die Unternehmer eine Konstanz der (gesamtwirtschaftlichen) Profitrate erwarten[111], wenn also

$$\text{(C. 52)} \qquad \frac{P_t}{K_t} = \frac{P_{t-1}}{K_{t-1}}$$

Wie sich im folgenden zeigen läßt, führt (C. 52) dazu, daß im langfristigen Gleichgewicht erwartete und realisierte Größen übereinstimmen. Die Investitionsfunktion kann vernachlässigt werden, die Unternehmer richten sich lediglich nach der konstanten (Gleichgewichts-) Wachstumsrate des outputs. Ein „fully-fledged golden age equilibrium“[112] ist erreicht.

Aus der Investitionsfunktion (C. 47)

$$\text{(C. 47)} \qquad I_t = (Y_t - Y_{t-1})\left(\alpha'' + \beta'' \frac{P_{t-1}}{K_{t-1}}\right) + \beta'' \left(\frac{P_t}{K_t} - \frac{P_{t-1}}{K_{t-1}}\right) Y_t$$

---

save; it postulates an economy in which the mechanism of profit and income generation will create sufficient savings (at any rate within certain limits or ‚boundaries‘) to balance the investment which entrepreneurs decide to undertake;

(2) the model relates to an isolated economy with continuous technical progress, and with a steady rate of increase in the working population, determined by exogeneous factors;

(3) the model assumes that investment is primarily *induced* by the growth in production itself, and that the underlying conditions are such that growth-equilibrium necessarily carries with it a state of continuous full employment.“ Vgl. ebenda, S. 175 (Hervorhebung von N. Kaldor und J. A. Mirrlees).

[110] Vgl. hierzu S. 205 ff.

[111] Vgl. N. Kaldor, A Model ..., a. a. O., S. 612.

[112] Ausdruck nach N. Kaldor und J. A. Mirrlees, A New Model ..., a. a. O., S. 185.

wird, unter Berücksichtigung von (C. 52)[113],

$$\text{(C. 50)} \qquad \frac{Y_{t+1} - Y_t}{Y_t} = \frac{K_{t+1} - K_t}{K_t} .$$

Die technical progress function (C. 43)[114]

$$\text{(C. 43)} \qquad \frac{Y_{t+1} - Y_t}{Y_t} = \alpha' + \beta' \frac{K_{t+1} - K_t}{K_t}$$

wandelt sich unter Berücksichtigung von (C. 50) um in

$$\frac{Y_{t+1} - Y_t}{Y_t} = \alpha' + \beta' \frac{Y_{t+1} - Y_t}{Y_t} \text{ oder}$$

$$\text{(C. 75)} \qquad \frac{Y_{t+1} - Y_t}{Y_t} = \frac{\alpha'}{1 - \beta'} .$$

Das Gleichgewichtspostulat „Konstanz der Profitrate" führt demnach zu weitreichenden Folgerungen:

1. Erwarten die Unternehmer eine Konstanz der Profitrate, vgl. (C. 52), dann hängen ihre Investitionsentscheidungen nur noch ab von der Wachstumsrate des Volkseinkommens. Dadurch erreicht Kaldor in seinem Modell, daß die Wachstumsrate des Realkapitals derjenigen des Volkseinkommens in the long run gleich ist — vgl. (C. 50). Der Kapitalstock wächst in jeder Periode um den Betrag $I_t/K_t = g$.

---

[113] Durch Berücksichtigung von (C. 52) in (C. 47) wird das zweite Glied auf der rechten Seite der Investitionsfunktion eliminiert. Es bleibt

$$\text{(C. 47)**} \qquad I_t = (Y_t - Y_{t-1}) \left(\alpha'' + \beta'' \frac{P_{t-1}}{K_{t-1}}\right) .$$

Kaldor hatte (C. 47) aus (C. 47)*

$$\text{(C. 47)*} \qquad K_t = \alpha'' Y_{t-1} + \beta'' \frac{P_{t-1}}{K_{t-1}} Y_{t-1}$$

abgeleitet (vgl. Fußnote 32, S. 202). Wenn (C. 47)* umgeformt wird in

$$\frac{K_t}{Y_{t-1}} = \alpha'' + \beta'' \frac{P_{t-1}}{K_{t-1}} ,$$

dann wird aus (C. 47)**, unter Berücksichtigung dieser Transformation,

$$I_t = (Y_t - Y_{t-1}) \frac{K_t}{Y_{t-1}} ;$$

es ergibt sich

$$\frac{K_{t+1} - K_t}{K_t} = \frac{Y_t - Y_{t-1}}{Y_{t-1}} .$$

Da die Wachstumsrate als konstant angenommen wird, kann auch (C. 50) gelten.

[114] Das Bevölkerungswachstum wurde hier außer acht gelassen.

2. Die Gleichgewichtswachstumsrate des Einkommens g ist determiniert durch die technical progress function, vgl. (C. 43), und die Gleichgewichtsbedingung, wonach die Wachstumsrate des Realkapitals und des Volkseinkommens gleich sind — vgl. (C. 50).
Die Wirtschaft wächst exponential mit der Gleichgewichtswachstumsrate $g = \alpha'/(1 - \beta')$:

$$Y_t = Y_0 \left(1 + \frac{\alpha'}{1 - \beta'}\right)^t . \tag{C. 76}$$

An dieser Feststellung ändert sich nichts, selbst wenn die Kritik von Encarnación am Kaldor-Modell berücksichtigt wird[115]. Encarnación wendet ein, Kaldor habe zwar bei der verbalen Darstellung seines Modells eine Trennung zwischen erwarteten und realisierten Größen vorgenommen, nicht aber bei der Darstellung durch Funktionen. Deshalb müsse das Kaldor-Modell, soweit es die Modellfunktionen betreffe, korrigiert werden. Wenn man die Größen der nächsten erwarteten Periode mit einem Stern versieht, dann besteht, wie Encarnación ausgeführt hat, das Kaldor-System aus folgenden Beziehungen

$$I_t = \frac{Y_t^* - Y_{t-1}}{Y_{t-1}} K_t + \beta'' \left(\frac{P_t^*}{K_t} - \frac{P_{t-1}}{K_{t-1}}\right) Y_t^* \tag{C. 77}$$

$$\frac{Y_t^* - Y_{t-1}}{Y_{t-1}} = \frac{Y_{t-1} - Y_{t-2}}{Y_{t-2}} . \tag{C. 78}$$

$$\frac{P_t^*}{Y_t^*} = \frac{P_{t-1}}{Y_{t-1}} \tag{C. 79}$$

Die Größen Y_{t-1}, Y_{t-2}, P_{t-1}, K_{t-1} und K_t, der Realkapitalbestand am Anfang der Erwartungsperiode t, sind bekannt; aus (C. 78) und (C. 79) lassen sich die Erwartungsgrößen P_t^* und Y_t^* errechnen.

Kaldor geht auf diese Kritik ein. Er schlägt vor, die Investitionsfunktion (C. 47) abzuwandeln in (C. 80):

$$I_t = \left(\alpha'' + \beta'' \frac{P_{t-1}}{K_{t-1}}\right) Y_{t-1} - K_t \tag{C. 80}$$

Was bedeutet diese Neuformulierung?

Geht man von der ursprünglichen Form der Kaldorschen Investitionsfunktion

$$K_t = \alpha'' Y_{t+1} + \beta'' \frac{P_{t-1}}{K_{t-1}} Y_{t-1} \tag{C. 47)*}$$

aus, so läßt sich (C. 47) auch schreiben als[116]

$$I_t = (\alpha'' + \beta'' \frac{P_t}{K_t}) Y_t - K_t . \tag{C. 47)*'}$$

[115] J. Encarnación, Overdeterminateness ..., a. a. O., S. 736 ff.

[116] Aus (C. 47)* wird, wenn die *Veränderung* des Kapitalstocks beschrieben werden soll,

$$K_{t+1} - K_t = \alpha'' Y_t + \beta'' (P_t/K_t) Y_t - K_t, \text{ oder (C. 47)*'}$$

Der Unterschied zwischen der neuformulierten Investitionsfunktion (C. 80) und der ursprünglichen (C. 47) besteht also aus zwei Änderungen in der lag-Beziehung: „there is one time-lag between the income and profit *realised* in one period and the investment decisions that are based on it (at the beginning of the next period); there is a further time-lag between investment decisions and the resulting change in the capital stock“[117]. Die Investitionsentscheidung wird demnach nicht mehr abhängig gemacht von einem gewünschten Kapitalstock, der dann auch zu realisieren ist. Vielmehr wird die geplante Investition $I_t (= K_{t+1} - K_t)$ durch die bereits realisierten Größen Y_{t-1}, P_{t-1}, K_{t-1} und K_t beeinflußt.

Legt man nun (C. 80), nicht (C. 47), unserer Beweisführung zugrunde, daß im langfristigen Gleichgewicht die Profitrate konstant sein muß, wenn ein stetiges Gleichgewichtswachstum des Einkommens gewährleistet sein soll, dann ergibt sich, wenn (C. 80) in die technical progress function eingesetzt wird:

$$\text{(C. 81)} \qquad \frac{Y_{t+1} - Y_t}{Y_t} = \alpha' + \beta' \frac{\left(\alpha'' + \beta'' \frac{P_{t-1}}{K_{t-1}}\right) Y_{t-1} - \left(\alpha'' + \beta'' \frac{P_{t-2}}{K_{t-2}}\right) Y_{t-2}}{\left(\alpha'' + \beta'' \frac{P_{t-2}}{K_{t-2}}\right) Y_{t-2}}$$

und schließlich, unter Berücksichtigung der Gleichgewichtsbedingung (C. 52), wonach die Profitrate im Zeitablauf konstant ist,

$$\text{(C. 82)} \qquad \frac{Y_{t+1} - Y_t}{Y_t} = \frac{Y_{t-1} - Y_{t-2}}{Y_{t-2}}.$$

Da die Gleichgewichtswachstumsrate des Einkommens im Zeitablauf konstant ist, ergibt sich aus (C. 82), daß das Volkseinkommen mit der Rate $g = \alpha'/(1 - \beta')$ wächst.

Unsere Untersuchung hat gezeigt, daß mit Hilfe des autonomen Postulats von der Konstanz der Profitrate ein Gleichgewichtssystem aufgebaut werden kann, das eine bestimmte Gleichgewichtswachstumsrate des Volkseinkommens zur Grundlage hat. Die Kritik Encarnacións ändert an dieser Feststellung nichts, weil die Änderungen bei etwaigen lag-Perioden in der Investitionsfunktion durch dieses Postulat eliminiert werden. Die Investitionsentscheidungen richten sich an der Wachstumsrate des Volkseinkommens aus. Die Investitionsfunktion kommt letzten Endes in der Konstanz der Profitrate zum Ausdruck. Im Gleichgewichtssystem wird die Investitionsfunktion durch das Postulat der konstanten Profitrate in Verbindung mit der Gleichgewichtswachstumsrate des Volkseinkommens ersetzt.

Was steht aber hinter dieser Transformation? Kaldor muß die Länge der Periode derart wählen, daß die Unterschiede zwischen gewünschten und realisierten Investitionsentscheidungen verschwinden, daß, m. a. W., die Unternehmer eine „vollkommene Voraussicht“ oder, wie Kaldor

[117] N. Kaldor, A Comment ..., a. a. O., S. 739 (Hervorhebung von N. Kaldor).

sagt, eine „perfect foresight" erreicht haben. Wir sind der Ansicht, daß eine derartige These, wonach „the investment decisions of each ‚period' are governed by the condition that actual capital is to be brought into line with desired capital, the length of the ‚period' being so defined as to make it technically feasible to eliminate in one period the backlog of investment (the difference between desired and actual capital) existing at the beginning of the period"[118], vom kausalanalytischen Standpunkt aus nicht befriedigen kann. Langfristiges Gleichgewicht wird erst erreicht, wenn die Periode im System entsprechend groß gewählt wurde; von welchen Einflußfaktoren jedoch diese Länge abhängt, wird von Kaldor nicht gesagt. Er hat wohl deshalb, um dieser Kritik zu entgehen, die Investitionsfunktion in seinen beiden Modellen neueren Datums umgestaltet.

β) Abhängigkeit der Profitrate von Erwartungsgrößen

Neben dem Einkommenswachstum wird nicht mehr die Veränderung der Profitrate, sondern die Bewegung der Kapitalproduktivität zum Bestimmungsfaktor für Investitionen, da die Bewegung der Kapitalproduktivität „erwartungs-elastischer" ist als die der Profitquote, der andere Bestandteil der Profitrate[119]. Die Investitionsfunktion erhält nunmehr die Form

$$\text{(C. 48)} \quad I_{t+\theta} = \left(\frac{Y_{t+1} - Y_t}{Y_t} - n - \alpha'\right)\frac{K_t}{\beta'} + nK_t + \mu \frac{d}{dt}\left(\frac{Y_t}{K_t}\right).$$

Da die Veränderung der Kapitalproduktivität bzw. des Kapitalkoeffizienten im langfristigen Gleichgewicht gegen Null tendiert — vgl. (C. 49):

$$\text{(C. 49)} \quad \frac{dv_t}{dt} = 0,$$ wird aus (C. 48) dann (C. 83):

$$\text{(C. 83)} \quad I_{t+\theta} = \left(\frac{Y_{t+1} - Y_t}{Y_t} - n - \alpha'\right)\frac{K_t}{\beta'} + nK_t.$$

Aus (C. 83) folgt, daß sich die Unternehmer bei ihren Investitionsentscheidungen nur noch nach der Wachstumsrate des Einkommens richten. Da jedoch der (Gleichgewichts-) Kapitalkoeffizient im Zeitablauf konstant bleibt, werden die Wachstumsraten des Einkommens und des Realkapitals einander gleich, die Wirtschaft wächst mit der Gleichgewichtswachstumsrate

$$\text{(C. 51)} \quad G_Y = \frac{\alpha'}{1 - \beta'} + n.$$

[118] N. Kaldor, A Model ..., a. a. O., S. 600.
[119] Vgl. hierzu S. 204.

Die *Wirkung* des langfristigen Gleichgewichts ist dieselbe wie unter dem Postulat einer autonomen Profitrate. Dagegen hat sich der Einfluß der Profitrate geändert: um die Wirkung des langfristigen Gleichgewichts zu erreichen, ist nur noch (C. 49) und (C. 51) zu setzen, nicht mehr dagegen *auch* (C. 52). Zwar bleibt im langfristigen Gleichgewichtswachstum auch die Profitrate konstant und wächst nach der Beziehung

$$\frac{P_t}{K_t} = \frac{\alpha'}{1-\beta'} + n. \qquad \text{(C. 84)}$$

Doch tritt als zusätzliche Gleichgewichtsbedingung

$$\frac{P_t}{K_t} = r_t + \varphi_t \qquad \text{(C. 53)}$$

hinzu. Die gesamtwirtschaftliche Profitrate muß der Summe aus dem langfristigen Zinssatz und dem „supply price of risk capital" gleich sein[120], wenn monetäres und reales Wirtschaftswachstum langfristig übereinstimmen sollen.

Ist dadurch jedoch die Inkonsistenz des Systems aufgehoben, von der im vorhergehenden Abschnitt gesprochen wurde? Die Beziehungen haben sich zwar kompliziert, sind aber im Grunde genommen dieselben geblieben: der gewünschte Kapitalstock hängt nicht mehr direkt von der Profitrate ab, jedoch von der (langfristigen) Zinsrate und einem Ungewißheitsfaktor; damit ein langfristiges Gleichgewicht zustande kommen soll, müssen jedoch, nach (C. 53), Profitrate einerseits und die Summe aus Zinsrate und Ungewißheitsfaktor übereinstimmen, so daß der gewünschte Kapitalstock in the long run auch wieder von der Profitrate abhängt.

Kaldor hat diese indirekte Beziehung wohl auch gesehen. Er läßt deshalb in seinem neuen Modell diese Abhängigkeit fallen und versucht, über die Abnutzung der Kapitalanlagen in der Vergangenheit und ihrer voraussichtlichen Weiterentwicklung gewisse Schlüsse auf das Investitionsverhalten der Unternehmer zu ziehen: „explicit account is taken both of obsolescence due to ‚embodied' technological progress, and of the expectation of continuing obsolescence in the future, and

---

[120] Die Ungleichung

$$\frac{P_t}{K} \geq r_t + \varphi_t$$

ist im kurzfristigen Anpassungsprozeß als Mindestbedingung anzusehen. Nur wenn die Ungleichung gilt, dürfte sich der Unternehmer veranlaßt sehen, weitere, induzierte Investitionen vorzunehmen, die schließlich zum Vollbeschäftigungsgleichgewicht führen. Im langfristigen Gleichgewicht — unter der Voraussetzung, daß bereits Vollbeschäftigung herrscht — wird die Ungleichung zu einer Gleichung (C. 53). Erst die Gleichheit gewährleistet ein *stetiges* Wachstum.

any notion of a ‚desired' capital stock which is in some unique relationship to the rate of profit (or the rate of interest) is abandoned“[121]. Das Ergebnis dieser Bemühungen findet sich in den Beziehungen (C. 73) und (C. 74). Die Ungleichung (C. 73) wird im Gleichgewicht zu einer Gleichung, da

1. die Erwartungen der Unternehmer erfüllt sind. Der erwartete Profit aus den neuen Investitionen ist derselbe wie der realisierte;

2. die Profitrate aus allen Investitionen dieselbe ist.

Aus dieser Gleichung läßt sich P_t/K_t errechnen. Kaldor und Mirrlees zeigen, daß sich in diesem Fall die Gleichgewichtsbedingung (C. 84) ergibt.

Aus den vorstehenden Betrachtungen kann geschlossen werden, daß die Profitrate der Gleichgewichtswachstumsrate des Einkommens gleich sein muß, wenn ein langfristiger Gleichgewichtszustand erreicht werden soll. Beide Raten sind konstant. Während sich jedoch die Gleichgewichtswachstumsrate des Einkommens aus der Konstanz des Kapitalkoeffizienten in the long run ableiten läßt, ist die zusätzliche Bedingung, der die Profitrate genügen muß, wenn Gleichgewicht herrschen soll, jeweils abhängig von der Gestalt der Investitionsfunktion[122] bzw. derjenigen Faktoren, nach denen die Unternehmer das *Niveau* ihrer Profitrate bestimmen[123]. Schließlich kann *auch* die unterschiedliche Rentabilität der Kapitalanlagen, die sich nach ihrer unterschiedlichen Lebens- und/oder Nutzungsdauer richtet, die Höhe der Profitrate beeinflussen[124]. Die Konzeption des langfristigen Gleichgewichts bei Kaldor muß demnach so verstanden werden:

1. Die Profitrate wird zur Gleichgewichtsrate, wenn sich die Erwartungen der Unternehmer erfüllen, wenn die Rate im long run zur Konstanten wird.

2. Die Profitrate muß gewissen Bedingungen genügen, damit ihr Niveau als Gleichgewichtsniveau gelten kann.

3. Die Konstanz des Kapitalkoeffizienten zieht ein gleichläufiges Wachstum von Volkseinkommen und Kapitalstock nach sich. Beide Wachstumsraten werden konstant.

4. Damit dieses Wachstum gleichgewichtig ist, muß es demjenigen der gleichgewichtigen Profitrate (vgl. unter 1. und 2.) gleich sein.

---

121 N. Kaldor, A Comment ..., a. a. O., S. 740.
122 So in N. Kaldor, A Model..., a. a. O.
123 So in N. Kaldor, Capital Accumulation..., a. a. O.
124 So in N. Kaldor und J. A. Mirrlees, A New Model..., a. a. O.

bb) Ist das Kaldorsche Gleichgewicht ein dynamisches Gleichgewicht?

Hat man sich mit Wesen und Inhalt des dynamischen Gleichgewichtsbegriffs einigermaßen vertraut gemacht[125], dann kommen, wenn man die Gleichgewichtskonzeption im Kaldor-Modell überschaut, Zweifel, ob diese Konzeption mit derjenigen des dynamischen Gleichgewichts vereinbar ist.

Kaldor hebt ausdrücklich hervor, daß ein realitätsnahes Wachstumsmodell auch die „remarkable historical constancies revealed by recent empirical investigations“[126] beachten oder gar erklären müsse. Als derartige Konstante nennt er die Lohnquote, die Profitquote, den Kapitalkoeffizienten und die Profitrate. „One of the merits of the present model (N. Kaldor, A Model ..., a. a. O., d. V.) is that it shows that the constancy in the capital/output ratio, in the share of profit and in the rate of profit can be shown to be the consequence of endogeneous forces operating in the system[127].“ Vergleicht man diese Zielsetzung mit den Konklusionen des Kaldor-Modells, so ist in zweifacher Weise Kritik angebracht.

1. Kaldor setzt mit seiner Theorie die Versuche fort, die beispielsweise schon Kalecki[128] oder Mitra[129] unternommen haben, nämlich die Entwicklung bestimmter, empirisch-statistischer Reihen theoretisch zu erklären. Die Einwände dagegen sind bekannt[130]. Jedenfalls müssen diese Versuche so lange höchst zweifelhaft bleiben, als die „Konstanz“ dieser empirisch ermittelten Reihen nicht wirklich bewiesen ist. Rothschild gibt zu bedenken, „daß die bisherige theoretische Diskussion auf einer äußerst dünnen statistischen Tragfläche stattfand“[131]. Wenn aber die Konstanz der Reihen angezweifelt wird, um wieviel mehr müssen dann diejenigen Theorien angezweifelt werden, die diese Konstanz zu erklären versuchen.

2. Nun hat allerdings Kaldor seine Zielsetzung nicht in der gründlichen Art und Weise verfolgt wie etwa Kalecki. Kaleckis Theorie beschäftigt sich ausschließlich mit der Erklärung der Konstanz der volkswirtschaftlichen Lohnquote. Kaldor dagegen ist bemüht, zunächst un-

---

[125] Vgl. S. 134 ff.

[126] N. Kaldor, A Model ..., a. a. O., S. 591; N. Kaldor, Capital Accumulation ..., a. a. O., S. 178/179.

[127] N. Kaldor, A Model ..., a. a. O., S. 593.

[128] Vgl. hierzu K. W. Rothschild, Der Lohnanteil am Gesamteinkommen. Einige Bemerkunge zu einem umstrittenen Problem, WA 78 (1957 I), 157—202, S. 157 Fußnote 1.

[129] A. Mitra, The Share of Wages in National Income, Diss. Rotterdam 1954.

[130] Vgl. z. B. K. W. Rothschild, Der Lohnanteil ..., a. a. O.; A. Stobbe, Kurzfristige und langfristige Bestimmungsgründe der Einkommensverteilung, SZVSt 96 (1960), 131—155, bes. S. 140 ff.

[131] K. W. Rothschild, Der Lohnanteil ..., a. a. O., S. 184.

abhängig von den „remarkable historical constancies" (Kaldor) ein Wachstumsmodell aufzubauen, das den wirtschaftlichen Entwicklungsprozeß schlechthin erklären will. Die Berücksichtigung der empirischen Reihen und ihre Erklärung wird somit in einen umfassenden Rahmen gestellt. Das ist der erste auffallende Unterschied gegenüber den Theorien von Kalecki und Mitra. Ein zweiter kommt hinzu. Kaldor verlagert die Erklärung der konstanten Reihen auf die Ebene der Gleichgewichtsanalyse. Erst beim Übergang vom kurzfristigen zum langfristigen Gleichgewichtszustand lassen sich die Konstanz des Kapitalkoeffizienten, der Profitquote und der Profitrate feststellen. Dieser zweite Unterschied ist für unsere Fragestellung, ob das Kaldorsche Gleichgewicht ein dynamisches Gleichgewicht ist, der entscheidende.

Denn das Vorgehen Kaldors kann nur zwei Gründe haben: Entweder Kaldor identifiziert die Konstanz der historischen Reihen mit einer (kurzfristigen oder langfristigen) Gleichgewichtssituation. Die Volkswirtschaften verschiedener Länder, in denen die angebliche Konstanz bestimmter Reihen über Jahrzehnte hinweg festgestellt wurde, haben sich dann, in letzter Konsequenz des Vorgehens von Kaldor, diese ganze Zeit über in einem langfristigen Gleichgewichtszustand befunden. Das ist völlig unwahrscheinlich. Der andere Grund des Vorgehens von Kaldor kann darin liegen, daß das langfristige Gleichgewicht bei Kaldor, obwohl es Kaldor als Gleichgewicht bezeichnet, in der üblichen Terminologie des dynamischen Gleichgewichts gar kein Gleichgewicht ist, sondern nur den langfristigen Trend aufzeigt, dem sich das Wirtschaftswachstum *wirklich* nähert. Dann wären wir in der Tat wieder bei Oparin angelangt und bei dem Zustand der Gleichgewichtsanalyse, den Machlup als „misplaced concreteness" bezeichnet hat[132].

Nun darf jedoch über Kaldor nicht voreilig der Stab gebrochen werden. Wir hatten zwar bemerkt, daß Modelle, die von der Angebotsseite der Wirtschaft ausgehen, von vornherein ein reines Gleichgewichtssystem anstreben[133]. Andererseits hatte unsere Analyse jedoch auch gezeigt,daß das Kaldor-Modell durch die Aufnahme von Keynesschen Gedankengängen dem rein bedingungstheoretischen, dem „tightrope view of economic growth" (Solow) entgangen war[134]. Die Ansätze im Kaldor-Modell für eine Konzeption des langfristigen Gleichgewichts sind durchaus sinnvoll und auch konsistent: Sowohl die Gleichgewichtswachstumsrate des Einkommens als auch die konstante Profitrate können als analytische Hilfsmittel für die Erklärung des (langfristigen) Wachstumsprozesses herangezogen werden. Ihre Konsistenz ist dadurch gewahrt, daß nur durch die Wechselbeziehung beider Raten ein lang-

[132] Vgl. S. 141.
[133] Vgl. S. 48.
[134] Vgl. S. 189 f.

fristiges Gleichgewichtssystem aufgestellt werden kann. Ihre Plausibilität liegt darin begründet, daß es durchaus denkbar ist, daß sich die Unternehmer an einer konstanten Profitrate ausrichten, die Erwartungsgröße ist und zugleich für den Analytiker eine analytische Maßstabfunktion abgibt. Wenn das langfristige Gleichgewicht Kaldors in dieser Weise gedeutet wird, dann ist allerdings kein Platz mehr für die Erklärung bestimmter historischer Konstanten mit Hilfe des Gleichgewichtssystems. Insofern bleibt die Forderung Kaldors, diese Entwicklungen modellendogen zu erklären, im Raume stehen, ein Unbehagen bei der Beurteilung der Konzeption des langfristigen Gleichgewichts bei Kaldor bleibt zurück.

3. Zusammenfassung

Das Kaldor-Modell hat den Gleichgewichtsmechanismus, der noch bei den neoklassischen Wachstumsmodellen zu finden war, durch die Aufgabe der Grenzproduktivitätstheorie als Verteilungsthese und durch die Einführung Keynesscher Gedankengänge beseitigt. Dadurch erschien es uns am ehesten geeignet, als repräsentatives Modell innerhalb der angebotsorientierten Entwicklungslinie der modernen Wachstumstheorie einer näheren Untersuchung wert zu sein. Daß der Charakter der Angebotsorientiertheit durch die Aufnahme Keynesscher Theoreme verloren ging, ist nicht wahrscheinlich und konnte auch nicht beobachtet werden. Kaldor hielt sich jedenfalls in den verschiedenen Versionen seiner Wachstumstheorie an seine Feststellung: „It is assumed here that in a growing economy the general level of output at any one time is limited by available resources, and not by effective demand[135]."

Außerdem bilden die technical progress function und die Investitionsfunktion, die wenigstens teilweise wieder von angebotsorientierten Faktoren abhängig ist, die Hauptstützen des Kaldor-Modells. Während aber die technical progress function in den verschiedenen Wachstumsmodellen kaum eine Änderung in der Konzeption erfuhr, ist die Investitionsfunktion in ihrem Aussagegehalt von Modell zu Modell verändert worden. Das hängt damit zusammen, daß sich in der ersten Version des Kaldorschen Wachstumsmodells durch die implizite Einführung von Erwartungsgrößen in der Investitionsfunktion eine Überbestimmtheit des Modells ergab. Kaldor blieb bemüht, diesen Mangel zu beseitigen. In seinem neuesten Modell sind Erwartungsgrößen explizite in die Investitionsfunktion eingebaut worden. Sie bleibt jedoch und vielleicht gerade auch deshalb in manchem undurchsichtig. Nur eine detaillierte Theorie der Erwartungen könnte sich mit ihr kritisch auseinandersetzen. Diese Kritik würde jedoch den hier gegebenen Rahmen sprengen.

---

[135] N. Kaldor, A Model..., a. a. O., S. 593.

Die technical progress function hat sich, nach eingehender Prüfung, der Cobb-Douglas-Funktion des Tinbergen-Typs oder des Solow-Typs überlegen gezeigt. Sie steht selbst der durch Solow modifizierten Cobb-Douglas-Funktion nicht nach. Es hat sich demnach erwiesen, daß sich die Behauptung Kaldors, es sei „conceptually impossible to evaluate the growth of productivity due to technical progress separately from that due to capital accumulation“[136] als brauchbare Arbeitshypothese im Wachstumsmodell erwiesen hat.

Handelt es sich bei der Konzeption des langfristigen Gleichgewichts im Kaldor-Modell um eine dynamische Gleichgewichtskonzeption, bei der die analytische Maßstabfunktion im Vordergrund steht? Auf den ersten Blick kann man sich des Eindrucks nicht erwehren, daß ein gewisser Gleichgewichtsmechanismus vorhanden ist, obwohl die Grenzproduktivitätstheorie nicht mehr als Verteilungsthese herangezogen wird.

Die neoklassische Wachstumstheorie will einen „tightrope view of economic growth“ zeichnen, eine im Gleichgewicht fortschreitende Wirtschaft. Das Gleichgewichtssystem wird zur Voraussetzung, reale Abläufe werden in diesen Rahmen gepreßt. Daß im Endeffekt als Aussage nur Bedingungen einer gleichgewichtig wachsenden Wirtschaft resultieren, verwundert demnach nicht. Kaldor sucht sich dieser Zwangsläufigkeit dadurch zu entziehen, daß er gewisse Prämissen, die zu dieser Zwangsläufigkeit führen, fallen läßt. Aber er ist bestrebt, in seinem Modell nachzuweisen, auf welche Weise sich schließlich die fortschreitende Wirtschaft in the long run einem Gleichgewichtswachstum nähert. Die neoklassische Betrachtungsweise ist zurückversetzt: *nicht schon in den Voraussetzungen, aber in den Konklusionen ist der „tightrope view of economic growth“ gezeichnet.*

Andererseits eignet sich die Konzeption des langfristigen Gleichgewichts im Kaldor-Modell als analytisches Hilfsmittel. Konstante Profitrate und konstant wachsendes Volkseinkommen sowie die Wechselwirkung zwischen beiden, die gleichzeitig die Konsistenz zwischen monetärem und realem Wirtschaftswachstum herbeiführt, sind sinnvolle Instrumente eines dynamischen Gleichgewichtssystems. Wenn man annimmt, daß die Absicht Kaldors, die Konstanz gewisser historischer Reihen zu erklären, schon daran scheitern muß, daß diese Konstanz keinesfalls erwiesen ist, dann könnten die im Kaldorschen Gleichgewicht konstanten Relationen wirklich als Gleichgewichtsinstrumente angesehen werden. Die Vereinbarkeit des Kaldorschen Gleichgewichts mit dem dynamischen wäre damit hergestellt. Es muß jedoch wiederholt werden: ein Gefühl des Unbehagens bleibt bei dieser Betrachtung zurück.

---

136 N. Kaldor, Essays on Economic Stability and Growth ..., a. a. O., Introduction S. 13.

D. Zusammenfassung und Ergebnis der Untersuchung

I. Typisierung und Kategorisierung der modernen Wachstumstheorie

1. Typisierung

Eine kritische Untersuchung der neueren Wachstumstheorie steht zunächst vor der Aufgabe, Ordnung in die Fülle der seit etwa 1940 entstandenen Theorie zu bringen. Lutz schildert die Vielfalt der Ansätze und Lösungsversuche mit folgenden Worten: „The macro-economic models vary widely in purpose and in assumptions and hence in the results to which they lead. Some authors have sought to discover what conditions must be fulfilled if an economy is to grow uninterruptedly, and in their models the problems of the sufficiency of aggregate demand plays a dominant rôle. Others, in whose opinion the problem of the sufficiency of aggregate demand is essentially a short-run problem, postulate full employment as a continuous condition ... Some disregard the influence of factor prices on the choice of techniques while others take this influence into account. Some arrive at the conclusion that if the economy slides off ever so slightly from the theoretical path of uninterrupted growth it will experience either increasing unemployment on one side or prolonged inflation on the other. Others see the system as tending always towards the stable equilibrium rate of growth[1]."

Wer sich damit nicht abfinden und wer sich auch nicht darauf beschränken will, diejenigen Theorien, die ihm gefühlsmäßig als besonders wichtig erscheinen, herauszugreifen, muß den Versuch machen, gewisse Entwicklungslinien herauszufinden. Als Ansatz dazu eignen sich die beiden Theorien, die den Anfang der neueren Wachstumstheorie bilden: Die Theorien von Domar und Harrod. Sie erlauben die Bildung von zwei Typen, die wir als nachfrage- und angebotsorientierte Wachstumstheorien bezeichnet haben.

Die nachfrageorientierte Wachstumstheorie versucht, das wirtschaftliche Wachstum mit Hilfe von nachfrageorientierten Aggregaten zu erklären. Der Multiplikator-Akzelerator-Mechanismus ermöglicht hier

[1] Vgl. F. A. Lutz, The Essentials of Capital Theory, in The Theory of Capital..., a. a. O., 3—17, S. 9

eine lückenlose modellendogene Analyse. Daß dabei die Skala möglicher Modellkonstruktionen vom einfachen instrumentalen Modell Samuelsons bis zu den komplizierten Modellen von Hicks, Smithies, Duesenberry und Minsky reicht, ist nicht verwunderlich, da sich der Multiplikator-Akzelerator-Mechanismus durch die Hinzunahme von Variablen jeweils variieren läßt. Die Grenzen der nachfrageorientierten Wachstumstheorie sind dann erreicht, wenn der Multiplikator-Akzelerator-Mechanismus von einer bloßen Hilfskonstruktion zu einem Faktor wird, der der Wachstumstheorie einen bestimmten Inhalt auferlegt.

Die angebotsorientierte Wachstumstheorie ist, wohl beeindruckt durch diese Grenze, von der anderen Seite ausgegangen. Sie hat angebotsorientierte Aggregatgrößen als Ausgangspunkt für ihre Analyse der wirtschaftlichen Wachstumsvorgänge verwendet. Auch hier läßt sich die Analyse lückenlos und modellendogen mit Hilfe einer makroökonomischen substitutionalen Produktionsfunktion durchführen. Auch hier wirkt ein gewisser Mechanismus, der von vornherein die Konklusionen der Modelle in eine bestimmte Richtung drängt: der Mechanismus der Grenzproduktivitätstheorie. So zeigen die Modelle von Tobin, Solow, Swan, Little und Meade gewisse charakteristische Merkmale, die aus der Verwendung dieses Mechanismus herrühren.

Sollte unserer Zielsetzung entsprochen werden, so konnte diese Typisierung der modernen Wachstumstheorie nur ein erster Anhaltspunkt sein. Zur endgültigen Festlegung unseres Rahmens mußten die modellbildenden Faktoren im einzelnen erfaßt werden: neben die Typisierung der modernen Wachstumstheorie mußte ihre Kategorisierung treten.

2. Kategorisierung

Auch hier brachte die Untersuchung der Modelle von Domar und Harrod bereits wertvolle Hinweise. Während Harrod bemüht war, das wirkliche Bild der wachsenden Wirtschaft in seiner Theorie nachzuzeichnen, und die Gleichgewichtskonzeption lediglich als analytische Maßstabfunktion fungierte, gab Domar seinem Modell von vornherein den Charakter einer Gleichgewichtstheorie. Die Wechselbeziehung zwischen Wirklichkeitserklärung und Gleichgewichtssystem war zunächst nur schwer zu erfassen: man konnte den Eindruck gewinnen, daß Domar die eigentliche Zielsetzung der modernen Wachstumstheorie, die wirtschaftlichen Prozeßabläufe zu *erklären*, verfehle. Eine genaue Untersuchung brachte jedoch die Erkenntnis, daß jede vollständige Wachstumstheorie eine Wirklichkeitserklärung *und* ein Gleichgewichtssystem enthält. Es war deshalb möglich, die Kategorisierung der beiden Typen nach zwei Gesichtspunkten, der Wirklichkeitserklärung und der Gleichgewichtskonzeption, vorzunehmen. Die Gewichte beider Modellbestandteile sind bei den beiden Typen verschieden. Wir sind zu der Überzeugung gekommen, daß im angebotsorientierten Modell die Gleichgewichtsbedingungen schon in den Prämissen verankert sind. Die analytische Trennung zwischen Wirklichkeitserklärung und Gleichgewichtssystem wird dadurch äußerst schwierig. Die nachfrageorientierte Wachstumstheorie führt dagegen von vornherein eine strenge Trennung zwischen Wirklichkeitserklärung und Gleichgewichtskonzeption durch.

Damit war der Rahmen abgesteckt. Die eigentliche Analyse der modernen Wachstumstheorie konnte beginnen. Die Kategorisierung erleichtert es uns, im folgenden einen Vergleich der Ergebnisse anzustellen, zu denen die Untersuchung der nachfrage- und angebotsorientierten Wachstumstheorien gekommen ist.

II. Vergleichende Betrachtung der Ergebnisse der nachfrage- und angebotsorientierten Wachstumstheorien

1. Wirklichkeitserklärung

Die Frage, ob die Bemühungen der modernen Wachstumstheorie, die Wirklichkeit befriedigend zu erklären, Erfolg hatten, läßt sich am besten beantworten, wenn die Funktionsweise der Modelle und ihre Bausteine getrennt untersucht werden. Die Funktionsweise wurde von uns anhand der Entwicklungsphasen der nachfrage- und angebotsorientierten Wachstumstheorien analysiert, die Bausteine der Modelle wurden anhand der für repräsentativ befundenen Wachstumsmodelle für beide Entwicklungslinien unter die Lupe genommen.

a) Funktionsweise der Modelle

Die nachfrageorientierte Wachstumstheorie stellt die Verwendungsseite der Volkswirtschaft in den Vordergrund, während die angebotsorientierte Wachstumstheorie hauptsächlich die Entstehungs- und Verteilungsseite zum Gegenstand ihrer Untersuchungen macht. Bei einem Vergleich beider Entwicklungslinien fallen insbesondere drei Problemkomplexe ins Gewicht.

1. Die nachfrageorientierte Wachstumstheorie verknüpft ihre Aggregatgrößen durch das Multiplikator-Akzelerator-Prinzip. Dieses Prinzip läßt verschiedene Bewegungsabläufe für das Realeinkommen zu. Eine Einengung der Möglichkeiten erfordert eine ganz bestimmte Größenwahl der einzelnen Parameter im Modell. Jeder Modellanalytiker, der das Multiplikator-Akzelerator-Prinzip in sein Wachstumsmodell eingebaut hat, wird zu der Ansicht gekommen sein, daß das Prinzip allein für eine umfassende Erklärung der Wachstumsprozesse nicht ausreicht. Andere, meist die Angebotsseite der Wirtschaft betreffende Faktoren, häufig exogener Natur, müssen in das Modell eingeführt werden. Unsere Analyse hatte jedoch gezeigt, daß beispielsweise im Duesenberry-Modell dadurch nur die Investitionsfunktion aussagekräftiger gestaltet werden konnte. Wesentliche Erklärungsfaktoren, die vor allem die Entwicklung der Angebotsseite der Wirtschaft vertreten sollten, können dadurch nicht gewonnen werden.

Die angebotsorientierte Wachstumstheorie steht zunächst vor einem ähnlichen Dilemma. Die neoklassische Betrachtungsweise vermag zwar, mit Hilfe einer substitutionalen Produktionsfunktion, die Vorgänge auf der Angebotsseite der Volkswirtschaft zu erklären. Doch wird die Form dieser Funktion zum entscheidenden Faktor: wenn sie homogen ersten Grades ist, demnach constant returns to scale bestehen, also der Cobb-Douglas-Typ angenommen wird, werden sich mit fortschreitender, nach einer Seite gerichteter Substitution abnehmende Grenzproduktivitäten eines Faktors ergeben. Die Rettung vor einem allmählichen „dry-up" der Investitionsneigung, der dadurch eintritt, wird im technischen Fortschritt gesehen, der als weitere *unabhängige* Variable in die Funktion, meist in Form einer einfachen Trendthese, eingeführt wird. Ist dadurch die Erklärung der Wachstumsvorgänge verbessert worden? In keiner Weise: einem Mechanismus (dem der Grenzproduktivitätstheorie) wurde ein weiterer gegenübergestellt (der trendähnlich verlaufende technische Fortschritt). Die Konsistenz des Systems ist außerdem gestört, da eine Unabhängigkeit zwischen Entwicklung des Kapitalstocks einerseits und technischem Fortschritt andererseits nicht vorausgesetzt werden kann. Überdies ist der Verteilungsmechanismus der Grenzproduktivitätstheorie völlig ungeeignet, die Verhaltensweise der Wirtschaftssubjekte zu erklären: die Investitionsentscheidungen werden nun einmal nicht im Zuge der gleichzeitig anfallenden Sparkapitalien vorgenommen. Auch bei der (modifizierten) neoklassischen Wachstumstheorie muß man, wie beim (modifizierten) Multiplikator-Akzelerator-Prinzip, zu dem Schluß kommen, daß die Erklärung der Wachstumsprozesse nicht umfassend ist; die Funktionsweise der Modelle ist durch die Mechanismen auf einseitige Schlußfolgerungen ausgerichtet.

2. Durch jeweils geschickte Wahl der Parametergrößen und der Anfangsbedingungen läßt sich das Multiplikator-Akzelerator-Prinzip *entweder* als „cycle-maker" verwenden, *oder* es führt zu einem stetigen Wachstum des Volkseinkommens. In diesem Fall unterliegen die Parameter und Anfangsbedingungen derart strengen Restriktionen, daß die Wirklichkeit damit kaum identifiziert werden kann. Das zeigen die Modellbeispiele von Duesenberry (strenge Restriktion der Parameterwerte), von Minsky (häufige Variation der Anfangsbedingungen) und von Smithies (Zuhilfenahme exogen bestimmter Variabler).

Die Neoklassik führt ein durchaus stabiles System vor. In dieser Wirtschaft sind die Kapitalintensität, der Kapitalkoeffizient, die Sparquote und die Reallohnrate konstant. Selbst wenn veränderliche Sparquoten, Reallohnraten und technischer Fortschritt eingeführt werden, ändert sich an der Stabilität des Systems nichts. Es wäre auch nicht zu denken, wie der schon in den Prämissen des Modells verankerte stetige gleichgewichtige Verlauf der Wirschaft durch Änderungen solcher Art umgestaltet werden sollte. Da die Bevölkerungswachstumsrate meist exogen gegeben ist, die übrigen Modellbestandteile aber endogen verknüpft sind, wächst das neoklassische System schließlich mit dieser exogen vorgegebenen Rate.

3. Die Entscheidung für ein repräsentatives Wachstumsmodell nachfrageorientierter Prägung fällt außerordentlich schwer. Wir haben uns schließlich entschlossen, uns derjenigen Alternativlösung des Multiplikator-Akzelerator-Prinzips, die einen „cycle-maker" hervorbringt, zuzuwenden. Hier sind keine strengen Restriktionen an die Werte der Parameter und Anfangsbedingungen angelegt worden, hier kann vermutet werden, daß die Hilfe des Prinzips nicht zum Selbstzweck geworden ist. Das Modell von Hicks erkennt von vornherein die Schwächen und Grenzen der nachfrageorientierten Wachstumstheorie. Es versucht, das Multiplikator-Akzelerator-Prinzip seines mechanischen Charakters zu entkleiden, indem in das Akzelerator-Prinzip ökonomisch sinnvolle Ergänzungstheoreme eingearbeitet werden.

Die Entscheidung für ein repräsentatives Wachstumsmodell angebotsorientierter Prägung ist wesentlich leichter gefallen. Das Modell, genauer die Modelle von Kaldor haben die strenge neoklassische Linie verlassen. Da wir unsere Typisierung nicht an dieser Linie ausrichteten, sondern an den jeweiligen im Vordergrund stehenden Faktoren der Angebots- oder Nachfrageseite, sind die Modelle von Kaldor trotz ihrer teilweise Keynesschen Prägung angebotsorientiert zu nennen. Sie haben durch die Einführung des Keynesschen Verteilungstheorems, einer technical progress function und einer Verhaltensfunktion für Investitionsentscheidungen nicht nur den Gleichgewichtsmechanismus aufgelöst, sondern auch die Inkonsistenz der neoklassischen Wachstumstheorie zwischen dem Wachstum des Realkapitals, der Veränderung des Investitionsverhaltens der Unternehmer und der Entwicklung des technischen Fortschritts weitgehend beseitigt.

b) Bausteine der Modelle

Wir konnten drei Arten von Modellbausteinen unterscheiden: Konsum- bzw. Sparfunktion, Investitionsfunktion und eine Gruppe, die entweder autonome Investitionen oder spezielle Produktionsfunktionen umfaßt.

1. Die Konsumfunktion im Hicks-Modell enthält weitgehend die in der Empirie festgestellte erklärende Variable: das Einkommen. Welche Einkommenskategorie allerdings relevant ist und in welcher Verzögerung der Konsum vom Einkommen beeinflußt wird, ist nicht eindeutig festzulegen, doch hielten die von Hicks verwendete Kategorie (Nettoeinkommen des privaten Sektors) und seine lag-Hypothese(n) im elementary case und im multi-time lag case, der mit dem habit persistence effect von Brown identifiziert werden konnte, unseren Prüfungen stand.

Nicht zu übersehen war allerdings, daß zwei wesentliche Einflußfaktoren nicht berücksichtigt wurden: die Trennung der Einkommenskategorie in Lohn- und Nichtlohneinkommen und der Einfluß des Einkommens in der Periode t auf die Konsumausgaben derselben Periode.

Die Sparfunktion in den Kaldor-Modellen entspricht dagegen diesen Forderungen: einmal ist die Trennung in Lohn- und Nichtlohneinkommen durchgeführt worden; zum anderen wurde auch die Periode t als relevante Periode gewählt. Lag-Hypothesen wurden nicht verwendet. Das muß nicht unbedingt von Nachteil sein: Metzler und andere haben gezeigt, daß der lag-Hypothese in der Konsum- bzw. Sparfunktion nicht die Bedeutung zukommt, die ihr im allgemeinen zugesprochen wird.

2. Das Akzelerationsprinzip konnte, allerdings in einer modifizierten Form, der Prüfung sowohl in theoretischer als auch in empirisch-statistischer Hinsicht standhalten. Man kann demnach sagen, daß es sich in dieser modifizierten Form durchaus als makroökonomische Investitionsfunktion eignet. Hicks hat die Modifizierung durch die Einführung des production ceiling, des Lundberg-lags, von variablen Akzelerationskoeffizienten in bestimmten Konjunkturphasen sowie durch das Herausstellen der Asymmetrie des Akzelerationsprinzips im Ab- und Aufschwung erreicht.

Bei Kaldor gewinnt das Prinzip dadurch, daß er es in the long run als realistischer ansieht als in the short run: die Erwartung langfristiger Nachfragesteigerungen wird die Unternehmer eher veranlassen, Investitionen vorzunehmen, während sie sich von kurzfristigen Nachfrageschwankungen weniger beeinflussen lassen dürften. Auch läßt Kaldor die Investitionsentscheidung der Unternehmer nicht nur von der Umsatzveränderung vergangener Perioden, sondern auch von den (finanziellen) Investitionsmöglichkeiten abhängen. Die Unternehmer richten sich an der Veränderung der gesamtwirtschaftlichen Profitrate oder derjenigen der Kapitalproduktivität aus; auch sind erwartete technische und wirtschaftliche Abnutzungen des fixen Kapitals für die Vornahme von Investitionen entscheidend. Eine schlüssige Kritik dieser Form der Investitionsfunktion ist schwierig. Zweifellos werden die angeführten Faktoren mitentscheidend bei der Investitionsvornahme sein. Was die Erwartungsgrößen anbetrifft, so könnte uns bei der Beurteilung der Funktion nur eine detaillierte Theorie der Erwartungen weiterhelfen.

3. Der Begriff der autonomen Investitionen bei Hicks ist nicht eindeutig. Hicks gibt keine klare Definition. Man muß wohl darunter vor allem Investitionen des Staates sowie Investitionen von Privatunternehmen verstehen, die Erfindungen und Entdeckungen auswerten, die also Umstellungen des Produktionsprogramms und der Produktionsmethoden, Investitionen für neue Produkte und Investitionen für Ra-

tionalisierungszwecke zur Folge haben. Die Konzeption soll wohl auch die Angebotsseite der Wirtschaft verkörpern. Higgins ist zwar deshalb auf dem richtigen Wege, wenn er die autonomen Investitionen durch eine „autonomous long-run investment function", die vor allem Angebotsfaktoren der Gesamtwirtschaft enthält, näher erklären will. Doch hatten wir gesehen, daß wir gerade hier an die Grenzen der nachfrageorientierten Wachstumstheorie stoßen: in konsequenter Weiterführung der Higginsschen Gedankengänge müßte eine makroökonomische Produktionsfunktion in das Hicks-Modell eingeführt werden.

In der technical progress function von Kaldor kommt sowohl die Entwicklung des technischen Fortschritts als auch seine Anwendung sowie der „technical dynamism" zum Ausdruck. Sie hat damit die Einflüsse, die auf den Kapitalstock der Volkswirtschaft einwirken, eingefangen und ist insofern der üblichen makroökonomischen Produktionsfunktion vom Typ Cobb-Douglas überlegen. Neben dem Einfluß der Veränderung des Realkapitalbestandes läßt sich auch der Einfluß des Bevölkerungswachstums in dieser Funktion ausdrücken. In der technical progress function ist das erreicht, was dem Hicks-Modell und der nachfrageorientierten Wachstumstheorie überhaupt mangelt: die Angebotsseite der Wirtschaft ist in ihrer Interdependenz mit dem output-Wachstum und mit dem Wachstum der Determinanten dieses outputs erfaßt.

2. Gleichgewichtskonzeption

Der Begriff des dynamischen Gleichgewichts hat im Laufe der Zeit Wandlungen erfahren. Erste Aufgabe mußte daher eine grundsätzliche Betrachtung dieser Wandlungen und eine Besinnung über den Begriff des dynamischen Gleichgewichts sein; erst dann konnte eine Analyse der Gleichgewichtskonzeption in der modernen Wachstumstheorie aufgenommen werden.

a) Dynamischer Gleichgewichtsbegriff

Das moving equilibrium oder das dynamische Gleichgewicht ist durch das gleichförmige oder *stetige* Wachstum einiger Modellgrößen gekennzeichnet. Man will durch diese Konzeption eine analytische Maßstabfunktion in das Modell einführen: das Ausmaß der Veränderung derjenigen Variablen, die die Wirklichkeit erklären, läßt sich an dieser Gleichläufigkeit ablesen. Eine normative Aussage kann diesem Gleichgewicht nicht zugesprochen werden. Weder soll es die Realität erklären, noch aufzeigen, wohin das Wachstum der Wirtschaft in the long run etwa tendieren wird. Auch irgendwelche wirtschaftspolitischen Zielsetzungen können durch diese Gleichgewichtskonzeption nicht in das Modell eingeführt werden, wenngleich es möglich ist, daß bestimmte wirtschaftspolitische Prinzipien zufällig mit dem gleichförmigen Wachstum bestimmter Variabler übereinstimmen. Machlup hat die irrtümliche Anwendung der Gleichgewichtsanalyse für die Erklärung der Realität oder für die Einführung wirtschaftspolitischer Zielsetzungen ins Modell treffend „misplaced concreteness" und „disguised politics" genannt.

b) Kurzfristiges und langfristiges Gleichgewicht in der modernen Wachstumstheorie

Die Offenlegung und Trennung der Gleichgewichtskonzeption von der Wirklichkeitserklärung ist in der nachfrageorientierten Wachstumstheorie stärker ausgeprägt als in der angebotsorientierten. In der letzteren ist eine Trennung oft nicht zu sehen und eine getrennte Analyse der Gleichgewichtskonzeption ungleich schwieriger als in der nachfrageorientierten Wachstumstheorie. Beide unterscheiden zwischen einem kurzfristigen und einem langfristigen Gleichgewicht.

1. Hicks zeigt in seiner Analyse des kurzfristigen Gleichgewichts, daß der „dynamische Multiplikator nach Harrod" notwendigerweise zu der Bedingung $I_t > S_t$ und I_t/S_t = const. führt. Manche Diskussion in den fünfziger Jahren hätte vermieden werden können, wenn man sich dieser Beziehung bewußt gewesen wäre. Auch Kaldor kommt durch eine Art Gleichgewichtsprozeß innerhalb des Multiplikator-Akzelerator-Prinzips zu seiner Konzeption des kurzfristigen Gleichgewichts, das schließlich zur Vollbeschäftigung führt. In der neuesten Veröffentlichung von Kaldor und Mirrlees findet sich eine kurze Beschreibung dieses kurzfristigen Gleichgewichts und seiner Anpassung an das langfristige: Vollbeschäftigung wird erreicht, „when the purely ‚endogeneous' growth rate (as determined by the combined operation of the accelerator and the multiplier) which is operative under conditions of an unlimited supply of labour, is appreciably higher than the ‚natural rate of growth', which is the growth of the ‚labour potential' (i. e. the *sum* of the rate of growth of the labour force and of (average) labour productivity). In that case, starting from any given state of surplus labour and underemployment, continued growth, as determined by these endogeneous factors, will necessarily lead to full employment sooner or later; and once full employment rules, continued growth involves that the ‚accelerator-multiplier' mechanism becomes tethered (through variations in the share of profits and through the imposition of a quasi-exogeneous growth rate in demand) to the natural rate of growth"[1].

---

[1] N. Kaldor und J. A. Mirrlees, A New Model..., a. a. O., S. 175.

Unsere Aufgabe konnte es jedoch nicht sein, die Konzeption des *kurzfristigen* Gleichgewichts zu analysieren. Vielmehr mußte unser Interesse bei einer Betrachtung der modernen Wachstumstheorie der Konzeption des *langfristigen* Gleichgewichts gelten.

2. Im Hicks-Modell bildet das stetige Wachstum des Volkseinkommens den Mittelpunkt der Konzeption des langfristigen Gleichgewichts. Das Problem ist hier, die Konsistenz des Systems dadurch zu wahren, daß sich das Wachstum der modellendogenen Einkommensdeterminanten nach dem Gleichgewichtswachstum der exogen gegebenen Determinanten „autonome Investition" richtet, womit dann auch die Gleichgewichtswachstumsrate des Einkommens bestimmt ist. Die Lösung der Bestimmungsgleichung des Gleichgewichtseinkommens kann grundsätzlich auf zweifache Weise interpretiert werden. Wenn man von der augenblicklichen Struktur des Modells ausgeht und daraus die Gleichgewichtswachstumsrate des Systems bestimmt, dann ist das System unter Beibehaltung der bisherigen Struktur im Gleichgewicht. Man kann aber auch, und das ist der übliche Weg, wie Hicks von vornherein eine Gleichgewichtswachstumsrate setzen und dann die Gleichgewichtsstruktur des Systems bestimmen. Neben der Konsistenz der Gleichgewichtswachstumsrate mit den Determinanten des Volkseinkommens ist auch die Konsistenz der Gleichgewichtskapazität mit dem Gleichgewichtseinkommen zu beachten. Hicks ist oft der Vorwurf gemacht worden, durch seine These, daß die autonomen Investitionen keinen Kapazitätseffekt hätten, sei viel von der Realitätsnähe des Modells verlorengegangen. Die Vorwürfe sind übertrieben. Wir haben versucht, darzulegen, daß der Standpunkt von Hicks durchaus verteidigt werden kann. Berücksichtigt man dennoch einen nichtkonkurrierenden Kapazitätseffekt, wie es Neisser getan hat, dann ändert sich die Gleichgewichtsstruktur des Hicks-Modells. Das korrigierte Hicks-Modell nach Neisser, das geprüft wurde, ist als wertvoller Beitrag für die Lösung von Konsistenzproblemen in dynamischen Gleichgewichtssystemen anzusehen.

Nicht nur für die Wirklichkeitserklärung, sondern auch für das Gleichgewichtssystem weist die technical progress function deutliche Vorteile gegenüber der modellexogen gegebenen autonomen Investition auf: Bei Hicks ist die Gleichgewichtswachstumsrate des Einkommens g durch die Gleichgewichtswachstumsrate der autonomen Investition und durch das Anfangsniveau dieser Investition bestimmt; Rate und Niveau sind jedoch nicht näher bezeichnet, sie sind modellexogen determiniert. Kaldor gelingt es dagegen, dieses g näher zu bestimmen: Es richtet sich nach dem Ausdruck $\alpha'/(1-\beta') + n$.

Während das Hickssche Gleichgewichtssystem dem dynamischen Gleichgewichtsbegriff folgt, also die Funktion des analytischen Maßstabs im Wachstumsmodell erfüllt, ist die Konzeption des langfristigen Gleichgewichts bei Kaldor in mancher Hinsicht undurchsichtig. Es scheint so, als ob hier der Ausspruch von Machlup von der „misplaced concreteness" zutreffe. Zwar entsprechen die Kaldorschen Gleichgewichtsfaktoren, nämlich das stetige Einkommenswachstum und die Konstanz der Profitrate, durchaus der Vorstellung von einem dynamischen Gleichgewicht, doch ist nicht sicher, ob Kaldor eine Trennung in einen Modellteil, der die Wirklichkeit erklärt, und in einen, der die Gleichgewichtskonzeption aufnimmt, zustimmen würde. Es muß angenommen werden, daß Kaldor in seinen Modellen aufzeigen will, wie sich die Wirtschaft in the long run einem „fully-fledged golden age equilibrium" *in der Realität* anpaßt.

III. Schlußbetrachtung

Aus dem Vorstehenden könnte der Schluß gezogen werden, daß die angebotsorientierte Wachstumstheorie, insbesondere das Modell von Kaldor, der nachfrageorientierten Wachstumstheorie im Hinblick auf die Wirklichkeitserklärung überlegen sei, daß andererseits die nachfrageorientierte Theorie die Gleichgewichtskonzeption besser und eindeutiger herausgearbeitet und den dynamischen Gleichgewichtsbegriff richtig angewendet habe.

Es liegt uns jedoch fern, ein endgültiges Urteil zu sprechen. Allen hier vorgeführten Modellen der modernen Wachstumstheorie haften Mängel an, die mehr oder weniger ausgeprägt sind. In letzter Konsequenz der bisherigen Ausführungen müßte sich der Verfasser nun daranmachen, ein Wachstumsmodell zu konstruieren, das Vor- und Nachteile der beschriebenen Modelle zu beachten hätte, wobei die Vorteile ausgebaut, die Nachteile jedoch zu umgehen wären. Die Lösung dieser Aufgabe ist jedoch in dieser Arbeit nicht möglich. So ist die vorliegende Studie als Überblick über die moderne Wachstumstheorie, die sich in den letzten Jahrzehnten sprunghaft aufwärts entwickelt hat, zu werten. Vorerst sollte sich nicht ein weiteres Modell dieser Fülle zugesellen. Vielmehr glaubte der Verfasser, es müsse so etwas wie eine Besinnung auf das Bisherige, auf die erreichbaren Grundlinien und auf die noch zu verbessernden Fakten Platz greifen. Das war das Thema Probandum, das war die Zielsetzung, die — etwas anspruchsvoll — lautete: „Es ist zu prüfen, ob die moderne Wachstumstheorie — in ihrer Form als reiner Modelltheorie — in der Lage ist, den wirtschaftlichen Entwicklungsprozeß befriedigend zu erklären“[1].

[1] Vgl. S. 51.

Anhang

Anhang I

Lösung des homogenen und inhomogenen Teils der Einkommensbestimmungsgleichung im Hicks-Modell

Die Aufgabe besteht darin, die Bestimmungsgleichung des Einkommens im Hicks-Modell, eine Differenzengleichung 2. Ordnung, nach Y_t zu lösen. Zu diesem Zweck wird Gleichung (B. 18) in einen homogenen Teil — linke Seite von Gleichung (B. 18)* — und in einen inhomogenen Teil — rechte Seite von Gleichung (B. 18)* — aufgespalten.

(B. 18) $$Y_t = cY_{t-1} + v\,(Y_{t-1} - Y_{t-2}) + A_t$$

(B. 18)* $$v\,(Y_{t-1} - Y_{t-2}) + c\,Y_{t-1} - Y_t = -A_t$$

1. Lösung des homogenen Teils der Einkommensbestimmungsgleichung

Bei der Lösung des homogenen Teils wird der inhomogene Teil gleich Null gesetzt. Da (B. 18) eine lineare Differenzengleichung ist, liegt folgender Ansatz nahe:

(i) $$Y_t^{hom.} = ax^{rt}.$$

Die Größe a bezeichnet eine Integrationskonstante. Die Funktion x^r ($r =$ const.) wird durch Einsetzen von (i) in den homogenen Teil ermittelt:

(ii) $$ax^{rt} - cax^{r\,(t-1)} - vax^{r\,(t-1)} + vax^{r\,(t-2)} = 0.$$

Gleichung (ii) kann mit $ax^{r(t-2)}$ durchdividiert werden, da die Integrationskonstante a beliebig gewählt werden darf. Es ergibt sich

(iii) $$x^{r2} - (c + v)\,x^r + v = 0.$$

Gleichung (iii) zeigt, daß der Lösungsansatz (i) richtig war, da x^r von t unabhängig geworden ist. Gleichung (iii) ist eine quadratische Gleichung, deren Lösung lautet:

(iv) $$x^r_{1,2} = \frac{c+v}{2} \pm \sqrt{\left(\frac{c+v}{2}\right)^2 - v}$$

Für die Lösung des homogenen Teils kann somit in allgemeiner Ausdrucksweise geschrieben werden

(v) $$Y_t^{hom} = a_1 x_1^t + a_2 x_2^t \,.$$

2. Lösung des inhomogenen Teils der Einkommensbestimmungsgleichung

Da aus Gleichung (B. 36) hervorgeht, daß $A_t = A_o (1 + g)^t$, eignet sich für die Lösung des inhomogenen Teils folgender Ansatz:

(vi) $$Y_t^{inhom.} = bA_0(1+g)^t \; .$$

Die rechte Seite von (vi) wird für Y_t in (B. 18)* eingesetzt:

(vii) $$v\left[bA_0(1+g)^{t-1} - bA_0(1+g)^{t-2}\right] + cbA_0(1+g)^{t-1} - bA_0(1+g)^t = -A_0(1+g)^t.$$

Gleichung (vii) wird nun mit $A_o (1 + g)^{t-2}$ durchdividiert. Dabei ist zu beachten, daß $v\left[bA_0(1+g)^{t-1} - bA_0(1+g)^{t-2}\right] = b\,vgA_0(1+g)^{t-2}$:

(viii) $$bvg + bc(1+g) - b(1+g)^2 = -(1+g)^2.$$

Die Zeitgröße t erscheint in (viii) nicht mehr. Damit ist die Richtigkeit des Ansatzes (vi) bewiesen, d. h. Ansatz (vi) ist mathematisch verifiziert. Gleichung (viii) kann auch geschrieben werden:

(viii)* $$b = \frac{1}{1 - c(1+g)^{-1} - vg(1+g)^{-2}} \; .$$

Die Lösung des inhomogenen Teils lautet demnach — (viii)* in (vi) —:

(ix) $$Y_t^{inhom.} = \frac{1}{1 - c(1+g)^{-1} - vg(1+g)^{-2}} A_0(1+g)^t.$$

3. Gesamtlösung der Einkommensbestimmungsgleichung

Durch Addition von (v) und (ix) ergibt sich die Gesamtlösung:

(B. 37) $$Y_t = \frac{1}{1 - c(1+g)^{-1} - vg(1+g)^{-2}} A_o(1+g)^t + a_1x_1^t + a_2x_2^t.$$

Anhang II

Berechnung der Ober- und Untergrenze des Einkommenswachstums im Hicks-Modell

Die Gleichungen (B. 18)′ und (B. 18)″ können gelöst werden, wenn sie in einen homogenen und inhomogenen Teil aufgespalten werden. Die Lösung von (B. 18)′ wird als Beispiel durchgerechnet. Für (B. 18)″ ergibt sich dann, nachdem $+ z_1$ durch $— z_2$ substituiert worden ist, eine analoge Lösung.

(B. 18)′ $$Y_t = cY_{t-1} + z_1 + A_t$$

(B. 18)″ $$Y_t = cY_{t-1} - z_2 + A_t$$

(B. 18)′* $$Y_{t+1} - cY_t = z_1 + A_{t+1}$$

Aus (B. 18)'* ist ohne weiteres ersichtlich, daß die Lösung des homogenen Teils der Gleichung gegen Null strebt. Es ist demnach nur die Lösung des inhomogenen Teils darzustellen.

Als Ansatz für die Lösung des inhomogenen Teils bietet sich, da (B. 36) $A_t = A_0(1 + g)^t$, folgende Gleichung an:

$$\text{(i)} \qquad Y_t = B\,(1 + g)^{t+1} + C\,.$$

Es gilt nun, durch Einsetzen von (i) in (B. 18)'*, B und C zu bestimmen.

$$\text{(ii)} \quad B\,(1 + g)^{t+2} - cB\,(1 + g)^{t+1} + C\,(1 - c) = z_1 + A_0\,(1 + g)^{t+1}$$

Gleichung (ii) muß für beliebige Werte von t gelten. Deshalb können die Ausdrücke (iii) und (iv) jeweils Null gesetzt werden:

$$\text{(iii)} \qquad B\,(1 + g) - cB - A_0 = 0$$

$$\text{(iv)} \qquad C\,(1 - c) - z_1 = 0$$

Aus (iii) folgt für B

$$\text{(v)} \qquad B = \frac{A_0}{1 + g - c},$$

aus (iv) für C

$$\text{(vi)} \qquad C = \frac{z_1}{1 - c}.$$

Werden die Gleichungen (v) und (vi) in (i) eingesetzt, so erhält man als Lösung für Y_t:

$$\text{(B. 37)}' \qquad Y_t = \frac{A_t}{1 - c\,(1 + g)^{-1}} + \frac{z_1}{1 - c}.$$

Analog ergibt sich für (B. 18)''

$$\text{(B. 37)}'' \qquad Y_t = \frac{A_t}{1 - c\,(1 + g)^{-1}} - \frac{z_2}{1 - c}.$$

Anhang III

Berechnung der Gleichgewichtswachstumsrate im Hicksschen multi-time lag case ohne Berücksichtigung der autonomen Investitionen

Im folgenden ist das Problem zu lösen, die Ausdrücke (i) und (ii) zu determinieren.

(i)
$$\lim_{t\to\infty} \frac{\sum\limits_{x=0}^{x=t} S_x}{Y_t}$$

(ii)
$$\lim_{t\to\infty} \frac{\sum\limits_{x=0}^{x=t} I_x^i}{Y_t}$$

Aus der Gleichsetzung der Lösungen von (i) und (ii) läßt sich dann die Gleichgewichtswachstumsrate g errechnen.

1. Determinierung von (i)

Wird die komplexe Sparfunktion (B. 34)

(B. 34)
$$S_t = Y_t - (c_1 Y_{t-1} + c_2 Y_{t-2} + \ldots + c_p Y_{t-p})$$

in (i) eingesetzt, so ergibt sich

(iii)
$$\frac{S_x}{Y_t} = \frac{Y_x}{Y_t} - \sum_{r=1}^{r=p} c_r \frac{Y_{x-r+1}}{Y_t} .$$

Unter Berücksichtigung der Gleichgewichtsbedingung (B. 32) $Y_t = Y_0 (1+g)^t$ wird (iii) zu

(iv)
$$\frac{S_x}{Y_t} \approx \frac{1}{(1+g)^{t-x}} - \sum_{r=1}^{r=p} c_r \frac{1}{(1+g)^{t-x+r-1}} , \quad \text{oder}$$

(iv)*
$$\frac{S_x}{Y_t} \approx \frac{1}{(1+g)^{t-x}} \left[1 - \sum_{r=1}^{r=p} \frac{c_r}{(1+g)^{r-1}} \right];$$

wird (iv)* summiert, so folgt

(v)
$$\sum_{x=o}^{x=t} \frac{S_x}{Y_t} \approx \left[1 - \sum_{r=1}^{r=p} \frac{c_r}{(1+g)^{r-1}} \right] \sum_{u=o}^{u=t} \frac{1}{(1+g)^u} .$$

Der Grenzwert von (v) beträgt

(vi)
$$\lim_{t\to\infty} \frac{\sum\limits_{x=o}^{x=t} S_x}{Y_t} = \left[1 - \sum_{r=1}^{r=p} \frac{c_r}{(1+g)^{r-1}} \right] \frac{1+g}{g} .$$

2. Determinierung von (ii)

Wird die komplexe Investitionsfunktion (B. 33)

(B. 33)
$$I_t^i = v_1 (Y_{t-1} - Y_{t-2}) + v_2 (Y_{t-2} - Y_{t-3}) + \ldots + v_{p-1} (Y_{t-p+1} - Y_{t-p})$$

in (ii) eingesetzt, so resultiert

(vii)
$$\frac{I_x^i}{Y_t} = \sum_{r=1}^{r=p} v_r \left[\frac{Y_{x-r+1}}{Y_t} - \frac{Y_{x-r}}{Y_t} \right] .$$

Wenn (B. 32) $Y_t = Y_0 (1+g)^t$ in (vii) subsumiert wird, dann ergibt sich

(viii) $$\frac{I_x^i}{Y_t} \approx \frac{1}{(1+g)^{t-x}} \sum_{r=1}^{r=p} v_r \left[\frac{1}{(1+g)^{r-1}} - \frac{1}{(1+g)^r} \right], \text{ oder}$$

(viii)* $$\frac{I_x^i}{Y_t} \approx \frac{1}{(1+g)^{t-x}} \sum_{r=1}^{r=p} v_r \frac{1-(1+g)^{-1}}{(1+g)^{r-1}}$$

Aus der Summierung von (viii)* resultiert

(ix) $$\sum_{x=0}^{x=t} \frac{I_x^i}{Y_t} \approx \left[1-(1+g)^{-1}\right] \sum_{u=0}^{u=t} \frac{1}{(1+g)^u} \sum_{r=1}^{r=p} \frac{v_r}{(1+g)^{r-1}} .$$

Der Grenzwert von (ix) beträgt

(x) $$\lim_{t \to \infty} \frac{\sum_{x=0}^{x=t} I_x^i}{Y_t} = \left[1-(1+g)^{-1}\right] \frac{1}{1-(1+g)^{-1}} \sum_{r=1}^{r=p} \frac{v_r}{(1+g)^{r-1}}$$
$$= \sum_{r=1}^{r=p} \frac{v_r}{(1+g)^{r-1}} .$$

3. Bestimmung der Gleichgewichtswachstumsrate

Durch Gleichsetzung von (vi) und (x) erhält man einen allgemeinen Ausdruck für die Errechnung der Gleichgewichtswachstumsrate g:

(B. 66) $$\left[1-\sum_{r=1}^{r=p} \frac{c_r}{(1+g)^{r-1}}\right] \frac{1+g}{g} = \sum_{r=1}^{r=p} \frac{v_r}{(1+g)^{r-1}} .$$

Anhang IV

Lösung des homogenen und inhomogenen Teils der Einkommensbestimmungsgleichung im korrigierten Hicks-Modell

Methodische Bemerkungen zur Lösung des homogenen und inhomogenen Teils einer Differenzengleichung 2. Ordnung enthält Anhang I, so daß hier keine Erläuterungen dieser Art mehr gegeben werden.

Die Bestimmungsgleichung des Einkommens, die es zu lösen gilt, ist in (B. 74) wiedergegeben, ihre Aufgliederung in einen homogenen und in einen inhomogenen Teil in (B. 74)*.

(B. 74) $$Y_t = cY_{t-1} + v(Y_{t-1} - Y_{t-2}) + A_t - A_{t-1}$$

(B. 74)* $$v(Y_{t-1} - Y_{t-2}) + cY_{t-1} - Y_t = A_{t-1} - A_t$$

1. Lösung des homogenen Teils der Einkommensbestimmungsgleichung

Die Lösung des homogenen Teils entspricht derjenigen im Anhang I. Es kann deshalb geschrieben werden:

$$\text{(i)} \qquad Y_t^{hom.} = a_1 x_1{}^t + a_2 x_2{}^t .$$

2. Lösung des inhomogenen Teils der Einkommensbestimmungsgleichung

Als Lösungsansatz bietet sich unter Berücksichtigung von (B. 36) $A_t = A_0(1 + g)^t$ und der Identität $A_0 (1 + g)^t - A_0 (1 + g)^{t-1} = A_0 g (1 + g)^{t-1}$ folgender Ausdruck an:

$$\text{(ii)} \qquad Y_t^{inhom.} = b\, A_0 g\, (1 + g)^{t-1} .$$

(ii) eingesetzt in (B. 74)* ergibt:

$$\text{(iii)} \qquad v \left[b\, A_0 g\, (1 + g)^{t-2} - b\, A_0 g\, (1 + g)^{t-3} \right] + c\, b A_0 g\, (1 + g)^{t-2} - b\, A_0 g\, (1 + g)^{t-1} = - A_0 g\, (1 + g)^{t-1}$$

Wenn (iii) durchdividiert wird mit $A_0 g(1 + g)^{t-3}$, so resultiert für b:

$$\text{(iv)} \qquad b = \frac{1}{1 - c\,(1 + g)^{-1} - vg\,(1 + g)^{-2}} .$$

(iv) eingesetzt in (ii) ergibt die Lösung für den inhomogenen Teil:

$$\text{(v)} \qquad Y_t^{inhom.} = \frac{1}{1 - c\,(1 + g)^{-1} - vg\,(1 + g)^{-2}} A_0 g\, (1 + g)^{t-1} .$$

3. Gesamtlösung der Einkommensbestimmungsgleichung

Aus der Addition von (i) mit (v) resultiert die Lösung für (B. 74):

$$\text{(B. 74)}^{**} \qquad Y_t = \frac{1}{1 - c\,(1 + g)^{-1} - vg\,(1 + g)^{-2}} A_0 g\, (1 + g)^{t-1} + a_1 x_1^t + a_2 x_2^t$$

Unter Beachtung von (57) wird (B. 74)** zu

$$\text{(B. 74)}^{***} \qquad Y_t = H A_0 g\, (1 + g)^{t-1} + a_1 x_1{}^t + a_2 x_2{}^t .$$

Literaturverzeichnis*

Adelman, I. und O. *Lobo:* Some Observations on Full Employment vs. Full Capacity, AER 46 (1956), 412—419.

Åkerman, J.: Das Problem der sozialökonomischen Synthese, Lund 1938.

Albers, W.: Sparen und Investieren als Bestimmungsgründe des Wachstums und der Verteilung des Sozialprodukts, WA 81 (1958 II), 1—37.

Albert, H.: Der logische Charakter der theoretischen Nationalökonomie, JNSt 171 (1959), 1—13.

Alexander, S. S.: The Accelerator as a Generator of Steady Growth, QJE 63 (1949), 174—197.

— Mr. Harrod's Dynamic Model, EJ 60 (1950), 724—739.

— Issues of Business Cycle Theory raised by Mr. Hicks, AER 41 (1951), 861 bis 878.

Allen, R. G. D.: Mathematical Economics, London 1956.

— The Structure of Macro-Economic Models, EJ 70 (1960), 38—56.

Ando, A. K. und F. *Modigliani:* Growth, Fluctuations, and Stability, AER 49 (1959) P. P., 501—524.

Ara, K.: Capital Theory and Economic Growth, EJ 68 (1958), 511—527.

Arndt, H. W.: Mr. Hicks Trade Cycle Theory, CJE 17 (1951), 394—406.

Atsumi, H.: Mr. Kaldor's Theory of Income Distribution, RES 27 (1960), 109—118.

Aukrust, O.: Investment and Economic Growth, PMR No. 16 (1959), 35—53.

Bassie, V. L.: Consumers' Expenditures in War and Transition, RESt 28 (1946), 117—130.

Bator, F. M.: Consumption and Investment Propensities: Comment, AER 43 (1953), 139—145.

Bauer, P. T.: Lewis' Theory of Economic Growth, AER 46 (1956), 632—641.

Baumol, W. J.: Notes on Some Dynamic Models, EJ 58 (1948), 506—521.

— Formalisation of Mr. Harrod's Model, EJ 59 (1949), 625—629.

— Economic Dynamics, New York 1951.

— Topology of Second Order Linear Difference Equations with Constant Coefficients, E 26 (1958), 258—285.

Bentzel, R. und B. *Hansen:* On Recursiveness and Interdependency in Economic Models, RES 22 (1954/55), 153—168.

Black, J.: The Technical Progress Function and the Production Function, Ea 29 (1962), 166—170.

Bodenhorn, D.: The Stability of Growth Models, AER 46 (1956), 607—631.

Bodkin, R.: Windfall Income and Consumption, AER 49 (1959), 602—614.

Bössmann, E.: Probleme einer dynamischen Theorie der Konsumfunktion, Berlin 1957.

* Das Literaturverzeichnis enthält die in der vorliegenden Arbeit zitierten Veröffentlichungen. Diskussionsbeiträge, Rezensionen und Zitate in anderen Veröffentlichungen, auf die in dieser Arbeit Bezug genommen wurde, sind im Literaturverzeichnis nicht berücksichtigt worden. Veröffentlichungen, die die Namen mehrerer Verfasser tragen, wurden unter dem jeweils zuerst genannten Verfasser eingeordnet.

Bombach, G.: Beiträge zur Theorie des wirtschaftlichen Wachstums, Diss. Kiel 1952.

— Zur Theorie des wirtschaftlichen Wachstums, WA 70 (1953 I), 110—162.

— Probleme der Produktivitätsmessung, KP 5 (1959), 321—343.

— Quantitative und monetäre Aspekte des Wirtschaftswachstums, in Finanz- und währungspolitische Bedingungen stetigen Wirtschaftswachstums, Schriften des Vereins für Socialpolitik NF 15, Berlin 1959, 154—230.

— Die verschiedenen Ansätze der Verteilungstheorie, in Einkommensverteilung und technischer Fortschritt, Schriften des Vereins für Socialpolitik NF 17, Berlin 1959, 95—154.

— Wirtschaftswachstum und Stabilität, in Wachstum und Konjunktur, Darmstadt und Opladen 1960, 7—109.

— Gleichgewicht — kein Ziel an sich, VW 14 (1960), Nr. 52/53 v. 24. 12. 1960, 50—55.

— Über die Möglichkeit wirtschaftlicher Voraussagen, KY 15 (1962), 29—67.

— Zu Kuhlo, Die Wachstumsprognose, insbesondere auch die Prognose der Produktivitätsentwicklung, in Diagnose und Prognose als wirtschaftswissenschaftliche Methodenprobleme, Schriften des Vereins für Socialpolitik NF 25, Berlin 1962, 412—414.

Boulding, K. E.: In Defense of Statics, QJE 69 (1955), 485—502.

Brandt, K.: Zur Theorie des wirtschaftlichen Wachstums, ZN 17 (1957), 341—348.

Brown, T. M.: Habit Persistence and Lags in Consumer Behaviour, E 20 (1952), 355—371.

Brozen, Y.: Determinants of the Direction of Technological Change, AER 43 (1953) P. P., 288—302.

Brumberg, R. E.: An Approximation to the Aggregate Saving Function, EJ 66 (1956), 66—72.

Bruton, H. J.: Growth Models and Underdeveloped Economies, JPE 63 (1955), 322—336.

— Innovations and Equilibrium Growth, EJ 66 (1956), 455—466.

Burns, A. F.: Hicks and the Real Cycle, JPE 60 (1952), 1—24.

Buttrick, J.: A Note on Professor Solow's Growth Model, QJE 72 (1958), 633—636.

Cassel, G.: Theoretische Sozialökonomie, Leipzig 1918.

Chamberlin, E. H.: Monopolistic Competition and the Productivity Theory of Distribution, Explorations in Economics, 1936, 237—249, w. abgedr. in Readings in the Theory of Income Distribution, Philadelphia—Toronto 1949, 143—157.

Champernowne, D. G.: Capital Accumulation and the Maintenance of Full Employment, EJ 68 (1958), 211—244.

Chang, C. G. und T. C. *Liu:* US Consumption and Investment Propensities: Prewar and Postwar, AER 40 (1950), 565—582.

— Monthly Estimates of Certain National Product Components, 1946—49, REStat 33 (1951), 219—227.

Chenery, H. B.: Overcapacity and the Acceleration Principle, E 20 (1952), 1—28.

Clark, C.: A System of Equations Explaining the United States Trade Cycle, 1921 to 1941, E 17 (1949), 93—124.

Clark, J. M.: Business Acceleration and the Law of Demand: A Technical Factor in Economic Cycles, JPE 25 (1917), 217—235, w. abgedr. in Readings in Business Cycle Theory, London 1950, 235—260.

Clower, R. W.: Professor Duesenberry and Traditional Theory, RES 19 (1952/53), 165—178.

Cobb, C. W. und P. H. *Douglas:* A Theory of Production, AER 18 (1928), Supplement, 139—165.

Cohen, M.: Postwar Consumption Functions, RESt 34 (1952), 18—33.

— Liquid Assets and the Consumption Function, RESt 36 (1954), 202—211.

Conrad, O.: Die Grundannahmen der Gleichgewichtstheorie. Eine Auseinandersetzung mit Oskar Morgenstern, ZN 7 (1936), 234—243.

Davis, T. E.: The Consumption Function as a Tool for Prediction, RESt 34 (1952), 270—277.

Domar, E. D.: Capital Expansion, Rate of Growth, and Employment, E 14 (1946), 137—147.

— Essays in Economics of Expansion, Diss. Cambridge (Mass.) 1947.

— Expansion and Employment, AER 37 (1947), 34—55.

— The Problem of Capital Accumulation, AER 38 (1948), 777—794.

— Capital Accumulation and the End of Prosperity, E 16 (1948), 98—101.

— Rejoinder, AER 39 (1949), 1170—1172.

— Economic Growth: An Econometric Approach, AER 42 (1952) P. P., 479—495.

— Further Comment, QJE 67 (1953), 559—563.

— Die gegenseitigen Beziehungen zwischen Kapital und Ausstoß in der amerikanischen Wirtschaft, ZN 15 (1956), 115—127.

— Essays in the Theory of Economic Growth, New York 1957.

Duesenberry, J. S.: Income-Consumption Relations and their Implications, in Income, Employment and Public Policy, Essays in Honor of Alvin H. Hansen, New York 1948, 54—81.

— Income, Saving and the Theory of Consumer Behavior, Cambridge (Mass.) 1949.

— Hicks on the Trade Cycle, QJE 64 (1950), 464—476.

— Business Cycles and Economic Growth, New York-Toronto-London 1958.

Eckaus, R. S.: The Acceleration Principle Reconsidered, QJE 67 (1953), 209—230.

Eisner, R.: Underemployment Equilibrium Rates of Growth, AER 42 (1952), 43—58.

— Rejoinder, AER 43 (1953), 385—393.

— Guaranteed Growth of Income, E 21 (1953), 169—171.

— On Growth Models and the Neo-Classical Resurgence, EJ 68 (1958), 707—721.

— The Permanent Income Hypothesis: Comment, AER 48 (1958), 972—990.

— Expectations, Plans and Capital Expenditures, A Synthesis of Ex Post and Ex Ante Data, in Expectations, Uncertainty and Business Behavior, New York 1958, 165—188.

— A Distributed Lag Investment Function, E 28 (1960), 1—29.

— Capital Expenditures, Profits and the Acceleration Principle, Vortrag auf der Conference on Research in Income and Wealth, 2./3. 2. 1962, (Manuskript), 1—40 (zur Veröffentlichung vorgesehen in Models of Income Determination, herausgegeben in der Reihe Studies in Income and Wealth vom National Bureau of Economic Research, Princeton).

— und H. *Strotz:* Determinants of Business Investment, in Impacts of Monetary Policy, 60—333, erscheint 1963, herausgegeben von der Commission on Money and Credit, Prentice-Hall.

Encarnación, J.: Overdeterminateness in Kaldor's Growth Model, EJ 72 (1962), 736—738.

Falise, M.: L'Analyse de la Répartition du Revenu National de N. Kaldor, RÉP 70 (1960), 393—418.

Farrell, M. J.: The New Theories of the Consumption Function, EJ 69 (1959), 678—696.

Fellner, W.: Long-Term Tendencies in Private Capital Formation. The Rate of Growth and Capital Coefficients, in Long-Range Economic Projection, Princeton 1954, 275—331.

— The Capital-Output Ratio in Dynamic Economics, in Money, Trade and Economic Growth, In Honor of John Henry Williams, New York 1951, 105—134.

— Trends and Cycles in Economic Activity, New York 1956.

— Quantitative Sufficiency of Innovations and Proper Distribution of Their Factor-Saving Effects, É 9 (1956), 283—313.

Ferber, R.: A Study of Aggregate Consumption Functions, National Bureau of Economic Research, Technical Paper No. 8, New York 1953.

Findlay, R.: Economic Growth and the Distributive Shares, RES 27 (1960), 167—178.

Fisher, G. H.: Hicks' „Elementary Case" Economic Model for the United States, 1929—1941, JAStA 47 (1952), 541—549.

— A Simple Econometric Model for the United States, 1947—1950, RESt 34 (1952), 46—48.

— Some Comments on Stochastic Marco-Economic Models, AER 42 (1952), 528—539.

— Endogenous and Exogenous Investment in Macro-Economic Models, RESt 35 (1953), 211—220.

Fisher, M. R.: Exploration in Savings Behavior, BOIS 18 (1956), 201—297.

— A Reply to the Critics, BOIS 19 (1957), 179—199.

Fjeldsted, B. L.: Schätzung einer amerikanischen Konsumfunktion mit reduzierter Form und kleinsten Quadraten, IS 6 (1960), 69—74.

Friedman M.: A Theory of the Consumption Function, Princeton 1957.

— The Permanent Income Hypothesis: Comment, AER 48 (1958), 990—991.

— Supplementary Comment, JPE 66 (1958), 547—549.

— Comments on Bodkin's Paper, in Proceedings of the Conference on Consumption and Savings, University of Pennsylvania 1960, 191—205.

— und G. S. *Becker:* Reply, JPE 66 (1958), 545—547.

Friend, I. und I. B. *Kravis:* Consumption Patterns and Permanent Income, AER 47 (1957) P. P., 536—555.

Frisch, R.: Propagation Problems and Impulse Problems in Dynamic Economics, in Economic Essays in Honour of Gustav Cassel, Lonodon 1933, 171—205.

— A Reconsideration of Domar's Theory of Economic Growth, Memorandum from Institute of Economics, University of Oslo 18. 10. 1959.

Gehrig, G.: Bestimmungsfaktoren des Konsums in der Bundesrepublik, Berlin—München 1958.

— Eine ökonometrische Analyse des Konsums von 1925 bis 1938 und 1950 bis 1957, Berlin—München 1962.

Geyer, H.: Untersuchungen über die Theorie des dynamischen makroökonomischen Kernprozesses, Berlin 1958.

Gilfillan, S. C.: The Prediction of Technical Change, RESt 34 (1952), 368—385.

Goldsmith, R. W.: A Study of Saving in the United States, Princeton 1955.

Goodwin, R. M.: The Nonlinear Accelerator and the Persistence of Business Cycles, E 19 (1951), 1—17.

Graziani, A.: Teorie e Modelli di Sviluppo economico, GE 18 (1959), 38—69.
Green, H. A. J.: Growth Models, Capital and Stability, EJ 70 (1960), 57—73.
Gütermann, P.: Theorie des Akzelerationsprinzips, Zürich 1961.
Guilbaud, G. T.: Les Théories de l'Intérêt Général et le Problème logique de l'Agrégation, É 5 (1952), 501—584.
Gutenberg, E.: Untersuchungen über die Investitionsentscheidungen industrieller Unternehmen, Köln und Opladen 1959.
Haavelmo, T.: A Study in the Theory of Economic Evolution, Amsterdam 1954.
Haberler, G.: Prosperität und Depression, Tübingen—Zürich 1955.
Hagen, E. E.: The Consumption Function: A Review Article, RESt 37 (1955), 48—54.
Hagger, A.: Planned Saving and Investment under Conditions of Steady Growth, RESt 38 (1956), 487—488.
Hahn, F. H.: The Stability of Growth Equilibrium, QJE 74 (1960), 206—226.
Hamberg, D.: Full Capacity vs. Full Employment Growth, QJE 66 (1952), 444—449.
— The Accelerator in Income Analysis: Comment, QJE 66 (1952), 592—596.
— Underemployment Equilibrium Rates of Growth: Comment, AER 43 (1953), 377—384.
— Full Capacity vs. Full Employment Growth: Some Further Remarks, QJE 68 (1954), 641—648.
— Investment and Saving in a Growing Economy, RESt 37 (1955), 196—201.
— Per Capita Rate of Economic Growth, WA 75 (1955 II), 268—274.
— Economic Growth and Instability, New York 1956.
— Production Functions, Innovations, and Economic Growth, JPE 67 (1959), 238—245.
— und C. L. *Schultze*: Autonomous vs. Induced Investment: The Interrelatedness of Parameters in Growth Models, EJ 71 (1961), 53—65.
Hamburger, W.: The Determinants of Aggregate Consumption, RES 22 (1954/55), 23—34.
— The Relation of Consumption to Wealth and the Wage Rate, E 23 (1955), 1—17.
Hansen, A. H.: Fiscal Policy and Business Cycles, New York 1941.
— A Note on the Secular Consumption Function, AER 41 (1951), 662—664.
— Toward a Dynamic Theory of the Cycle, AER 42 (1952) P. P., 74—83.
Harrod, R. F.: The Trade Cycle, Oxford 1936.
— An Essay in Dynamic Theory, EJ 49 (1939), 14—33.
— Towards a Dynamic Economics, London 1948; deutsch: Dynamische Wirtschaft, Wien—Stuttgart 1949.
— Notes on Trade Cycle Theory, EJ 61 (1951), 261—275.
— Economic Essays, London 1952.
— Comment, QJE 67 (1953), 553—559.
— Domar and Dynamic Economics, EJ 69 (1959), 451—464.
— Second Essay in Dynamic Theory, EJ 70 (1960), 277—293.
Hawtrey, R. G.: Mr. Harrod's Essay in Dynamic Theory, EJ 49 (1939), 468—475.
— Keynes and Supply Functions, EJ 64 (1954), 834—839.
— Keynes and Supply Functions: A Further Note, EJ 66 (1956), 482—484.
Hickman, B. G.: Capacity, Capacity Utilization, and the Acceleration Principle, in Problems of Capital Formation, Princeton 1957, 419—450.
— Diffusion, Acceleration, and Business Cycles, AER 49 (1959), 535—565.
Hicks, J. R.: Gleichgewicht und Konjunktur, ZN 4 (1933), 441—455.

Hicks, J. R.: The Theory of Wages, London 1935.
— Distribution and Economic Progress: A Revised Version, RES 4 (1936/37), 1—12.
— Mr. Harrod's Dynamic Theory, Ea 16 (1949), 106—121.
— A Contribution to the Theory of the Trade Cycle, Oxford 1950.
Higgins, B.: Interactions of Cycles and Trends, EJ 65 (1955), 594—614.
Hill, T. P.: Expectations and Consumer Behaviour, BOIS 19 (1957), 137—144.
Hoffmann, W. G.: Zur Realitätsbezogenheit wachstumstheoretischer Annahmen, SZVSt 92 (1956), 432—448.
Hogan, W. P.: Technical Progress and Production Functions, RESt 40 (1958), 407—411.
Hoppmann, E.: Die Periodenanalyse als Theorie der volkswirtschaftlichen Dynamik, Berlin 1956.
Houthakker, H. S.: The Permanent Income Hypothesis, AER 48 (1958), 396—404.
— The Permanent Income Hypothesis: Reply, AER 48 (1958), 991—993.
James, S. F. und W. *Beckerman*: Interdependence of Consumer Preferences in the Theory of Income Redistribution, EJ 63 (1953), 70—83.
Jöhr, W. A.: Theoretische Grundlagen der Wirtschaftspolitik, Band II, Die Konjunkturschwankungen, Tübingen—Zürich 1952.
— Die Ursachenforschung als Aufgabe der Konjunkturtheorie, ZS 112 (1956), 20—42.
Johnson, H. G.: A Note on the Effect of Income Redistribution on Aggregate Consumption with Interdependent Consumer Preferences, Ea 18 (1951), 295—297.
— The Effects of Income Redistribution on Aggregate Consumption with Interdependence of Consumers' Preferences, Ea 19 (1952), 131—147.
— Interdependence of Consumer Preferences in the Theory of Income Redistribution: Comment, EJ 63 (1953), 83.
— Keynes and Supply Functions: A Mathematical Appendix, EJ 65 (1955), 477—478.
de Jong, F. J.: Supply Functions in Keynesian Economics, EJ 64 (1954), 3—24.
— Keynes and Supply Functions: A Rejoinder, EJ 64 (1954), 840—842.
— Keynes and Supply Functions: Second Rejoinder, with a Note on the Concept of Monetary Equilibrium, EJ 65 (1955), 479—484.
— Keynes and Supply Functions: Third Rejoinder and Final Observations, EJ 66 (1956), 488—492.
— The Concept of Monetary Equilibrium, and Its Relation to Post-Keynesian Economics, WA 77 (1956 II), 1—43.
Jorgenson, D. W.: On Stability in the Sense of Harrod, Ea 27 (1960), 243—248.
Kade, G.: Die logischen Grundlagen der mathematischen Wirtschaftstheorie als Methodenproblem der theoretischen Ökonomik, Berlin 1958.
Kahn, R. F.: The Relation of Home Investment to Unemployment, EJ 41 (1931), 173—198.
Kaldor, N.: A Model of the Trade Cycle, EJ 50 (1940), 78—92.
— Mr. Hicks on the Trade Cycle, EJ 61 (1951), 833—847.
— The Relation of Economic Growth and Cyclical Fluctuations, EJ 64 (1954), 53—71.
— Alternative Theories of Distribution, RES 23 (1955/56), 83—100.
— A Model of Economic Growth, EJ 67 (1957), 591—624.
— L'Évolution Capitaliste à la Lumière de l'Économie Keynésienne, É 10 (1957), 261—275.

Kaldor, N.: Economic Growth and the Problem of Inflation, Part I und II, Ea 26 (1959), 212—226 und 287—298.
— A Rejoinder to Mr. Atsumi and Professor Tobin, RES 27 (1960) 121—123.
— A Rejoinder to Mr. Findlay, RES 27 (1960), 179—181.
— Essays on Economic Stability and Growth, London 1960.
— Capital Accumulation and Economic Growth, in The Theory of Capital, London 1961, 177—222.
— A Comment, EJ 72 (1962), 739—740.
— und J. A. *Mirrlees:* A New Model of Economic Growth, RES 29 (1962), 174—192.
Kalecki, M.: A Macrodynamic Theory of Business Cycles, E 3 (1935), 327—344.
— Theory of Economic Dynamics, London 1954.
Kellner, W.: Der Begriff der Dynamik in der Wirtschaftstheorie, ZÖ 1 (1950), 111—116.
Keynes, J. M.: A Treatise on Money, London 1930.
— The General Theory of Employment, Interest and Money, London 1936.
— Professor Tinbergen's Method, EJ 49 (1939), 558—568.
Kisselgoff, A. und F. *Modigliani:* Private Investment in the Electric Power Industry and the Acceleration Principle, RESt 39 (1957), 363—380.
Klein, L. R.: Remarks on the Theory of Aggregation, E 14 (1946), 303—312.
— Economic Fluctuations in the United States 1921—1941, New York—London 1950.
— The Empirical Foundations of Keynesian Economics, in Post—Keynesian Economics, London 1955, 277—319.
— The Friedman-Becker-Illusion, JPE 66 (1958), 539—545.
— R. J. *Ball*, A. *Hazlewood*, P. *Vandome:* An Econometric Model of the United Kingdom, Oxford 1961.
— und A. S. *Goldberger:* An Econometric Model of the United States 1929—1952, Amsterdam 1955.
— und N. *Liviatan:* The Significance of Income Variability on Savings Behaviour, BOIS 19 (1957), 151—160.
Koo, A. Y. C.: Per Capita Rate of Economic Growth, WA 74 (1955 I), 47—62.
— Per Capita Rate of Economic Growth: A Rejoinder to Professor Hamberg, WA 77 (1956 II), 110—113.
Koyck, L. M.: Distributed Lags and Investment Analysis, Amsterdam 1954.
— und H. C. *Bos:* A Comparison of some Types of Growth Models, Rotterdam o. J. (englische Übersetzung von „Vergelijking van enige hoofdtypen van groeimodellen", erschienen in der Monatszeitschrift Economie, April 1958).
Kraus, W.: Wirtschaftswachstum und Gleichgewicht, Frankfurt/Main 1955.
Kreinin, M. E.: Windfall Income and Consumption — Additional Evidence, AER 51 (1961), 388—390.
Krelle, W.: Die Grenzproduktivitätstheorie des Lohnes, JNSt 162 (1950), 1—42.
— Grundlinien einer stochastischen Konjunkturtheorie, ZS 115 (1959), 472—494.
— Die Investitionsfunktion, JNSt 172 (1960), 346—391.
— Income Distribution and Technical Progress, KY 14 (1961), 81—96.
— Verteilungstheorie, Tübingen 1962.
Kuhlo, K. C.: Die Wachstumsprognose, insbesondere auch die Prognose der Produktivitätsentwicklung, in Diagnose und Prognose als wirtschafts-

wissenschaftliche Methodenprobleme, Schriften des Vereins für Socialpolitik NF 25, Berlin 1962, 215—268.
Kurihara, K. K.: An Endogenous Model of Cyclical Growth, OEP 12 (1960), 243—248.
Kuznets, S.: Uses of National Income in Peace and War, National Bureau of Economic Research, Occasional Paper No. 6, New York 1942.
La Roche, C.: Empirische Konsum- und Sparfunktionen, SZVSt 86 (1950), 193—218 und 338—354.
Leibenstein, H.: A Theory of Economic-Demographic Development, Princeton 1954.
— Economic Backwardness and Economic Growth, New York 1957.
Lewis, W. A.: The Theory of Economic Growth, London 1955; deutsch: Theorie des wirtschaftlichen Wachstums, Tübingen 1956.
Linder, W.: Operations Research, NZZ 183 (1962), Nr. 36 v. 7. 2. 1962, 7—8.
Little, I. M. D.: Classical Growth, OEP 9 (1957), 152—177.
Lundberg, E.: Studies in the Theory of Economic Expansion, London 1937.
— The Profitability of Investment, EJ 69 (1959), 653—677.
Lutz, F. A.: Zinstheorie, Zürich—Tübingen 1956.
— Die Bedeutung der Investition für das Wachstum der Wirtschaft, Berlin—München 1957.
— The Essentials of Capital Theory, in The Theory of Capital, London 1961, 3—17.
Machlup, F.: The Commonsense of the Elasticity of Substitution, RES 2 (1934/35), 202—213.
— Equilibrium and Disequilibrium: Misplaced Concreteness and Disguised Politics, EJ 68 (1958), 1—24.
Mack, R. P.: The Direction of Change in Income and the Consumption Function, RESt 30 (1948), 239—258.
Maclaurin, W. R.: The Sequence from Invention to Innovation and its Relation to Economic Growth, QJE 67 (1953), 97—111.
Mahr, A.: Einige Grundprobleme der Theorie der wachsenden Wirtschaft, ZN 16 (1956), 301—323.
Manne, A. S.: Some Notes on the Acceleration Principle, RESt 27 (1945), 93—99.
Marchal, A.: Die Theorie des wirtschaftlichen Fortschritts, ZN 15 (1956), 173—180.
Marchal, J.: Note Complémentaire sur le Modèle de Répartition du Revenu National Proposé par Nicholas Kaldor, RÉP 70 (1960), 463—529.
Marrama, V.: Short Notes on a Model of the Trade Cycle, RES 14 (1946/47), 34—40.
Marwede, K.: Harrods Theorie des langfristigen Gleichgewichtswachstums, Diss. Kiel 1952.
Matthews, R. C. O.: Duesenberry on Growth and Fluctuations, EJ 69 (1959), 749—765.
— A Note on Crawling Along the Ceiling, RES 27 (1959/60), 10—15.
Meade, J. E.: A Neo-Classical Theory of Economic Growth, London 1961.
Melville, L. G.: Consumption, Income, and Wealth, RESt 36 (1954), 220—225.
Mendershausen, H.: On the Significance of Professor Douglas' Production Function, E 6 (1938), 143—153.
Menges, G.: Ein ökonometrisches Modell der Bundesrepublik Deutschland, IS 5 (1959), 1—22.
Merk, G.: Zur Frage der Zinselastizität der Investitionen, ZS 114 (1958), 454—467.

Merk, G.: Hängt die Investitionshöhe vom erwarteten Gewinn ab?, ZS 114 (1958), 652—663.

Metzler, L. A.: Three Lags in the Circular Flow of Income, in Income, Employment and Public Policy, Essays in Honor of Alvin H. Hansen, New York 1948, 11—32.

Meyer, J. R.: Business Motivation and the Investment Decision: An Econometric Study of Postwar Investment Patterns in the Manufacturing Sector, Diss. Cambridge (Mass.) 1954.

— und E. *Kuh:* Acceleration and Related Theories of Investment: An Empirical Inquiry, REStat 37 (1955), 217—230.

— — The Investment Decision, Cambridge (Mass.) 1957.

Mieth, W.: Das Akzelerationsprinzip, Berlin 1954.

Minsky, H. P.: A Linear Model of Cyclical Growth, REStat 41 (1959), 133—145.

Mitra, A.: The Share of Wages in National Income, Diss. Rotterdam 1954.

Modigliani, F.: Fluctuations in the Saving-Income Ratio: A Problem in Economic Forecasting, in Studies in Income and Wealth, Bd. 11, New York 1949, 371—438.

— Comment, in Problems of Capital Formation, Princeton 1957, 450—463.

— und A. K. *Ando:* Tests of the Life Cycle Hypothesis of Savings, BOIS 19 (1957), 99—124.

— und R. E. *Brumberg:* Utility Analysis and the Consumption Function: An Interpretation of Cross-Section Data, in Post-Keynesian Economics, London 1955, 388—436.

Moore, H. L.: A Moving Equilibrium of Demand and Supply, QJE 39 (1924/25), 357—371.

— Synthetic Economics, New York 1929.

Morgenstern, O.: Vollkommene Voraussicht und wirtschaftliches Gleichgewicht, ZN 6 (1935), 337—357.

— Experiment und Berechnung großen Umfangs in der Wirtschaftswissenschaft, WA 76 (1956 I), 179—239.

Neisser, H.: Critical Notes on the Acceleration Principle, QJE 68 (1954), 253—274.

— The Supply Factor in the Theory of the Cycle — Some Comments, EJ 68 (1958), 150—154.

Niehans, J.: Die Wirkung von Lohnerhöhungen, technischen Fortschritten, Steuern und Spargewohnheiten auf Preise, Produktion und Einkommensverteilung, in Einkommensverteilung und technischer Fortschritt, Schriften des Vereins für Socialpolitik NF 17, Berlin 1959, 9—94.

Niitamo, O.: The Development of Productivity in Finnish Industry 1925 bis 1952, PMR No. 15 (1958), 30—41.

Oanh, N. X.: Some Aspects of The Theory of Economic Development, Diss. Cambridge (Mass.) 1954.

Oparin, D. I.: Das theoretische Schema der gleichmäßig fortschreitenden Wirtschaft als Grundlage einer Analyse ökonomischer Entwicklungsprozesse, WA 32 (1930 II), 105—134 und 406—445.

Oppenländer, K.: Ordnungspolitische und analytische Probleme des Wirtschaftswachstums, IS 5 (1959), 167—198.

Orcutt, G. H.: Actions, Consequences, and Causal Relations, REStat 34 (1952), 305—313.

Oshima, H. T.: Income Originating in the Models of Harrod and Domar, EJ 69 (1959), 443—450.

Ott, A. E.: The Relation between the Accelerator and the Capital Output Ratio, RES 25 (1958), 190—196.

— Produktionsfunktion, technischer Fortschritt und Wirtschaftswachstum, in Einkommensverteilung und technischer Fortschritt, Schriften des Vereins für Socialpolitik NF 17, Berlin 1959, 155—202.

— Technischer Fortschritt, HdSw 10 (1959), 302—316.

— Der Gleichgewichts-Akzelerator, IS 5 (1959), 113—116.

— Über die Gleichgewichtsbedingungen in einer wachsenden Wirtschaft, JNSt 173 (1961), 229—240.

Pasinetti, L. L.: Cyclical Fluctuations and Economic Growth, OEP 12 (1960), 215—241.

Phelps Brown, E. H.: The Meaning of the Fitted Cobb-Douglas-Function, QJE 71 (1957), 546—560.

Pigou, A. C.: Professor Duesenberry on Income and Savings, EJ 61 (1951), 883—885.

Pilvin, H.: Full Capacity vs. Full Employment Growth, QJE 67 (1953), 545—552.

Power, J. H.: Capital Intensity and Economic Growth, AER 45 (1955) P. P., 197—207.

— The Economic Framework of a Theory of Growth, EJ 68 (1958), 34—50.

Preiser, E.: Gestalt und Gestaltung der Wirtschaft, Tübingen 1934.

— Besitz und Macht in der Distributionstheorie, in Synopsis, Festgabe für Alfred Weber, Heidelberg 1948, 333—358, w. abgedr. in E. Preiser, Bildung und Verteilung des Volkseinkommens, Göttingen 1957, 173—192.

— Erkenntniswert und Grenzen der Grenzproduktivitätstheorie, SZVSt 89 (1953), 25—45, w. abgedr. in E. Preiser, Bildung und Verteilung des Volkseinkommens, Göttingen 1957, 193—217.

— Multiplikatorprozeß und Dynamischer Unternehmergewinn, JNSt 167 (1955), 89—126, w. abgedr. in E. Preiser, Bildung und Verteilung des Volkseinkommens, Göttingen 1957, 124—170.

— Investition und Zins, JNSt 170 (1958), 100—135.

— Nochmals: Investition und Zins, Eine Revision, JNSt 171 (1959), 241—250.

— Distribution (I), HdSw 2 (1959), 620—635.

Regul, R. und Mitarbeiter: Methoden zur Vorausschätzung der Wirtschaftsentwicklung auf lange Sicht, in Statistische Informationen ‚Stat. Amt der Europ. Gemeinschaften, 8 (1960), 571—763.

Reitter, P.: Außenhandel und wirtschaftliches Wachstum, Diss. München 1959.

Reuss, G. E.: Produktivitätsanalyse, Basel—Tübingen 1960.

Riese, H.: Strukturprobleme des wirtschaftlichen Wachstums, Basel 1959.

Robertson, D. H.: Banking Policy and the Price Level, London 1926.

— Saving and Hoarding, EJ 43 (1933), 399—413.

— Thoughts on Meeting Some Important Persons, QJE 68 (1954), 181—190.

— Keynes and Supply Functions, EJ 65 (1955), 474—477.

— Keynes and Supply Functions: Two Comments, EJ 66 (1956), 485—487.

Robinson, J.: The Economics of Imperfect Competition, London 1933.

— Mr. Harrod's Dynamics, EJ 59 (1949), 68—85.

— The Model of an Expanding Economy, EJ 62 (1952), 42—53.

— The Accumulation of Capital, London 1956.

— Accumulation and the Production Function, EJ 69 (1959), 433—442.

Rohde, K. E.: Gleichgewicht und Konjunkturtheorie, Stuttgart 1957.

Rose, H.: The Possibility of Warranted Growth, EJ 69 (1959), 313—332.

Rose, K.: Die Bedeutung des Akzelerationsprinzips für die Dynamisierung des Keynes'schen Systems, JNSt 165 (1953), 321—360.
— Der Erkenntniswert der Wachstumsmodelle, JNSt 168 (1956), 321—336.
Rostow, W. W.: Some Notes on Mr. Hicks and History, AER 41 (1951), 316—324.
— The Process of Economic Growth, Oxford 1953.
Rothschild, K. W.: Der Lohnanteil am Gesamteinkommen. Einige Bemerkungen zu einem umstrittenen Problem, WA 78 (1957 I), 157—202.
— The Limitations of Economic Growth Models, KY 12 (1959), 567—588.
Samuelson, P. A.: Interactions Between the Multiplier Analysis and the Principle of Acceleration, RESt 21 (1939), 75—78, w. abgedr. in Readings in Business Cycle Theory, London 1950, 261—269.
— A Synthesis of the Principle of Acceleration and the Multiplier, JPE 47 (1939), 786—797.
— Alvin Hansen and the Interactions Between the Multiplier Analysis and the Principle of Acceleration, RESt 41 (1959), 183—184.
Sargent, J. R.: The Supply Factor in Professor Hicks' Theory of the Cycle, EJ 66 (1956), 635—661.
Sauermann, H.: Über einige Probleme der Konjunkturtheorie, ZS 111 (1955), 11—24.
Schelling, T. C.: Capital Growth and Equilibrium, AER 37 (1947), 864—876.
Schmucker, H.: Zur methodischen Entwicklung der empirischen Nachfrageanalyse in den letzten zwanzig Jahren, WA 80 (1958 I), 1—89.
Schneider, E.: Der Trend des ökonomischen Denkens in der Gegenwart, SZVSt 86 (1950), 219—230.
— Wirtschaftsforschung in unserer Zeit, München 1951.
— Ökonometrie, WA 68 (1952 I), 59*—70*.
— Einführung in die Wirtschaftstheorie, II. Teil, Tübingen 1953.
— Einführung in die Wirtschaftstheorie, III. Teil, Tübingen 1959.
— Statik und Dynamik, HdSw 10 (1959), 23—29.
Schumpeter, J. A.: Business Cycles, Bd. 1, New York—London 1939.
v. *Schweinitz*, H.: Die Konsumfunktion, in Die Konsum- und Investitionsfunktion. Untersuchung für die Bundesrepublik Deutschland, Köln und Opladen 1962, 255—419.
Seiler, G.: Ökonometrische Konjunkturmodelle, Stuttgart 1959.
Shackle, G. L. S.: Twenty Years on: A Survey of the Theory of the Multiplier, EJ 61 (1951), 241—260.
Shinohara, M.: The Structure of Saving and the Consumption Function in Postwar Japan, JPE 67 (1959), 589—603.
Smithies, A.: Economic Fluctuations and Growth, E 25 (1957), 1—52.
— Productivity, Real Wages and Economic Growth, QJE 74 (1960), 189—205.
Solow, R. M.: A Contribution to the Theory of Economic Growth, QJE 70 (1956), 65—94.
— Technical Change and the Aggregate Production Function, RESt 39 (1957), 312—320.
— Reply, RESt 40 (1958), 411—413.
— Investment and Economic Growth: Some Comments, PMR No. 19 (1959), 62—68.
— Is Factor Substitution a Crime, and if so, how bad? Reply to Professor Eisner, EJ 69 (1959), 597—599.
— Investment and Technical Progress, in Mathematical Methods in the Social Sciences 1959, Stanford 1960, 89—104.

Spengler, J. J.: The Population Obstacle to Economic Betterment, AER 41 (1951) P. P., 343—354.
Stern, E. H.: The Problem of Capital Accumulation, AER 39 (1949), 1160—1170.
Stobbe, A.: Kurzfristige und langfristige Bestimmungsgründe der Einkommensverteilung, SZVSt 96 (1960), 131—155.
Stöwe, H.: Ökonometrie und makroökonomische Theorie, Stuttgart 1959.
Swan, T. W.: Economic Growth and Capital Accumulation, ER 32 (1956), 334—361.
Theil, H.: Linear Aggregation of Economic Relations, Amsterdam 1954.
Tinbergen, J.: Statistical Evidence of the Acceleration Principle, Ea 5 (1938), 164—176, w. abgedr. in J. Tinbergen, Econometrics, New York—Philadelphia—Toronto 1951, 215—229.
— Vérification statistique des théories des cycles économiques, Bd. I und II, Genf 1939.
— Zur Theorie der langfristigen Wirtschaftsentwicklung, WA 55 (1942 I), 511—549.
— Einführung in die Ökonometrie, Wien—Stuttgart 1952.
Tobin, J.: A Dynamic Aggregative Model, JPE 63 (1955), 103—115.
— Reply to Professor Eisner, EJ 69 (1959), 599—600.
— Towards a *General* Kaldorian Theory of Distribution, RES 27 (1960), 119—120.
Todt, H.: Vergleichende Betrachtung der Konjunkturmodelle von R. M. Goodwin und J. R. Hicks, ZS 114 (1958), 445—453.
Triebel, O.: Multiplikatorprinzip und Akzelerationsprinzip in ihrer Bedeutung für die Konjunkturtheorie, Diss. Münster/Westf. 1954.
Tsiang, S. C.: Accelerator, Theory of the Firm and the Business Cycle, QJE 65 (1951), 325—341.
Ulmer, M. J.: Autonomous and Induced Investment, AER 42 (1952), 596—599.
Valavanis-Vail, S.: An Econometric Model of Growth, USA: 1869—1953, AER 45 (1955), 208—221.
Wagner, H. M.: Underemployment Equilibrium Rates of Growth: Further Comment, AER 43 (1953), 384—385.
Wells, P.: Keynes' Aggregate Supply Function: A Suggested Interpretation, EJ 70 (1960), 536—542.
White, W. H.: Interest Inelasticity of Investment Demand — The Case from Business Attitude Surveys Re-examined, AER 46 (1956), 565—587.
Winding, P.: Some Aspects of the Acceleration Principle, Amsterdam 1957.
Yeager, L. B.: Some Questions about Growth Economics, AER 44 (1954), 53—63.
Youngson, A. J.: The Disaggregation of Investment in the Study of Economic Growth, EJ 66 (1956), 236—243.
Zarnowitz, V.: Die Theorie der Einkommensverteilung, Tübingen 1951.
Zellner, A.: The Short-Run Consumption Function, E 25 (1957), 552—567.
— Tests of Some Basic Propositions in the Theory of Consumption, AER 50 (1960) P. P., 565—573.
v. *Zwiedineck-Südenhorst*, O.: Allgemeine Volkswirtschaftslehre, Berlin—Göttingen—Heidelberg 1948.

Kolibri 360 GmbH
Ferdinand-Jühlke-Straße 7
99095 Erfurt, Deutschland
produktsicherheit@kolibri360.de

Druck:
CPI Druckdienstleistungen GmbH
im Auftrag der
Kolibri 360 GmbH
Ferdinand-Jühlke-Str. 7
99095 Erfurt